Entdecken und Verstehen 1/2

Geschichtsbuch für Rheinland-Pfalz

Herausgegeben von
Dr. Thomas Berger-von der Heide
Prof. Dr. Hans-Gert Oomen

Von der Frühgeschichte bis zur Französischen Revolution

Herausgegeben von
Prof. Dr. Hans-Gert Oomen

Bearbeitet von
Peter Brokemper
Ute Bärnert-Fürst
Elisabeth Herkenrath
Hans-Jürgen Kaiser
Dr. Elisabeth Köster
Karl-Heinz Müller
Prof. Dr. Hans-Gert Oomen
Dr. Dieter Potente
Hans-Otto Regenhardt
Manfred Thiedemann
und Josef Zißler

Beratende Mitarbeit
Marita Schleiden

Cornelsen

Inhaltsverzeichnis

Geschichte – ein neues Fach   6

1. Menschen in der Vorgeschichte   10

Schauplatz:
Gruppen kämpfen
   ums Überleben   12
Arbeitstechnik:
Experiment in der Klasse   14
Die Frühzeit des Menschen   16
Der Mensch
   als Jäger und Sammler   20
Die Jungsteinzeit   26
Arbeitstechnik:
Besuch eines
   archäologischen Museums   31
Metall –
   ein gewaltiger Fortschritt   32
Der Mann aus dem Eis   34
Zusammenfassung   35

2. Antike Hochkulturen   36

Schauplatz:
Von Schriften und Schreibern   38
Arbeitstechnik:
Textquellen lesen   41
In Ägypten entsteht ein Staat   42
Religion und Herrschaft   44
Alltag im Alten Ägypten   46
Pyramiden – Wohnungen
   für die Ewigkeit   48
Mensch und Technik   50
Zusammenfassung   51

3. Die Griechische Welt   52

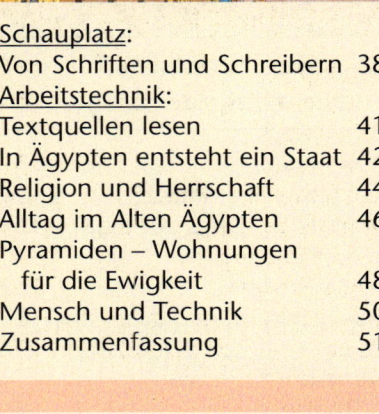

Schauplatz:
Vom Umgang mit
   Andersdenkenden   54
Arbeitstechnik:
Schaubilder auswerten   57
Das antike Griechenland   58
Kulturelle Gemeinsamkeiten
   der Griechen   60
Demokratie in Athen   64
Die Griechen
   und ihre Nachbarn   70
Zusammenfassung   75

4. Das Römische Reich

Schauplatz:
Zu Besuch auf einem
   römischen Gutshof   78
Arbeitstechnik:
Sachquellen auswerten   81
Von der Stadt zum Weltreich   82
Die Eroberungen
   verändern Rom   88
Das römische Kaiserreich   92
Der Alltag der Römer   102
Die Sicherung des Reiches   106
Christentum im
   Römischen Reich   110
Die Römer gefährden
   die Umwelt   116
Zusammenfassung   117

Inhaltsverzeichnis

5. Europa im Mittelalter   118

Schauplatz:
Eine Kathedrale wird gebaut   120
Arbeitstechnik:
Bauwerke erkunden
   und erklären   122
Das Frankenreich entsteht   124
Das Reich der Deutschen   132
Das Leben in den Klöstern   134
Streit zwischen
   Kaiser und Papst   138
Das arabische Weltreich
   entsteht   142
Die Kreuzzüge:
   Kriege im Namen Gottes   146
Arbeitstechnik:
Berichte aus früheren
   Zeiten kritisch befragen   150
Zusammenfassung   151

6. Gesellschaft und Wirtschaft im Mittelalter   152

Schauplatz:
Burgen, Ritter, Edelfrauen   154
Arbeitstechnik:
Rollenspiel   157
Das Leben der Bauern   158
Von der Siedlung zur Stadt   164
Städte erkämpfen
   ihre Freiheit   166
Das Leben in der Stadt   168
Fernhandel und Städtebünde   174
Der Kampf um das
   Stadtregiment   176
Die Macht der
   Handelshäuser   178
Arbeitstechnik:
Eine Wandzeitung gestalten   180
Zusammenfassung   181

7. Entdeckungen und Eroberungen   182

Schauplatz:
Schifffahrtsinstrumente   184
Arbeitstechnik:
Kartenarbeit   186
Künstler,
   Forscher und Erfinder   188
Indianische Hochkulturen   194
Begegnung zweier Welten   196
Das spanische Weltreich   198
Die „Neue Welt"
   wird europäisch   200
Wie segelten die Eroberer?   202
Zusammenfassung   203

Inhaltsverzeichnis

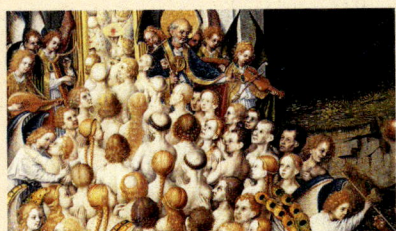

8. Europa im Glaubensstreit 204

Schauplatz:
Das Seelenheil –
  ein Geschäft? 206
Arbeitstechnik:
Karikaturen deuten 208
Martin Luther
  und der Ablasshandel 210
Von der Reformation
  zum Bauernkrieg 214
Glaubensspaltung
  in Europa 218
Der Dreißigjährige Krieg 222
Türken vor Wien! 226
Menschen kommen,
  Menschen gehen 228
Zusammenfassung 229

9. Europa zur Zeit des Absolutismus 230

Schauplatz:
Glanzvolles Leben bei Hofe 232
Arbeitstechnik:
Kunstwerke
  als Quellen nutzen 234
Ludwig XIV.:
„Der Staat, das bin ich!" 236
Preußens Aufstieg
  zur Großmacht 242
Das Zeitalter der Aufklärung 246
Aufgeklärter Absolutismus
  in Preußen 248
Anfänge des Parlaments
  in England 250
Wissen ist Macht! 254
Zusammenfassung 255

10. Zeitalter der Bürgerlichen Revolutionen 256

Schauplatz:
Menschenrechte 258
Arbeitstechnik:
Recherche im Internet 261
Neue freie Welt – Amerika? 262
Der Kampf
  um die Unabhängigkeit 266
Am Vorabend
  der Revolution 270
Die Revolution beginnt 272
Menschen haben Rechte 277
Frankreich wird Republik 278
Der Aufstieg Napoleons 282
Die Revolution
  als Rollenspiel 284
Zusammenfassung 285

Geschichtsfries 286
Gewusst wie … 290
Lexikon 294
Register 298
Quellenverzeichnisse 301

Liebe Schülerinnen und Schüler!

In diesem Schuljahr habt ihr nun auch Geschichte als eigenes Fach. Doch sicher habt ihr euch schon vorher in der Schule mit Geschichte beschäftigt: Ihr kennt vielleicht die Geschichte eures Heimatraumes, Gebäude, Straßen und Menschen, die für die Geschichte eurer Region von Bedeutung sind.

Da wir auf unterschiedlichen Wegen die Geschichte unserer Vorfahren erkunden können, findet ihr in den Kapiteln viele Bilder, Karten und Grafiken. Auch die Texte sind unterschiedlich gestaltet. Die folgenden Erklärungen sollen euch helfen, die unterschiedlichen Möglichkeiten, die euch das Buch bietet, zu erkennen:

„Schauplätze" der Geschichte
Jedes Kapitel beginnt mit „Schauplatzseiten". Sie wollen euch neugierig auf das kommende Thema machen und zu Fragen anregen. Mit ihrer Hilfe könnt ihr auch zusammentragen, was ihr schon wisst.

Themendoppelseiten
Auf jeder Doppelseite berichten die Autoren in einem zusammenhängenden Text über die damaligen geschichtlichen Ereignisse. Das Thema verdeutlicht die Überschrift auf dem oberen Seitenrand.

Quellen
Q1 Manchmal lassen die Autoren die damals lebenden Menschen selbst zu Wort kommen, wenn ihre Texte aufbewahrt wurden. Die Berichte der damals lebenden Menschen nennen wir Quellen. Ihr erkennt sie an der Überschrift und an dem Balken, der sie kennzeichnet. Auch die Abbildungen, Gemälde und Fotos sind historische Quellen, aus denen ihr wichtige Informationen entnehmen könnt.

Materialien
M1 Texte von Geschichtsforschern, Berichte anderer Forscherinnen und Forscher und weitere Materialien aus unserer Zeit sind mit der Überschrift „Materialien" und durch einen Balken markiert.

Die Randspalte
Jede Seite ist mit einer farbigen Randspalte versehen. Je nach Bedarf findet ihr hier:
- die Erklärung für schwirige Begriffe, die im Text mit einem Sternchen (*) versehen sind,
- wichtige Jahreszahlen und Ereignisse
- oder auch Zusatzinformationen zu den Themen, die auf der Seite behandelt werden.

Aufgaben
1 *In den Arbeitsaufgaben werdet ihr dazu angeleitet, aus den Texten und den Quellen Informationen zu entnehmen und einen Sachverhalt mit ihrer Hilfe zu besprechen.*

Arbeitstechnik
Die Seiten „Arbeitstechnik" leiten euch an, mit den Materialien in diesem Buch umzugehen. Sie helfen euch aber auch, weitergehende Informationen zu finden.

Zusammenfassung
Die umfangreichen Kapitel werden durch eine Zusammenfassung abgeschlossen, die noch einmal das Wichtigste des Themas enthält.

Das Lexikon
Im Anhang dieses Bandes findet ihr ein „Lexikon", in welchem Informationen, die euer geschichtliches Grundwissen enthalten sollte, zusammengestellt sind. Auf den Themenseiten erkennt ihr die Lexikonbegriffe an diesem Zeichen: ▶.

Das Register
Der Anhang enthält darüber hinaus ein Register. Mit diesem Stichwortverzeichnis könnt ihr schnell herausfinden, auf welchen Seiten ihr einen gesuchten Begriff oder ein Thema findet.

Wenn ihr Fragen habt oder eure Meinung zu diesem Buch sagen wollt, schreibt uns:
Cornelsen Verlag
Mecklenburgische Straße 53, 14197 Berlin

Geschichte – ein neues Fach

1 Familienbild 1915.

2 Schulanfängerin mit Schultüte. Foto, 1932.

Geschichte*:
Darunter wird der zeitliche Ablauf allen Geschehens verstanden. Geschichte ist auch die Aufzeichnung dieses Geschehens.

Zeitzeugen*:
Wichtige Ereignisse wurden früher häufig mündlich überliefert und über Generationen weitergegeben. Einiges wurde später aufgeschrieben und ist z. B. als Sage erhalten geblieben. Auch wenn heute Menschen über Ereignisse aus ihrer Vergangenheit berichten, erfahren wir etwas über die Geschichte und das Leben in der damaligen Zeit.

Jede(r) hat seine eigene Geschichte*
Jeder Tag, der vergangen ist, gehört streng genommen zur Geschichte. Doch wir empfinden das etwas anders. Wir brauchen in der Regel etwas Abstand, um zu sagen: „Das ist jetzt Geschichte!" Wir meinen dann damit, dass ein Zeitabschnitt zu Ende gegangen ist. Das gilt zum Beispiel für das vorige Schuljahr, aber auch die Zeit in der Grundschule ist bereits für euch Geschichte. Wollt ihr über eure Geschichte in der Grundschule erzählen, was ist da nicht alles zu beachten: die Schule, die Mitschülerinnen und Mitschüler, Lehrerinnen und Lehrer, der Unterrichtsstoff … Aber auch: die Stadt, das Dorf, der eigene Schulweg. Da fällt euch gleich eine Menge ein. Ihr merkt, ihr müsst auswählen, überlegen, was wichtig ist. An anderer Stelle wüsstet ihr vielleicht gern mehr, könnt euch selbst aber nicht mehr genau erinnern. Oder wisst ihr noch genau, was in eurer Schultüte war? Kennt ihr noch die Namen aller Mitschüler und Mitschülerinnen? Ihr braucht Informationen. Helfen können euch alle Zeitzeugen*, also alle Menschen, die eure Grundschulzeit miterlebt haben. Dazu gehören eure ehemaligen Lehrer und Mitschüler, aber auch eure Eltern. Sie können mit ihrer Erinnerung aushelfen. Ganz sicher gibt es auch Material aus dieser Zeit, beispielsweise Bilder, vielleicht sogar Videoaufnahmen. Und was ist mit Zeugnissen, Schulheften und …?

1 Tragt zusammen, was ihr noch von eurer Grundschulzeit wisst. Dazu könnt ihr Gruppen bilden. Wer sich von der Grundschule her kennt, sollte zusammenarbeiten.

2 Entscheidet, was ihr der Klasse über eure Grundschulzeit mitteilen wollt. Was ist euch besonders in Erinnerung geblieben?

Begegnungen mit Geschichte

3 **Urgroßmutter, zwei Großmütter, Mutter und Kind.** Foto, 1982.

Als Geschichtsforscher in der Familie
3 Vergleicht die Abbildungen 1 und 3 und stellt dar, was euch auffällt.
4 Erklärt, was die Bilder nach eurer Meinung über das Leben der Menschen zeigen.

Bei der Betrachtung der eigenen Geschichte beschäftigt man sich ganz von selbst auch mit der Familie. Aber natürlich reicht die Geschichte der Familie viel weiter zurück als eure eigene Erinnerung. Jede Generation* hat ihre eigene Geschichte. Fragt eure Eltern, an was sie sich vor allem erinnern, wenn sie an ihre Kindheit denken.
Wenn die Großeltern noch leben und erreichbar sind, können sie direkt von alten Zeiten erzählen. Wie war es, als die Großeltern zur Schule gingen? Wie wurden früher Familienfeste gefeiert? Gab es auch Geschenke? Vielleicht ist es euch aber auch möglich, noch weiter in die Vergangenheit zurückzugehen. So kann es sein, dass sich die Großeltern an Geschichten erinnern, die sie selbst erzählt bekommen haben.
Aber auch sonst gibt es die Möglichkeit, über ältere Fotos oder andere Dokumente noch weiter in die Vergangenheit zu kommen. Aber Achtung: Je weiter ihr zurückgeht in die Vergangenheit, desto schwieriger wird es, sichere Erkenntnisse zu erlangen. Viele Geschichten werden beim Erzählen von Generation zu Generation immer mehr abgewandelt. Sie sind nicht mehr völlig zuverlässig. Und je weiter ihr in eurer Familiengeschichte zurückgeht, desto seltener gibt es schriftliche Dokumente, die euch Auskunft geben.
5 Seht euch zu Hause Familienbilder an und lasst euch vom Leben der Eltern und Großeltern erzählen.
6 Bringt Bilder und Gegenstände mit, die über die Vergangenheit berichten. Ordnet sie dem Alter nach und macht eine Ausstellung. Wer kommt am weitesten zurück in die Vergangenheit?

Bilder erklären
Zur Erklärung der Bilder braucht ihr Antworten auf folgende Fragen:
– Wer hat das Bild aufgenommen?
– Wann und wo war das?
– Was ist darauf zu sehen?

Generation:
Die Gesamtheit der Menschen, die innerhalb eines bestimmten Zeitabschnittes lebt. Eine Generation umfasst die Zeitspanne bis Kinder wieder Kinder bekommen. Das sind ungefähr 25 Jahre.*

Veränderungen in der Zeit

*Wie man früher die Zeit angab:
Im alten Ägypten wurden die Jahre nach den Regierungszeiten der Könige gezählt.
Für die Römer galt das Jahr der Gründung Roms als Beginn ihrer Zeitrechnung.
In den islamischen Ländern beginnt die Zeitrechnung heute noch mit dem Tag, an dem der Prophet Mohammed aus Mekka auszog. Nach unserer Zeitrechnung war das der 16. Juli 622 nach Christus.*

Die Lebensuhr
Menschen gibt es nicht nur seit einigen 100 oder 1000 Jahren. Menschen gibt es seit mindestens 2 000 000 Jahren. Noch viel älter ist die Erde, ungefähr 5 Milliarden Jahre alt. Unter diesen Zahlen kann man sich eigentlich nichts vorstellen. Etwas leichter fällt uns dies, wenn wir diese Zeit darstellen in den 12 Stunden eines Zifferblattes:

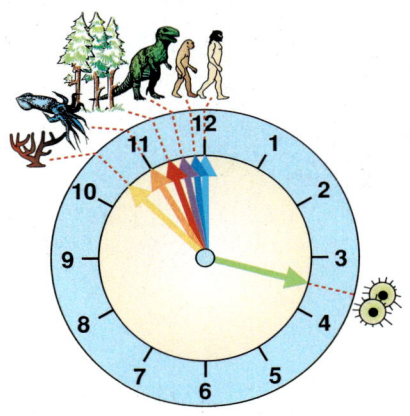

Um 0 Uhr	entstand die Erde – vor 5 Milliarden Jahren.
3 Uhr 30:	Im Wasser regt sich das erste Leben – eine einzige Zelle, kleiner als ein Stecknadelkopf.
10 Uhr 34:	Im Wasser entstehen die ersten Algen.
11 Uhr:	Jetzt gibt es Korallen und Tintenfische.
11 Uhr 15:	Große Wälder sind herangewachsen. Sie versinken später im Sumpf und werden zu Kohle.
11 Uhr 30:	Die ersten Säugetiere treten auf. Es ist dies die Zeit der mächtigen Saurier sowie des Urvogels.
11 Uhr 53:	Jetzt tauchen die ersten Menschenaffen auf.

Es war 11 Uhr, 59 Minuten und 50 Sekunden, 10 Sekunden vor 12 Uhr: Da lebten die ersten Menschen: Allein von diesen 10 Sekunden auf der großen Lebensuhr will dieses Buch berichten.

Von der Steinzeit zum Computerzeitalter
Von dem Leben der Menschen in diesen 10 Sekunden auf der großen Lebensuhr erfahren wir etwas in den Ausstellungen der Landesmuseen oder der vielen Heimatmuseen. Im Landesmuseum werden alle Funde aufbewahrt, die für die Geschichte des eigenen Bundeslandes von Bedeutung sind. Häufig handelt es sich dabei um Werkzeuge, Töpfe, Schmuck, Bilder, Trachten, technische Erfindungen usw. Darunter stehen dann Hinweise wie beispielsweise „Faustkeil aus der Altsteinzeit", „Dolch der Bronzezeit", „Erfindung im Industriezeitalter".
Aber nicht nur im Museum stoßen wir auf Zeugnisse der Vergangenheit, die so genannten ▶ Quellen*. In vielen Städten und Dörfern gibt es alte Häuser, Kirchen, Stadtmauern, Fabrikgebäude, aber auch hochmoderne Bauten aus Stahl und Beton.
Am meisten erfahren wir jedoch über die Vergangenheit durch das, was die Menschen aufgeschrieben haben – sei es, um über sich selbst zu berichten, sei es, um zu berichten, was man über frühere Zeiten herausgefunden hat.

1 *Sammelt Material zum Thema: Die Geschichte unserer Stadt, unserer Gemeinde. Ihr könnt dazu Bilder aus Prospekten, Kopien aus Büchern und Fotografien zusammenstellen, die ihr selbst gemacht habt.*

Unsere Zeitrechnung
Um erkennen zu können, welche Entwicklung die Menschheitsgeschichte genom-

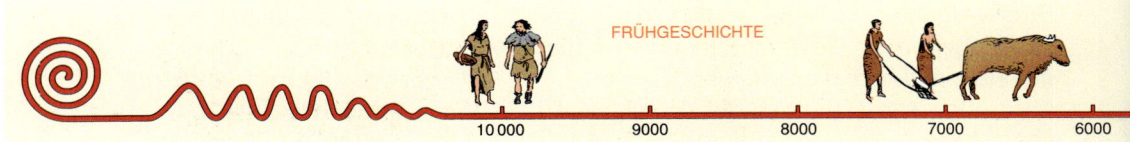

Veränderungen in der Zeit

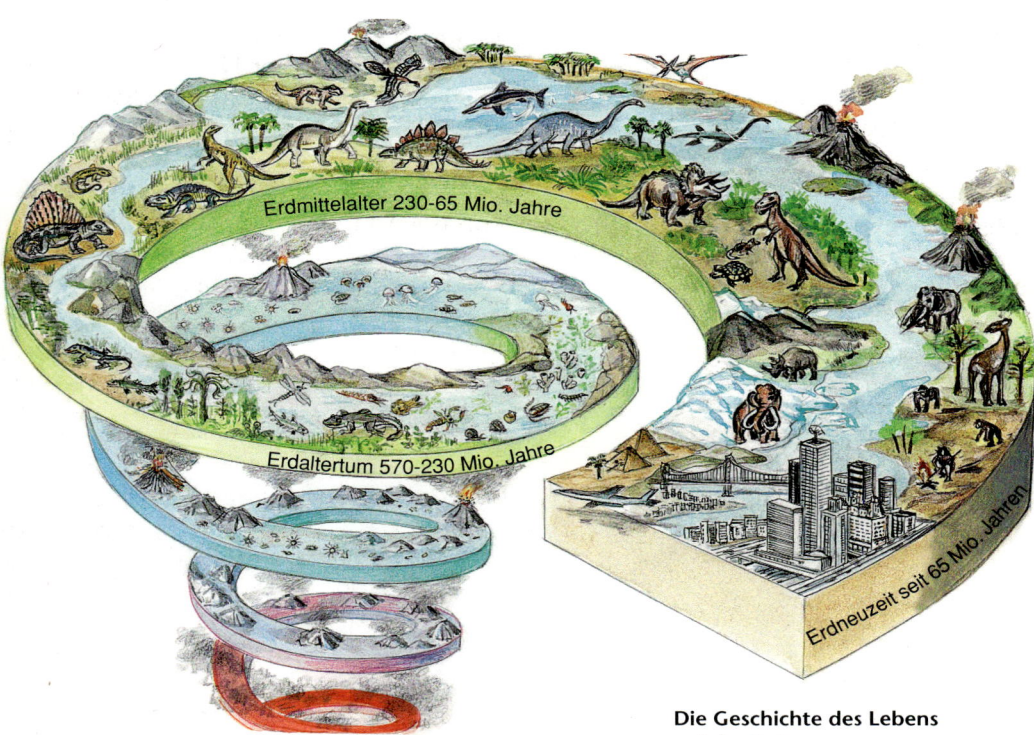

Die Geschichte des Lebens auf der Erde.

▶ *Quellen*:*
*Alle Zeugnisse und Überlieferungen aus der Vergangenheit. Wir unterscheiden drei Quellenarten: Sachquellen, Bildquellen und Schriftquellen.
Hinzu kommt die mündliche Überlieferung z. B. durch Zeitzeugen (Eltern, Großeltern ...).*

Zu den schriftlichen Quellen zählen wir:
Tagebücher, Inschriften, Verträge, Briefe, Urkunden ...

Zu den Sachquellen gehören:
Gefäße, Werkzeuge, Knochen, Baudenkmäler ...

Bildquellen sind z. B.:
Fotografien, Karten, Zeichnungen, Grafiken ...

Geburt von Jesus Christus*:
Der Abt Dionysius Exiguus legte im 6. Jahrhundert n. Chr. mit alten Texten das Geburtsjahr Jesu fest. Heute wissen wir, dass er sich dabei um sieben Jahre verrechnet hat. Der „Stern von Bethlehem" erschien bereits 7 v. Chr. am Himmel.

men hat, müssen wir alles in die richtige Reihenfolge bringen, was wir über die Vergangenheit wissen. Wie für die Familiengeschichte brauchen wir also auch hier eine Zeitleiste.
Ihr wisst, dass die Zeit in gleiche Abschnitte eingeteilt wird. Einige Möglichkeiten gibt die Natur vor: die Dauer eines Jahres, eines Mondwechsels, eines Tages. Den Tag kann man rechnerisch unterteilen: in Stunden, Minuten, Sekunden. Es gibt aber auch größere Einheiten: Jahrzehnte, Jahrhunderte und Jahrtausende.
In der Zeitleiste unten lassen sich nur die großen Zeiteinheiten darstellen. Es stehen dort 2 cm für 1000 Jahre. Damit können wir aber nur 12 000 Jahre verdeutlichen. Die über 2 000 000 Jahre der Menschheitsentwicklung findet ihr durch ein Knäuel veranschaulicht. Wir hätten sonst für die Zeitleiste nach unserem Maßstab eine Länge von 1500 cm = 15 Meter nehmen müssen. Wir zählen die Jahre von Christi Geburt* an mit der Benennung „n. Chr." = nach Christus. Das sind die Zahlen, die auf der Leiste vom Geburtsjahr aus rechts stehen. Die Jahre vor der Geburt von Jesus Christus stehen links und werden mit der Benennung „v. Chr." = vor Christus gezählt. In diese Leiste könnt ihr jetzt die Zeitpunkte einordnen, die ihr aus der Geschichte kennt.
2 Fertigt für euer Klassenzimmer eine Zeitleiste an. Verwendet dazu das Material, das ihr zu Arbeitsauftrag 1 gesammelt habt.

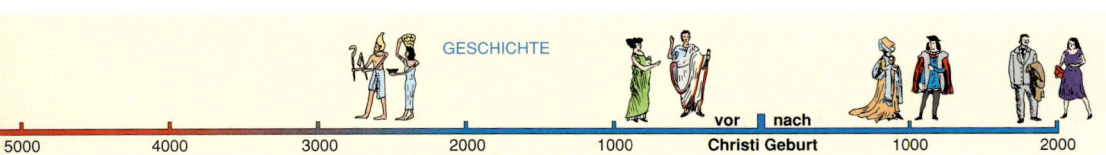

1. Menschen in der Vorgeschichte

1. Beschreibt die Abbildungen.
2. Versucht, erste Antworten auf die Fragen zu finden:
- Wodurch war das Leben der Menschen in vorgeschichtlicher Zeit bedroht?
- Wie versuchten sie, ihr Überleben zu sichern?
- Welche Rolle spielte das Feuer?

Schauplatz: Gruppen kämpfen ums Überleben

Gerade esse ich eine Tierzunge. Die ist schön weich. Aber ich habe oft Hunger ... Vor ein paar Monaten hatten wir lange gar nichts zu essen, weil alle Jagdtiere weg waren ... und Beeren oder Pilze gab es auch nicht. Da habe ich viel geweint vor Hunger. Auch die Erwachsenen waren krank vor Hunger und meine Oma ist gestorben ...

In der letzten Zeit hat es sehr viel geregnet und ein kalter Wind hat uns ganz fertig gemacht ... Wir haben aber auch Angst vor wilden und giftigen Tieren, die sich an unsere Schlafplätze heranschleichen. So unter freiem Himmel leben ist oft ein ziemliches Problem. Besonders für unsere Babys ...

Wir müssen unbedingt eine Lösung finden: Wenn wir durch die Büsche streifen, um Nahrung zu finden, zerkratzen wir uns immer die nackte Haut. Wenn es kalt ist, frieren wir, bei Regen werden wir klitschnass! Wir brauchen etwas, was uns schützt und wärmt. Und wenn es schön aussieht und schmückt – umso besser ...

Also – das ist einfach schrecklich. In der Dunkelheit sieht man überhaupt nichts, bei schlechtem Wetter müssen wir frieren, wir können Fleisch und Pflanzen nur roh essen und die wilden Tiere können wir auch nicht abschrecken ... Wenn doch nur öfter ein Blitz einen alten Baum anzünden würde ...

A) Es geht um **B)** Es geht um **C)** Es geht um **D)** Es geht um

1 Vier „Berichte" vom Lagerplatz der Horde: Was ist das Lebensnotwendige?

1 Sucht zu den (erfundenen) Aussagen der Steinzeitmenschen in Abbildung 1 die passende Überschrift, z. B. A) „Es geht um ..."
2 Untersucht Abbildung 2 und ordnet den vier Problemen A–D aus Abbildung 1 je drei Lösungen zu. Erkennt ihr einfache und weiterentwickelte Lösungen?
3 Tragt zusammen, was ihr sonst schon über das Leben in vorgeschichtlicher Zeit wisst.
4 Lest den folgenden Text und vergleicht die Informationen mit eurem Vorwissen.

Überleben in der Steinzeit

Das Leben der Frauen, Männer und Kinder in vorgeschichtlicher Zeit muss hart gewesen sein. Sie mussten Lösungen für viele Probleme finden, die auch euch vor ziemliche Schwierigkeiten gestellt hätten. Wer dabei nicht klug, geschickt und zäh war, bezahlte schnell mit seinem Leben.
Eine wichtige Stütze waren die Zusammenarbeit und der Zusammenhalt in der Gruppe. Diese Gruppen werden ▶ „Horden" genannt.
Während der vorgeschichtlichen Zeit änderte sich das Klima mehrfach. Essbare Pflanzen und die Lebensgebiete der Jagdtiere veränderten sich mit. Die Menschen mussten sich ihrer Umwelt anpassen, wenn sie nicht zu Grunde gehen wollten.
Ähnlich wie die Menschen der Vorzeit leben einige Naturvölker auch heute noch. Durch Beobachtung ihres Alltagslebens sucht man Antworten auf viele Fragen zum Leben in der Vorgeschichte.

Gruppen kämpfen ums Überleben

3 Archäologenteam bei einer Ausgrabung. Foto, 1989.

Wenn Spuren der vorgeschichtlichen Menschen gefunden werden …

Immer wieder werden im Boden Spuren von Menschen gefunden, die lange vor unserer Zeit gelebt haben. Die ältesten Überreste menschlicher Körper werden auf ein Alter von mindestens drei Millionen Jahren geschätzt. Durch die Bodenfunde kann man herausfinden, wie unsere Vorfahren gelebt haben. Wenn ein Fund gemeldet wird, gehen die Vorgeschichtsforscher, die Archäologen, so vor:

1. Fundstelle sichern und beschreiben;
2. Dinge vorsichtig freilegen; (messen, zeichnen und fotografieren);
3. Funde sichern (und konservieren);
4. Funde bestimmen, d. h. zeitlich einordnen;
5. rekonstruieren (zusammensetzen und – wenn nötig – ergänzen);
6. Ergebnisse veröffentlichen.

2 Not macht erfinderisch …

Arbeitstechnik: Experiment in der Klasse

Rätselhafte Vorgeschichte
Gerade bei der Beschäftigung mit der Vorgeschichte sind nicht so viele Quellen vorhanden wie zu anderen Zeiten der Geschichte.
Es ist eine Zeit, aus der nichts Geschriebenes überliefert ist. Zwar gibt es Reste im Boden, wenige Höhlenbilder, geschnitzte Figürchen und verzierte Waffen und Werkzeuge. Doch welche Schlüsse soll man daraus ziehen? Die Erklärung ist nicht immer leicht. Für viele Fragen muss man auf anderen Wegen Lösungen suchen ...

Experimentelle Archäologie
Einige Wissenschaftler versuchen beispielsweise, mit ihren Familien in Museumsdörfern wie Menschen der Vorzeit zu wohnen und zu leben. Sie hausen in selbstgebauten Hütten, versuchen, ihre Kleidung selbst herzustellen und versorgen sich mit Nahrung aus der Natur.

Mit der Methode des Experimentes versuchen sie, Antworten auf interessante Fragen zu finden:
- Wie wasserdicht ist ein mit Fett eingeriebenes Fell?
- Wie gut kann man mit Knochennadeln nähen?
- Lässt sich Glut zum Feuermachen in Körbchen aus Birkenrinde transportieren?
- Wie lange bleibt getrocknetes Fleisch haltbar?
- Kann man Steinklingen mit Teer an Holzstöcken festkleben?
- Wie lange braucht man, um mit einem Röhrenknochen ein Steinbeil durchzubohren?
- Kann man mit Booten aus Schilf auch über das Meer fahren?

So gibt es noch viele andere Fragen, die man durch Ausprobieren beantworten will.

1 / 2 **Im Museumsdorf.** Fotos, 1999.

Experimente für drei Gruppen
In wenigen interessanten Experimenten findet ihr bestimmt eine Reihe von Antworten – aber auch neue, weitergehende Fragen. Orientiert euch an den Arbeitsschritten auf Seite 15.

Experiment 1:
Wie gewinnt man Steinwerkzeuge mit Schneiden und Spitzen? Welche Befestigung des Schafts hält am besten?

Hinweis: Beim Abschlagen von Steinen Schutzbrille tragen! Wenn das Durchbohren eines Steines zu aufwändig ist – die dritte Form der Schäftung an modernem Hammer begutachten!

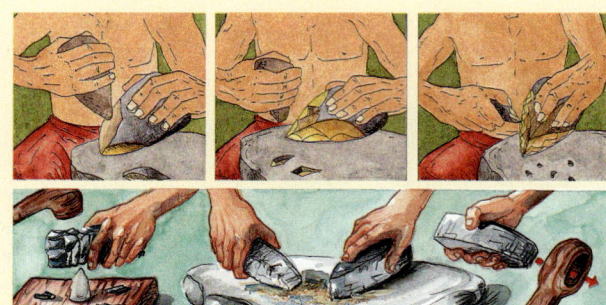

Beispiele für Schäftungen
1. seitliche Anbindung 2. Kreuzbindung
3. Schäftung durch die aufgebohrte Klinge

Experiment 2:
Wie lässt sich Nahrung (unter den Bedingungen der Vorzeit!) haltbar machen?

Hinweis: Lebensmittel (dünne Fleischstreifen/ausgenommene Fische/Obstscheiben) über Feuer, auf heißem Stein, im Rauch oder in Sonne und Wind trocknen oder räuchern; behelfsweise funktioniert das auch im Backofen.

Arbeitstechnik: Experiment in der Klasse

Experiment 3:
Wie funktioniert die Herstellung von Leder-Kleidung mit Hilfe von Knochen-Nadeln?

 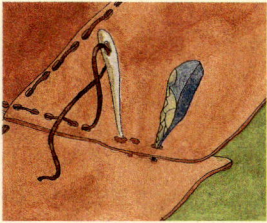 

Hinweis: Spitze Knochen finden sich in abgegessenem Geflügel (Hähnchen); weiche Lederreste sind beim Schuhmacher oder in Bastelgeschäften erhältlich …

Arbeitsschritte für ein historisches Experiment

1. Schritt: Fragestellung für das Experiment
- Was soll herausgefunden bzw. ausprobiert werden? (Genau beschreiben!)

Zum Beispiel:
- Lässt sich ein Lederhemd mit Knochennadeln nähen?
- Können die Löcher mit der „weichen" Nadel gestochen werden oder muss man mit härterem Material vorlochen?

2. Schritt: Vorbereitung
- Was muss besorgt/vorbereitet werden? (Materialien/Räume/Mitarbeiter/Helfer/Zeitplan)
- Wie sollen die Ergebnisse dokumentiert werden? (Ausstellung mit Fotos; mündlicher Bericht mit Vorzeigen der Ergebnisse oder schriftliche Beschreibung?)

3. Schritt: Durchführung und Dokumentation
- Welche Erfahrungen werden beim Experiment gemacht? (Was ist schwierig? Was klappt nicht?)
- Zwischenschritte festhalten und dokumentieren (z. B. Fotos, Zeichnungen).

4. Schritt: Auswertung
- Was hat der Versuch ergeben? (Wo gab es unerwartete Schwierigkeiten? Ist ein Ergebnis feststellbar? Sind noch neue Fragen aufgetreten?)
Was haben wir gelernt? Konnte die „Experiment"-Frage beantwortet werden? Gibt es neue Vermutungen über die untersuchte Zeit?

So geht es weiter …

Die Frühzeit des Menschen 16

Eiszeiten und Warmzeiten 18
Über die Spuren der ersten Menschen und ihre Lebensbedingungen …

Der Mensch als Jäger und Sammler 20

Überleben in der Kleingruppe 21
Viel zu tun für die Horde 22
Woran glaubten die Jäger und Sammler? 24
Über die tägliche Arbeit und die Religion der Jäger und Sammler …

Die Jungsteinzeit 26

Die Ausbreitung einer neuen Lebensweise 27
Neue Techniken 28
Menschen verändern ihre Umwelt 30
Wie sich eine neue Lebensweise verbreitete und worin sie sich auszeichnete …

Arbeitstechnik: Besuch eines archäologischen Museums 31

Metall – ein gewaltiger Fortschritt 32

Wie Qualitätswerkzeuge entstehen und sich neue Berufe herausbilden …

Der Mann aus dem Eis 34

Über einen besonderen Fund in den Ötztaler Alpen …

Die Frühzeit des Menschen

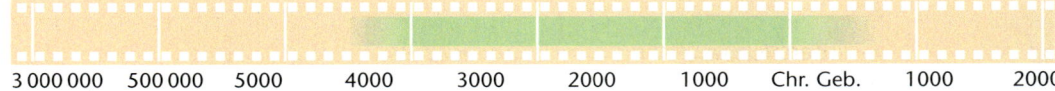

3 000 000   500 000   5000   4000   3000   2000   1000   Chr. Geb.   1000   2000

So haben die Lebewesen vermutlich ausgesehen, deren Spuren in Laetoli gefunden wurden. Rekonstruktionszeichnung.

Spuren in Laetoli

Das folgende Ereignis ist 3,6 Millionen Jahre her. Es geschah an einem Ort, der heute Laetoli heißt und im afrikanischen Staat Tansania liegt:

Schon seit längerem hatte es im Inneren des Vulkans rumort. Nun stieß er eine Wolke feinen Staubes aus und Asche legte sich über das Land ringsum. Es begann zu regnen. Doch schon bald schien wieder die Sonne, denn die Regenzeit hatte noch nicht richtig begonnen. Da kam ein etwa 1,40 m großes, sich aufrecht auf zwei Beinen bewegendes Lebewesen und ging über die feuchte Asche. Kurze Zeit darauf folgten zwei Lebewesen der gleichen Art – das eine setzte seine Füße genau in die Fußstapfen des vorangegangenen, das andere, etwa 1,20 m groß, lief hinterher oder voraus. Einmal hielt es an und drehte sich nach links um. Vielleicht hatte ein Tier seine Aufmerksamkeit erregt. In den nächsten Tagen stieß der Vulkan neue Asche aus, die alle Fußspuren zudeckte. Woher wissen wir das alles? Seit vielen Jahren suchen Forscher und Wissenschaftlerinnen nach Fossilien (versteinerte Knochen) der frühen Menschen. Bei Laetoli entdeckten sie 1976 eine versteinerte

Sachbuch-Tipp:
Norah Moloney, Young Oxford-Archäologie. Aus dem Englischen von Karin Schuler, Weinheim: Verlagsgruppe Beltz 2001
gebunden, € 19,90

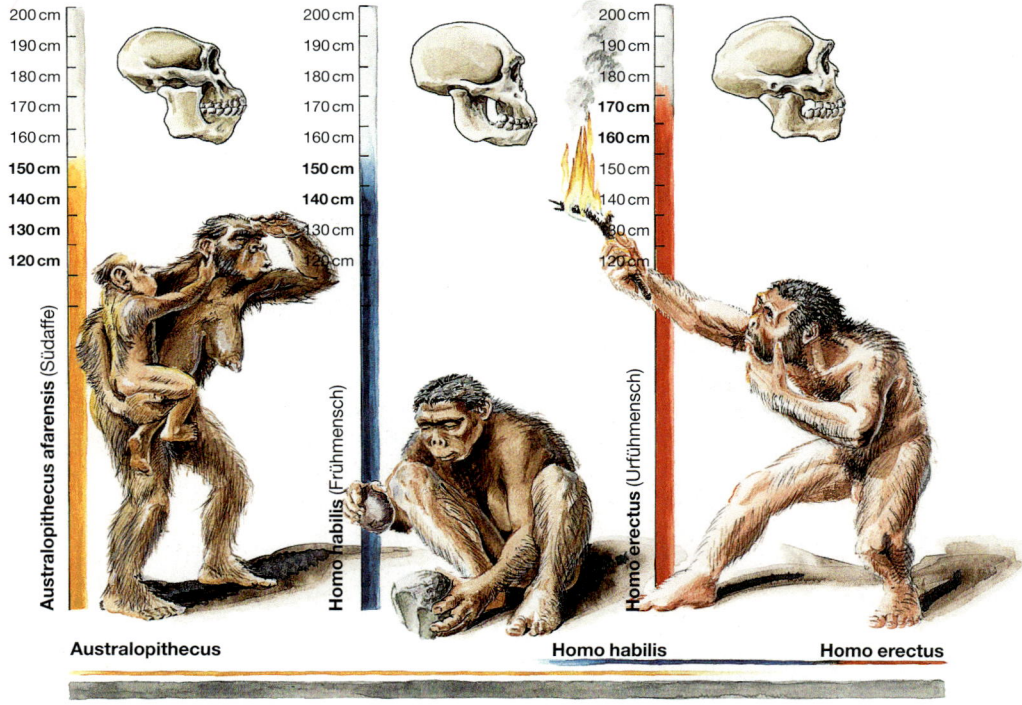

Vormensch – Australopithecus (Südaffe), 1,10–1,50 m, keine Werkzeugherstellung, vor allem Pflanzenkost, Afrika.

Frühmensch – Homo habilis (geschickter Mensch), bis 1,50 m, einfache Werkzeuge, gemischte Kost, Ostafrika.

Urmensch – Homo erectus, (der aufrecht gehende Mensch), bis 1,80 m, Faustkeilkultur, gemischte Kost, siedelte erstmals in Europa und Asien.

Die Frühzeit des Menschen

Schicht aus Vulkanasche. Als sie diese Schicht genauer untersuchten, fanden sie die Fußabdrücke. Sie konnten nur von Lebewesen stammen, die aufrecht auf zwei Beinen gingen. Von der Größe der Fußabdrücke und der Schrittlänge schloss man auf die Körpergröße. Aus den Knochenfunden versuchte man, die Lebewesen zu rekonstruieren (Abbildung in der Randspalte Seite 16). Ob sie wirklich so ausgesehen haben, ist ungewiss. Für die Wissenschaftler sind die Lebewesen von Laetoli noch keine Menschen. Ihr Kopf ist noch sehr affenähnlich, aber sie konnten schon auf zwei Beinen gehen.

Die ersten Menschen

Aber auch die ersten Menschen entwickelten sich in Ostafrika. Ihr aufrechter Gang ermöglichte einen vielseitigen Gebrauch der Hände. Das Gehirn hatte sich wesentlich vergrößert und in seiner Form verändert. Die frühen Menschen lernten, das Feuer zu beherrschen, konnten Werkzeuge aus Stein herstellen und lebten in kleinen Gruppen. Im Laufe der Zeit wanderten sie von Afrika nach Europa und Asien. Bei Heidelberg wurde im Jahre 1807 der Unterkiefer eines Urmenschen gefunden. Sein Alter wird heute auf 600 000 Jahre geschätzt. Nicht ganz so alt sind die Spuren der Urmenschen, die bei Bilzingsleben im Nordosten Thüringens gefunden wurden.

1 *Beschreibt den Urmenschen (Homo erectus), wie er auf der Abbildung dargestellt ist. Überlegt, wodurch er sich vom heutigen Menschen unterscheidet.*

Ein Neandertaler in der U-Bahn?
1856 wurden im Neandertal bei Düsseldorf Teile eines Skeletts gefunden. Das Alter wurde auf etwa 60 000 Jahre geschätzt.
1957 beschrieben zwei englische Forscher den Neandertaler als ein Wesen, das uns ähnlicher ist als man bisher geglaubt hatte: „Wenn es möglich wäre, dass er wieder auferstünde und in einer New Yorker Untergrundbahn führe, würde er – vorausgesetzt man hätte ihn gebadet, rasiert und in moderne Kleidung gesteckt – vermutlich kaum mehr Aufsehen erregen als ein anderer Bürger."

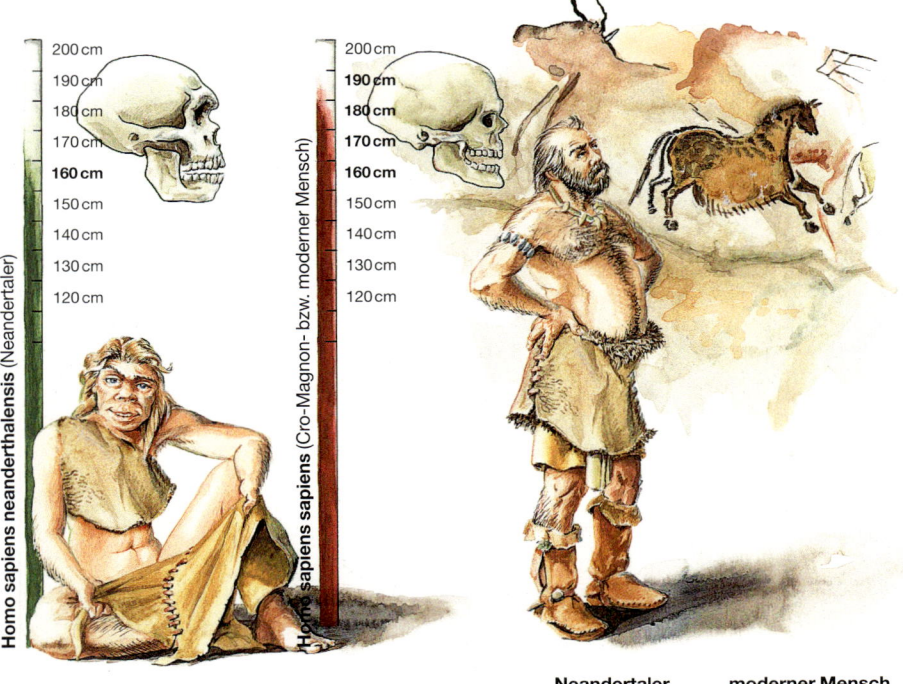

Neandertaler – Homo neanderthalensis, 1,60 m, viele Werkzeuge, gemischte Kost, an die Kälte angepasst, in Europa ab 130 000 v. Chr., vor ca. 30 000 Jahren ausgestorben.

Jetztzeitmensch – Homo sapiens sapiens, seit 150 000 Jahren in Ostafrika, etwa seit 40 000 Jahren in Europa, bis 1,85 m, erfindungsreich, Schöpfer von Kunstwerken, weltweit verbreitet.

Die frühesten Zeugnisse menschlichen Lebens in Schleswig-Holstein stammen vom Neandertaler und sind etwa 120 000 Jahre alt: ein Faustkeil, einige Schaber und Kernsteine.

Eiszeiten und Warmzeiten

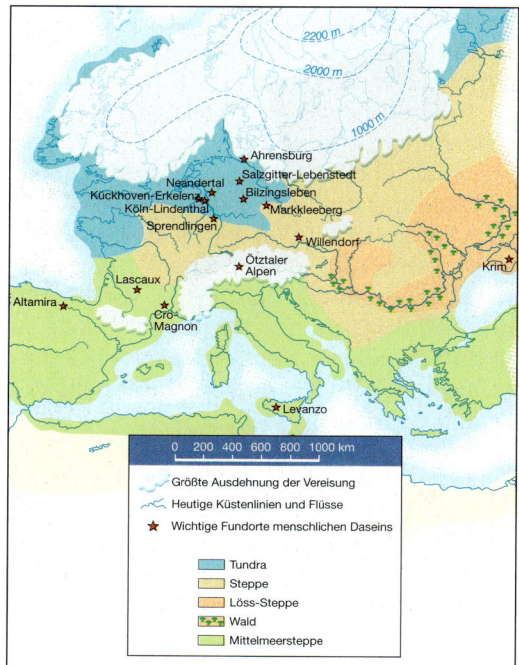

1 Europa in der letzten Eiszeit.

Lebensbedingungen in der ▶Eiszeit*
1 Beschreibt nach der Karte die Verbreitung des Eises.
2 Benennt die Auswirkungen einer Eiszeit auf Pflanzen, Tiere und Menschen.

Nicht immer waren in Deutschland die Sommer warm und die Winter mild wie heute. Es gab Abschnitte, in denen es in ganz Europa deutlich kälter war. Über Jahrtausende lag die Durchschnittstemperatur im Juli bei +5 °C und im Winter sank die Temperatur auf bis zu −40 °C.

Diese Zeitabschnitte nennen wir Eiszeiten. Während einer Eiszeit schneite es in Nordeuropa auch im Sommer. So wuchs von Jahr zu Jahr die Schneedecke immer höher. Unter dem Druck der Schneemassen bildeten sich dicke Eispanzer bis zu 3000 m Stärke. Bis nach Norddeutschland reichten die riesigen Gletscher. Auch die Alpen waren vom Eis bedeckt. Vor den Gletschern taute der Boden auch im Sommer kaum auf. Steppen, Tundren und Moore entstanden. Ivar Lissner, ein deutscher Schriftsteller, berichtete über die heutige Landschaft der Tundra* in Sibirien:

M … Tundra – das ist der ewige Kampf der wachsenden Natur gegen den Tod der Kälte. Tundra – das ist Wald, Hunderte von Meilen niedrig dahinkriechend, verhungert, erfroren, dann wieder im Sumpf erstickt. Meist sind die Bäume verkrüppelt, weil der Sommer so kurz ist und der Winter so lang. Tundra – das ist Not und Verderben, Stechfliegenplage und mückenbrütender Sumpf. Tundren sind meilenweit ungangbare Gebiete, wo kein Baumstamm einen ansehnlichen Durchmesser gewinnen kann. …

▶ *Eiszeit**:
Durch den weltweiten Rückgang der Temperaturen kam es in verschiedenen Epochen der Erdgeschichte zum Vorrücken von Gletschern. Von Nordeuropa kommend, schoben sich die Eismassen immer weiter nach Mitteleuropa. Die Zeiträume zwischen den Eiszeiten nennt man Warmzeiten.

Sibirische Tundra*: Baumlose Kältesteppe (Flechten, Moose) in den nördlichen Kaltzonen der Erde. In versumpften Gegenden herrschen große Stechfliegen- und Mückenplagen.

Eiszeiten und Warmzeiten

Tiere der Eiszeit:

Mammut

2 **Die Tundra im Norden Kanadas.** Luftaufnahme.

Findlinge
Mit dem Vordringen der Gletscher aus Skandinavien wurden auch große Felsblöcke nach Norddeutschland transportiert. Viele wurden in steinzeitlichen Großsteingräbern, als Fundamente im Kirchenbau oder als Gedenksteine benutzt. Der größte bisher entdeckte Findling in Norddeutschland ist der Buskam vor der Insel Rügen. Der Stein mit einem Umfang von 40 Metern wiegt 1600 Tonnen.

So wie die sibirische Tundra sah wohl auch ein großer Teil Mitteleuropas in den Eiszeiten aus. Näher an den Gletscherrändern hörte der Baumwuchs ganz auf. Flechten und Moose bedeckten den Boden. Die Tiere, die nicht an die Kälte gewöhnt waren, zogen fort oder starben aus. Andere, wie das Mammut, der Höhlenbär oder das Ren, breiteten sich aus.

Gegen Ende einer Eiszeit wurde es wärmer. Das Eis schmolz allmählich ab. Nun setzte eine Warmzeit ein. Von Südeuropa breitete sich fast überall in Deutschland wieder Wald aus. Tiere und Pflanzen, die wärmeres Klima brauchten, kehrten zurück.

3 *Erläutert mithilfe des Textes die Grafik 3. Achtet auf die Zeiten.*
4 *Informiert euch im Internet genauer über die Eiszeiten.*

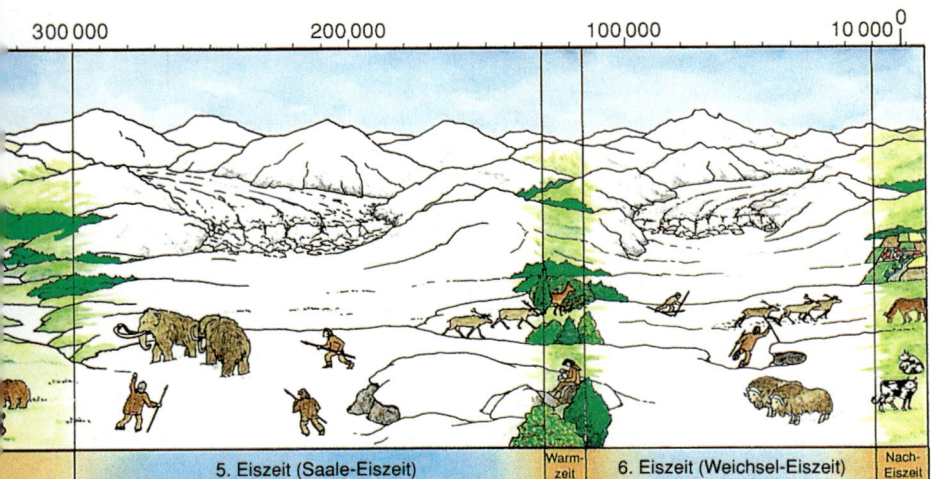

3 **Eiszeiten und Warmzeiten.**

Der Mensch als Jäger und Sammler

▶ **Altsteinzeit*:**
Älteste und längste Epoche der Vorgeschichte, benannt nach dem vorwiegend verwendeten Material für Waffen und Werkzeuge. Innerhalb der Steinzeit unterscheidet man zwei Zeitabschnitte: Die Altsteinzeit (etwa 2,5 Mio. Jahre bis etwa 8000 v. Chr.) und die Jungsteinzeit (etwa 8000–2500 v. Chr.).
In der Altsteinzeit lebten die Menschen ausschließlich als Jäger und Sammler. Sie zogen in Kleingruppen von etwa 20–30 Personen umher. Ihre Geräte und Waffen stellten sie aus Steinen, Knochen und Holz her.

▶ **Nomaden*/ Nomadismus:**
Hirten- oder Wandervölker. Die Jäger und Sammler der Altsteinzeit mussten dem wandernden Wild nachziehen und Gebiete aufsuchen, in denen es ausreichend pflanzliche Nahrung gab. Deshalb hatten sie keine festen Wohnsitze und sie lebten als Nomaden.

1 / 2 Ein Problem ...   ... und die Suche nach einer Lösung.

Die ▶Altsteinzeit*

1 Wertet in Gruppen die Abbildungen 1–3 und M1 bzw. M2 aus und stellt der Klasse das Ergebnis eurer Überlegungen vor. Was wird im Bild oder im Text dargestellt?
2 Überlegt, wie groß die Gruppen sind, in denen wir heute zusammenleben. Warum ist das so?

In einem Fundbericht aus Gönnersdorf bei Neuwied heißt es:
M1 Archäologen haben in Rheinland-Pfalz eine zirka 12 000 Jahre alte Siedlung gefunden. Es handelt sich um die Reste einer Freilandsiedlung:
Hier gab es drei Bauten mit Holzpfosten, die bis zu acht Metern Durchmesser hatten und vier Stangenzelte, deren Böden mit Schieferplatten ausgelegt waren. Jeweils in der Mitte der Behausungen lag eine Grube mit Asche und Holzkohleresten. Im Boden befanden sich angebrannte Tierknochen vom Mammut und eine Rentierschaufel. Auch Spuren gesammelter Früchte, Samen, Beeren und Nüsse konnten entdeckt werden.

Ein Archäologe berichtet:
M2 „Stellt euch vor, ein steinzeitlicher Jäger würde allein sein Jagdglück versuchen. Bei den größeren und schnelleren Tieren, wie

3 Rekonstruktion eines Zeltes aus Gönnersdorf. Foto.

Wildpferden und Rentieren, müsste er wohl bald die Jagd aufgeben oder käme in große Gefahr. Die Sammlerinnen und Jäger haben deshalb vermutlich in Gruppen von 25 bis 30 Menschen gelebt.
So lebten in der Weidentalhöhle bei Pirmasens fünf bis sechs Männer, fünf bis sechs Frauen, sechs bis neun Kinder und vier alte Menschen. Jede Gruppe legte sich ein Lager an und lebte dort mehrere Wochen. Ihre tägliche Nahrung beschaffte sie sich vermutlich in einer Umgebung von zehn Kilometern. Tiere und Pflanzen reichten für diese Gruppengröße aus. Fanden die Menschen kaum noch Nahrung, wurde das Lager abgebrochen und an anderer Stelle wieder aufgeschlagen."

Überleben in der Kleingruppe

Die Nahrungsbeschaffung

Überleben konnten die frühen Menschen nur in kleineren Gruppen. Ihr Leben war ausgefüllt durch die Sorge um die tägliche Nahrung. Der Großteil der Nahrung wurde gesammelt. Früchte, Beeren, Nüsse, Pilze essen wir heute noch. Doch die Frühmenschen verschmähten auch Wurzeln, Insekten und Kleingetier nicht. Die Nahrung konnte noch nicht für längere Zeit konserviert werden. Fleisch gab es nur nach erfolgreichen Jagden, solange die gebratenen Stücke ausreichten und genießbar waren. Mit den einfachen Waffen aus Stein, Holz oder Geweih war die Jagd sehr schwierig und sicher sehr gefährlich.

Die frühen Menschen hatten keine festen Wohnsitze, sie lebten als ▶Nomaden*. Sie legten sich jeweils ein Lager an, in dem sie sich bis zu mehreren Wochen aufhielten. Im Umkreis von mehreren Kilometern um das Lager herum beschafften sie sich ihre tägliche Nahrung. Gelegentlich wurden mehrtägige Wanderungen von Einzelnen oder kleinen Gruppen für die Jagd, den Tausch mit anderen Horden oder zur Rohmaterialgewinnung unternommen.

War die Umgebung des Lagers „abgeerntet", d.h. brachten die Jäger kaum noch Jagdbeute und fanden die Sammlerinnen nur noch wenige Nahrungspflanzen, dann brachen sie das Lager ab und zogen weiter, bis sie in ein Gebiet kamen, in dem es Nahrung gab. Dort wurde dann um eine Feuerstelle ein neues Lager aufgeschlagen.

„Überlebens-Künstler"

Einige kluge Lösungen für Überlebensprobleme habt ihr schon kennen gelernt. In der Abbildung 4 findet ihr die Darstellung eines Wohnplatzes, die nach Angaben von Wissenschaftlern gezeichnet wurde.

3 Wertet Abbildung 4 aus und tragt in eine Liste ein, welche Ziffer welchen Gegenstand bezeichnet, wozu der Gegenstand gebraucht und woraus er hergestellt wurde.

4 Stellt Vermutungen darüber an, welche (essbaren) Dinge von den Vorzeitmenschen gesammelt wurden, die in Abbildung 4 fehlen.

5 Überlegt, was das gezeichnete Bild von der Wirklichkeit eines heute möglichen Fundes unterscheidet: Welche von den abgebildeten Dingen werden nach mehreren tausend Jahren nicht mehr zu finden sein?

Steinzeitkulturen heute?

Auch heute noch gibt es weltweit etwa 70 Völker, die ohne größere technische Errungenschaften im Einklang mit, aber auch in Anhängigkeit von der Natur leben. Man nennt sie Naturvölker. Doch ist die Lebensweise vieler von ihnen durch die Vorstellung bedroht, man müsse die Menschen von ihrer „primitiven" Lebensweise „befreien".

In einigen Teilen der Welt sind Naturvölker von weißen Einwanderern in Reservaten, eigenen begrenzten Gebieten, angesiedelt worden. Einwanderer in Australien gaben Eingeborenenkinder zudem in weiße Pflegefamilien, damit sie lernen, wie Weiße zu leben. Doch die meisten der Betroffenen fühlen sich entwurzelt – und nicht im Einklang mit der „neuen" Kultur.

Informationen über heutige Naturvölker findet ihr im Internet unter:
http://www.bund-naturvoelker.de.

Tiersehnen
Pfeile
Herdstein
Hacke
Speere
Geräuchertes Fleisch
Stein zum Mahlen von Körnern
Bogen
Muscheln, Schnecken und Tierzähne als Schmuck
Harpunen
Brennholz
Speer- und Pfeilspitzen aus Feuerstein

4 Steinzeitlicher Wohnplatz unter einem Felsüberhang. Rekonstruktionszeichnung.

Viel zu tun für die Horde

Die **typische Jagdbeute** der Menschen in der Nacheiszeit:

1 Hirsch

2 Elch

3 Ur

4 Braunbär

5 Wildschwein

Jeder muss helfen

1 Wertet Abbildung 1 aus. Was geschieht gerade? Welche Arbeiten werden ausgeführt? (Information: Ein Teil der Horde ist nicht abgebildet. Er ist unterwegs auf der Jagd!)

Die Menschen der Vorgeschichte kämpften unter großen Mühen um das tägliche Überleben.
Noch musste alles von Hand gemacht werden – und das mit den einfachsten Werkzeugen aus Stein, Knochen oder Holz. Vieles, was später die Arbeit erleichterte, war noch nicht erfunden: Maschinen, Wagen, Werkzeuge aus Metall, Töpfe aus Ton und so weiter. Allein das Feuer anzuzünden und in Gang zu halten war eine Kunst!

2 Macht Vorschläge, wie man die notwendige Arbeit in der Horde am günstigsten aufteilen könnte. Wer (Männer, Frauen, Kinder, alte Leute) sollte für was zuständig sein? Warum?

3 Diskutiert eure Vorschläge und vergleicht mit Seite 23: „Wer macht die Arbeit ...?".

1 Am Lagerplatz der Horde. Rekonstruktionszeichnung.

Viel zu tun für die Horde

Kleidung aus Leder herstellen

erfolgreich jagen

Tiere abhäuten und Fleisch zerlegen

Götter und Geister beschwören

beste Faustkeile herstellen

Wunden versorgen, heilen

Farben herstellen, Bilder malen

2 Spezialaufgaben der Steinzeit. Rekonstruktionszeichnung.

▶ *Arbeitsteilung*:*
Wenn ein Mensch mehr produzieren kann, als er selbst für seine Ernährung braucht, kann es zur Arbeitsteilung kommen; die einen arbeiten z. B. in der Landwirtschaft, die anderen als Spezialisten im Handwerk oder als Händler usw.
Mit der Arbeitsteilung und der Möglichkeit, Besitz anzuhäufen, kam es zu einer immer stärkeren Gliederung der Bevölkerung in verschiedene Gruppen.

Wer macht die Arbeit …?
(… von Spezialisten und Expertinnen)
4 Schaut euch die Beispiele für Spezialaufgaben an und überlegt:
– Gibt es Gründe für das Können der Spezialistinnen und Spezialisten?
– Auf welche Weise bleibt ihr Wissen erhalten?
– Welche Bedeutung hat ihre Spezialarbeit für die Gruppe?

5 Welche heutigen Berufe entsprechen den Beispielen in etwa?

Zwei Erklärungsversuche zur ▶Arbeitsteilung*

In Abbildung 2 ist nicht genau zu erkennen, wodurch Menschen zu Spezialisten wurden. Das ist kein Zufall. Auch unter Wissenschaftlern ist umstritten, wie die notwendige Arbeit aufgeteilt wurde. Es gibt zwei Ansichten:

1. Aufteilung nach „Männer- und Frauenarbeit"
Frauen waren demnach zuständig für Kinderbetreuung, Sammeln von Nahrungsmitteln, Zubereitung des Essens, Herstellung von Kleidung und Hüten des Feuers. Männer dagegen gingen auf die Jagd und zum Fischen. Ihre Aufgabe war auch der Bau von Hütten und Zelten.

2. Teilung der Arbeit nach Leistungsvermögen
Die Arbeit wurde (bis auf die Betreuung der Säuglinge) nicht nach Geschlechtern aufgeteilt, sondern nach dem Leistungsvermögen: kräftige und schnelle Mitglieder der Horde waren für schwere Arbeiten und die Jagd zuständig; ältere Menschen und Kinder für das Sammeln von Nahrung, Feuerholz, Wasserholen usw.

6 Überlegt, ob auch Mischformen möglich gewesen sein könnten.

7 Diskutiert die Erklärungsmodelle und führt eine kurze Abstimmung durch: Wer ist für welches Erklärungsmodell?

> **Was ihr noch tun könnt:**
> – „Höhlenbilder" auf Karton oder Packpapier malen
> – Ketten aus Muscheln, Federn usw. herstellen
> – Eine Versammlung der Horde am Feuer nachspielen

Woran glaubten die Jäger und Sammler?

Frauenfiguren aus der Steinzeit:

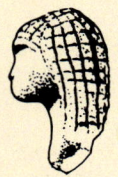

Frauenkopf aus Elfenbein, Frankreich, um 8000 v. Chr.

Venus von Véstonice, geformt aus Ton und Knochenmehl, um 15 000 v. Chr.

Höhle von Lascaux:
http://www.culture.fr/culture/arcnat/lascaux/en

Der tanzende Zauberer. Höhlenmalerei.

1 Malerei in der Höhle von Lascaux, Frankreich. Um 15 000 v. Chr. Foto.

Jagdzauber und Höhlenmalerei
1 *Betrachtet Abbildung 1 und beschreibt, was ihr erkennen könnt.*

1940 entdeckten vier Jungen die Höhle von Lascaux in Südfrankreich. Wände und Decke der Höhle waren von hunderten von Tierbildern bedeckt. Die Malereien sind nicht zufällig angeordnet, sondern scheinen einen Zusammenhang zu haben. Also eine Bildergeschichte, deren Sinn wir nicht ganz deuten können. Andere Höhlenmalereien in Südfrankreich und Spanien lassen vermuten, dass es sich um eine Art Jagdzauber handelte.

Ein Vorgeschichtsforscher berichtete über seinen Besuch in einer eiszeitlichen Höhle:

M1 … Wir zünden unsere Lampen an und dann geht es in die Höhle. Der Boden ist ganz feucht und glitschig. Es geht hinauf und hinab. … Dann kommt der Tunnel. Der ist nicht viel breiter als meine Schulter und auch nicht höher. Die Arme dicht am Körper, so kriechen wir auf dem Bauch vorwärts. Der Gang ist stellenweise nur 30 cm hoch. … Meter um Meter muss so erkämpft werden, 40 m insgesamt. Es ist grausig, so dicht über dem Kopf die Decke zu haben. Riesig ist der Saal – und da sind auch die Zeichnungen. Eine Wand ist bedeckt mit Bildern. … Da sieht man alle Tiere, die damals in der Gegend lebten: Mammut, Rhinozeros, Bison, Wildpferd, Bär, Rentier, … Hase, Schneehuhn und Fische. Überall sieht man Pfeile, die auf die Tiere zufliegen. Sie zeigen Einschusslöcher. Das richtige Jagdbild also, das Bild des Zaubers der Jagd. …

Über den Bildern erkennt man in 4 m Höhe einen Steinzeitjäger, der als Zauberer in seinem Tanz die Jagd beschwört (siehe die Abbildung in der Randspalte links). Der Forscher berichtet weiter:

M2 … Auf dem Kopf trägt er das Geweih des Rentiers, an den Händen die Pfoten des Bären, er hat … den Schweif des Pferdes. Das ist der Herr der Tiere. …

Woran glaubten die Jäger und Sammler?

2 Mann mit Hirschgeweihmaske. Um 7700 v. Chr. Rekonstruktionszeichnung nach einem Fund bei Bedburg.

An diesem Platz versammelten sich die Jäger vor der Jagd, zeichneten Pfeile in die Tierleiber und tanzten. Sie wollten damit den Geist der Tiere beschwören um sich eine gute Jagd zu sichern.

Auch in Sachsen gibt es Zeugnisse des Jagdzaubers. In Groitzsch bei Eilenburg wurde ein Lager ausgegraben, das von Wildpferdjägern stammte. Auf einer Schieferplatte fand man drei Wildpferdköpfe mit jeweils einem Einstich am Hals. Vermutlich sollte damit das Pferd gebannt und ein Jagderfolg herbeigezaubert werden.

Grabsitten in der Altsteinzeit

Durch eine Reihe von Funden wissen wir, dass schon die Jäger und Sammler die Toten beerdigt haben.

Otto Hauser, ein Archäologe, berichtet:
M3 … Es war ein unvergesslicher Moment, als ich mit bloßen Händen die Erde sacht abhob und das Schädeldach bloßlegte. … Alle Anzeichen sprachen dafür, dass die alte Höhlenhorde den 16- bis 18-jährigen Mann ehrfurchtsvoll bestattet hatte. Wegzehrung in Form gebrannter Bisonkeulen, schöne Feuersteinwerkzeuge lagen bei der Hand. Eine Grabstätte aus grauferner Zeit. …

3 Steinkistengrab aus der Jungsteinzeit. Ähnliche Bestattungen gab es schon in der Altsteinzeit. Foto.

Die Jäger und Sammler betteten die Toten in Gruben, oft in unmittelbarer Nähe ihrer eigenen Wohnstätte. Schmuck, Werkzeuge, Lebensmittel wurden mit ins Grab gegeben. Sie glaubten offensichtlich an ein Weiterleben nach dem Tod. Wie sie sich das Leben nach dem Tod vorstellten, wissen wir nicht.

Es ist anzunehmen, dass sich die Menschen gegenüber den Naturgewalten hilflos fühlten und Angst vor Blitz und Donner, Krankheit und Tod hatten. Sie werden sich gefragt haben, woher das alles kommt.

Beim Nachdenken über diese Fragen kamen die damaligen Menschen vermutlich auf den Gedanken, dass übernatürliche Kräfte, Götter und Geister ihr Leben beeinflussten.

2 Fasst zusammen, was ihr über die Grabstätten in der Altsteinzeit erfahren habt. Überlegt, inwieweit sie sich von unseren heutigen Vorstellungen unterscheiden.

3 Stellt selbst Höhlenzeichnungen her.

Hünengräber:
Übliche Bezeichnung für Großsteingräber in Norddeutschland. Sie wurden in der Steinzeit aus großen Steinblöcken oder -platten errichtet und waren ursprünglich mit einem Erdhügel bedeckt. Von einst ca. 5000 Großsteingräbern in Schleswig-Holstein sind heute nur noch etwa 300 mehr oder weniger gut erhalten.

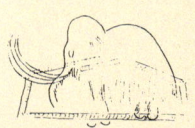

Ein Mammut in der Falle. Höhlenmalerei um 12 000 v. Chr.

Von Pfeilen getroffener Wisent. Höhlenmalerei um 15 000 v. Chr.

Ein Mammut versinkt im Sumpf. Rekonstruktion, Eiszeitmuseum Bornholm.

Die Jungsteinzeit

1 Bau eines Hauses in der ▶Jungsteinzeit*. Die verschiedenen Arbeitsgänge, Errichten der Tragpfosten in Gruben, Verlegen der Dachkonstruktionen, Herstellen der Flechtwände, Decken des Daches mit Schilf und Verputzen der Wände mit Lehm, werden hier zu gleicher Zeit gezeigt; damals wurden sie nacheinander ausgeführt. Rekonstruktionszeichnung aufgrund von Fundergebnissen.

▶**Jungsteinzeit*:**
In dieser Zeit (ca. 8000 bis 3000 v. Chr.) gingen die Menschen zum Ackerbau und zur Viehzucht über. Sie wurden sesshaft (▶ Sesshaftigkeit), das heißt: Sie lebten dauerhaft in Siedlungen.

Vorderer Orient*:
Länder des östlichen Mittelmeerraumes, z. B. Libanon, Syrien, Israel.

Lesetipp:
Gabriele Beyerlein/ Herbert Lorenz, Die Sonne bleibt nicht stehen. Eine Erzählung aus der Jungsteinzeit, Würzburg: Arena Verlag, 8. Auflage 2000 168 Seiten, € 5,50

Eine erschreckende Entdeckung

Der junge Steinzeitjäger Dilgo – so heißt es in einer erfundenen Geschichte – möchte in den Kreis der Erwachsenen aufgenommen werden. Dazu muss er eine Probe ablegen, nämlich fernab vom Lager vier Wochen lang sich allein im Wald durchzuschlagen. Dabei macht Dilgo eine Entdeckung, die ihn zutiefst erschreckt:

M Vorsichtig bog Dilgo auf der Erde liegend die Zweige der Hecke auseinander und spähte hindurch. ... Das Erste, was er aus seiner Lage heraus sehen konnte, waren der Zaun und dahinter die Dächer. Dilgo schloss die Augen und öffnete sie zögernd wieder. Er hatte halb und halb erwartet, das Bild würde verschwunden sein, aber nein, es war Wirklichkeit. So riesige Dächer waren doch nicht denkbar. Er richtete sich auf, da sah er die ganzen ... ja, was eigentlich? Das waren keine Hütten, wie Dilgo sie kannte. Diese Gebäude hatten riesige Ausmaße. ... Fünf solcher ungeheuren Gebäude konnte Dilgo erkennen und ein sechstes, unfertiges. Dieses beeindruckte ihn am meisten, denn es zeigte, wie unglaublich schwierig es sein musste, dieses Gebäude zu errichten.

1 Beschreibt die einzelnen Tätigkeiten auf Abbildung 1. Welche Dinge waren für Dilgo völlig neu? Achtet auf die Werkzeuge, die Kleidung, Dachbedeckung usw.

Die Menschen werden sesshaft

Vor etwa 8000 Jahren endete die letzte Eiszeit. Im Vorderen Orient* kam es in dieser Zeit zu reichen Regenfällen. Gerste und Weizen, die hier schon lange wild wuchsen, breiteten sich dadurch rasch aus. Bald gab es mehr Wildgetreide, als die Menschen während der kurzen Reifezeit verbrauchen konnten. So begannen sie, die Getreidekörner in Erdgruben aufzubewahren. Mit dieser Vorratswirtschaft konnten sie ihre Ernährung für mehrere Wochen oder Monate sichern. Sie mussten also in dieser Zeit nicht mehr als Nomaden umherziehen, um Nahrung zu suchen.

Aus Jägern werden Bauern und Viehzüchter

Bei der Aufbewahrung der Getreidekörner in den Erdgruben machten die Menschen vermutlich die Beobachtung, dass die Getreidekörner auskeimen und sich daraus neue Pflanzen entwickeln. Von dieser Beob-

Die Ausbreitung einer neuen Lebensweise

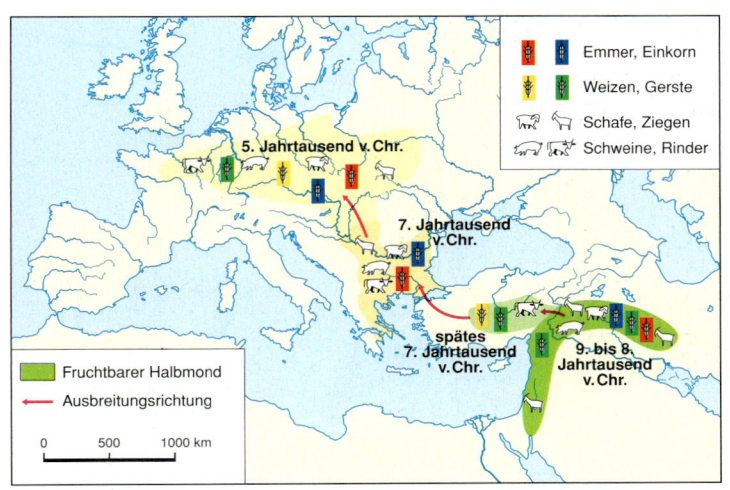

2 Die Ausbreitung der bäuerlichen Lebensweise.

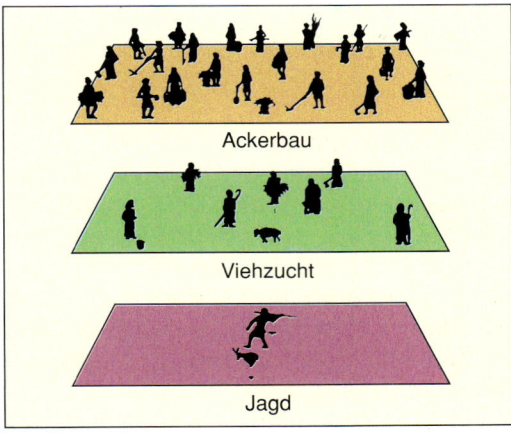

3 So viele Menschen konnten auf 1 km² ernährt werden.

Jungsteinzeitliche Weizenarten:
Einkorn, Zwergweizen, Emmer, Saatweizen; zum Vergleich eine heutige Weizenähre.

achtung bis zur planmäßigen Aussaat war es nur noch ein kleiner Schritt. Bald entdeckten sie, dass sie mehr ernteten, wenn sie den Boden auflockerten und den Samen von den größeren Ähren nahmen. So züchteten sie aus den Wildformen ertragreichere Getreidesorten. Für den Ackerbau mussten sie aber sesshaft werden.

Da sie nun längere Zeit an einem Ort lebten, lohnte sich für sie auch der Hausbau. Dies geschah im Vorderen Orient um 8000 v. Chr. Etwa in der gleichen Zeit lernten die Menschen im Vorderen Orient auch, Schafe und Ziegen, später Schweine und Rinder zu zähmen und zu züchten. So waren sie durch die Viehhaltung nicht mehr auf das Jagdglück angewiesen.

2 Erklärt Abbildung 3.

Die Ausbreitung der neuen Lebensweise

Durch den Ackerbau und die Viehhaltung wurde die Ernährung für die Menschen sicherer. Es gab mehr zu essen. Die Bevölkerungszahl nahm rasch zu. Im 7. Jahrtausend v. Chr. reichte das fruchtbare Land nicht mehr aus, um alle Menschen zu ernähren. So machten sich ganze Gruppen auf die Suche nach neuem Land, das sie bebauen konnten. Auf Schiffen, die groß genug sein mussten, um neben allen Familienangehörigen auch Nahrungsvorräte, Saatgut und Haustiere aufzunehmen, fuhren sie die afrikanische Nordküste entlang oder setzten über nach Griechenland und kamen so auch nach Westeuropa. Wo sie fruchtbaren Boden fanden, ließen sie sich nieder. Nachkommende Gruppen mussten dann weiterziehen. Beliebte Zugwege waren vermutlich Flusstäler.

3 Beschreibt die Karte 2. Auf Seite 293 findet ihr dazu einige Hilfen.

4 Bauern und Hirten treffen bei ihrem Zug in unserem Raum auf dort lebende Jäger und Sammler. Überlegt, wie sich beide Gruppen dabei verhalten haben könnten.

Neue Techniken

1 Töpferwaren aus einem jungsteinzeitlichen Dorf. Foto.

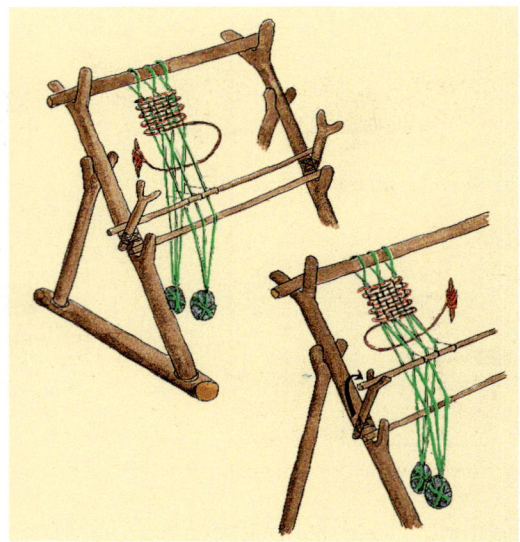

2 Steinzeitlicher Webstuhl. Skizze.

Zusammenleben in der Jungsteinzeit:
Die jungsteinzeitlichen Siedlungen lagen fast immer an einem großen Teich. Jede Familie baute ihre Nahrung an. Sie fertigte fast alle Geräte, die Werkzeuge und die Kleidung selbst.
Es wird angenommen, dass die Frauen auf dem Feld arbeiteten, töpferten, spannen, webten und nähten, Getreide verarbeiteten und Mahlzeiten vorbereiteten. Die Männer machten Boden urbar, bauten Häuser, stellten Werkzeug her, hüteten das Großvieh und gingen auf die Jagd. Die Kinder begleiteten ihre Eltern bei der Arbeit und lernten von ihnen das Lebensnotwendige.

Töpfern und Weben

In allen ausgegrabenen Siedlungen der Jungsteinzeit fanden die Frühgeschichtsforscher Töpferwaren. Wann und wo die Töpferei erfunden wurde, ist nicht genau bekannt, aber die einwandernden Bauern und Hirten kannten schon gebrannte Tonwaren. Die gebräuchlichste Technik war, dass von einem Stück gekneteter feuchter Tonerde ein flacher Boden hergestellt wurde. Aus kleinen Klumpen formten die Menschen Rollen und drückten diese dann ringförmig übereinander auf den Bodenrand. So entstand die Wand des Gefäßes. Nachdem die Wände glatt gestrichen waren, mussten die Gefäße an der Luft trocknen. Sie wurden anschließend im Feuer gebrannt. Dadurch wurden sie hart. Man hatte Gefäße für viele Zwecke, z. B. für die Aufbewahrung des Korns, zum Kochen und zum Trinken.
Die Funde von Spindeln beweisen, dass die Menschen in der Jungsteinzeit schon Garn gesponnen und Stoffe gewebt haben. Dazu verwendeten sie Flachs und Wolle.

1 Beschafft euch Ton und formt Gefäße.
2 Erkundigt euch, wie heute Tongeschirr geformt und gebrannt wird. Berichtet darüber.
3 Vergleicht die Nutzung von Tongeschirr in der Steinzeit und heute.
4 Beschreibt nach Abbildung 2, wie ein Stoff gewebt wird.

Vom Grabstock zum Pflug

Auch für die Bearbeitung des Bodens hatten die Jungsteinzeitmenschen Werkzeuge entwickelt. Abbildung 3 zeigt eine Entwicklungsreihe.

5 Erklärt, wie man mit den Geräten arbeiten kann.
6 Beschreibt die Vorteile, die der Spaten gegenüber dem Grabstock und der Pflug gegenüber dem Spaten brachte.

3 Grabstock, Spaten und Pflug. Rekonstruktionszeichnung.

Neue Techniken

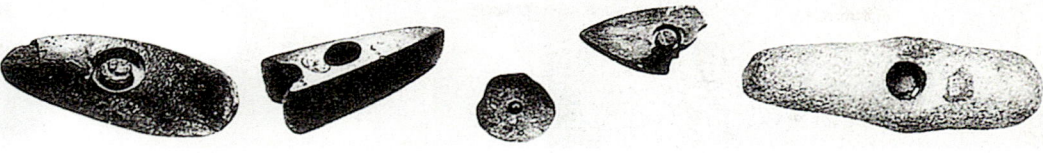

4 **Steingeräte der Jungsteinzeit.** Foto.

5 **Schleifen von Steingeräten.** Modellversuch.

 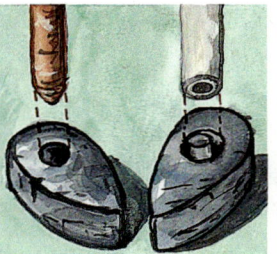 

6 **Bohren von Steinen.** Modellversuch.

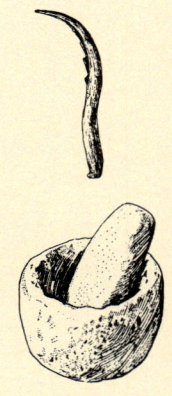

Erntemesser und Mahlstein. Rekonstruktionszeichnung. Zwei wichtige Geräte für die Menschen der Jungsteinzeit.

Steinbearbeitung

7 Vergleicht die Geräte auf Abbildung 4 mit altsteinzeitlichen Geräten.

In der Jungsteinzeit erfanden die Menschen das Schleifen und Bohren. Damit konnten sie bessere Beile herstellen, die für die vielen Holzarbeiten sehr nützlich waren.
Die grobe Form des Beils wurde aus einem Stein herausgeschlagen. Mithilfe von Sand und Wasser konnte dann die Oberfläche des Beils glatt geschliffen werden.
Schwieriger war das Bohren eines Loches für die Befestigung des Stiels.

8 Erläutert mithilfe des Textes die Abbildung 5.

9 Erklärt die Arbeitsweise der Bohrmaschine in Abbildung 6.

Als Bohrstab diente ein Stück Rundholz. Auf das fertig geschliffene Beil wurde Sand gestreut, der immer wieder angefeuchtet wurde. Darauf drehte sich der Bohrstab und schliff so allmählich ein Loch in den Stein. Man hat in Versuchen festgestellt, dass es etwa 100 Stunden dauerte, bis ein 4 cm dicker Stein durchbohrt war.
Die Suche nach einem schnelleren Verfahren führte dann zur Erfindung der „Hohlbohrung". Hierzu benutzte man keinen Vollholzstab, sondern einen Röhrenknochen. Nun blieb beim Bohren der „Kern" stehen. Mit dieser Technik konnte man einen 4 cm dicken Stein schon in 67 Stunden durchbohren.

10 Überlegt, was es bedeutet, wenn die Herstellung eines Steinbeils so lange dauerte.

11 Versucht, einen Stein mithilfe von Wasser und Sand auf einer Steinunterlage glatt zu schleifen.

Wagen der Jungsteinzeit. Rekonstruktionszeichnung. Im Vorderen Orient (Seite 50) erfand man das Rad, die Achse und den Wagen. Das erleichterte den Transport schwerer Lasten.

Menschen verändern ihre Umwelt

1 Landschaft am Bodensee im Zustand der Jungsteinzeit, um 3900 v. Chr. Rekonstruktion.

***Brandrodung*:**
Rodung durch Fällen der Bäume und anschließendem Abbrennen der Stämme zusammen mit dem Buschwerk, um dann Anbau zu treiben. Heute findet man die Brandrodung vor allem in den tropischen Regenwäldern. Die Böden auf Brandrodungsflächen laugen in der Regel schnell aus, sodass neue Flächen gerodet werden müssen (Wanderfeldbau).

Menschen verändern die Landschaft

Um 6000 v. Chr. hielten sich am Bodensee kleine Gruppen von Jägern und Sammlern für einige Wochen oder Monate auf. Es handelte sich vielleicht um 20 Personen; sie fingen Fische, jagten Wasservögel und sammelten die Haselnüsse. Vielleicht fällten sie auch einige Bäume, um Feuer zu machen. Größere Eingriffe in die Natur gab es aber erst, als um 3900 v. Chr. die ersten Bauern hier Dörfer gründeten (Abbildung 1). In etwa 40 Häusern lebten fast 200 Menschen. Sie fällten Bäume zum Hausbau und als Brennholz und rodeten größere Gebiete für den Ackerbau (Brandrodung*). Die Jungsteinzeitbauern legten bei günstiger Witterung große Flächenbrände an, die viel Wald vernichteten. Die durch Asche angereicherten Böden zwischen den verkohlten Baumstümpfen wurden aufgelockert und dann mit Getreide bestellt. Auf den nicht für die Saaten genutzten Flächen ließ man das Vieh weiden, das an den schnell aufsprießenden Pflanzen Nahrung fand. Waldfreie Flächen entstanden, die in den nächsten Jahren für die Getreideaussaat genutzt wurden. War der Boden ausgelaugt, verließen die Wanderbauern ihr Dorf, um es einige Kilometer weiter erneut aufzubauen. Auf diese Weise wurden starke Eingriffe in die Natur vorgenommen.

Heute steht hier eine moderne Wohnsiedlung mit 340 Häusern und etwa 1500 Bewohnern. Von den ursprünglichen Naturwäldern ist kaum etwas übrig geblieben.

1 Beschreibt Abbildung 1 und benennt, welche landschaftlichen Merkmale auf die Eingriffe der jungsteinzeitlichen Bauern zurückzuführen sind.

2 Eine Gruppe aus eurer Klasse kann sich z. B. im Stadtmuseum erkundigen, wie die Landschaft in eurer Gemeinde durch die Menschen verändert worden ist.

Arbeitstechnik: Besuch eines archäologischen Museums

2 Museum für die Archäologie des Eiszeitalters, Neuwied. Foto.

Was ist ein archäologisches Museum?

Sicherlich habt ihr schon einmal ein Museum besucht. Ihr wisst, dass es verschiedene Arten von Museen gibt, z. B. Heimat-, Stadt- oder Landesmuseen, historische, naturkundliche oder technische Museen, Uhren-, Spielzeug- oder sogar Schulmuseen und viele andere mehr. Museen sammeln und bewahren Gegenstände aus der Vergangenheit auf, erforschen diese und stellen sie für die Öffentlichkeit aus. In einem archäologischen Museum werden vorwiegend Funde aus der Vor- und Frühgeschichte, die von Archäologen ausgegraben, erforscht und restauriert worden sind, präsentiert.

Wie kann man ein archäologisches Museum erkunden?

In einem archäologischen Museum kann man als Schüler/-in oftmals selbstständig auf Entdeckungsreise gehen, an Modellen und Nachbildungen selbst ausprobieren, wie z. B. ein jungsteinzeitlicher Steinbohrer oder Webstuhl funktionierte oder versuchen, das Bogenschießen zu erlernen und so wichtige Informationen über die Vor- und Frühgeschichte seiner Heimat sammeln. Wie interessant und spannend ein Museumsbesuch aber wird, hängt von einer überlegten Durchführung ab.

1. Schritt:
Die Erkundung vorbereiten

- Das Ziel auswählen und evtl. Anreise und Kosten klären.
- Einen Termin für die Besichtigung/Führung vereinbaren.
- Das Thema, etwa: „Bei den Menschen der Jungsteinzeit", vorbereiten; einen Fragebogen entwerfen bzw. Arbeitsmaterialien beim Museum anfordern.
- Arbeitsgruppen mit bestimmten Aufgabenstellungen einteilen, z. B.: Wie sahen die Häuser damals aus? Welche Bestattungssitten und religiösen Bräuche gab es bei den Menschen der Jungsteinzeit? Was machten die Frauen und Kinder?
- Klären, wie die Ergebnisse festgehalten werden sollen (Notizen, Skizzen, Fotos oder – falls erlaubt – Videofilm).

2. Schritt:
Die Erkundung durchführen

Bei größeren Museen wird man durch die Fülle der Ausstellungsstücke eher verwirrt oder verliert die Lust an einer Besichtigung. Man muss sich auf bestimmte Bereiche konzentrieren. Museen sind entweder zeitlich oder nach bestimmten Themen aufgebaut. Einen Gesamtüberblick findet ihr oft im Eingangsbereich. Deshalb:

- Bei einer Führung möglichst alle vorbereiteten Fragen stellen.
- Gegebenenfalls Arbeits- oder Fragebogen ausfüllen.
- Wenn möglich und erlaubt: Skizzen anfertigen, Fotos machen, Werkstücke herstellen, Videofilm drehen …
- Wenn nötig: spontane Fragen stellen, weitere Informationen sammeln, unerwartete Beobachtungen festhalten.

3. Schritt:
Die Ergebnisse auswerten und dokumentieren

- Das gesamte Material sichten, ordnen und feststellen, ob alle wichtigen Fragen beantwortet sind.
- Wenn nötig, weitere Informationen zusammenstellen oder beschaffen (Museumsführer, Arbeitsmaterial des Museums, Internet, Lexika, CD-ROM).
- Festlegen, wie die Ergebnisse dokumentiert werden sollen. Möglichkeiten: Erkundungsbericht, Museumsrätsel, Wandzeitung, Ausstellung …

Metall – ein gewaltiger Fortschritt

▶ **Metallzeit*:**
Um 3000 v. Chr.:
Die Verarbeitung von Metall (Bronze) setzt sich im östlichen Mittelmeerraum für Werkzeuge, Waffen und Schmuck durch (Bronzezeit). Die Metallverarbeitung kommt um etwa 2000 v. Chr. nach Mitteleuropa.

Schalenguss*:
Zwei gleiche Formen werden aneinander gefügt, in den Hohlkörper wird von oben flüssige Bronze eingegossen. Diese Technik ermöglicht eine Formgebung auf beiden Seiten des hergestellten Geräts.

Gießen in der verlorenen Form*:
Aus Wachs wird ein Modell des Gegenstandes, der hergestellt werden soll, geformt und mit Ton umkleidet. Dann wird die Form erhitzt, das Wachs ausgegossen und die Form gebrannt. In diese Form wird Bronze gegossen. Um an das gegossene Bronzestück zu gelangen, wird der Tonmantel nach dem Erkalten zerschlagen.

Lesetipp:
Dirk Lornsen, Die Raubgräber, Stuttgart: Thienemann Verlag 1995, € 7,90
Eine spannende Geschichte um eine bronzezeitliche Ausgrabungsstätte!

1 Die verschiedenen Verfahren der Bronzeherstellung.
Unterschiedliche Gusstechniken. Rekonstruktionszeichnungen.

A Der offene Herdguss.

B Der Schalenguss*.

C Der Guss in der verlorenen Form*.

Die Bronze- und Eisenzeit

Die ältesten Metallgeräte stammen aus dem Raum des östlichen Mittelmeeres und sind aus Kupfer. Doch Kupfer ist sehr weich und war deshalb den Steinwerkzeugen nicht überlegen. Erst mit der Erfindung der härteren Bronze (9 Teilen Kupfer wurde 1 Teil Zinn zugesetzt) trat das Metall seinen Siegeszug an. Wir sprechen deshalb von der ▶ Metall- oder Bronzezeit*, die in Mitteleuropa um 2000 v. Chr. begann und etwa 1000 Jahre dauerte. Dann setzte sich ein noch besser bearbeitbares und verwendbares Metall durch: das Eisen.

Wie Bronze hergestellt wurde

Viele bronzezeitliche Bergwerke sind ausgegraben worden. Man fand z. B. in Spanien in einer Kupfergrube 20 tote Bergleute aus der Bronzezeit, die während einer Arbeitspause von niederstürzendem Gestein erschlagen worden waren. Kleidung, Geräte, Werkzeuge und Lampen sind von diesem, aber auch von anderen Schächten bekannt. Daher wissen wir, dass die Bergleute damals hauptsächlich im Tagebau arbeiteten. Lagen die erzführenden Schichten aber zu tief, gruben sie einen Schacht und erweiterten ihn unten, wo die Erze lagen, zu großen Räumen. Behauene Bäume dienten als Treppen; mit einer Winde und Seilen wurden die Körbe mit Erz herausgefahren.

Mit starkem Feuer erhitzten die Bergleute die Gesteinswand, dann schütteten sie kaltes Wasser dagegen. Dadurch wurden die Steine spröde und brüchig. Nun konnte das Erz aus dem Stein herausgeschlagen werden.

Über Tage wurde das Erz weiterverarbeitet und in „Hochöfen" ausgeschmolzen. Dazu schichteten die Menschen abwechselnd Erz und Holzkohle zu einem mannshohen Haufen auf, den sie mit Lehm abdeckten. Je ein Loch im Lehmmantel oben

Metall – ein gewaltiger Fortschritt

2 Bronzezeitlicher Bergwerksbetrieb (Kupfermine). Rekonstruktionszeichnung.

Die Menschen spezialisieren sich weiter

Seit die Bronze bekannt war, wollten immer mehr Menschen Werkzeuge, Waffen und Schmuck aus dem neuen Metall haben. Das führte dazu, dass sich an vielen Stellen die Bronzeherstellung oder -bearbeitung als regelrechtes Handwerk entwickelte. Viele Geräte, z. B. Sicheln, wurden in ganzen Serien gegossen. Die Handwerker lösten sich weitgehend aus der Landwirtschaft. Sie tauschten ihre Erzeugnisse gegen Lebensmittel. Aber sie stellten auch mehr Produkte her, als in ihrer Siedlung benötigt wurden. So fanden sich Männer, die mit den Bronzewaren über Land zogen und sie gegen andere Waren eintauschten. Zum Beispiel war Salz sehr begehrt, ebenso Bernstein. In einigen Grabstellen wurden sogar griechische Weingefäße gefunden. Die Händler konnten Besitz ansammeln.

und unten sorgte für den Durchzug. Außerdem führten sie mit einem Blasebalg Frischluft zu, um die Temperatur im Ofen zu erhöhen. Das geschmolzene Metall floss unten aus dem Ofen in vorbereitete Formen aus Lehm und erkaltete. Jetzt waren die Barren fertig. Um Geräte oder Waffen herzustellen, wurden Zinn und Kupfer zusammengeschmolzen, dadurch erhielt man Bronze. Diese wurde dann in Formen gegossen.

1 Beschreibt die Arbeitsgänge, die nötig sind, um eine Bronzesichel, eine Speerspitze und eine Bronzefigur herzustellen.
2 Vergleicht die Arbeitsvorgänge in den verschiedenen Techniken. Welche mag man für Massenwaren benutzt haben?
3 Überlegt, was es für die Bauern bedeutete, dass ein Kilogramm Kupfer den Wert von 20 Arbeitstagen hatte.

Um 800 v. Chr.:
Beginn der Eisenzeit in Europa. Waffen, Küchengeräte und Werkzeuge werden nun aus Eisen, das weniger spröde ist als Bronze, hergestellt. In eisenzeitlichen Siedlungen nahezu in ganz Europa fanden Archäologen Werkstätten wie Schmieden, Glasdrehereien oder Töpfereien. Auch fand man Werkzeuge, die der Herstellung von Geldmünzen dienten.
Die eisenzeitlichen Siedlungen wurden von Stämmen, die man die Kelten nennt, geschaffen. Die Kelten pflegten bereits Handelsbeziehungen bis in den Vorderen Orient. Der römische (lateinische) Name für die Kelten lautete Gallier.

3 Eisenzeitliche Siedlung aus dem Siebengebirge/Rheinland. Rekonstruktionszeichnung.

Keltischer Goldschmuck. *Foto.*

Der Mann aus dem Eis

Die Leiche des Gletschermannes am Fundort.
Foto, 1991.

Im Hochgebirge ermordet

Eisig fegte der Wind über die Felsen, die Herbstsonne verschwand hinter riesigen, grauschwarzen Wolken. Wie schnell sich doch im Gebirge das Wetter ändern konnte! Ein schwer bepackter Mann stieg keuchend den Berg hinauf. Besorgt blickte er zu dem immer düsterer werdenden Himmel. „Ich hätte mich früher nach einem Unterschlupf umsehen sollen", schoss es ihm durch den Kopf. „Ich finde den Weg nicht. Diese verdammten Wolken! Man sieht ja keinen Pfeilschuss weit", murmelte er verzweifelt.

Der Mann hatte sich vorgestern in einem Dorf lautstark mit einem Jäger gestritten. Er hatte das Gefühl, dass er verfolgt wurde. Die rettende Landmarke, die ihm den Weg über den Berg weisen sollte, kam nicht in Sicht.

Plötzlich ein lauter Schrei. Der Mann fällt blutüberströmt zu Boden. Ein Pfeil steckt in seinem Rücken. Unter einem windgeschützten Felsvorsprung versucht er sich vor seinem Feind und dem tobenden Schneesturm zu schützen. Stöhnend bricht er den Pfeil ab, die Pfeilspitze steckt noch in seiner linken Schulter. Vor Erschöpfung und durch den starken Blutverlust fallen ihm bald die Augen zu: „Nicht einschlafen", sagt er immer wieder zu sich selbst, „nicht einschlafen ..." – denn dies wäre der sichere Tod.

Eine archäologische Sensation

Was wirklich an jenem Tag geschehen ist, lässt sich nur vermuten. Ziemlich genau 5300 Jahre später, am 19. September 1991, stießen Bergwanderer am Rande eines Schneefelds auf 3200 Metern in den Ötztaler Alpen auf den im Eis tiefgefrorenen Leichnam des Mannes. Der Tote, der nach seinem Fundort „Ötzi" genannt wird, war 1,60 Meter groß und etwa 35 bis 40 Jahre alt. Er hatte eine Pfeilspitze in der linken Schulter. Sie steckte sieben Zentimeter tief in seinem Körper und hatte nur knapp die Lunge verfehlt. Der Mann war mit Leder, Pelz und Schilfgras gekleidet, er trug ein Kupferbeil, einen Dolch mit Steinklinge, einen Bogen (ohne Sehne) sowie einen Lederköcher mit 14 Pfeilen (aber nur zwei schussfertig gefiedert) bei sich. Zu seiner Ausrüstung gehörten ferner ein ledernes Gürteltäschchen mit Feuersteinklingen, Knochenahle und einem Stück Zunderschwamm.

Fast 100 Wissenschaftler untersuchten den Gletschermann. Aus den Untersuchungsergebnissen wurde deutlich, dass er am Ende der Jungsteinzeit lebte, aber – wie das Kupferbeil beweist – in Berührung mit höher entwickelten Menschen jenseits der Alpen gekommen sein musste.

Wer war „Ötzi"? War er ein Jäger, ein Almhirte oder gar ein Händler? Aus welcher Gegend stammte er? Fragen, auf die Wissenschaftler heute eine Antwort suchen.

1 *Versucht, den Zweck der Ausrüstungsgegenstände Ötzis zu erklären.*

Internet-Tipp:
http://www.archaeologiemuseum.it/index_f.html

Sachbuch-Tipp:
Gudrun Sulzenbacher, Die Gletschermumie. Mit „Ötzi" auf Entdeckungsreise durch die Jungsteinzeit, Wien/Bozen: Folio/BU-GRIM Verlag 2000
64 Seiten, € 15,80

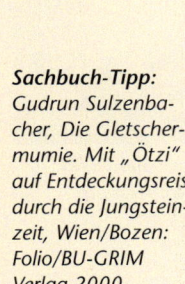

Zusammenfassung

Der Mensch als Jäger und Sammler

Die ältesten Spuren der Menschen auf der Erde sind rund zwei Millionen Jahre alt. Das Leben der Menschen besonders in den ▶Eiszeiten war ein ständiger Kampf um Nahrung und Kleidung. Die Menschen in der ▶Altsteinzeit jagten Tiere und sammelten pflanzliche Nahrung. Die Jäger und Sammler lernten, das Feuer zu benutzen. Sie mussten dem wandernden Wild nachziehen und Gebiete aufsuchen, in denen es genügend pflanzliche Nahrung gab. Deshalb lebten sie als ▶Nomaden.

Der Mensch als Ackerbauer und Viehzüchter

Vor 12 000 Jahren begann eine umwälzende Veränderung bei den Jägern und Sammlern im Vorderen Orient. Den Menschen wurde bewusst, dass sie sich besser ernähren konnten, wenn sie selbst Pflanzen anbauten, und dass man um so mehr erntete, je besser man den Boden bearbeitete. Deshalb erfanden sie neue Arbeitsgeräte: den Grabstock, den Spaten, den Pflug. Die Menschen lernten auch, Tiere zu züchten. Damit wurde die Fleischversorgung sicherer. Die Menschen in der ▶Jungsteinzeit wurden ▶sesshaft. Dort, wo die Äcker angelegt wurden, bauten sie sich Häuser. In den Dörfern lebten sie in Familien und Sippen zusammen. Die neue Wirtschaftsform dehnte sich langsam auch nach Mitteleuropa aus. Nun gab es genügend Nahrung und einzelne Menschen konnten sich als Handwerker spezialisieren (▶Arbeitsteilung). Neue Techniken wurden entwickelt.

Beginn der Metallzeit in Europa

Vor 5000 Jahren begann die ▶Metallzeit. Die Menschen lernten im Laufe der Zeit, aus Kupfer und Zinn Bronze herzustellen. Funde aus der Bronzezeit deuten darauf hin, dass Bauern und Hirten mehr Lebensmittel produzierten, als sie selbst verbrauchten. Dafür konnten sie wertvolle Metallwaffen und -geräte, aber auch Schmuck eintauschen.

Zum Nachdenken

Ein Wissenschaftler hat einmal folgende Behauptung aufgestellt: Der heutige Mensch könne unter den Lebensbedingungen der Neandertaler nicht überleben. Umgekehrt wäre es wohl denkbar, dass ein Neandertaler ein zuverlässiger Vorarbeiter oder Abteilungsleiter in einem Betrieb werden könne.

1 Nehmt Stellung zu dieser Behauptung.

vor ca. 2 000 000 Jahren

In Afrika entwickelt sich der Mensch.

vor ca. 1 500 000 Jahren

Der Frühmensch wandert in Europa ein. Die Menschen der Altsteinzeit lebten als Jäger und Sammler.

vor ca. 12 000 Jahren

Erster Getreideanbau und erste Viehzucht. Beginn der Jungsteinzeit im Vorderen Orient.

vor ca. 5000 Jahren

Beginn der Metallzeit in Europa.

2. Antike Hochkulturen

Kartusche mit dem Namen Ptolemaios

Kartusche mit dem Namen Kleopatra

Der Name Ptolemaios in ägyptischen Hieroglyphen (oben) und in griechischen Zeichen

Frankreich, 1822: Fasziniert untersucht der Sprachforscher Jean François Champollion einen seltsamen Stein, den ein Soldat in der ägyptischen Ortschaft Rosette gefunden hat. Er ist über und über mit drei Schriften bedeckt: Oben sind uralte Hieroglyphen-Zeichen zu sehen, die niemand mehr versteht; in der Mitte eine andere alte Schrift, das so genannte Demotische. Nur den unteren Teil in griechischer Schrift kann Champollion mühelos lesen. Darin ist von König Ptolemäus die Rede. Champollion vermutet, dass dieser Königsname in der Hieroglyphen-Schrift in einer Umrandung (Kartusche) geschrieben steht. Champollion ordnet den Hieroglyphen die jeweiligen Buchstaben zu. In einem anderen Hieroglyphen-Text findet er eine ähnliche Kartusche und kann darin den Namen der Königin „Cleopatra" erkennen. Er vergleicht beide Namen und findet drei Zeichen, die übereinstimmen. Nach und nach findet er heraus, dass die ägyptische Hieroglyphen-Schrift keine reine Bilderschrift ist, wie die meisten anderen Forscher vermuten, sondern eine Kombination von Lautzeichen und Deutzeichen mit besonderer Bedeutung. Damit hat er das Rätsel der Hieroglyphen gelöst.

1 Zeichnet aus den beiden Kartuschen die Zeichen heraus, die in beiden Namen vorkommen. Welche sind es?
2 Erzählt, was ihr über die Hieroglyphen und über das Leben im Alten Ägypten schon gehört habt.
3 Informiert euch genauer über J. F. Champollion (Lexikon, Internet).

Schauplatz: Von Schriften ...

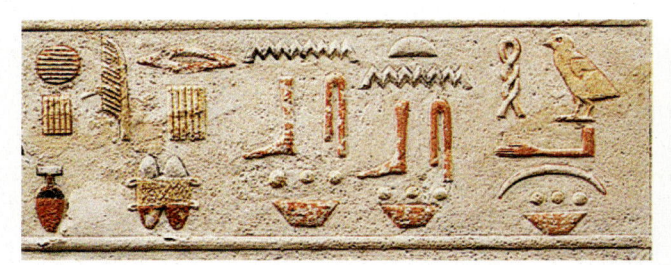

1 Tafel mit Hieroglyphen aus Ägypten.

2 Heutige Bildzeichen (Piktogramme).

3 Keilschrifttafel aus dem Zweistromland.

1 Untersucht die Bedeutung der einzelnen Bildzeichen (Abbildungen 1–3). Welche Zeichen erkennt man nicht so leicht und warum ist das so?
2 Nennt die Unterschiede zwischen den Abbildungen 2 und 3.
3 Spielt einmal „Stille Post": Eine Schülerin oder ein Schüler gibt die folgende Nachricht flüsternd an einen Tischnachbarn weiter, der an den nächsten usw. Am Schluss wird die Nachricht laut vorgetragen. „Das Dorf Amsira hat ab der nächsten Woche 45 Männer für den Tempelbau in Luxor abzustellen. Handwerkszeug ist mitzubringen. Jeder Arbeiter bekommt täglich ein Brot, drei Fische und eine Kanne Bier. Die Arbeit dauert von Sonnenaufgang bis Sonnenuntergang."
Versucht jetzt, die Bedeutung der Schrift für die Menschen früher und heute zu klären.

Zwei Länder – zwei Schriften

Ab etwa 3000 v. Chr. entwickelten sich unabhängig voneinander in Ägypten die Hieroglyphenschrift und in Mesopotamien an den Flüssen Euphrat und Tigris die Keilschrift (Seite 40). Anfangs ging man in beiden Schriftarten von Bildern aus, um etwas auszudrücken. Das Wort „Falke" wurde also durch das Bild eines Falken dargestellt oder „Wasser" durch ein Wasserbild. Im Laufe der Zeit benutzte man aber auch Zeichen für eine bestimmte Silbe oder einzelne Laute. Ein Wort konnte demnach aus einem einzigen Bildzeichen oder mehreren Lautzeichen bestehen. Die ägyptische Schrift wurde zunächst nur in Steine eingeritzt (deshalb nannten sie die Griechen ▶Hieroglyphen = heilige Einkerbungen). Später wurde mit Tinte und Pinsel auch auf Papier, das die Ägypter Papyrus nannten, geschrieben.

Im Zweistromland entstanden allmählich einfache Schriftzeichen, die man mit Stäbchen leicht in weiche Tontafeln schreiben konnte, die später gebrannt wurden. Aus der Keilschrift ist auf dem Weg über die griechische Schrift unsere heutige lateinische Schrift entstanden.

4 Erfindet Bildzeichen für Gegenstände des täglichen Lebens und legt dazu eine Übersicht an.

... und Schreibern

4 Ägyptische Schreiber bei der Landvermessung. Grabmalerei um etwa 1400 v. Chr.

5 Ägyptische Schreiber bei der Besteuerung der Ernte. Grabmalerei um etwa 1400 v. Chr.

Ich lasse dich die Schriften mehr lieben als deine Mutter

Der hohe ägyptische Beamte Cheti schrieb um 1900 v. Chr. an seinen Sohn:

Q Ich lasse dich die Schriften mehr lieben als deine Mutter. Ich führe dir ihre Schönheit vor Augen; sie ist größer als die aller anderen Berufe und im ganzen Lande gibt es nichts, was ihnen gliche. Kaum hat ein Schriftkundiger angefangen heranzuwachsen – er ist noch ein Kind –, so wird man ihn grüßen und als Boten senden; ... Ich habe den Arbeiter über seiner Arbeit beobachtet, an der Öffnung seines Schmelzofens. Seine Finger sind krokodilartig, er stinkt mehr als Fischlaich. ... Der Töpfer steckt in seinem Lehm: der beschmiert ihn mehr als ein Schwein, bis er seine Töpfe gebrannt hat. ... Der Weber ist innen in der Werkstatt, er hat es schlechter als seine Frau, die gebiert. ... Wenn er den Tag verbracht hat ohne zu weben, wird er mit fünfzig Peitschenhieben geschlagen. ... Siehe, es gibt keinen Beruf, in dem einem nicht befohlen wird, außer dem des Beamten; da ist er es, der befiehlt.

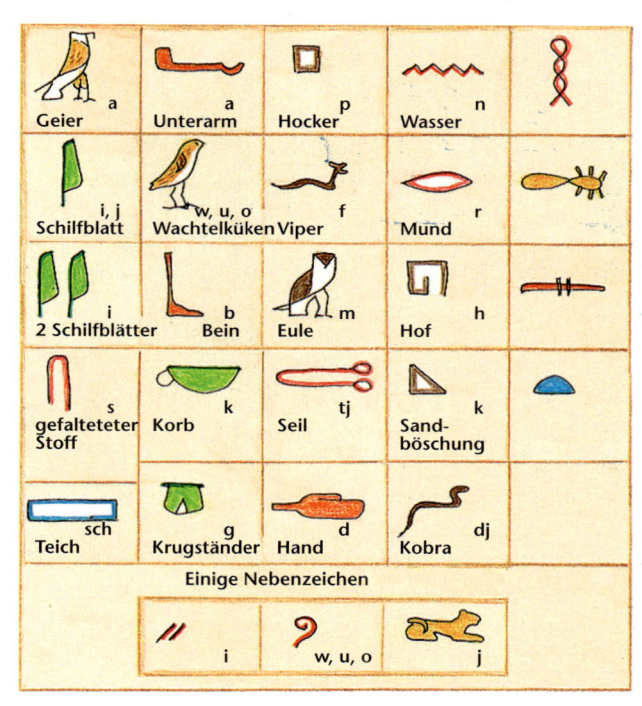

6 Hieroglyphentafel.

5 Beschreibt die Abbildungen 4 und 5. Erklärt die Aufgaben der Schreiber und ihre Stellung gegenüber den Bauern.

6 Nennt Argumente für und gegen bestimmte Berufe, die der Beamte Cheti in der Quelle vorstellt. Warum werden die Handwerksberufe so negativ dargestellt?

7 Klärt mithilfe der Materialien auf dieser Doppelseite die Bedeutung der Schrift für den Staat, einzelne Personen, Schule und Beruf früher und heute.

Was ihr noch tun könnt:

Vielleicht sind in eurer Klasse Schülerinnen oder Schüler, die andere Schriften kennen (z. B. kyrillisch, arabisch). Lasst sie euch von ihnen aufschreiben und erklären. Ihr könnt dann einen Text entwerfen und ihn in verschiedenen Schriften auf einer Wandzeitung festhalten.

Ihr könnt euch Texte mit Keilschrift (Gips, Ton) selbst herstellen, Lesezeichen mit euren Namen in Hieroglyphen anfertigen (Abbildung 6).

Schauplatz: „Auge um Auge, Zahn um Zahn"

1 Oberer Teil der Gesetzessäule des Königs Hammurabi. 18. Jahrhundert v. Chr.

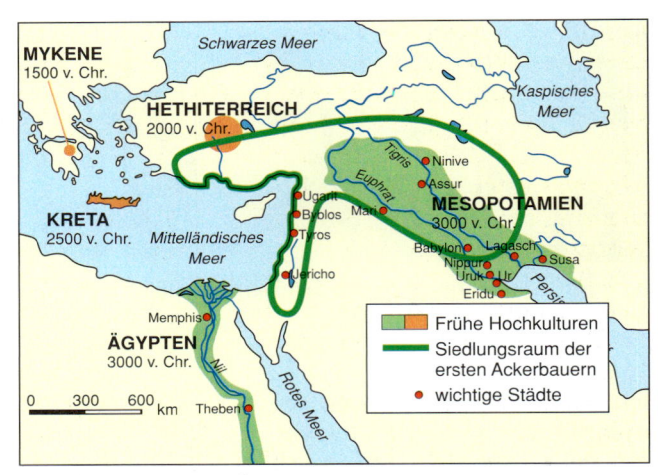

2 Die Hochkulturen Ägypten und Mesopotamien.

Die Gesetze des Königs Hammurabi

1902 fand man auf dem Gebiet der altorientalischen Stadt Susa, die im heutigen Irak liegt, eine 2,25 Meter hohe Steinsäule, in die Bilder und Keilschriftzeichen eingearbeitet sind. Sie stammt aus der Zeit um 1700 v. Chr., als König Hammurabi von der Stadt Babylon aus das gesamte Gebiet zwischen den Flüssen Euphrat und Tigris, das so genannte Zweistromland, beherrschte.

Im oberen Teil der Säule (Abbildung 1) ist Hammurabi dargestellt, wie er in ehrfürchtiger Haltung eine Schriftrolle aus der Hand des Sonnengottes Marduk entgegennimmt. Im unteren Teil der Säule ist ein langer Text in Keilschrift in den Stein gemeißelt. Er umfasst 282 Gesetze, die der König während seiner Amtszeit erlassen hat (siehe Q). Hammurabi ließ als erster König Gesetze schriftlich festhalten.

Das Zweistromland

In Mesopotamien siedelten sich schon vor etwa 5000 bis 6000 Jahren Menschen an. Sie bauten dort Kanäle und Deiche, bewässerten die Felder und lebten von der Landwirtschaft. Es wurden zahlreiche Städte gegründet, die sich zu Stadtstaaten entwickelten. Im Zentrum der Städte stand ein Tempel. Die Herrscher waren Priesterkönige, die, wie die Menschen glaubten, ihre Macht und ihren Auftrag von einem Gott erhielten.

Kunst, Architektur, Wissenschaft und Technik standen in großer Blüte. Es entstand die erste Schrift. Damit konnte man Nachrichten übermitteln, Ernteergebnisse festhalten oder auch Gesetze aufschreiben. Das Zusammenleben von Menschen in einer solch hoch entwickelten Gemeinschaft nennt man ▶Hochkultur.

1 Notiert aus der Karte einige Stadtstaaten am Euphrat und am Tigris.
2 Überlegt, warum sich Hochkulturen gerade an großen Flüssen entwickelt haben.
3 Listet auf, welches Merkmale einer Hochkultur sind.
4 Überlegt, warum es wichtig ist, dass Gesetze aufgeschrieben werden. Berücksichtigt dabei auch den Gesichtspunkt des Zusammenlebens vieler Menschen auf engem Raum.

Arbeitstechnik: Textquellen lesen

Aus den Gesetzen des Königs Hammurabi (▶ Codex Hammurabi, 18. Jahrhundert v. Chr.):

Q Wenn ein Bürger einen Bürger bezichtigt und ihn mit Mordverdacht belastet, es ihm aber nicht beweist, so wird derjenige, der ihn bezichtigt hat, getötet.

22. Wenn ein Bürger Raub begangen hat und er daraufhin ergriffen wird, so wird dieser Bürger getötet.

53. Wenn ein Bürger bei der Befestigung seines Felddeiches die Hände in den Schoß gelegt und den Deich nicht befestigt hat, in seinem Deich eine Öffnung entsteht, er gar die Flur vom Wasser wegschwemmen lässt, so ersetzt der Bürger, in dessen Deich die Öffnung entstanden ist, das Getreide, das er vernichtet hat.

54. Wenn er das Getreide nicht ersetzen kann, so verkauft man ihn und seinen Besitz; und seine Mitbürger, deren Getreide das Wasser weggeschwemmt hat, teilen den Erlös.

195. Wenn ein Sohn seinen Vater schlägt, so wird man ihm die Hand abhacken.

196. Wenn ein Bürger das Auge eines Bürgersohnes zerstört, so zerstört man sein Auge.

200. Schlägt ein Bürger den Zahn eines ihm ebenbürtigen Bürgers aus, so schlägt man seinen Zahn aus.

5 *Vergleicht in der Quelle die Gesetzesverstöße mit den angedrohten Strafen und diskutiert das Schlagwort „Auge um Auge, Zahn um Zahn".*

Textquellen lesen

Die folgenden Arbeitsschritte helfen euch, Textquellen wie die Gesetze des Königs Hammurabi besser zu verstehen:

1. Schritt:
Fragen zum Text

■ Wovon berichtet der Text? (Lest den Text sehr genau und beachtet, welche Orte, Personen oder Gruppen und Handlungen genannt werden.)

■ Welche unbekannten Wörter müssen wir klären? (Fragt euren Lehrer/eure Lehrerin nach unbekannten Begriffen oder schlagt im Lexikon nach. Der Begriff „Flur" wird z. B. in „Meyers Lexikon" umschrieben als „offenes, nicht bewaldetes Kulturland einer Siedlung".)

■ Wie ist der Text gegliedert? (Lassen sich für einzelne Abschnitte Überschriften finden? Welcher Gesichtspunkt steht jeweils im Mittelpunkt der einzelnen Abschnitte?)

■ Gibt es Textstellen, die Widersprüche, Einseitigkeiten oder Übertreibungen enthalten?

2. Schritt:
Fragen zum Verfasser

■ Welche Informationen haben wir über den Verfasser?

■ Welche Absichten verfolgte der Verfasser vermutlich mit seinem Text?

6 *Probiert die Arbeitstechnik an Q aus.*

So geht es weiter ...

In Ägypten entsteht ein Staat   **42**

Wie die Menschen das fruchtbare Niltal nutzbar machten und dabei zu einer staatlichen Gemeinschaft wurden ...

Religion und Herrschaft   **44**

Die Verwaltung des Reiches   **45**

Über die Religion und ihren Einfluss auf die Herrschaftsform in Ägypten...

Alltag im Alten Ägypten   **46**

Wie die Ägypter wohnten und welche Bedeutung die Familie für sie hatte ...

Pyramiden – Wohnungen für die Ewigkeit   **48**

Der Totenkult   **49**

Warum die Pyramiden gebaut wurden und wie man sich den Tod vorstellte ...

Mensch und Technik   **50**

Wie die neuen Lebensumstände zu neuen Techniken führten ...

In Ägypten entsteht ein Staat

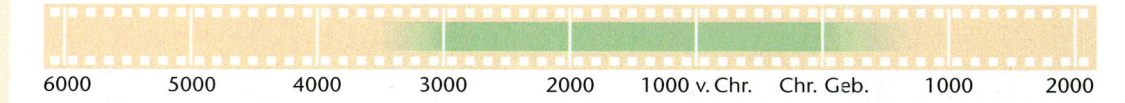

| 6000 | 5000 | 4000 | 3000 | 2000 | 1000 v. Chr. | Chr. Geb. | 1000 | 2000 |

Der Nil*:
Er ist der längste Fluss der Erde; vom Ursprung bis zur Mündung misst er 6650 Kilometer. Das lange und schmale Niltal ist an manchen Stellen nur 1 km, nirgends mehr als 20 km breit. Vor seiner Mündung in das Mittelmeer teilt sich der Fluss in viele Arme. Dieses Delta hat einen Durchmesser von mehr als 200 km.

Lesetipp: Erzählte Geschichte
Christian Jacq, Die Pharaonen, München: dtv 2000 168 Seiten, € 10,–

Die Geschichte beginnt am Nil*

Wo sich heute in Ägypten endlose Wüsten erstrecken, gab es einst tropische Wälder und zahlreiche Seen. Wie in Europa lebten die Menschen bis etwa 5000 v. Chr. als Jäger und Sammler von der Jagd und dem Fischfang, von Früchten und essbaren Pflanzen. Infolge einer allmählichen Klimaveränderung wurde es immer trockener. Ägypten verwandelte sich in eine Wüstenlandschaft. Die Grundlage für die Existenz der Jäger und Sammler ging verloren. Bald drängten sich immer mehr Menschen im schmalen Niltal. Dort bot der Fluss die Möglichkeit, als Bauern zu überleben.

1 *Die Abbildungen 1 und 3 zeigen das Niltal von Assiut. Sucht den Ort auf der Karte.*
2 *Stellt mithilfe der Abbildungen fest, wo für die Ägypter Ackerbau möglich war und wo sie wohnten.*

1 Der Nil bei Assiut. Foto, 1984.

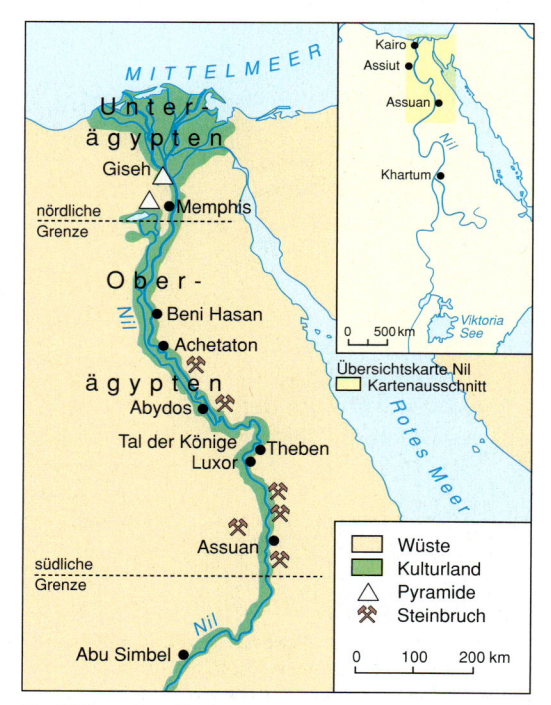

2 **Altägypten**. Karte.

Der Nil – Lebensspender und Plage

Regelmäßig im Sommer führte der Nil Hochwasser und bewässerte das ausgetrocknete Land. Die Ägypter beobachteten, dass zwischen den Überschwemmungen rund 365 Tage lagen. Sie entwickelten einen Kalender, der es ihnen ermöglichte, sich auf das Hochwasser vorzubereiten.

Der Schlamm, den der Nil mit sich führte, war sehr fruchtbar, düngte die Felder und sorgte für eine reiche Ernte. Manchmal waren die Überschwemmungen so gewaltig, dass die Strömung alles mit sich riss, oder so geringfügig, dass viele Felder trocken blieben: Die Menschen erkannten, dass sie das Nilhochwasser unter Kontrolle bringen mussten. Dazu war es notwendig zusammenzuarbeiten: Das Tiefland wurde durch Deiche geschützt und in große Felder unterteilt. War das Nilwasser genügend angestiegen, so wurden die Schleusen an den Deichen geöffnet. Das schlammige Wasser floss durch die Kanäle in die Felder. Das Nil-

In Ägypten entsteht ein Staat

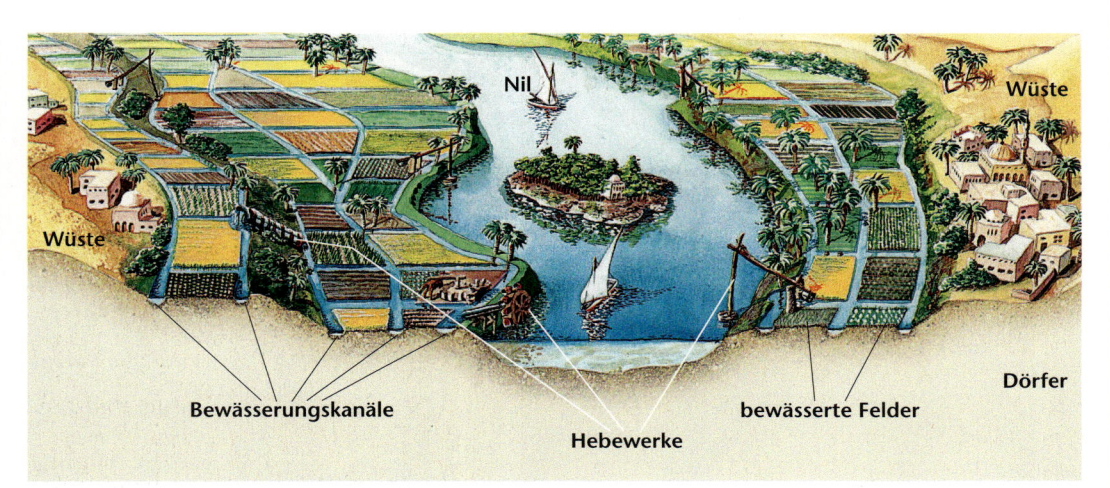

3 Querschnitt durch das Niltal. Schemazeichnung.

tal glich dann einem flachen See, aus dem nur die Deiche und die auf Hügeln erbauten Dörfer herausragten. Mit Schöpfgeräten wurde zusätzlich Wasser auf höhere und entfernter gelegene Felder verteilt.

3 Erläutert, warum der Nil sowohl der Lebensspender sein konnte als auch eine Plage.

4 Versucht in einem Spiel darzustellen, wie sich die Zusammenarbeit der Bauern entwickelte. Versucht euch vorzustellen, welche Argumente die Befürworter und die Gegner von Wasserbauprojekten vorbrachten.

Am Nil entsteht ein ▶Staat*

Die Menschen in Ägypten lebten zunächst in dörflichen Siedlungen. Im Zentrum jeder Siedlung stand ein Tempel, in dem dem Gott jeder Gemeinschaft geopfert wurde. Wahrscheinlich schlossen sich seit der Mitte des 4. Jahrtausends v. Chr. viele Siedlungen zusammen um unter einheitlicher Verwaltung gemeinsam Deiche, Kanäle, Staudämme und Auffangbecken zu bauen. Aus dem Flusstal des Nils wurde dadurch im Laufe der Zeit eine fruchtbare Flussoase. Mit der Größe solcher Verwaltungsbezirke wuchs auch das Ansehen und die Macht der oberen Verwalter.

Schließlich kam es zur Bildung von zwei größeren Herrschaftsgebieten: das eine in Unter-, das andere in Oberägypten. Aus ihnen entstand um 3200 das altägyptische Reich mit der Hauptstadt Memphis. Welche Ereignisse dazu geführt hatten, dass sich die gesamte Macht in den Händen eines Herrschers konzentrierte, weiß man bis heute nicht genau.

5 Erklärt, welche Rolle der Nil bei der Entstehung des Staates spielte.

4 Ein Bauer schöpft Nilwasser in einen Bewässerungskanal. Grabmalerei um 1250 v. Chr.
Die Schöpftechnik ist auch heute noch bei Bauern in Gebrauch.

Um 3000 v. Chr.:
Ober- und Unterägypten werden unter einem Herrscher vereinigt.

Vorratswirtschaft:
Die Menschen im Alten Ägypten begannen schon sehr früh, in guten Erntejahren Überschüsse zu sammeln und sie in Speichern als Vorräte zu lagern.
Diese Vorratswirtschaft hatte noch weitere Vorteile. Nicht mehr alle Menschen mussten Bauern sein. Ein Teil der Bevölkerung wurde für andere Arbeiten frei und konnte von den Bauern mitversorgt werden. Forscher, Künstler, Handwerker und Händler konnten sich so ganz ihrem Beruf widmen. Eine vielfältige Arbeitsteilung bildete sich heraus.

▶*Staat*:*
die Vereinigung vieler Menschen innerhalb eines abgegrenzten Raumes unter einer eigenen Herrschaftsgewalt.

Religion und Herrschaft

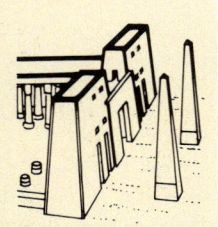

Horustempel in Edfu.

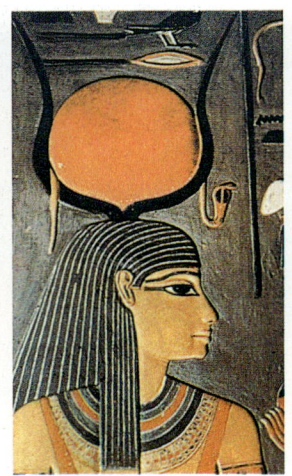

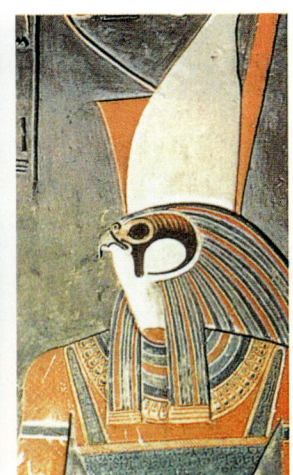

1/3
**Osiris, Herrscher des Totenreiches.
Isis, die Muttergöttin.
Horus, der Königsgott.**
Alle drei Götterbilder stammen aus altägyptischen Gräbern.

▶ *Pharao**:
Titel der gottgleichen ägyptischen Könige. Der Begriff bedeutet ursprünglich „großes Haus" und diente auch der Bezeichnung des königlichen Palastes. Als Alleinherrscher bestimmte der Pharao über das Land und die Bewohner Ägyptens.
Nur wenigen Frauen gelang es, den Titel Pharao zu bekommen. Die bedeutendste von ihnen war Hatschepsut, die im 15. Jahrhundert v. Chr. in einer Übergangsphase die königliche Macht für ihren noch unmündigen Stiefsohn ausübte. Ihre Regierungszeit war eine Zeit des Wohlstands für Ägypten, in der große Handelsexpeditionen stattfanden.

Von den ägyptischen Göttern
Im alten Ägypten gab es eine Vielzahl von Göttinnen und Göttern. Jedes Dorf hatte seine eigene Schutzgottheit, und auch für jeden Lebensbereich war eine Gottheit zuständig. Im Alltag der Menschen spielten sie eine große Rolle. Man opferte ihnen und betete für die Erfüllung ganz persönlicher Wünsche: für die Genesung von Krankheit, bei Kinderlosigkeit und vor allem für gute Ernten. Überall im Land standen Tempel, in denen Gottesdienste abgehalten wurden.
Einige der Gottheiten wurden in ganz Ägypten verehrt. So glaubte man, dass Osiris im Totenreich herrschte. Nach der Vorstellung der Ägypter kamen alle Menschen, die nichts Böses getan hatten, nach ihrem Tode dorthin. Eine wichtige Gottheit war auch Isis, die Muttergöttin, die den Frauen half.

Die Götter verändern ihr Aussehen
Wie die Menschen in der Jungsteinzeit sahen auch die Ägypter in natürlichen Erscheinungen wie der Sonne göttliche Mächte. Viele Tiere, deren Fähigkeiten bewundert wurden, galten als heilig, so etwa das Krokodil oder der Falke. Die Götter hatten ursprünglich oft Tiergestalt. In dem Maße, in dem es die Ägypter lernten, ihre Umwelt zu verstehen, nahmen ihre Götter zum Teil menschliche Gestalt an oder Tier- und Menschengestalt vermischten sich.

Gottgleiche Herrscher
Auch die Herrscher, ▶ Pharaonen* genannt, hatten einen Schutzgott, den Königsgott Horus, das bedeutet: „der Ferne". Nach der Vorstellung der Ägypter besaß er im regierenden Pharao seine menschliche Gestalt. Gleichzeitig galt jeder Pharao als Sohn des Re, dem Gott der Sonne, der nach der Vorstellung der Ägypter die Welt erschaffen hatte. So nahm der Pharao selbst den Rang eines Gottes ein. Er war für seine Untertanen heilig und unerreichbar. Seine Anordnungen und Entscheidungen galten als der Wille der Götter. Zugleich stellte man sich vor, dass die Pharaonen die Götter dem Volk gegenüber gnädig stimmen.

Der Pharao herrscht uneingeschränkt
Als gottgleicher „Herrscher über Ober- und Unterägypten", so einer seiner Titel, konnte der Pharao allein wichtige Festlegungen treffen, etwa über die Höhe der Steuern. Oder er verfügte, wo Tempel oder Staudämme gebaut wurden. Über die Umsetzung seiner Anordnungen wachten hohe Beamte, die der Pharao persönlich berief.

1 *Beschreibt die in den Bildern dargestellten ägyptischen Götter.*
2 *Erläutert, warum die Untertanen dem Pharao gehorsam sein mussten.*

Die Verwaltung des Reiches

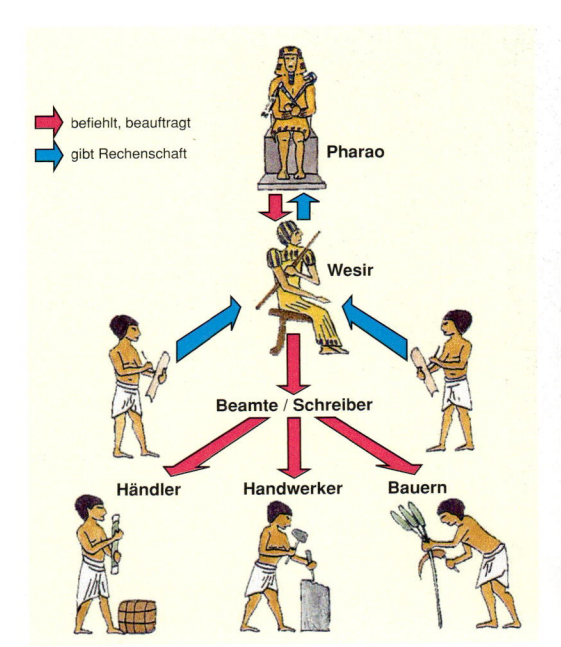

4 Die Herrschaftsordnung im Ägypten der Pharaonenzeit.

5 Der Schreiber. Bemalte Kalksteinstatue eines Schreibers, um 2500 v. Chr.

Rekonstruktion eines Schreibgerätes.
Es besteht aus einer Palette mit zwei Vertiefungen für rote und schwarze Farbe, einem Wasserbeutel zum Anrühren der Farbe und einem Behälter für die Pinsel.

Der Pharao herrscht durch seine Beamten

Man schätzt, dass im alten Ägypten zwischen ein bis zwei Millionen Menschen lebten. Von ihnen dürften etwa 10 000 bis 20 000 Männer als Beamte tätig gewesen sein. Nur sie haben uns schriftliche Nachrichten hinterlassen über das Leben in der damaligen Zeit.

Oberster Beamter war der Wesir*. Er war der Stellvertreter des Königs. Seit zirka 2000 v. Chr. gab es zwei Wesire, je einen für Unter- und Oberägypten. Der Wesir war oberster Richter, oberster Polizeichef und oberster Heerführer. Er überwachte die jährliche Feldvermessung ebenso wie die Steuereinnahmen. Alle Verwaltungen in Dörfern und Städten unterstanden ihm. Täglich musste er dem Pharao alle wichtigen Ereignisse und Entscheidungen vortragen. Alle Befehle des Pharaos leitete der Wesir an seine Beamten weiter.

Über die Beamtenschaft im Alten Ägypten heißt es in einem wissenschaftlichen Buch aus dem Jahre 1989:

M … Innerhalb der altägyptischen Beamtenschaft bestand eine ausgeprägte ▶ Hierarchie*: Ganz unten waren die einfachen Schreiber, die Viehherden, Getreideablieferungen usw. aufschreiben mussten oder auch in den Dörfern hie und da für einen „Analphabeten" einen Brief schrieben, kleinere Streitigkeiten schlichteten und Arbeiten überwachten; unter diesen Menschen galten auch schon die niedrigen Schreiber als Respektspersonen, als Mitglieder der gesellschaftlichen Elite. Ganz oben standen die Beamten, die im Staat eine Rolle spielten, die man mit der unserer Minister, Präsidenten und Kanzler vergleichen könnte; über ihnen gab es nur noch den König. Die hohen Beamten hatten ihrerseits wieder eine ganze Schar von Beamten zur Verfügung, an die sie Arbeiten delegieren (= abgeben) konnten …

3 „Die Beamten im Alten Ägypten waren die eigentlichen Herren im Land." Erklärt diesen Satz.

Wesir*:
Stellvertreter des Königs. Er war der oberste Richter, oberster Polizeichef und oberster Heerführer.

▶Hierarchie*:
Rangfolge, Rangordnung.

Alltag im Alten Ägypten

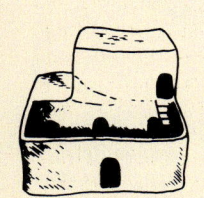

Einfaches ägyptisches Haus. Mittleres Reich, Zeichnung nach einem Tonmodell.

1 Haus eines vornehmen Ägypters. Rekonstruktionszeichnung.

Der Schreiber Ani hat um 1500 v. Chr. für seinen Sohn Folgendes aufgeschrieben:
„Nimm dir eine Frau, solange du jung bist. Sie soll dir einen Sohn bringen und Kinder bekommen, solange du noch ein junger Mann bist. … Eine verheiratete Frau wird eingestuft nach ihrem Ehemann. Ein Mann wird eingestuft nach seinem Rang."

Wie wohnten die Ägypter?

Die Häuser der reichen wie auch der armen Ägypter wurden aus ungebrannten Lehmziegeln gebaut, die im Sommer die Häuser kühl und im Winter warm hielten. Bilder in Gräbern zeigen prächtige Häuser, in denen reiche Ägypter wohnten. Ausgrabungen bestätigten diese Darstellungen. Solche Häuser hatten drei Bereiche: einen Wohnraum, einen Empfangsraum und den Schlafbereich, der mit einem Bad und einer Toilette ausgestattet war. Das ganze Haus war weiß gestrichen, die Türpfosten bunt. Die Häuser der Reichen hatten oft einen eigenen Brunnen, sonst versorgte man sich aus öffentlichen Brunnen mit Wasser. Die Wasserversorgung und die Entsorgung des Abwassers wurde sorgfältig überwacht, nichts wurde verschwendet. Über die Wohnungen der Armen wissen wir wenig. Die Ausgrabung einer Arbeitersiedlung zeigt, dass die Armen auf engem Raum in kleinen Häusern lebten und mit Wasser sehr viel schlechter versorgt waren als die Reichen.

Ägypten – die Wiege des Handwerks

Noch heute kann man in Ägypten die hohe Kunst der Handwerker im Alten Ägypten bewundern. Sie konnten Granit bearbeiten, sie erfanden die Glasherstellung und verarbeiteten Kupfer, Silber und Gold zu prächtigem Schmuck. Sie beherrschten die Techniken zur Erzeugung besonders hoher Temperaturen. Die Schreiner stellten Möbel aller Art und Boote her. In den Webereien entstanden prächtige Tuche und Alltagsstoffe. Die hoch entwickelte Küstenseefahrt mit Segelschiffen stellte den Kontakt zu vielen Ländern des Vorderen Orients her.

Männer und Frauen

Die Ägypter heirateten früh. Die Mädchen waren in der Regel erst 12 oder 13, die Jungen oft nicht älter als 15 Jahre. Das Ehepaar erschien vor einem Beamten des Pharaos, der den Namen und den Besitz von Mann und Frau aufschrieb. Anschließend ging man in den Tempel des Stadtgottes, um zu opfern und den Segen zu empfangen.
Nach der Meinung der Forschung gab es im Alten Ägypten bereits eine feste Rollenverteilung. Der Mann ging seinem Beruf außer-

Alltag im Alten Ägypten

2 Ehepaar bei der Feldarbeit.
Grabmalerei um 1500 v. Chr.

3 Melkende Bäuerin.
Modell aus der Zeit um 2000 v. Chr.

halb des Hauses nach, auf dem Feld und in der Werkstatt. Die Frau führte den Haushalt und kümmerte sich um die Kindererziehung. In vielen armen Familien konnte der Mann mit seiner Arbeit die Familie nicht allein ernähren. Deshalb arbeitete auf dem Land die Frau auch auf dem Feld (Abbildung 2). In der Stadt konnten Frauen auch als Blumenbinderin, Weberin oder Spinnerin arbeiten. Manche Frauen spezialisierten sich auf die Herstellung von Parfümen und Perücken oder auf die farbige Bemalung von Papyrus, dem Schreibmaterial der Ägypter. In Darstellungen reicher und vornehmer Familien erscheinen Frauen an der Seite ihres Mannes. Diese Frauen werden dort als „Herrin des Hauses" bezeichnet. Sie durften eigenes Vermögen besitzen und erben. Bei einer Scheidung erhielten sie ein Drittel des Familienbesitzes.

Die Familie

Viele Überlieferungen betonen die Bedeutung der Familie. Der Sinn der Ehe lag darin, Kinder zu bekommen und aufzuziehen. So bemerkte ein griechischer Schriftsteller mit Verwunderung, dass den Ägyptern jedes Kind willkommen war und keines – im Gegensatz zu Griechenland – ausgesetzt wurde.

1 Versucht, euch in die Lage der Menschen in Ägypten zu versetzen und schildert euren Tagesablauf. Teilt dazu in der Klasse die Rollen von Arm und Reich, Mann und Frau auf und vergleicht.

4 Der Zwerg Seneb, Vorstand der königlichen Webereien, mit seiner Frau, die ihn liebevoll umfasst, und seinen beiden Kindern. Bemalter Sandstein, um 2250 v. Chr.

Das Leben der Kinder:
Von Bildern wissen wir, dass Kinder schon früh am Arbeitsleben ihrer Eltern teilnahmen. Alle Berufe wurden vom Vater an den Sohn weitergegeben. Zumindest die Jungen aus vornehmeren Familien besuchten etwa ab dem sechsten Lebensjahr eine Schule, die sie mit etwa 16 bis 18 Jahren beendeten. Obwohl bekannt ist, dass es Frauen gab, die lesen und schreiben konnten, gibt es keine Berichte darüber, dass Mädchen Schulunterricht bekamen.
Zumindest die Kinder wohlhabender Familien hatten aber auch Zeit zum Spielen: Während sich die Jungen eher mit Sportspielen beschäftigten, zogen die Mädchen offenbar Geschicklichkeitsspiele wie Jonglieren vor.

Kinderspiele aus dem Alten Ägypten.

Pyramiden – Wohnungen für die Ewigkeit

1 Die Cheopspyramide, erbaut um 2500 v. Chr.
Sie ist 146 m hoch und an jeder Seite 230 m lang. Ihre Außenverkleidung ist im Laufe der Jahrhunderte zerstört worden. Foto, 1979.

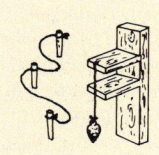

Ägyptische Werkzeuge zur Steinbearbeitung.

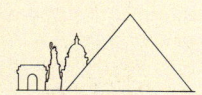

Wie hoch sind die Pyramiden?
Die höchste Pyramide ist die Pyramide des Pharaos Cheops. Sie ist mit 146 Metern höher als der Triumphbogen in Paris (49,50 m), höher als die Freiheitsstatue in New York (92 m) und die Kathedrale St. Paul in London (110 m).

Sachbuch-Tipp:
David Macaulay, Wo die Pyramiden stehen, München: dtv junior 1986
84 Seiten, € 7,–

Die Pyramiden – Wohnungen für die Ewigkeit

Die bekanntesten Bauwerke des alten Ägypten sind die ▶Pyramiden in Giseh. Im Glauben daran, dass der Pharao als Sohn des Sonnengottes Re auch nach seinem Tod noch für sein Volk sorgt, schufen die Ägypter die Bauten als Königsgräber, als „Wohnungen nach dem Tod".

Die Pyramide des Pharao Cheops, die um 2500 v. Chr. erbaut wurde, ist der gewaltigste Steinbau der Welt. 2 300 000 Steine sind in dieser Pyramide verbaut, jeder Stein wiegt 2,5 Tonnen. Würden alle Steine der Cheopspyramide auf einen Containerzug verladen, dann würde dieser Zug von Athen bis München reichen.

Wer baute die Pyramiden?

Nach heutigen Berechnungen waren beim Pyramidenbau etwa 4000 Facharbeiter 20 Jahre lang beschäftigt. Sie wohnten in eigens angelegten Dörfern in kasernenähnlichen Unterkünften. Schätzungen zufolge mussten jedes Jahr 70 000 Bauern während der Überschwemmungszeit Zwangsarbeit leisten. Zu ihren Arbeiten gehörte auch der Transport der Steine von den Steinbrüchen bis zum Nil. Über die damit verbundenen Probleme berichten die Quellen nichts. Aus der sehr viel späteren Zeit von Ramses IV. (12. Jahrhundert v. Chr.) gibt es aber einen Hinweis. Eine Inschrift besagt, dass von 9262 Männern, die in die Steinbrüche des Wadi Hamamat gesandt wurden, 900 nicht mehr zurückkehrten; sie waren in der Wüste ums Leben gekommen.

Das „Tal der Könige"

In späteren Jahrhunderten ließen sich Pharaonen ihre Gräber im „Tal der Könige" in Felsen hauen (Karte Seite 42). Dort wurde 1922 das Grab des Pharaos Tutanchamun (1347–1336 v. Chr.) gefunden. Es ist bislang das einzige Grab, dessen kostbare Ausstattung man unversehrt vorfand. Allein für den innersten der drei Särge, in dem die Mumie des Königs lag, waren 110 kg reinen Goldes verarbeitet worden. Kein Wunder, dass vor allem in Notzeiten immer wieder versucht wurde, die Königsgräber aufzubrechen und zu berauben.

Ein Grabräuber berichtet

Ein Grabräuber gestand im Jahr 1121 v. Chr.:
Q … Wir sind in den Gräbern gewesen … und fanden das Pyramidengrab des Königs Sebekemsaf. … Wir öffneten … die Särge, in denen der König und die Königin lagen und fanden die ehrwürdige Mumie des Königs. … Seine Goldmaske bedeckte ihn. Die ehrwürdige Mumie des Königs war ganz mit Gold überzogen. Seine Särge waren innen und außen mit Gold und Silber geschmückt und mit jeder Art von Edelsteinen eingelegt.
Wir rissen das Gold ab, das wir an der ehrwürdigen Mumie des Gottes fanden. … Dann teilten wir zwischen uns (acht) Dieben das Gold … .

Jeder Dieb, so berichtet der Grabräuber weiter, erhielt über 1,8 kg Gold. Den Gegenwert verdiente ein Arbeiter in etwa 48 Jahren, sofern er überhaupt das entsprechende Alter erreichte.

1 Sucht auf der Karte (Seite 42) die Steinbrüche und den Standort der Pyramiden. Überlegt, wie man die Steine transportieren konnte.

Der Totenkult

2 Die Mumifizierung. Bemalter Holzsarg mit der Darstellung einzelner Szenen, 1./2. Jahrhundert v. Chr.
Unten: zwei verschiedene Versionen der Leichenwäsche;
Mitte: Aufbahrung und Auftreten der Balsamierungspriester;
oben rechts: Abschlusszeremonie durch den Totenpriester, der die Maske des Totenbegleiters Anubis trägt;
oben links: fertig gewickelte Mumie auf einer Löwenbahre, darunter die Krüge mit den Eingeweiden.

Die Sorge für das Leben nach dem Tode

Die Ägypter glaubten an ein Weiterleben nach dem Tode. Sie waren überzeugt, dass die Verstorbenen im Jenseits ein Leben führten, das dem auf der Erde glich. Die Körper sollten erhalten bleiben, damit die Seelen, die beim Tode den Körper verließen, jederzeit zurückkehren konnten. Deshalb entwickelten die Ägypter die Mumifizierung. Besonders wichtig war die Erhaltung der Mumie des Pharaos, denn er sollte im Jenseits weiterhin für die Untertanen sorgen.

Den Mumien wurde alles mit ins Grab gegeben, was sie vorher im Leben gewohnt waren: Essen und Trinken, Möbel und Geräte, Kleidung und Schmuck. In der früheren Zeit gab man den Toten die wirklichen Gegenstände mit, später stellte man die Grabbeigaben nur noch in Bildern dar. Deshalb gibt es viele Gräber mit farbenprächtigen Wandmalereien.

Das Totengericht

Das Leben nach dem Tode war nur für diejenigen erreichbar, die nach dem Totengericht von den Göttern aufgenommen wurden. Nach den Vorstellungen der Ägypter mussten sich die Menschen nach ihrem Tode vor einem Gericht der Götter für ihre Lebensführung verantworten. Hatte sich der Verstorbene im Leben nicht rechtschaffen verhalten, so glaubten die Menschen, müsste er einen zweiten Tod sterben, der ihn endgültig auslöschte. Um den Verstorbenen zu helfen, das ewige Leben zu erlangen, legten die Hinterbliebenen ihnen ein so genanntes Totenbuch* ins Grab, das sie bei der Rechtfertigung vor dem Totengericht unterstützen sollte.

2 *Vergleicht eure Vorstellungen von dem Leben nach dem Tode mit den Vorstellungen der Ägypter.*

Totenbuch*:
Die Ägypter legten den Verstorbenen ein Totenbuch in das Grab. Es sollte ihnen bei der Rechtfertigung vor dem Totengericht behilflich sein. Auszüge aus einem Totenbuch sind uns überliefert:
„Ich habe niemanden zum Weinen gebracht. Ich habe nicht getötet. … Ich habe die Speise in den Tempeln nicht geschmälert. … Ich habe am Ackermaß nichts vermindert. Ich gab Brot dem Hungrigen und Wasser dem Durstigen, eine Fähre dem, der ohne Schiff war."

Der Goldsarg des Pharaos Tutanchamun. Foto.

Lesetipp:
Katherine Roberts, *Der große Pyramidenraub*, München: Carl Hanser Verlag 2003
304 Seiten, € 14,90

Mensch und Technik

1 Vierrädriger Wagen. Südmesopotamien um 2650 v. Chr.

Spezialisierung*: sich beruflich auf ein Teilgebiet beschränken, zum Beispiel als Facharbeiter (Goldschmied) oder Facharzt (Kinderarzt).

Rationalisierung*: die zweckmäßige Gestaltung von Arbeitsabläufen mit dem Ziel, den Erfolg zu steigern oder den Aufwand zu verringern. Folge der Rationalisierung von Arbeitsabläufen durch den Einsatz von Technik (Erfindungen, Maschinen, Computern etc.) ist jedoch häufig der Verlust zahlreicher Arbeitsplätze.

Der Nil macht erfinderisch

Im Umgang mit dem jährlichen Hochwasser machten die Bewohner des Niltals viele technische Fortschritte. Die Arbeitsteilung hatte nicht nur zu Spezialisierungen* im Handwerk geführt, sondern auch Wissenschaftler und Künstler hervorgebracht. So werden unter anderem die Entwicklung des 365-tägigen Kalenders, der das Jahr in 12 Monate zu je 30 bis 31 Tagen einteilt, und die Technik der Landvermessung auf die Hochkultur am Nil zurückgeführt: Da die jährliche Überschwemmung die Grenzen der Felder ganz verschwinden ließ, mussten die Flächen immer wieder neu und gerecht verteilt werden. Für ihre Erfindungen machten sich die Ägypter bereits bekannte geometrische und astronomische Erkenntnisse zunutze.

„Erfinder" im Zweistromland

Ähnlich wie in Ägypten verlief die Entwicklung bei den Sumerern in Mesopotamien an den Flüssen Euphrat und Tigris. Auch ihnen werden wichtige Erfindungen zugeschrieben. So entwickelten sie vermutlich als Erste ein einfaches, aber effektives landwirtschaftliches Gerät: den Pflug. Bis dahin hatte man mit Grabstöcken oder Steinhacken Löcher für das Saatgut in den Boden getrieben. Der erste Pflug bestand aus einem gebogenen Holzstock, meist einer Astgabel. Eine Person zog ihn, eine zweite schob nach und drückte dabei das gebogene Ende so in das Erdreich, dass eine Furche entstand. Schon im 4. Jahrtausend v. Chr. besaßen die Sumerer dann eine kupferne Pflugschar, vor die sie Ochsen spannten. Dieser Schritt bedeutete zugleich die Kombination von Ackerbau und Haustierhaltung, zwei bislang völlig getrennte Wirtschaftszweige.

Manche der Pflüge hatten sogar Trichter, die das Saatgut verteilten, sobald der Boden aufgelockert war. Die fortschrittlichen Anbaumethoden verbesserten die Erträge so, dass die Landpächter trotz hoher Abgaben, die bis zur Hälfte der Jahresproduktion betrugen, noch ausreichend Getreide für den Eigenbedarf übrig behielten.

Eine bahnbrechende Errungenschaft

Der frühen Spezialisierung der Sumerer verdanken wir vermutlich einen weiteren technischen Fortschritt: die Erfindung des Rades. Das Prinzip war bereits in der Töpferscheibe verwirklicht. Die Töpfer legten einen Klumpen Ton auf eine horizontale Scheibe, die auf einer Drehachse saß, und versetzten sie in Schwung, wenn sie ein Rundgefäß formen wollten, eine Technik, die sich bis heute erhalten hat.

Die Sumerer kamen wohl erstmals auf den Gedanken, solche Scheiben hochkant zu stellen und zur Konstruktion eines Wagens zu verwenden, wodurch sich eine Rationalisierung* des Transportwesens ergab.

1 Diskutiert die Behauptung: Die Erfindung des Rades gehört zu den wichtigsten technischen Erfindungen der Menschheit.

2 Stellt dar, was die Erfindung des Wagens für jene Menschen bedeutete, die bis dahin ihren Unterhalt als Lastenträger verdient hatten.

Zusammenfassung

Ägypten – Beispiel einer ▶ Hochkultur
Als sich das Klima in Ägypten änderte, das Land austrocknete und alles verdorrte, zogen sich seit etwa 5000 v. Chr. die Menschen an die Ufer des Nils zurück und wurden sesshaft. In der Zeit um 3200 v. Chr. begannen die Ägypter, Dämme und Kanäle zu bauen, um die Fluten des Nils auf ihre Äcker zu lenken. Sie erfanden Kalender und Schrift, bauten Städte und gründeten einen ▶ Staat mit dem ▶ Pharao an der Spitze. Eine große Zahl von Beamten war für die Verwaltung zuständig. Daneben gab es Handwerker, Künstler, Arbeiter, Priester, Wissenschaftler, die sich ganz ihren jeweiligen Tätigkeiten widmen konnten, da die Bauern mehr produzierten, als sie selbst brauchten.

Der ägyptische Staat
An der Spitze des ägyptischen Staates stand der Pharao mit einer beinahe unbegrenzten Machtfülle, von seinen Untertanen wie ein Gott verehrt. Die Verwaltung des Landes, seiner Menschen und Erträge gehörte zu den Aufgaben der Beamten. Frauen waren von der Beamtenlaufbahn ausgeschlossen. Ihnen begegnet man in der Landwirtschaft, wo sie mithelfen müssen, oder auch als Handwerkerinnen. Ihr eigentlicher Tätigkeitsbereich aber sind das Haus und die Familie. „Herrin des Hauses" wird sie in den Texten oft genannt, und in diesem Bereich genoss sie hohes Ansehen.

Die Religion der Ägypter
Im religiösen Bereich galt die Hauptsorge dem ewigen Leben im Jenseits, das man sich teilweise als Fortsetzung des diesseitigen Lebens vorstellte. Ausdruck dieses Glaubens waren die Mumifizierung der Toten sowie die ▶ Pyramiden (um 2500 v. Chr.) und Grabkammern, in denen der Tote wohnte, versorgt mit allem, was er „zum Leben" brauchte.

Andere Hochkulturen
Ähnlich hoch entwickelte, auf der Grundlage von Gesetzen (z. B. ▶ Codex Hammurabi) und der Arbeitsteilung organisierte Staaten gab es auch an anderen großen Flüssen, so zwischen Euphrat und Tigris (Mesopotamien um 3000 v. Chr.), am Indus (um 2500 v. Chr.) und in China (um 1500 v. Chr.). Man bezeichnet sie als Hoch- oder Stromkulturen.

Zum Nachdenken
1 Diskutiert, ob ihr als Bauer lieber in Ägypten oder in einem Dorf der Jungsteinzeit gelebt hättet.
2 Begründet eure Entscheidung.

5000 v. Chr.
Nomaden besiedeln die Tiefebene des Nils.

3200 v. Chr.
In Ägypten entsteht eine Hochkultur.

3000 v. Chr.
An der Spitze des ägyptischen Staates steht ein Pharao.

1000 v. Chr.
Ägyptens Großreich zerfällt. Ägypten wird 30 v. Chr. römische Provinz.

3. Die Griechische Welt

1 Beschreibt die Bilder und findet heraus, aus welchen Lebensbereichen sie stammen.
2 Überlegt, wobei ihr schon einmal auf Spuren der alten Griechen gestoßen seid (ein Tipp: denkt dabei auch an Bereiche wie Mathematik oder Physik).

„Werke von unsterblichem Ruhm" werde man schaffen, soll der athenische Staatsmann Perikles (443–429 v. Chr.) gesagt haben, als er in seiner Heimatstadt Athen prächtige Tempel und öffentliche Gebäude errichten ließ. Tatsächlich wurden sie von Architekten späterer Jahrhunderte immer wieder zum Vorbild für eigene Entwürfe gemacht, und selbst die Ruinen der antiken Bauwerke beeindrucken noch heute Millionen von Menschen.

Doch auch in anderen Bereichen bestehen Verbindungen zwischen unserer Welt und der Welt der „alten Griechen": Noch immer sind Freundschaft und Verständigung die Leitmotive der Olympischen Spiele, auch wenn sie nicht mehr zu Ehren der olympischen Götter stattfinden. Die Weisheit griechischer Denker und Forscher schuf die Grundlage für unser Bild von der Welt und vom Menschen. Und der Name für unsere Gesellschaftsform stammt aus dem Griechischen: „Demokratie" – „Herrschaft des Volkes". Wie wurde sie von den Griechen vor etwa 2500 Jahren gelebt?

Schauplatz: Vom Umgang mit Andersdenkenden

1 Touristen in Delphi. Foto.

Unsterbliches Griechenland

Die Fundamente der Demokratie liegen im alten Athen und den anderen Stadtstaaten, deren Bürger immer um eine gerechte Verteilung der Macht und eine möglichst weitgehende Beteiligung an der Regierung bemüht waren. Unser Wort Politik entstammt dem griechischen ‚Polis', dem Stadtstaat als einem Gemeinwesen, in dem die Bürger ihr Zusammenleben für alle erträglich organisieren wollten.

Natürlich ist es auch damals nicht gelungen, den ‚Idealen Staat' zu erschaffen. Auch in den griechischen Stadtstaaten gab es Licht und Schatten, Ungerechtigkeit und Unterdrückung, auch hier wurden Menschen mit abweichender Meinung angefeindet und ausgegrenzt.

Weil das zu allen Zeiten aus unterschiedlichen Gründen so gewesen ist, zeigen euch die folgenden Seiten fünf Beispiele für den Umgang mit Andersdenkenden aus verschiedenen Jahrhunderten.

1 *Bearbeitet die fünf Beispiele in Gruppen. Organisiert anschließend eine Diskussionsrunde, wo zunächst jede Gruppe ihr Beispiel vorstellt und danach eine gemeinsame Beurteilung der jeweiligen Situation stattfindet.*

Scherbengericht
Zeitsprung in das Jahr 573 v. Chr.:

„Glück und Gesundheit und ein herzliches Willkommen. Heute ist ein wichtiger Tag für die Bürger der Stadt Athen, unserer Polis. Wir freien Männer sind aufgerufen zum Scherbengericht. Du weißt sicher auch, dass es nichts Schlimmeres gibt, als Politiker, die vollkommen selbstherrlich über die Geschicke der Stadt bestimmen wollen und damit auf dem besten Wege sind, eine Tyrannei zu errichten. Um das zu verhindern, haben wir im Laufe der Zeit eine sehr weitgehende Mitbestimmung der Bürger durchgesetzt, wie z. B. das Scherbengericht. Und das geht so:

Die freien Männer versammeln sich einmal im Jahr auf der Agora, das ist der große Versammlungsplatz zu Füßen der Akropolis gleich neben dem Töpferviertel. Nun kann ein jeder den Namen desjenigen Politikers, dem er misstraut, auf eine Tonscherbe aus den großen Abfallhaufen der Töpfer schreiben oder ritzen. Wird ein Name mindestens 6000-mal genannt, muss der Mann ‚seinen Hut nehmen', wie man bei euch sagt. Damit er nicht aus dem Untergrund weiter aktiv ist, muss er das Land verlassen und darf es die nächsten zehn Jahre nicht mehr betreten. Natürlich kommt es dabei auch schon mal zu Irrtümern, besonders dann, wenn die Gegner eines Politikers die Leute aufhetzen gegen ihn zu stimmen. Aber wo geht schon immer alles gerecht zu!"

2 Tonscherbe mit dem Namen des Staatsmannes Themistokles. Foto.

Schauplatz: Vom Umgang mit Andersdenkenden

Damnatio memoriae
Zeitsprung in das Jahr 87 n. Chr.

„Salve Marcus, du hast dir für deinen Besuch in unserer Zeit eine günstige Stunde ausgesucht, denn alles ist wieder friedlich. Wir haben schlimme Jahre erlebt. Ein grausamer Kaiser, dessen Name ich nicht mehr nennen darf, endete durch Selbstmord und hinterließ das Imperium im Chaos. In den Wirren der Nachfolge brach am Niederrhein ein Aufstand aus.
Du musst wissen, wir sind fest davon überzeugt, dass jemand nach seinem Tod noch so lange im Jenseits weiterlebt, wie man sich seiner erinnert. Am besten wäre ein großes Steindenkmal dort, wo jedermann noch nach Jahrhunderten den Namen lesen kann. Herrscher sorgen durch viele Gedenksteine dafür, dass die Erinnerung niemals erlischt, so ist ewiges Leben garantiert.
Die schlimmste Strafe für einen Römer ist deshalb die damnatio memoriae, die Verdammnis, eine Art Erinnerungsverbot. Hierzu werden von verdammten Personen alle Denkmäler gestürzt und die Namen auf den Grab- oder Gedenksteinen weggemeißelt. So gibt es nun keine Inschrift mehr mit dem Namen des grausamen Kaisers. Auch der Name unserer Legion, die sich am Aufstand beteiligt hatte, wurde überall ausgelöscht. Wie findest du das?"

2 *Findet Gründe für oder gegen die römische ‚damnatio'; überlegt, wie man sich fühlt, wenn man für jemanden ‚Luft' ist!*

An den Pranger gestellt
Zeitsprung in das Jahr 1245

„Kommt mit und seid gegrüßt. Ich habe es eilig, ihr seht ja, dass wir hier heute Markttag haben und drüben bei der Gerichtslaube ist mächtig was los. Die Talbäuerin steht seit der neunten Stunde am Pranger, wahrscheinlich hat sie wieder kleine Äpfel zu hohem Preis verkaufen wollen. Aber das wäre nicht das erste Mal, dass sie gegen die Marktordnung verstößt. Die stand dort schon öfters den lieben langen Markttag und musste sich anspucken und verspotten lassen. Doch sehen wir mal nach, wen sie sonst noch erwischt haben. –
In eurer Zeit sperrt man die Leute bloß ein oder verlangt Geld von ihnen. Bei uns ist das anders, die Strafen sollen etwas mit der Tat zu tun haben und andere abschrecken. Und wer aus der Reihe tanzt, gehört nun einmal an den Pranger!"

3 **Pranger.** Foto.

3 *Auch heute noch benutzen wir den Begriff, etwas oder jemanden ‚anprangern'. Wie war das im Mittelalter gemeint? Wie meinen wir das heute?*

55

Schauplatz: Vom Umgang mit Andersdenkenden

Verfolgung und Ausweisung
Zeitsprung in das Jahr 1685

„Seid gegrüßt. Ihr trefft mich kurz vor der Abreise. Ich werde mit meiner Familie Frankreich verlassen und bei einem eurer großzügigen Fürsten in Deutschland eine neue Heimat suchen. Viele Häuser hier im Ort stehen leer. Seit unser Pastor ausgewiesen wurde, sind eine ganze Reihe von Familien geflohen.

Schon vor mehr als 100 Jahren begann hier in Frankreich die Hexenjagd auf uns Protestanten. Immer wieder kam es zu blutigen Auseinandersetzungen. Am schlimmsten war das fünftägige Massaker im August 1572, als in Paris Tausende protestantischer Hochzeitsgäste auf Befehl des Königs und seiner Mutter abgeschlachtet wurden (Bluthochzeit). Man schätzt, dass damals im ganzen Land bis zu 50 000 Protestanten umgebracht wurden. Dann kam 1598 die Religionsfreiheit, doch nur auf dem Papier, denn die Unterdrückungen gingen weiter. Nun will unser König Ludwig XIV. endgültig aufräumen mit dem Protestantismus in Frankreich. Er hat 1685 die Religionsfreiheit aufgekündigt und lässt alle Pastoren ausweisen. Klar, dass ihm die Gemeinden folgen. Ich habe gehört, dass sie in Preußen oder Hessen gern aufgenommen werden, denn es sind viele gebildete Leute dabei und jede Menge tüchtiger Handwerker."

1 Auch heute noch gibt es in der Welt Streit und Krieg wegen der religiösen Überzeugung; wie geht man hierzulande damit um?

Lebendig begraben
Zeitsprung in das Jahr 1961

„Komm und sieh dich nur um. Wer hier landet, ist für die Welt so gut wie gestorben. In den 30er-Jahren des vorigen Jahrhunderts wurde dieses so genannte GULAG-System geschaffen. Es ist ein Netz von Hunderten von Straflagern. Nein, das sind keinesfalls Verbrecher, die man dazu verurteilt hat, in dieser unwirtlichen Gegend zu leben und zu arbeiten. Viele waren nur anderer Meinung als es die offizielle Politik des Landes erlaubt. Sie wagten es, zu zweifeln oder über irgendwelche Missstände aufzuklären oder zu spotten. Die Lager sind ein Mittel zur Sicherung der Herrschaft unserer sowjetischen Regierung, denn wer verbannt wird, kann keinen Aufstand mehr anzetteln. Ich war erst einmal viele Jahre in einem Arbeitslager. Da ging es sehr streng zu und wir hatten bei härtester Arbeit kaum etwas zum Essen und die medizinische Versorgung war gleich null! Dann durfte ich mich hier in der Siedlung niederlassen, da habe ich auch meine Frau kennen gelernt. Wir dürfen aber das Gebiet nicht verlassen und müssen uns regelmäßig melden."

2 Verbannung als Maßnahme gegen die freie Meinung? Überlegt, wie stark eine Regierung ist, die zu solchen Mitteln greift.

1 Kurfürst Friedrich Wilhelm von Brandenburg empfängt französische Flüchtlinge. Gemälde (Ausschnitt).

2 Zwangsarbeiter in Sibirien. Foto.

Arbeitstechnik: Schaubilder auswerten

In euren Schulbüchern, aber auch in Zeitungen und Zeitschriften findet ihr immer wieder Schaubilder. Sie versuchen, einen komplizierten Sachverhalt in einem Schema übersichtlich und häufig vereinfacht darzustellen. Im Geschichtsbuch handelt es sich dabei oft um das Veranschaulichen der Regierungsform eines Staates.
Um ein Schaubild richtig verstehen zu können, muss man bei der Auswertung einige Regeln beachten. Klärt zuvor, welcher Zustand oder Ablauf dargestellt ist und in welche Zeit das Dargestellte gehört.

1. Schritt:
Aufbau untersuchen
- Aus welchen Teilen besteht das Schema?
- Was bedeuten Form und Farbe der Teile?
- Wo ist der günstigste Einstieg, um das Schaubild zu ,lesen' (von unten nach oben, von links nach rechts …)?

2. Schritt:
Inhalt entschlüsseln
- Welche Fachbegriffe müssen geklärt werden?
- Welche Einschränkungen muss man beachten (z. B. wer ist mit ,Volk' wirklich gemeint)?
- Welche Informationen erhält man durch das ,Lesen' einzelner Teile des Schaubilds oder benachbarter Teile in ihrem unmittelbaren Zusammenhang?

3. Schritt:
Gesamtaussage machen
- Wie kann man die Gesamtaussage in einfachen Sätzen vortragen?
- Womit kann man das Dargestellte evtl. vergleichen (z. B. Machtverteilung in Ägypten und in Griechenland)?
- Wie bewertet man das Dargestellte aus damaliger und heutiger Sicht?

So geht es weiter ...

Das antike Griechenland — 58

Die Kolonisation — 59
Über den Lebensraum der Griechen im Altertum …

Kulturelle Gemeinsamkeiten der Griechen — 60

Die olympischen Götter — 61
Olympische Spiele — 62
Über die Religion, die Feste und Spiele, die für alle Griechen gleichermaßen bedeutend waren …

Demokratie in Athen — 64

Eine Reise ins alte Athen — 66
Metöken und Sklaven — 68
Das Leben der Frauen — 69
Über die in Athen lebenden Menschen und ihre Gesellschaftsform …

Die Griechen und ihre Nachbarn — 70

Alexander der Große — 71
Alexander – Verwüster oder Kulturstifter? — 72
Alexandria – Weltstadt am Nil — 73
Ein neues Weltbild entsteht — 74
Wie die griechische Lebensart zur Zeit Alexanders des Großen zur Weltkultur wurde …

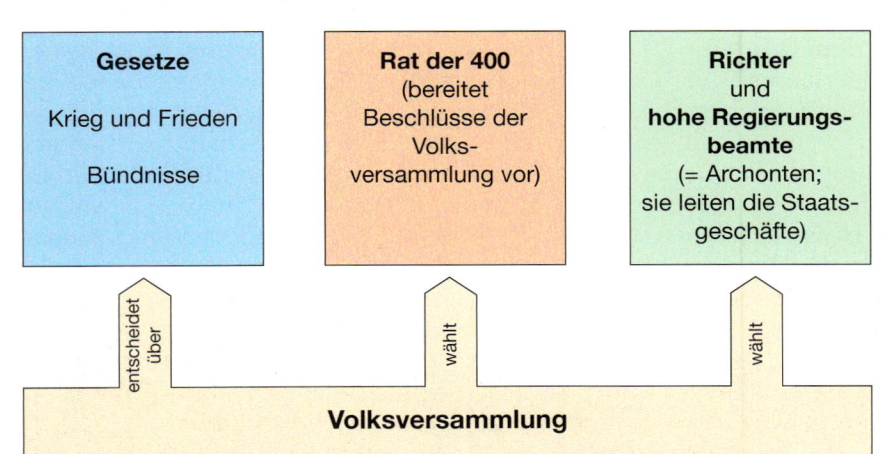

3 Vereinfachtes Schaubild der demokratischen Ordnung von Athen 594 v. Chr.

Schema (von oben nach unten):
- **Gesetze** — Krieg und Frieden, Bündnisse (entscheidet über)
- **Rat der 400** (bereitet Beschlüsse der Volksversammlung vor) (wählt)
- **Richter** und **hohe Regierungsbeamte** (= Archonten; sie leiten die Staatsgeschäfte) (wählt)
- **Volksversammlung**

Das antike Griechenland

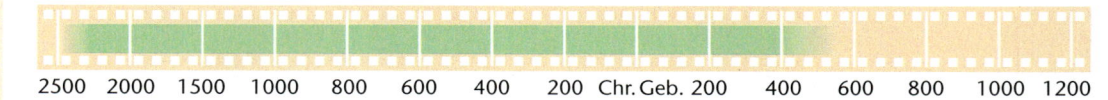

2500 2000 1500 1000 800 600 400 200 Chr. Geb. 200 400 600 800 1000 1200

Um 2000 v. Chr.:
Aus dem Norden wanderten Volksstämme in Griechenland ein. Sie gründeten Siedlungen und bildeten Kleinstaaten (Poleis).

Hellenen*:
Antike Bezeichnung für die Bewohner Griechenlands (Hellas).

▶ **Polis*** (griechisch = Burg, Stadt): Bezeichnung für den politisch selbstständigen und wirtschaftlich unabhängigen griechischen Stadtstaat; von ihm abgeleitet der Begriff „Politik", die Angelegenheiten, die alle Bürger angehen.

Akropolis*:
Hoch gelegener, geschützter Mittelpunkt (Zufluchtsplatz, Festung, Herrschersitz, Tempelbezirk) zahlreicher griechischer Städte der Antike.

1 Das antike Griechenland.

Einwanderer aus dem Norden

Im Verlauf des 2. Jahrtausends vor Christus drangen von Norden her kriegerische Volksstämme nach Griechenland ein: erst die Achäer, dann die Ionier und Dorer. Nach einem kleinen Stamm in Hellas (Thessalien) nannten sie sich Hellenen*. Dieser Name unterschied sie von allen Fremden und von der Urbevölkerung, die sie auf dem Festland und auf den Inseln der Ägäis unterworfen hatten. Die Bezeichnung als „Griechen" tauchte erst später bei den Römern auf.

Die Eroberer kamen in ein Land mit meist kleinen, unfruchtbaren Ebenen, umschlossen von hohen Gebirgszügen und Hunderten von Inseln, die der Küste vorgelagert waren. Jedes Tal, jede Insel bildete eine in sich abgeschlossene Welt. So zersplitterte die Bevölkerung in zahlreiche, meist kleine, voneinander getrennte Gemeinschaften. Im Schutz befestigter Burgen, auf denen Fürsten oder Könige herrschten, entstanden städtische Siedlungen, in denen sich Großgrundbesitzer, Händler und Handwerker niederließen. Die Bauern lebten auf dem Land, das die Siedlungen umgab. In Griechenland entstand kein großes Reich mit einer Hauptstadt. Vielmehr bildete jede Stadt einen eigenen Staat für sich, einen Stadtstaat, den die Griechen ▶Polis* nannten.

1 Beschreibt mithilfe der Karte 1 die griechische Landschaft.
2 Vergleicht sie mit der Landschaft Ägyptens (Seite 42) und nennt wichtige Unterschiede.
3 Erläutert, wie die Landschaft das politische Leben der Griechen bestimmte.

Die Kolonisation

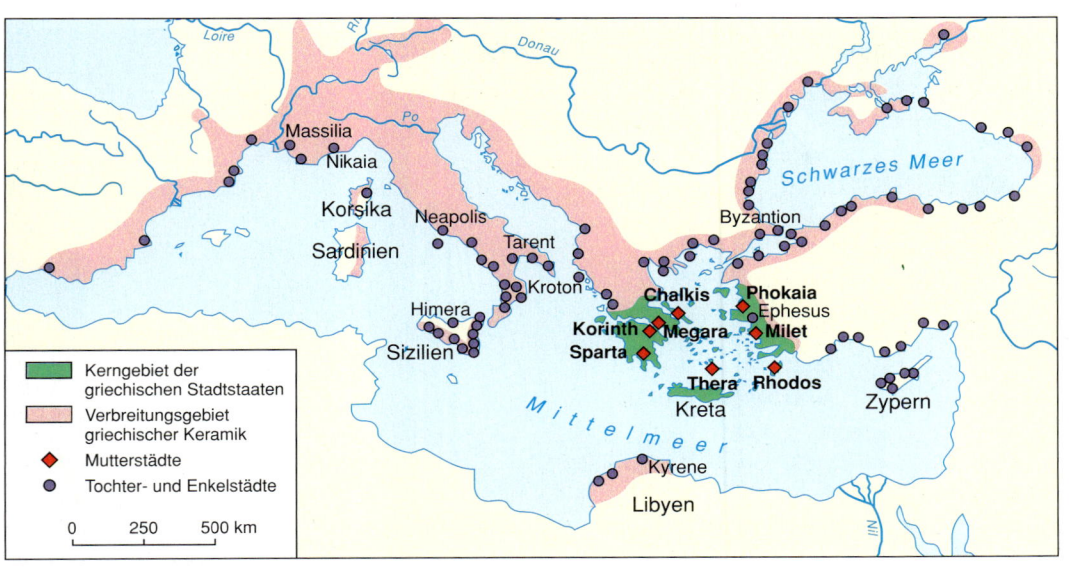

2 Die Welt der Griechen um 750–550 v. Chr.

▶ **Kolonisation***
(Kolonie von lateinisch „colonus" = Bebauer, Ansiedler): Viele Stadtstaaten litten unter Überbevölkerung und Hungersnöten. Deshalb wanderten seit 750 v. Chr. viele Griechen aus. Sie besiedelten die Küsten des Mittel- und des Schwarzen Meeres und gründeten dort neue Städte (Kolonien). Den Vorgang bezeichnet man als Kolonisation.

Seit dem 7. Jahrhundert v. Chr. gab es in Griechenland **Münzen**. Das abgebildete Geldstück stammt aus Sizilien, von der Kolonie Leontinoi (Leo = Löwe). Es zeigt einen Löwenkopf mit vier Gerstenkörnern.

Die Polis als Heimat

Eine Polis umfasste nicht nur das Gebiet einer Stadt, sondern auch die vielen Dörfer ihrer Umgebung mit den dort lebenden Menschen. So gehörte z. B. zur Polis Athen die Stadt mit der gesamten Halbinsel Attika. Im Mittelpunkt jeder Polis stand meist die Burg als Herrschaftssitz, die Akropolis*. Unterhalb der Burg entwickelte sich eine Stadt mit den teilweise bis heute typischen Kennzeichen: Marktplatz, Regierungsgebäude, Tempel, Schulen, Theater. Geschützt wurde sie durch Stadtmauern. Neben Athen waren Sparta, Theben und Korinth bedeutende Stadtstaaten.

4 Nenne die politischen, religiösen und kulturellen Einrichtungen einer Polis.
5 Sucht auf Karte 1 die im Text genannten Stadtstaaten.

Die ▶Kolonisation*

Im 8. Jahrhundert v. Chr. begannen viele Bewohner griechischer Stadtstaaten, ihre Heimat zu verlassen, um anderswo ihr Glück zu versuchen. Die Gründe dafür waren vielfältig: wirtschaftliche Not wegen Überbevölkerung oder schlechter Ernten, aber auch Unzufriedenheit mit den politischen Bedingungen.

Zwischen 750 und 550 v. Chr. gründeten sie an den Küsten des Mittelmeeres und des Schwarzen Meeres neue Städte, so genannte Kolonien. Weil sie enge Verbindungen zu den Heimatstädten der Einwanderer hielten, bezeichnet man die einen auch als Tochter-, die anderen als Mutterstädte. Das Gefühl der Zusammengehörigkeit beruhte darauf, dass man die gleiche Sprache sprach, dieselben Götter verehrte und an Festen in Griechenland teilnahm. Vor allem entwickelte sich ein reger Handel zwischen Mutter- und Tochterstädten, die dadurch immer reicher wurden.

Wo die griechischen Auswanderer siedelten, beeinflussten sie mit ihrer Lebensweise die einheimische Bevölkerung. Sie führten unter anderem neue Pflanzen und handwerkliche Techniken ein. Weil sich so für beide Bevölkerungsgruppen Vorteile ergaben, verlief die Kolonisation meist auch unkriegerisch. Erst um 550 v. Chr. kam die Auswanderungswelle zum Erliegen, als im Westen die Konkurrenz Karthagos und Roms, im Osten der Gegendruck des sich ausdehnenden Persischen Großreiches immer stärker wurde.

6 Stellt anhand der Karte 2 und mithilfe eurer Atlanten eine Liste der heutigen Länder auf, in denen es griechische Kolonien gab.

Kulturelle Gemeinsamkeiten der Griechen

Standbild des Zeus im Heiligtum von Olympia.
Die 12 Meter hohe Figur war mit Gold und Elfenbein belegt und galt als eines der sieben Weltwunder.

Der Olymp:
Gebirge in Griechenland an der Grenze Thessaliens und Makedoniens. Es ist bis 2911 m hoch. Nach der Vorstellung der alten Griechen lebten auf den Gipfeln des Olymps die griechischen Götter.

Lesetipps:
Willi Fährmann, Das Feuer des Prometheus, Würzburg: Arena Verlag 2004 240 Seiten, € 6,50

Walter Jens, Ilias und Odyssee, Ravensburg: Ravensburger Buchverlag, 20. Auflage 2004 92 Seiten, € 14,95

1 Zeus.   2 Poseidon.   3 Hades.

Die Götter – eine große Familie

Die Bewohner der verschiedenen Stadtstaaten verband außer der gemeinsamen Sprache auch der Glaube an gemeinsame Götter. Überall in Griechenland gab es Tempel und heilige Stätten, an denen man sie verehrte. Dem Glauben der Griechen nach lebten die Götter auf dem hohen, meist von Wolken umgebenen Gipfel des Olymp*. Hier wohnten sie als große Familie zusammen, ganz wie die Menschen, nur mit mehr Luxus, mächtiger und unsterblich.
Eine Erzählung:

M … Zeus wollte wieder einmal seine Kinder und Geschwister beim Göttermahl vereint sehen. Daher ließ er Hermes, den Götterboten, zu sich kommen und befahl ihm: Ziehe deine Flügelschuhe an und rufe mir deine Brüder und Schwestern herbei. Ich will mit Hera, meiner Frau, ein Göttermahl geben.
Hermes flog zuerst zu Hephaistos, dem Gott des Feuers. Der schmiedete großartige Waffen. Seine Frau war die schöne Aphrodite. Sie warf noch einen Blick in ihren Spiegel und machte sich dann auf den Weg zum Olymp. Ihr hinkender Mann konnte mit ihr nicht Schritt halten.
Athene, die Lieblingstochter des Zeus, traf Hermes in jener Stadt an, deren Einwohner sie zur Schutzgöttin erwählt hatten. Sie nahm Lanze und Schild und eilte zu ihrem Vater.
Zuletzt fand Hermes den Gott des Krieges, Ares. Wie er ihn antraf – mit Schild und Lanze –, so brachte ihn Hermes zu seinen Geschwistern auf den Olymp.
Auch die Brüder des Zeus waren gekommen: Poseidon, der Gott des Meeres, und Hades, der Gott der Unterwelt. Er verließ seinen Richterstuhl, um der Einladung zu folgen. Kerberos, den mehrköpfigen Hund, ließ er als Wächter der Unterwelt zurück.
Am Kopf des Tisches hatten neben Zeus und Hera die beiden Brüder Poseidon und Hades Platz genommen. Bei Nektar und Ambrosia unterhielten sich die Götter und teilten Zeus ihre Sorgen und Nöte mit. …

1 Zeigt den Olymp auf der Karte Seite 58.
2 Beschreibt mithilfe der Abbildungen 1–3 und M die griechischen Götter.
3 Die Götter handelten und fühlten, so die Vorstellung der Griechen, ähnlich wie die Menschen. Sucht für die Behauptung Beweise in der Sage.

Die olympischen Götter

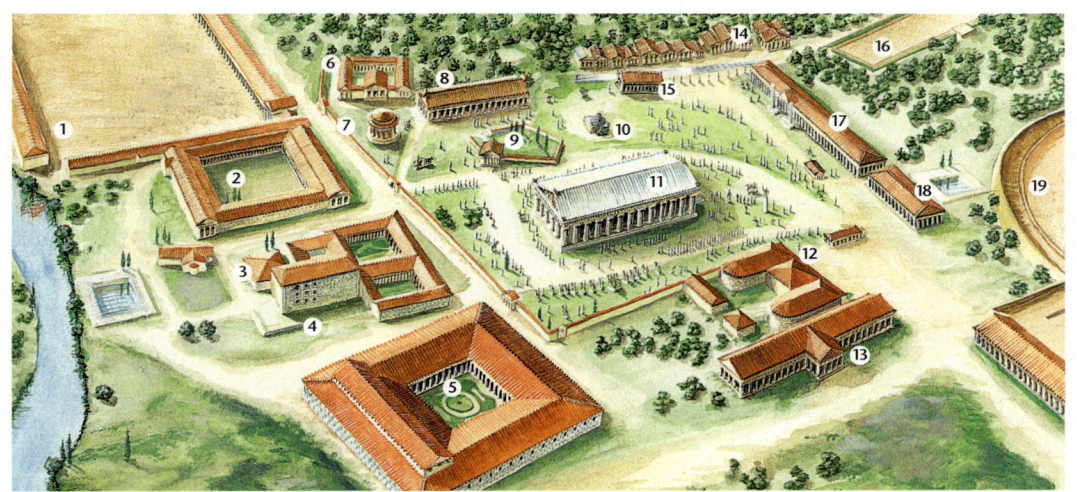

4 Die Anlage von Olympia im 5. Jahrhundert v. Chr. Rekonstruktionszeichnung 1995. **1** Gymnasion, **2** Ringerschule, **3** Amtssitz der Olympischen Priester, **4** Werkstatt des Bildhauers Phidias, **5** Gästehaus, **6** Amtssitz hoher Verwaltungsbeamter, **7** Grab des Königs Philipp, **8** Heratempel, **9** Grab des Königs Phelops, **10** Zeusaltar, **11** Zeustempel, **12** Buleuterion (hier wurde der olympische Eid abgelegt), **13** Südstoa, **14** Schatzhäuser, **15** Tempel der Kybele, **16** Stadion, **17** Echohalle, **18** Ostbäder, **19** Pferderennbahn.

Orakelstätten*:
Hier befragten die alten Griechen ihre Götter. Gegen eine Gebühr erteilten Priester – im Auftrag der Götter – Vorhersagungen über die Zukunft. Delphi gehörte zu den berühmtesten Orakelstätten in Griechenland. Seine Weissagungen ließen mehrere Deutungen zu. Orakel nannte man die Weissagungsstätte und die Weissagung selbst.

Tempel und Orakelstätten*

Die Griechen brachten Opfer und Gaben dar, damit die Götter sie vor Krankheiten bewahrten oder ihnen gute Ernten bescherten. Vor den Tempeln stand der Altar. Auf ihn legte man seine Opfergaben nieder, wie beispielsweise die Erstlingsfrüchte der Felder oder Tiere, die man zu Ehren der Gottheit geschlachtet hatte. Im Innern der Tempel befand sich das Standbild des Gottes oder der Göttin, die man verehrte. Heilige Orte waren auch die Orakelstätten. Hier konnte man den Rat und die Vorhersagung der Götter einholen. Aus Schriften wissen wir, welche Fragen die Menschen stellten, etwa: „Soll ich Fischer werden?", „Soll ich das Geschäft abschließen?", „Soll ich heiraten?" Griechische Städte schickten bei Rechtsstreitigkeiten oder vor Kriegserklärungen ihre Boten zu den Orakelstätten. Ein Priester oder eine Priesterin waren das Sprachrohr der Götter. Gegen eine Gebühr erteilten sie die Weissagungen der Götter.

4 Menschen haben sich schon immer um ihre Zukunft Sorgen gemacht und sich „Orakeln" zugewandt. Benennt Beispiele dafür, die aus unserer Gegenwart stammen.

Religiöse Feiern und Wettkämpfe

Bei allen großen religiösen Feiern fanden sportliche Wettkämpfe statt. In Olympia wurden alle vier Jahre sportliche Wettkämpfe zu Ehren des Göttervaters Zeus abgehalten. An den Wettkämpfen nahmen Sportler aus allen griechischen Stadtstaaten teil. Den Sinn der Spiele erklärte um 380 v. Chr. der athenische Gelehrte Isokrates in einer Festansprache:

Q … Wir versammeln uns alle an einem Ort, nachdem wir alle Feindseligkeiten eingestellt haben. Während des Festes bringen wir gemeinsam unsere Opfer dar, verrichten gemeinsam Gebete und werden uns dabei unseres gemeinsamen Ursprungs bewusst. Alte Freundschaften werden erneuert, neue Freundschaften werden geschlossen. So lernen wir uns gegenseitig besser zu verstehen. …

5 Gebt in eigenen Worten wieder, welche Bedeutung die Olympischen Spiele nach Meinung des athenischen Bürgers hatten.

Übermenschlich: Helden
An vielen Orten in Griechenland wurden auch Helden verehrt. Das waren keine Götter, sondern Menschen aus vergangenen Zeiten, bei denen – der Überlieferung nach – Eigenschaften wie etwa Mut oder Körperkraft „übermenschlich" ausgeprägt waren. Daher, so glaubte man, standen sie unter dem besonderen Schutz von Göttern. Für die Griechen hatten Helden eine Vorbildfunktion.

Olympische Spiele

Olympische Spiele*:
Sportliche Wettkämpfe, die zu Ehren des Gottvaters Zeus in Olympia veranstaltet wurden. 293-mal – von 776 v. Chr. bis 393 n. Chr. – konnten die Spiele in ununterbrochener Reihenfolge stattfinden.
Danach wurden sie durch den römischen Kaiser Theodosius verboten.
Der Franzose Baron de Coubertin rief sie erst 1896 wieder ins Leben.

Olympiade:
Ursprünglich der Zeitraum von vier Jahren zwischen den Olympischen Spielen, bereits in der Antike dann Bezeichnung für die Olympischen Spiele selbst.

Frauenwettkämpfe in Olympia:
Der einzige Wettkampf war ein Lauf für Mädchen und Frauen, der in drei Altersklassen ausgetragen wurde. Nach der Vorschrift liefen sie mit offenen Haaren in einem hemdartigen Gewand, das bis zu den Knien reichte. Die Siegerinnen erhielten einen Kranz vom Ölbaum.

1 Wagenrennen. Der Wagenlenker gehört zu den wenigen Athleten, die bekleidet sind.

2 Weitsprung aus dem Stand. Zwischen 1,5 und 4,5 kg schwere Gewichte aus Stein, Blei oder Eisen verstärken den Vorwärtsschwung.

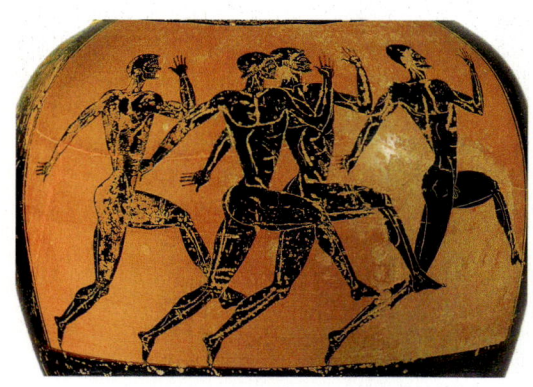

3 Langstreckenlauf. (Die Bilder auf dieser Seite sind Vasenmalereien aus dem 4. und 5. Jahrhundert v. Chr.)

Die olympischen Wettkämpfe

Die ersten Olympischen Spiele*, von denen wir sicher wissen, fanden im Jahre 776 v. Chr. statt. In einer heutigen Darstellung heißt es:

M … Im Frühling eines olympischen Jahres machten sich drei heilige Boten auf den Weg und suchten jeden Winkel von Griechenland auf, um die bevorstehenden Spiele anzukündigen. Man forderte die Teilnehmer auf, mindestens einen Monat vorher zu erscheinen, um unter der Aufsicht der Kampfrichter zu trainieren.
Andere kamen zu Zehntausenden, wann und wie es ihnen beliebte – Zuschauer, Lebensmittel- und Getränkehändler, Abgesandte vieler griechischer Städte, Bettler, Blumenhändler und die Sänger, Tänzer und Redner, die das „Rahmenprogramm" bestritten – kurz, der ganze bunte Haufen, der sich überall bei großen Rennen und auf Jahrmärkten einfindet. …

Zwischen 30 000 und 40 000 Zuschauer waren zugegen, wenn die Wettkämpfe durchgeführt wurden. Sie dauerten fünf Tage:
1. Tag: Feierliche Eröffnung, die der Grieche Pausanias im Jahre 175 n. Chr. folgendermaßen beschreibt:

Q … Die Zeusstatue im Rathaus hat den Beinamen „Schwurgott" und hält in jeder Hand einen Blitz. Bei ihr müssen die Athleten und ihre Väter und Brüder und auch die Lehrer schwören, dass sie sich keinen Verstoß gegen die olympischen Wettkämpfe zuschulden kommen lassen werden …

Die Athleten leisten dazu noch den Schwur, dass sie sich insgesamt zehn Monate nacheinander der sorgfältigsten Übung hingegeben hätten.
2. Tag: Wettstreit der Trompeter vor der Echohalle. Wagenrennen, Fünfkampf: Diskus, Weitsprung, Speerwurf, Ringen und Stadionlauf (192 m).
3. Tag: Festprozession zum heiligen Bezirk. Am Altar vor dem Zeustempel: Opferung, Gesänge, Flötenspiel und Gebete. Abends: Opferschmaus.

Olympische Spiele

4. Tag: Schwerathletische Kämpfe: Ringen, Faustkampf und Waffenlauf über 400 m.
5. Tag: Siegerehrung im Tempel mit Dankopfern zu Ehren des Zeus. Festessen der Sieger im Rathaus von Olympia. Abends: Die Sieger laden ihre Freunde zu einem festlichen Mahl bei Gesang und Musik ein.

Auszeichnungen und Ehrungen

Die Athleten wollten bei den Wettkämpfen keine Rekorde aufstellen. Sie wollten Erste sein, besser sein als alle anderen. Zweite oder dritte Plätze gab es nicht. Es gab nur einen Sieger und die Verlierer. Dabei war es völlig gleichgültig, ob man mit einem relativ schlechten Ergebnis gewonnen hatte. Von den Siegern wurden Standbilder angefertigt, die man in Olympia aufstellte. In ihrer Heimatgemeinde erhielten sie ein Leben lang kostenlose Verpflegung und Befreiung von den Steuern.

Auszeichnungen und Ehrungen führten seit dem 4. Jahrhundert v. Chr. dazu, dass immer mehr Berufssportler an den Olympischen Spielen teilnahmen; vereinzelt kam es auch zu Bestechungsversuchen, um den Sieg zu erkaufen.

1 *Vergleicht die Bilder auf dieser Doppelseite. Welche Gemeinsamkeiten könnt ihr feststellen, welche Unterschiede fallen euch auf?*
2 *Erkundigt euch, wie die Olympischen Spiele heute ablaufen und fertigt dann eine Tabelle an:*

Die Olympischen Spiele	
damals	heute
...	...
...	...
...	...
...	...

4 Bei den Olympischen Spielen 2004 in Athen gewann der deutsche Doppelvierer der Frauen die Goldmedaille. Foto.

5 Joanna Hayes errang 2004 die Goldmedaille über 100 Meter Hürden der Frauen für die USA. Foto.

6 Erstmals war 2004 das Frauen-Ringen olympische Disziplin. Foto.

Berühmte Sieger der Olympischen Spiele (7.–4. Jahrhundert v. Chr.):

Weitsprung: Chionis aus Sparta (664)

Wagenrennen: Kimon aus Athen (532, 528, 524)

Fünfkampf: Hieronymus von Andros (492)

Pferderennen: Hieron, Alleinherrscher von Syrakus (476)

Pankration: Euthymos aus Lokroi (460)

Faustkampf der Knaben: Antipatros aus Milet

Wettlauf: Ergoteles aus Himera (470)

Langlauf: Sotades aus Kreta (384)

Stadion- und Doppellauf: Astylos aus Kroton (488)

Wagenrennen: Theron, Alleinherrscher von Akragas (476)

Demokratie in Athen

Perikles (490–429 v. Chr.)*:
Bedeutendster Staatsmann Athens, zwischen 443 und 429 v. Chr. 15-mal zum Strategen gewählt, baute das attische Seereich auf, starb an der Pest während des Krieges gegen Sparta.

▶ **Demokratie*:**
Die alten Griechen unterschieden drei Staatsformen:
– die Demokratie, die Herrschaft des Volkes,
– die ▶ Aristokratie, die Herrschaft „der Besten" (des Adels),
– die ▶ Monarchie, die Herrschaft des Königs.
Die Demokratie ist in Athen entstanden.
In der Volksversammlung (siehe Seite 65) wurden alle politischen Entscheidungen per Mehrheitsbeschluss getroffen.

1 Die Lage Athens auf der Halbinsel Attika.

Der Stadtstaat Athen

In Athen hatte seit dem 7. Jahrhundert v. Chr. die Herrschaft in den Händen von Adligen (▶Aristokratie) gelegen, die das Königtum abgeschafft hatten. Nach langwierigen Auseinandersetzungen zwischen dem Adel und den übrigen Bevölkerungsgruppen und der Beseitigung der ▶Monarchie kam es im 5. Jahrhundert v. Chr. zu einer Regierungsform, die die Athener selbst als ▶Demokratie* bezeichneten.

Der berühmteste Politiker Athens im 5. Jahrhundert v. Chr. war Perikles*, den die Bürger von 443–429 v. Chr. ununterbrochen in das höchste Staatsamt wählten. Seiner Ansicht nach sollten alle Bürger gleiche politische Rechte besitzen, da sich alle ohne Unterschied in der Vergangenheit immer wieder für die Verteidigung der Stadt eingesetzt hatten. Nach dem Bericht eines Geschichtsschreibers soll Perikles im Jahr 429 v. Chr. folgende Rede gehalten haben:

Q … Wir leben in einer Staatsform, die die Einrichtungen anderer nicht nachahmt; eher sind wir für andere ein Vorbild, als dass wir andere uns zum Muster nähmen.
Mit Namen wird sie, weil wir uns nicht auf eine Minderheit, sondern auf die Mehrheit im Volke stützen, Volksherrschaft (= Demokratie) genannt. Und es genießen alle Bürger für ihre Angelegenheiten vor den Gesetzen gleiches Recht. …
Jeder, der etwas für den Staat zu leisten vermag, kann bei uns ein politisches Amt erhalten.
Das ganze Volk trifft in der Volksversammlung die Entscheidungen und sucht hier ein rechtes Urteil über die Dinge zu gewinnen. …
Unsere Stadt ist für jedermann offen. Ausweisungen von Fremden gibt es bei uns nicht. …

Demokratie in Athen

Die Volksversammlung*
Mindestens vierzigmal im Jahr wurden die Bürger Athens zur Volksversammlung geladen. Auf der Volksversammlung wurden alle Gesetze beschlossen, die Beamten gewählt und über Krieg und Frieden entschieden.
Häufig dauerten diese Versammlungen von Sonnenaufgang bis zum Abend. Teilnehmen konnte jeder athenische Mann, dessen Eltern auch Athener waren. In Wirklichkeit war vielen Bürgern ein Besuch der Volksversammlung kaum möglich. Ein heutiger Wissenschaftler schreibt:

M ... Der im Süden Attikas wohnende Bauer konnte nicht beliebig oft seine Hacke fallen lassen und den langen Weg in die Stadt antreten und der Gemüsehändler, der seinen Stand auch nur für einen Tag schloss, riskierte, dass seine Kunden am nächsten Tag anderswohin gingen. ...
Für gewöhnlich besuchten die Volksversammlung die Bauern der näheren Umgebung, die stadtansässige Bevölkerung (darunter viele Alte und Arbeitslose) und aus entfernteren Gegenden alle die, denen der Gegenstand der Beratung am Herzen lag; so ist z. B. verständlich, dass eine Debatte über den weiteren Ausbau der Flotte die in Piräus wohnenden Bürger in Scharen in die Stadt strömen ließ. ...

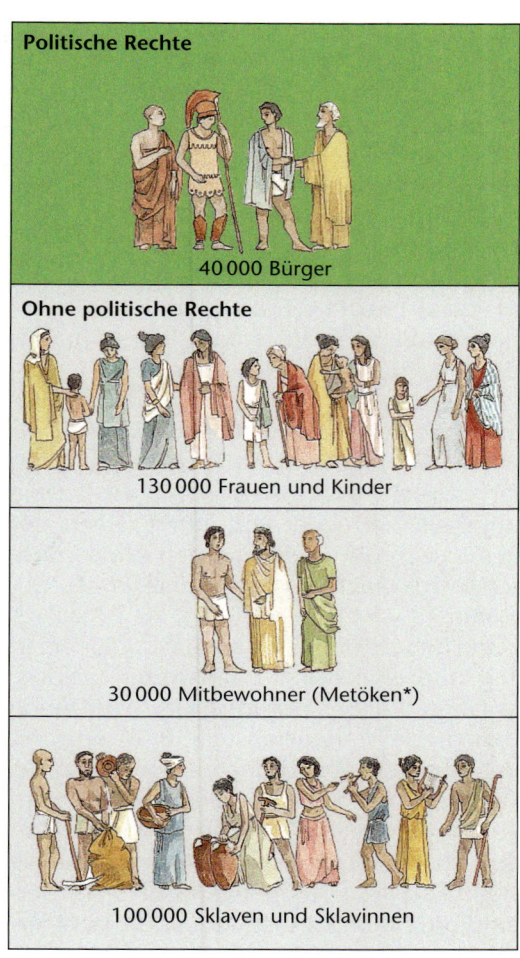

Politische Rechte
40 000 Bürger

Ohne politische Rechte
130 000 Frauen und Kinder
30 000 Mitbewohner (Metöken*)
100 000 Sklaven und Sklavinnen

2 Die Bevölkerung des Stadtstaates Athen um 430 v. Chr.

1 Stellt mithilfe der Grafik fest, wie viele Menschen in Athen politische Rechte besaßen und wie viele davon ausgeschlossen waren.
2 Was haltet ihr von der Behauptung des Perikles, die athenische Staatsform sei demokratisch? Was könnte er dazu sagen?
3 Spielt folgende Situation: Zwei Bauern in Sunion (siehe Karte) unterhalten sich zur Zeit der Frühjahrsaussaat darüber, ob sie zur Volksversammlung gehen sollen. Entschieden werden soll über den Bau neuer Tempel.
4 Informiert euch über die Größe eures Landkreises und vergleicht sie mit der des athenischen Stadtstaates. Messt dazu die größte Ost-West- sowie Nord-Süd-Entfernung.

Volksversammlung*:
Versammlung der männlichen Bürger in Athen. Sie entschieden über Krieg und Frieden, beschlossen Gesetze und wählten Beamte. Die Frauen und Kinder durften an der Volksversammlung nicht teilnehmen, ebenso wenig die Mitbewohner und Sklaven sowie deren Frauen und Kinder. Sie bildeten aber die Mehrheit der Bevölkerung.

Metöken*
(griechisch = Mitbewohner): Sie lebten in Athen und waren vor allem in Handwerk und Handel tätig. Sie waren keine Sklaven, aber sie durften nicht an der Volksversammlung teilnehmen und auch kein Land besitzen.

Eine Reise ins alte Athen

Eine Reise in das Athen des Perikles

Wir brauchen nur die Zeit um ungefähr 2500 Jahre zurückzudrehen, bis ins Jahr 432 v. Chr. Dann gelangen wir ins Athen des Perikles. Wir begleiten Meidias, den Besitzer einer Töpferwerkstatt.

Ein stolzer Prytane

Meidias ist heute in Eile. „Ich muss ins Prytaneion", erklärt er. Wir fragen ihn, warum er dorthin muss. „Weil ich Prytane bin", antwortet er voller Stolz. „Ich bin einer der 50 Abgeordneten meines Bezirks und wir werden 35 Tage lang die Stadt regieren. Wie ihr vielleicht wisst, ist Athen in 10 Bezirke unterteilt und jeder von ihnen regiert der Reihe nach die Stadt. Von den Abgeordneten wird durch Los ein Vorsitzender gewählt."

„Und für wie lange?", fragen wir. „Für einen Tag und eine Nacht", antwortet Meidias. „Während dieser Zeit muss der Vorsitzende dauernd im Prytaneion sein. Er ist dort mit den anderen Abgeordneten, empfängt die Wohltäter der Stadt sowie Persönlichkeiten aus anderen Städten und Ländern. Und abends schläft er auch dort. Er ist für alle wichtigen Angelegenheiten der Stadt verantwortlich und muss Tag und Nacht erreichbar sein, um alle Probleme, die möglicherweise auftauchen, zu lösen. Jetzt muss ich aber los!" …

Auf der Agora

Wir begleiten ihn ein Stück und kommen so zur Agora, dem Marktplatz. „Die Agora", sagt Meidias, „ist der Ort, wo wir uns persönlich versammeln. Dort feiern wir in den alten und neuen Tempeln unsere religiösen Feste, dort halten wir auch unsere politischen Versammlungen ab. Mit einem Wort: die Agora ist das politische und auch das wirtschaftliche Zentrum der Stadt. Dort hinten seht ihr übrigens das Buleuterion", sagt er und deutet dabei mit der Hand auf ein großes Gebäude. „Dort tagt der Rat der 500 Ratsleute aus ganz Attika, die durch das Los bestimmt werden. Dieser Rat bereitet die Gesetze vor, die der Volksversammlung zur Abstimmung vorgelegt werden."

„Und was ist das runde Gebäude dort?", möchten wir wissen.

„Das ist das Prytaneion, der Sitz der Athener Regierung", erklärt uns Meidias sichtlich stolz.

„Dort wohnen die Abgeordneten und dort werden die offiziellen Maße und Gewichte der Stadt aufbewahrt. Unter den Händlern, die auf der Agora ihre Waren verkaufen, sind manchmal Betrüger und so gibt es zehn Marktaufseher, die Kontrollen durchführen. Für diese Kontrollen benutzen sie die Maße und Gewichte, die hier aufbewahrt werden, und wenn sie einen Betrüger erwischen, wird er streng bestraft."

1 Modell der Agora in Athen zur Zeit des Perikles.
1) Tholos Sitz der Regierung, Wohnort der Prytanen
2) Gebäude, in dem der Rat der 500 tagte
3) Stoa (Gerichtsgebäude)
4) Hephaistostempel*

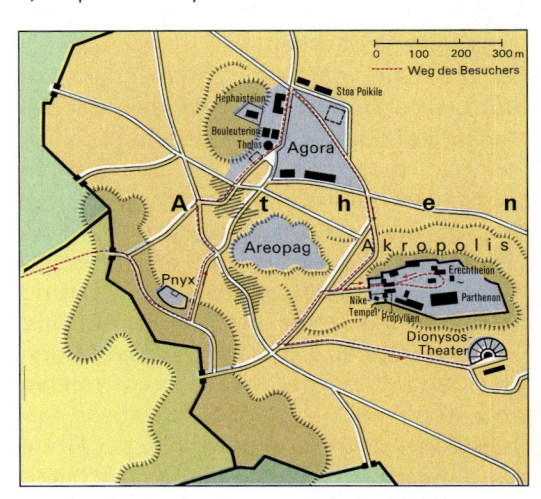

2 Plan der Stadt Athen zur Zeit des Perikles.

Hephaistos:*
Gott des Handwerks, vor allem der Schmiedekunst

Sachbuch-Tipp:
Cath Senker, Altes Griechenland, Nürnberg: Tessloff Verlag 2002
48 Seiten, € 12,90

Eine Reise ins alte Athen

3 Die Akropolis von Athen zur Zeit des Perikles. Der große Tempel wurde zu Ehren der Göttin Athene zwischen 448 und 438 v. Chr. errichtet.
Rekonstruktionszeichnung.

Die Volksversammlung

Anschließend zeigt uns Meidias noch das Gerichtsgebäude. „Jedes Jahr werden 6000 Richter gewählt", sagt er. „Durch Los wird festgelegt, welchen Fall sie zu richten haben. So wird eine Bestechung der Richter verhindert." …
Hier verabschieden wir uns von Meidias und jetzt führt uns wieder Kritias weiter. Er führt uns jetzt zur Pnyx, wo die Volksversammlungen stattfinden. Die Pnyx ist etwa 80 m breit und 40 m lang. „Die Abstimmung" – so klärt er uns auf – „erfolgt durch Erheben der Hand oder mit Kieseln, die als Stimmsteinen dienen.
Die Volksversammlung beschließt über alle wichtigen Dinge: über Krieg und Frieden, über die Bündnisse der Stadt, über die Wahl der Botschafter, der Heerführer und der anderen Kriegsherren. Und außerdem beschließt sie über neue Gesetze. Es liegt also wirklich die Macht beim Volke und deswegen heißt es auch in Athen: Das Volk ist der Herrscher."

Perikles, der Heerführer

Plötzlich blicken alle zur Straße hin. Ein Mann von edler Gestalt kommt näher. „Das ist Perikles", flüstert Kritias. „Er ist einer der zehn Heerführer, die den Oberbefehl über unser Heer und unsere Flotte haben." Die Oberbefehlshaber werden immer nur für ein Jahr gewählt, wissen wir.
„Ja, aber Perikles wird in den letzten Jahren immer wieder gewählt", sagt Kritias. „Und das ist gut so, denn er hat viel für unsere Stadt getan. Er war es, der der Volksversammlung vorgeschlagen hat, mit dem Geld unserer Verbündeten die Tempel und Gebäude, die die Perser zerstört hatten, wieder aufzurichten. Damit wollte er zwei Dinge erreichen: Athen sollte eine prächtige Stadt werden und die vielen arbeitslosen Athener sollten Arbeit bekommen. Er hat auch viele wichtige Gesetze durchgebracht, wie z. B. jenes, dass alle Richter, Soldaten und Beamten aus der Stadtkasse entlohnt werden. Sie bekommen für ihre Tätigkeiten jetzt Diäten, d. h. eine Bezahlung."

1 Athen hatte um 430 v. Chr. ungefähr 40 000 erwachsene männliche Bürger. Wie viele von ihnen fanden auf der Pnyx Platz?
2 Betrachtet die Karte auf Seite 64. Sucht die Orte Marathon und Sunion, die auch zur Polis Athen gehörten. Wie weit ist es jeweils von dort bis Athen? Wie lange braucht man vermutlich für diese Strecken zu Fuß? Welche Folgen ergaben sich daraus für die Teilnahme an den Volksversammlungen (40 Volksversammlungen pro Jahr)?
3 Beamte und Richter bekamen für ihre Tätigkeit ein Tagegeld (= Diäten). Erklärt die Bedeutung der Diäten für die Verwirklichung der athenischen Demokratie.

Athenische Bauwerke:
Unter Perikles wurden riesige Geldsummen ausgegeben, um die Akropolis in einen der schönsten Tempelbezirke Griechenlands zu verwandeln. An der prunkvollen Stätte der Göttin Athene sollte die herausragende Stellung Athens für alle sichtbar werden.
Neben Tempeln zählten Theater zu den bedeutendsten Bauwerken der Athener. Ihre durchdachte Bauweise machte es bis zu 10 000 Besuchern möglich, die Schauspiele nicht nur anzusehen, sondern auch zu hören.

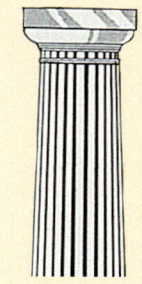

Den auf dem griechischen Festland vorherrschenden Baustil bezeichnet man als dorisch: Die Säulen stehen unmittelbar auf der obersten Stufe des Tempelunterbaus und verjüngen sich nach oben hin. Der obere Abschluss einer Säule, das Kapitell, wird von einer Abdeckplatte über einem Wulst gebildet.

Metöken und Sklaven

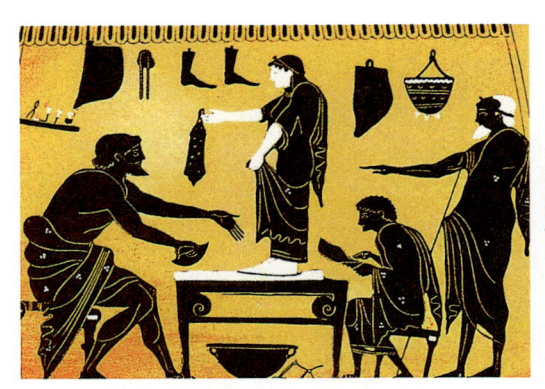

1 Sklaven in einer Schuhmacherwerkstatt. Vasenbild, um 460 v. Chr.

2 Ein Bürger, der zu viel getrunken hat, auf dem Heimweg von einem Fest. Eine Sklavin steht ihm bei. Bild in einer griechischen Trinkschale, um 480 v. Chr.

Sklaven:*
Bei den Griechen wurde man Sklave, wenn man im Krieg in Gefangenschaft geriet oder wenn man so viel Schulden hatte, dass man sie nicht mehr zurückzahlen konnte. Sklaven konnte man durch Kauf erwerben (Sklavenhandel). Die Sklaven konnten nicht mehr über sich verfügen und waren das Eigentum ihrer Besitzer. Sie wurden im Bergbau und in der Landwirtschaft eingesetzt, sie waren im Haushalt, im Handwerk und in der Verwaltung tätig. Kinder von Sklaven wurden ebenfalls Sklaven.

Mitbewohner ohne Rechte

Zur Zeit des Perikles lebten im Stadtstaat Athen etwa 300 000 Menschen. Politisches Mitspracherecht hatten aber nur etwa 40 000 Bürger. In Athen lebten damals auch ungefähr 30 000 Ausländer, von den Athenern „Metöken", d. h. „Mitbewohner" genannt (Seite 65). Sie waren nach Athen gekommen, um hier im Handel, Handwerk oder im Bankgeschäft ihren Lebensunterhalt zu verdienen. Die Metöken mussten Militärdienst leisten und Steuern zahlen, hatten aber keine politischen Rechte. Völlig rechtlos waren die etwa 100 000 Sklaven*. Sie waren wie eine Sache dem Willen ihres Besitzers ausgeliefert. Schwerstarbeit und Schmutzarbeit blieb in Athen vorwiegend den Sklaven überlassen.

Sklaverei in Athen

Auf dem monatlichen Sklavenmarkt wurden Männer, Frauen und Kinder von Sklavenhändlern wie Vieh angepriesen und verkauft. Viele Sklaven arbeiteten als Handwerker in einem Betrieb oder waren als Dienerinnen oder Diener in einem Haushalt tätig. Einige waren auch Lehrer der Kinder reicher Familien. Zehntausende schufteten sich in den staatlichen Silberbergwerken zu Tode. Die Arbeit in den niedrigen Stollen dauerte von Sonnenauf- bis Sonnenuntergang. Ruhe- oder Feiertage gab es nicht. Agatharchides, ein Grieche aus Kleinasien, berichtete um 120 v. Chr. über das Leben von Sklaven im Bergbau:

Q1 … Die jüngeren Männer arbeiten sich kriechend und mit einer Lampe an der Stirn vor, indem sie den Metalladern folgen. Das geschlagene Gestein wird von Kindern herausgeschleppt und ältere Männer zertrümmern es mit dem Hammer. Das Kleingeschlagene wird dann zu Staub gemahlen mit Steinmühlen, die nicht von Ochsen, sondern von Frauen gedreht werden. Die Sklaven werden von bewaffneten Aufsehern bewacht und häufig geschlagen. Ohne Pause und ohne Rücksicht auf ihren körperlichen Zustand müssen sie arbeiten. Alle begrüßen den Tod, wenn er naht. …

1 Das Schicksal der Sklaven hing sehr von ihrer Arbeit ab. Unterscheidet verschiedene Möglichkeiten.
2 Fremde, die in Athen wohnten, arbeiteten und Steuern zahlten, durften an den Volksversammlungen nicht teilnehmen und nicht wählen. Findet heraus, ob es bei uns auch ähnliche Regelungen gibt.

Das Leben der Frauen

3 Buntweberei am senkrechten Webstuhl.
Malerei auf einem Trinkgefäß, um 430 v. Chr.

Die Pflichten einer Frau

In der „Hauswirtschaftslehre" des Geschichtsschreibers Xenophon sagte der 30-jährige Gutsbesitzer Ischomachos zu seiner 14-jährigen Ehefrau:

Q2 … Deine Pflicht ist es, zu Hause zu bleiben und die Sklaven, die außerhalb des Hauses zu tun haben, hinauszuschicken. Diejenigen aber, die im Hause zu tun haben, musst du beaufsichtigen. Das, was ins Haus gebracht wird, musst du in Empfang nehmen. Du musst das, was sogleich gebraucht wird, verteilen, musst einschätzen, was als Vorrat gebraucht werden soll, und darauf achten, dass nicht der Vorrat für ein ganzes Jahr schon in einem einzigen Monat verbraucht wird.
Wenn man Wolle bringt, musst du darauf achten, dass alle davon Kleider bekommen, die es brauchen, und du musst ferner darauf achten, dass die getrockneten Nahrungsmittel ordentlich zubereitet werden. … Eine freilich von deinen künftigen Aufgaben wird dir vielleicht nicht erfreulich erscheinen: Du musst nämlich, wenn jemand im Hause krank geworden ist, dich auch darum kümmern, dass man ihn pflegt. … Sollten uns nun die Götter einst Kinder schenken, so wollen wir zusammen beraten, wie wir ihnen die beste Erziehung geben können, denn diese müssen unsere Gehilfen und besten Pfleger im Alter werden …

3 Nennt die Aufgabenbereiche, für die nach Meinung des Ischomachos seine Frau zuständig ist.
4 Beschreibt das Verhältnis zwischen Ischomachos und seiner Ehefrau.

Die Frau in der Gesellschaft

Das Leben einer Athenerin spielte sich vermutlich hauptsächlich im häuslichen Bereich ab. Nur wenn sie zum Lebensunterhalt der Familie beitragen mussten, arbeiteten Frauen auch in der väterlichen Werkstatt mit oder gingen auf den Markt, um zu Hause angefertigte Waren zu verkaufen. Eine willkommene Unterbrechung des Alltags brachten die zahlreichen Feste zu Ehren der Göttinnen und Götter, an denen alle Athenerinnen und Athener teilnahmen. Daneben gab es aber auch reine Frauenfeste: Am mehrtägigen Fest zu Ehren der Fruchtbarkeitsgöttin Demeter z. B. durften nur verheiratete Frauen teilnehmen.
Männer nahmen am häuslichen Leben kaum Anteil. Sie waren mehr unterwegs als daheim. Sie trafen sich auf dem Marktplatz, in den Sporthallen oder bei den Volksversammlungen. Abends lud man seine Freunde zu sich nach Hause ein. An diesen Zusammenkünften durften Frauen nicht teilnehmen.
Nur wenige Männer handelten anders. Zu ihnen gehörte auch Perikles.
Ein Wissenschaftler schrieb über ihn:

Q3 … Niemand hätte etwas dabei gefunden, wenn Perikles seine Frau schlecht behandelt hätte. Dass er aber seine Frau als menschliches Wesen ansah, dass er wirklich mit ihr lebte, anstatt sie in die Frauengemächer zu verbannen, dass er Freunde zusammen mit ihren Frauen zu sich einlud, darüber regte sich jeder Athener auf …

5 Spielt folgende Situation: Ein Freund kommt ohne seine Frau zu Perikles; seiner Meinung nach gehört es sich einfach nicht, dass Frauen an abendlichen Zusammenkünften teilnehmen. Es empört ihn, dass Aspasia, die Frau des Perikles, anwesend ist. Es kommt zu einem Streitgespräch zwischen den dreien.

Bildung:
Mädchen gingen nicht zur Schule. Sie wurden zu Hause von ihren Müttern in Haushaltsführung, Spinnen und Weben unterrichtet. Viele Frauen aus wohlhabenderen Familien konnten lesen und schreiben.

*Lesende Athenerin.
Vasenbild aus Athen, 5. Jahrhundert v. Chr.*

Die Griechen und ihre Nachbarn

1 Die Alexanderschlacht. Links der makedonische König Alexander, im Streitwagen rechts der Perserkönig Darius III. mit seinem Wagenlenker. Mosaik aus Pompeji, um 300 v. Chr.

Philipp II. von Makedonien* (359–336 v. Chr.), ermordet von einem Freund seines Sohnes Alexander. Das Miniaturporträt aus Elfenbein (Höhe: 3 cm) wurde auf dem Boden der Grabstätte Philipps gefunden.

431–404 v. Chr.: Krieg zwischen Athen und Sparta. Er endet mit dem Sieg der Spartaner.

356–336 v. Chr.: Philipp von Makedonien unterwirft ganz Griechenland.

Krieg der Stadtstaaten

Unter athenischer Führung hatte ein militärisches Bündnis der Stadtstaaten im 5. Jahrhundert v. Chr. eine Besetzung Griechenlands durch persische Truppen verhindern können. So war Athen um 450 v. Chr. zur bedeutendsten griechischen Polis geworden. Unter dem Schutz einer mächtigen Kriegsflotte konnten athenische Handelsschiffe das gesamte Mittelmeer ungehindert durchfahren und die Stadt mit begehrten Waren versorgen. Bei den anderen griechischen Stadtstaaten erregte der Reichtum und die militärische Stärke Athens aber nicht nur Bewunderung, sondern auch Sorge: Man fürchtete, Athen könne die Vorherrschaft über ganz Griechenland erringen. Im Jahr 431 v. Chr. fiel ein spartanisches Heer in Attika ein, verwüstete das Land und fällte alle Olivenbäume. Die Landbewohner flüchteten in den Schutz der Stadtmauern Athens. Zwei Jahre später brach in dem übervölkerten Athen die Pest aus. Über 100 000 Einwohner wurden von ihr dahingerafft; unter den Toten war auch Perikles. Fast 30 Jahre dauerten die Kämpfe zwischen Sparta und Athen. Im Jahr 404 v. Chr. gelang es den Spartanern, Athen einzuschließen. Kein Getreideschiff konnte in den Hafen von Piräus einlaufen. Die ausgehungerte Bevölkerung musste sich ergeben.

Makedonien erringt die Vorherrschaft

Athen hatte seine beherrschende Stellung in Griechenland verloren, aber auch Sparta war von den langen Kämpfen erschöpft. Andere griechische Stadtstaaten wollten deshalb selbst in den Kampf um die Vorherrschaft in Griechenland eingreifen.
Die Streitigkeiten der griechischen Städte untereinander nutzte Philipp*, König der Makedonen (359–336 v. Chr.), aus. Mit einem schlagkräftigen Heer gelang es ihm, die Vorherrschaft über ganz Griechenland zu gewinnen. Zusammen mit Hilfstruppen aus den unterworfenen griechischen Städten wollte der makedonische König gegen die Perser ziehen, um sein Reich zu vergrößern und um Beute und Ruhm zu gewinnen. Bevor Philipp seinen Plan ausführen konnte, wurde er 336 v. Chr. ermordet. Die Herrschaft übernahm sein Sohn Alexander.

1 *Nennt Gründe für die Kämpfe zwischen den griechischen Stadtstaaten.*
2 *Vermutet, warum das spartanische Heer die Olivenbäume fällte.*

Alexander der Große

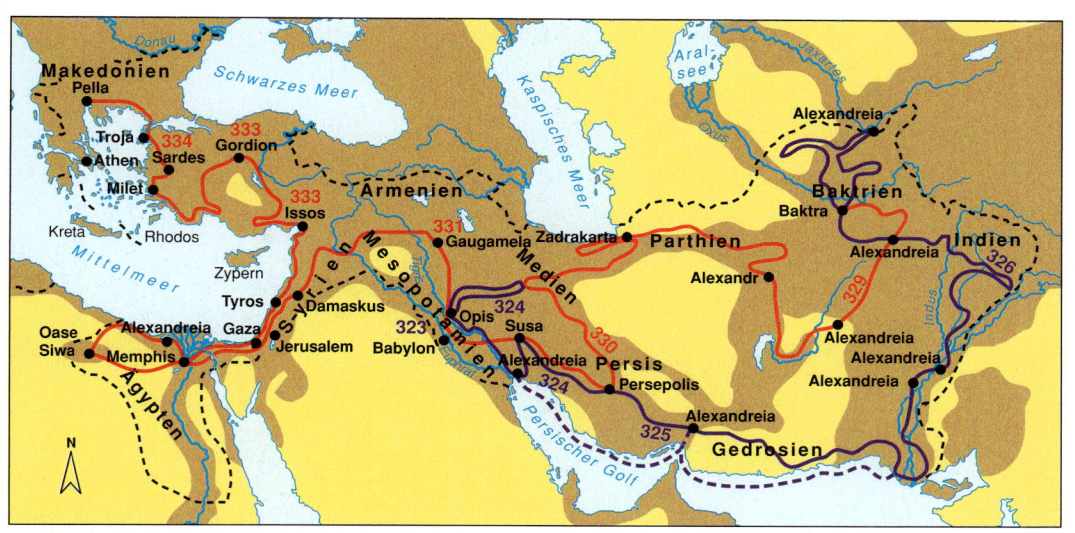

2 Die Feldzüge Alexanders von Makedonien.

Die Münze zeigt Alexander den Großen mit Widderhörnern. Sie sind das Zeichen des Gottes Ammon. Alexander wurde wahrscheinlich 356 v. Chr. geboren. Er starb 323 v. Chr. in Babylon. Sein Lehrer war Aristoteles.

Die Entstehung des Alexanderreiches

Als Alexander König wurde, war er 20 Jahre alt und galt als sehr ehrgeizig. In seiner Jugend hatte er sich viel mit griechischen Heldensagen beschäftigt. Diesen griechischen Helden wollte er es gleichtun oder sie sogar übertreffen. 334 v. Chr. zog der junge Herrscher, wie es sein Vater geplant hatte, gegen das persische Großreich in den Krieg. Sein Heer bestand aus 5500 Reitern, 30 000 makedonischen Fußsoldaten und weiteren 7000 aus griechischen Stadtstaaten. Während Alexander seine Truppen an der Küste Kleinasiens entlang führte, zog Großkönig Darius III. ein riesiges Heer zusammen. Im folgenden Jahr (333 v. Chr.) kam es zur Schlacht von Issos, in der das persische Heer vernichtend geschlagen wurde. Die persische Königin, ihre Kinder und das gesamte Heerlager mit seinen Schätzen fielen in die Hände Alexanders. Nach der Schlacht bei Issos forderte Darius in einem Brief die Freilassung seiner Familie. Alexander antwortete:

Q ... In offener Schlacht habe ich zuerst über deine Feldherrn, jetzt über dich und deine Heeresmacht gesiegt. So bin ich durch der Götter Gnade Herr des Landes. Da ich nun Herr von ganz Asien bin, komm du gefälligst zu mir. ... Wenn du aber zu mir kommst, dann fordere deine Mutter und Gattin und die Kinder und was du sonst noch wünschst von mir und du wirst es erhalten. Und künftig hast du, wenn du wieder an mich schreibst, an mich als König von Asien zu schreiben. Du hast mit mir als dem Herrn über alles, was dein war zu sprechen, wenn du etwas wünschst. ... Wenn du mir aber noch die Königsherrschaft streitig machst, erwarte mich noch einmal zum Kampf und reiß nicht aus ...

3 Beschreibt, wie Darius und Alexander auf Abbildung 1 dargestellt sind.

4 Versetzt euch in die Lage des persischen Großkönigs und verfasst ein Antwortschreiben auf den Brief Alexanders.

Im Jahr 331 v. Chr. schlugen die Truppen Alexanders die des Darius ein weiteres Mal. Alexander bestieg in Susa, der persischen Hauptstadt, den Thron.
Noch fünf Jahre zog er durch die östlichen Landesteile. Sein Reich erstreckte sich bis an den Indus, als er im Jahr 326 v. Chr. seinen Feldzug abbrechen musste, weil sich die Soldaten weigerten weiterzuziehen.

5 Messt auf der Karte, wie lang die Wegstrecke der Soldaten war, die an dem gesamten Feldzug Alexanders teilgenommen hatten.

334–323 v. Chr.:
Alexander der Große erobert das Perserreich.

333 v. Chr.:
Schlacht bei Issos, Niederlage und Flucht des Perserkönigs Darius.

331 v. Chr.:
Schlacht bei Gaugamela, zweiter Sieg Alexanders über Darius. Einnahme der persischen Hauptstädte Susa, Babylon und Persepolis. Reiche Beute ermöglichte die Fortführung seiner Feldzüge.

Alexander – Verwüster oder Kulturstifter?

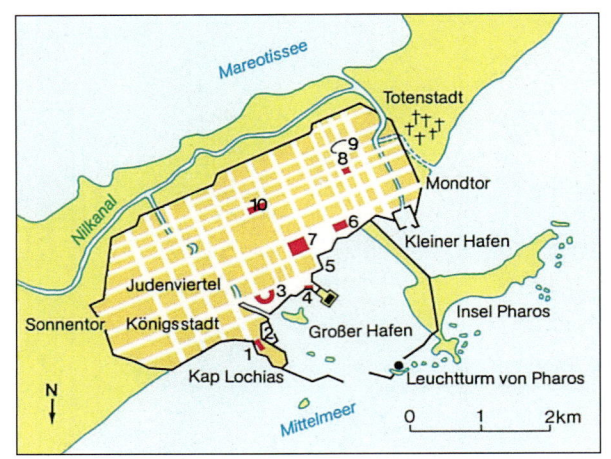

1 Plan der Stadt Alexandria.
① = Königspalast
② = Königlicher Hafen
③ = Theater
④ = Poseidon-Heiligtum
⑤ = Schiffswerften
⑥ = Museion
⑦ = Bibliothek
⑧ = Serapis-Heiligtum
⑨ = Stadion
⑩ = Gymnasion

▶ **Hellenismus*:**
Der Siegeszug Alexanders hatte zur Folge, dass in einem großen Teil der Welt die Menschen die Sprache und die Lebensformen der Griechen, die sich selbst als Hellenen bezeichneten, übernahmen. Diese Epoche (300 bis ca. 30 v. Chr.) nennen wir deshalb Hellenismus.

Barbaren*:
Bezeichnung, die die Griechen ursprünglich auf alle diejenigen anwendeten, die nicht griechisch sprachen, also „Fremde" waren. Der Begriff wurde nach und nach aber auch mit einer abwertenden Bedeutung verknüpft, im Sinne von „minderwertig", „feindlich", „verachtungswürdig".

Verwüstungen und Leid

Alexander hatte seine Feldzüge erbarmungslos geführt. Von der Eroberung der persischen Hafenstadt Tyros wird zum Beispiel berichtet, dass sie erst nach monatelanger Belagerung eingenommen werden konnte. Die Stadt wurde vollständig zerstört, die Bevölkerung getötet oder in die Sklaverei verkauft. Doch auch die Soldaten Alexanders litten: Auf den langen, strapaziösen Märschen durch Wüsten und über Gebirge gab es vermutlich mehr Tote als in den Schlachten. So sollen allein auf dem Rückzug der Truppen mehr als 40 000 Soldaten in der Wüste Gedrosiens umgekommen sein. Der römische Philosoph Seneca (4 v. Chr. – 65 n. Chr) schrieb über Alexander den Großen:

Q1 … Nicht zufrieden mit der Katastrophe so vieler Staaten, die sein Vater Philipp besiegt oder gekauft hatte, wirft er die einen hier, die anderen dort nieder und trägt seine Waffen durch die ganze Welt. Und nirgends macht seine Grausamkeit erschöpft halt, nach Art wilder Tiere, die mehr reißen, als ihr Hunger verlangt. …

Alexanderstädte im ganzen Reich

Doch viele der ausgedienten makedonischen und griechischen Soldaten hatte Alexander auf seinen Feldzügen auch in neu gegründeten Städten angesiedelt. Der griechische Geschichtsschreiber Plutarch berichtete von 70 solchen Alexanderstädten. Griechen und Makedonen lebten dort mit Einheimischen zusammen. Gleichberechtigt waren die Einwohner unterschiedlicher Herkunft allerdings nicht: Die wichtigsten Ämter besetzten die Einwanderer, und auch ihre Lebensart galt als besonders vornehm. Griechisch wurde die Sprache, in der sich die Einwohner unterschiedlicher Herkunft miteinander verständigten.

Auch nachdem das riesige Reich Alexanders unter seinen Nachfolgern in drei Reiche zerfiel, wurden weiterhin Städte nach dem Vorbild der Alexanderstädte gegründet. Nach und nach entstand eine neue, an der griechischen Lebensart orientierte Weltkultur. Bezeichnet wird sie als ▶ Hellenismus*. Weil er die griechische Kultur verbreitete, habe Alexander im Land der Barbaren* die Wildheit des Lebens ausgerottet, meinte Plutarch. Er schrieb:

Q2 … Er war … von dem Bewusstsein erfüllt, von den Göttern als Ordner und Friedensstifter für die Welt gekommen zu sein. Er versuchte, die Völker der ganzen Welt in einem einzigen Staat zu vereinigen, indem er Lebensgewohnheiten, Sitten und Bräuche miteinander mischte. …

1 Lies die Texte Q1 und Q2.
Stelle gegenüber, wie die antiken Forscher die Person Alexanders beurteilten.

Alexandria – Weltstadt am Nil

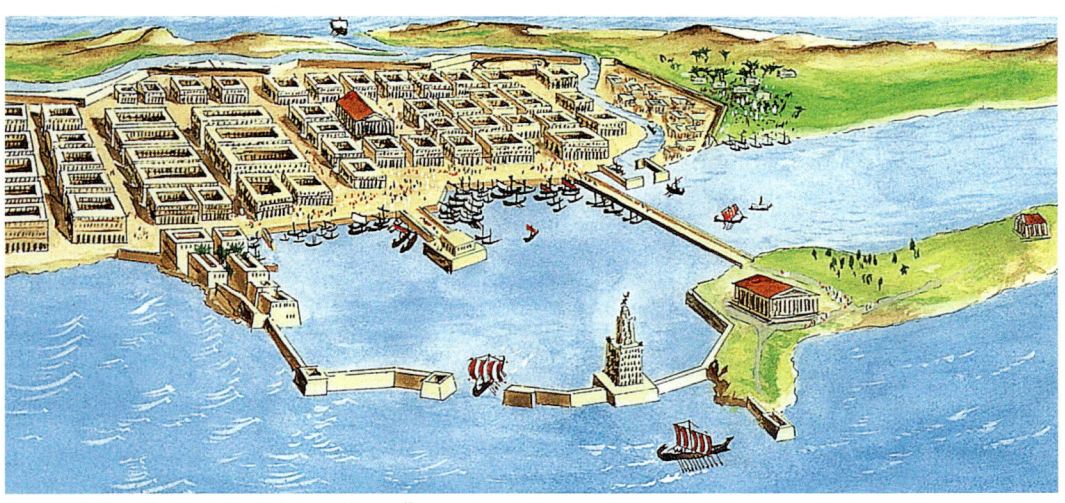

2 Modellzeichnung von Alexandria in Ägypten.

Alexandria – eine griechisch-ägyptische Weltstadt

Die wohl bedeutendste Stadt der hellenistischen Welt war Alexandria. 332/331 v. Chr. war sie im Nildelta als neue Hauptstadt Ägyptens gegründet worden. Der griechische Forscher Strabo (63 v. Chr. – 20 n. Chr.) besuchte die Stadt und berichtete:

Q3 … Die ganze Stadt wird von Straßen durchschnitten, die Platz für Wagen und Reiter bieten. … Die Stadt besitzt sehr schöne öffentliche Bezirke und den Bezirk der Königspaläste; er allein macht fast ein Drittel des Stadtgebietes aus. Zum Palastviertel gehört auch das Museion* mit der Wandelhalle und dem Speiseraum für die Wissenschaftler. Am großen Hafen … liegt die Insel Pharos mit ihrem berühmten, 160 m hohen Leuchtturm. Hinter dem Hafen erheben sich das Theater, der Poseidontempel, der Marktplatz und die Warenlager, dahinter die Schiffswerften.
Jenseits des Kanals liegt noch ein kleiner Stadtteil, dann die Totenstadt, eine Vorstadt mit vielen Gärten, Gräbern und Stätten zum Einbalsamieren der Toten. Diesseits des Kanals liegen das Heiligtum des ägyptisch-griechischen Gottes Serapis und andere alte Tempelbezirke, dazu ein Amphitheater und ein Stadion. … Kurz, die Stadt ist voll von Heiligtümern; das schönste Gebäude aber ist das Gymnasion* mit Säulenhallen von fast 200 m Länge. …

Strabo berichtete weiter:

Q4 … Der Wohlstand der Stadt aber ist vor allem darin begründet, dass von ganz Ägypten allein dieser Platz geschaffen ist sowohl zum Seehandel wegen guter Hafenverhältnisse und zum Binnenhandel, da der Strom (Nil) wie ein bequemer Fährmann alles transportiert. Gewaltige Flotten werden von hier ausgesandt und bringen die wertvollsten Frachten nach Alexandria, von wo sie gleich weiter gesandt werden. So kommen doppelte Zölle herein: von der Einfuhr und von der Ausfuhr.

2 Vergleicht Plan und Rekonstruktionszeichnung von Alexandria mit der Beschreibung des Strabo.
3 Sucht in dem Text Hinweise darauf, dass in Alexandria Griechen und Ägypter wohnten.
4 Womit erklärt Strabo den Reichtum der Stadt?
5 Alexandria war keine gewachsene, sondern eine geplante Stadt. Begründet diese Behauptung anhand des Planes (Abbildung 1).

Der Leuchtturm von Pharos, Rekonstruktionszeichnung. Er galt als eines der sieben Weltwunder. An seiner Spitze brannte ein Leuchtfeuer, das angeblich bis zu einer Entfernung von 50 km gesehen werden konnte. Wie er funktionierte, ist unklar. Der Leuchtturm wurde vollständig zerstört.

Museion*
Von den ägyptischen Königen gefördertes und finanziertes Forschungszentrum in Alexandria. Es war den Musen, den Göttinnen der Wissenschaft und Kunst, gewidmet, daher der Name „Museion".

Gymnasion*:
Sportstätte unter freiem Himmel, die an den Seiten von Säulenhallen begrenzt wurde.

Ein neues Weltbild entsteht

Nachdenken über die Welt:
Die Vorstellung, dass die Naturerscheinungen wie auch das Handeln der Menschen durch die Götter bestimmt seien, war schon von den athenischen Philosophen in der Blütezeit der Polis überwunden worden. Bereits im 6. Jahrhundert hatten sie begonnen, Naturphänomene zu erforschen und Fragen zu stellen wie „Warum gibt es Tag und Nacht?" oder „Warum sieht man von einem Schiff, das am Horizont auftaucht, zuerst den Mast?".
Das „Sichwundern" und Nachdenken über die Welt bezeichnen wir als Philosophie, übersetzt: Liebe zur Weisheit. Einer der berühmtesten athenischen Philosophen, die sich vor allem mit Fragen nach dem guten und richtigen Handeln beschäftigten, war Sokrates. Von ihm wird berichtet, dass er durch Athen zog, die Menschen in Diskussionen verwickelte und so versuchte, sie zum gründlichen Nachdenken anzuregen.

1 Archimedische Schrauben. Rekonstruktionszeichnung. Um das Wasser aus großen Tiefen heraufzuholen, mussten viele Schrauben hintereinander angebracht werden. Jede Schraube war 5 m lang und hob das Wasser um 1,5 m. Die Schrauben wurden von Sklaven mit den Füßen gedreht.

Das Museion – Forschungszentrum in Alexandria

Nicht nur die Kenntnisse über die geografische Beschaffenheit der bisher bekannten Welt waren seit den Alexanderzügen gewachsen. Vor allem die wissenschaftlichen Forschungen am Museion in Alexandria führten zu ganz neuen Einsichten und technischen Fortschritten: Am Museion wurden von über 100 Wissenschaftlern mathematische, astronomische, geografische, medizinische, zoologische und botanische Studien betrieben. Neben einem Zoo und einem botanischen Garten besaß das Forschungszentrum auch die damals größte Bibliothek der Welt mit mehr als 700 000 Buchrollen. Der dort forschende Ingenieur Heron entwickelte Wasseruhren, Seilwinden, Vermessungsinstrumente und vieles mehr. Der Mathematiker Euklid stellte geometrische Regeln auf, die bis heute benutzt werden. Der Mathematiker und Physiker Archimedes entdeckte nicht nur die Methode, Umfang und Inhalt eines Kreises zu errechnen, sondern erfand u. a. auch eine Vorrichtung, mit der man bis zu 200 m tiefe Bergwerkstollen entwässern konnte (Abbildung 1). Aus seiner Beobachtung der Sonnenstrahlen und Schattenwürfe in zwei ägyptischen Städten, die auf dem gleichen Längengrad lagen, leitete der Geograf Eratosthenes ab, dass die Erde Kugelgestalt haben müsse. Mithilfe von Winkelberechnungen gelangte er sogar zu einer erstaunlich genauen Vorstellung über den Erdumfang, den er (nach heutiger Maßeinheit) mit etwa 45 460 km annahm. Dass Eratosthenes auch zu einer neuen Sicht auf den Menschen kam, beschreibt der Forscher Strabo (Seite 73). Er stellte dar:

Q Am Ende seines Werkes hat Eratosthenes kein Wort der Billigung für jene, die die ganze Menschheit in zwei Teile, Hellenen und Barbaren, teilen, noch auch für jene anderen, die Alexander rieten, die Griechen als Freunde zu behandeln und die Barbaren als Feinde. Es sei besser, so sagte er, die Trennung nach Tüchtigkeit und Schlechtigkeit zu vollziehen; es gäbe nämlich auch unter den Barbaren sehr anständige Leute, wie etwa die Inder und die Perser und auch die Römer und Karthager, die so bewundernswerte Staatswesen hätten.

1 Erklärt anhand der Abbildung 1 die „Archimedische Schraube".
2 Erklärt die in Q beschriebene Haltung des Eratosthenes gegenüber Angehörigen fremder Kulturen. Lest dazu noch einmal die Erklärung des Begriffs „Barbaren" (Seite 72, Randspalte).

Zusammenfassung

Viele Staaten – ein Griechenland
Seit 2000 v. Chr. wanderten die Hellenen in Griechenland ein. In der zerklüfteten, bergigen Landschaft entstand eine Vielzahl von kleinen Stadtstaaten (▶Poleis). In vielen Poleis reichte das Land nicht aus, um die Menschen zu ernähren. Ganze Bevölkerungsgruppen mussten deshalb zwischen 750 und 550 v. Chr. auswandern und gründeten ▶Kolonien. Seit dieser Zeit gab es griechische Städte um das Schwarze Meer und das Mittelmeer. Alle Griechen verband die gemeinsame Sprache und man glaubte an die gleichen Götter. Überall in Griechenland gab es Tempel und heilige Stätten. Zu Ehren der Götter wurden sportliche Wettkämpfe veranstaltet.

Die Blütezeit Athens
Nach Auseinandersetzungen zwischen dem Adel und den übrigen Bevölkerungsgruppen entwickelte sich in Athen im 5. Jahrhundert v. Chr. eine ▶Demokratie. Alle athenischen Bürger hatten das Recht, an der Volksversammlung teilzunehmen und ihre Angelegenheiten selbst zu regeln, aber nur die Männer. Sie konnten Gesetze beschließen, Beamte wählen und über Krieg und Frieden entscheiden. Die Mehrheit der Bevölkerung bestand aus Sklaven, Metöken, Frauen und Kindern. Sie hatten keine politischen Rechte.

Die hellenistische Welt
Durch den Krieg zwischen Athen und Sparta erschöpften sich die griechischen Staaten im Krieg. Im 4. Jahrhundert v. Chr. gelang es Philipp, dem König der Makedonen, Griechenland zu unterwerfen. Sein Nachfolger Alexander eroberte das gesamte Perserreich. Die griechische Sprache, Kultur und Lebensweise sind im Weltreich und auch nach dem Zerfall dieses Reiches bestimmend. Deshalb wird die Zeit von 300 v. Chr. bis zur Zeitenwende ▶Hellenismus genannt.

Zum Nachdenken
1 *Ein ägyptischer Beamter besucht Athen. Nennt alle politischen Einrichtungen, die ihm fremd sind. Was könnte er darüber gedacht haben?*

---

776 v. Chr. 
Die ersten Olympischen Spiele in Griechenland.

750–550 v. Chr. 
Gründung griechischer Kolonien am Mittelmeer und am Schwarzen Meer.

5. Jahrhundert v. Chr. 
Entstehung der Demokratie in Athen.

356–30 v. Chr. 
Philipp von Makedonien unterwirft Griechenland. Sein Sohn Alexander gründet ein Weltreich. Zeitalter des Hellenismus.

4. Das Römische Reich

Vor etwa 2000 Jahren haben die Römer auch in Rheinland-Pfalz gelebt. Dabei hinterließen sie nicht nur Gebäudereste oder all die Dinge, die heute in den Museen zu sehen sind. Sie haben damals für Veränderungen gesorgt, die sich bis heute auswirken. Inwiefern?

Um das herauszufinden, könnt ihr euch in diesem Kapitel zunächst auf einem römischen Gutshof umsehen, wie er am Silberberg bei Ahrweiler stand und von Archäologen ausgegraben und rekonstruiert wurde. Die Personen, die in diesem Kapitel mit euch „sprechen", sind natürlich erfunden. Doch was sie euch mitteilen, hätten euch die Menschen vor 2000 Jahren vermutlich nicht viel anders berichtet.

Liebe Aurelia, sei willkommen im Haus deines Onkels. Du hast eine weite Reise von Rom zu uns in die Villa am Silberberg gemacht. Ich werde dir nun alles zeigen und nach Möglichkeit auch deine Fragen beantworten.

Danke Marcus. Ich freue mich zu erfahren, wie ihr hier im Norden lebt!

Schauplatz: Zu Besuch ...

Wollt ihr etwas über Leben und Wohnen vor 2000 Jahren wissen? Folgt den Kindern auf ihrem Rundgang. Lernt die Bewohner und ihre Aufgaben kennen und überlegt, ob auch ihr gerne hier gelebt hättet.

1 Macht eine Liste der Personen, die auf dem Hof leben und stellt sie vor.
2 Ergänzt die kleinen Gespräche und spielt diese Szenen.
3 Aurelia berichtet ihren Eltern von ihrem Besuch im Haus des Onkels; schreibt diesen Brief und macht kleine Zeichnungen dazu.

1 Küche der Römervilla am Silberberg in Ahrweiler. Foto, 1999.

Ach ja, der Sklave aus Griechenland. Ihr habt wirklich ein schönes Haus, Marcus. Mir gefallen die bemalten Wände so gut!

Schau, Aurelia, wir haben sogar eine Badeanlage, die hat längst nicht jedes Haus. Ihr müsst in Rom doch sicher in eine öffentliche Therme gehen! Fußbodenheizung gibt es außer hier im Bad auch noch im großen Speiseraum. Dort drüben ist die Küche, mein Lieblingsplatz. Die Sklavin Marcella hat für mich immer einen Leckerbissen im Topf. Tja, und hinten, am Ende des Ganges geht eine Treppe in die obere Etage, da wohnen wir Jungen mit Alexander, unserem Lehrer.

Sofort, Marcella, ich lade nur noch die Weinkrüge von dem Wagen draußen ab. Eigentlich müsste ich die Ziegel für den neuen Stall aufstapeln. Mir tut schon seit Tagen der Rücken weh, aber wir Sklaven können uns ja keine Ruhe gönnen!

Quintus, hole mir schnell etwas Brennholz, denn Antonius ist noch im Bad mit der Heizung beschäftigt und wir müssen heute Essen für 30 Leute vorbereiten!

2 Badeanlage mit Fußbodenheizung der Römervilla. Foto, 1999.

... auf einem römischen Gutshof

Aus Marcellas Kochbuch:

Q Cucurbita firctas (gebratene Zuccini)
Zuccini der Länge nach in Scheiben schneiden und in heißem Öl braten. Scheiben abtropfen lassen. Mit Pfeffer und Orenagarum (= Wein mit Salz vermischt) servieren. Schmeckt kalt und warm!

Dulcia domestica
Datteln entsteinen und mit Nüssen aller Art, Mandeln, Pinienkernen oder gemahlenem Pfeffer füllen. Kurz in Salz wälzen und anschließend in Honig braten (Honig vorher in der Pfanne zum Kochen bringen). Heiß servieren!

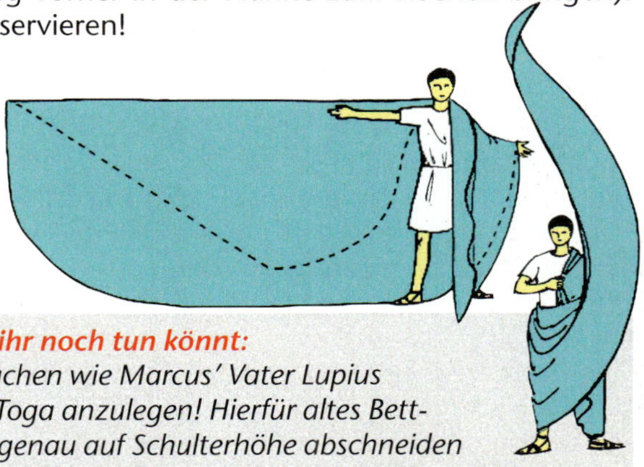

3 **Frisierszene von einem Grabmal aus Neumagen.** So wurde auch Marius' Mutter Livia für das Fest am Abend zurechtgemacht.

Was ihr noch tun könnt:
Versuchen wie Marcus' Vater Lupius eine Toga anzulegen! Hierfür altes Betttuch genau auf Schulterhöhe abschneiden (ca. 2,00 × 1,40 m) und die unteren Ecken abrunden.

> Zuerst essen wir eine Vorspeise, z. B. Salat oder gefüllte Oliven. Als Hauptgang gibt es verschiedene Fleisch- und Fischgerichte und zum Abschluss Kuchen, Süßigkeiten und Früchte. Unsere Gäste bringen ihre Sklaven mit, die helfen dann bei der Bedienung.

> Morgens und mittags gibt es nur Brot oder Brei. Dazu vielleicht noch etwas Obst. Unsere Hauptmahlzeit ist das Abendessen. Hierzu laden wir öfter Gäste ein. Musikanten und Tänzer sorgen für Unterhaltung. Alle Speisen werden schon in der Küche zerteilt, denn wir essen mit den Fingern. Die wischen wir an den Servietten ab. Gäste bringen ihre eigenen mit, denn darin tragen sie ja auch die Speisereste nach Hause!

4 **Römisches Festgelage.**

Schauplatz: Zu Besuch auf einem römischen Gutshof

> *Unser Nachbar Severus besitzt viel Land. Er beliefert das Kastell in Rigomagus (Remagen) mit Getreide und Vieh. Von ihm durften wir uns die Mähmaschine ausleihen.*

1 Mähmaschine. Relief aus Trier.

> *Zu dieser Villa hier gehört nicht viel Land. Unser Herr Lupius ist Händler. Er besitzt außerdem die große Töpferei unten am Fluss. Deshalb bauen wir nur für unseren eigenen Bedarf an und halten ein paar Tiere.*

So lebten sie damals

Die Römer gründeten die ersten Städte in unserer Heimat. Doch der größte Teil der Bevölkerung lebte zur Römerzeit auf dem Land und von der Landwirtschaft. Die Reichen legten ihr Vermögen in Landbesitz an. Ehemalige Soldaten (Veteranen) konnten nach ihrer Dienstzeit als Abfindung anstatt Geld auch ein Stück Land bekommen.

Zur Versorgung mit Lebensmitteln lagen um die Städte und Militärlager herum große Landgüter. Die Arbeit wurde meistens von Sklaven getan. In allen Teilen des Reiches (= Provinzen) beschäftigte man aber auch einheimische Lohnarbeiter. Durch Funde und Abbildungen kennen wir eine Reihe von landwirtschaftlichen Geräten wie z. B. Schaufeln, Hacken oder Sicheln, ja sogar Mähmaschinen zur Ernte von Heu und Getreide.

3 Feldarbeit. Fußbodenmosaik.

Was ihr noch tun könnt:
– Informationen zur Landwirtschaft heute sammeln und mit der römischen Landarbeit vergleichen.

2 Erntearbeiten. Relief aus Mainz.

80

Arbeitstechnik: Sachquellen auswerten

Aus der Römerzeit sind Überreste aller Art erhalten: Bauwerke, Grab- und Weihesteine, Werkzeug, Haushaltsgeräte, Geld, Schmuck und manches mehr. Vieles davon ist in den Museen ausgestellt. Um jedoch etwas über die damalige Zeit zu erfahren, müssen diese Dinge von Fachleuten „befragt" werden. Auch Museumsbesucher erfahren mehr, wenn sie mit den richtigen Fragen an die Gegenstände herangehen. So können alte Sachen zu wichtigen Erkenntnisquellen über das Leben in früheren Zeiten werden. Probiert es selber, denn es funktioniert auch mit den Abbildungen in diesem Buch.
Die folgenden Arbeitsschritte können euch helfen, Sachquellen besser auszuwerten:

1. Schritt:
Was ist zu sehen?
- Größe
- Form
- Farbe/Muster
- Material
- Qualität ...

2. Schritt:
Was kann man erschließen oder nachfragen?
- Alter
- Herkunft
- Fundort und -zeit
- Transportwege und -mittel
- Verwendungszweck
- Herstellungstechnik
- verwendete Werkzeuge und Hilfsmittel
- Moden/Einflüsse
- Auftraggeber/Benutzer ...

3. Schritt:
Welche Erkenntnisse kann man gewinnen?
- Verbreitung: Einmaliger oder seltener Fund, viele ähnliche Funde hier und/oder anderswo?
- Sitten und Gebräuche: Wann, von wem, bei welcher Gelegenheit benutzt? Mit welchen anderen Dingen zusammen verwendet? Wie sah demnach der Alltag aus?
- Stand der Technik: selber hergestellt – von Spezialisten gemacht – von anderswo eingeführt?
- Handelsbeziehungen: Produkt hier hergestellt und anderswo gefunden oder umgekehrt? Rohmaterial einheimisch oder von weit her? ...

4 Schlangenfadenglas. Höhe 20,3 cm. Gefunden 1936 in einem Grab aus dem 4. Jahrhundert n. Chr. in Luxemburg. Hergestellt vermutlich in Köln.

So geht es weiter ...

Von der Stadt zum Weltreich	82
Rom – eine sagenumwobene Siedlung	83
Rom wird Republik	84
Der Kampf um die Verfassung	86
Die Römer erobern die Welt	87
Die Eroberungen verändern Rom	88
Caesar setzt sich durch	90
Das Ende der Republik	91
Das römische Kaiserreich	92
Augustus, der Erhabene	93
Verkehrswege und Wirtschaft	94
Rom – die Hauptstadt eines Weltreiches	96
Brot und Spiele	97
Sklaven	98
Familie und Erziehung	100
Der Alltag der Römer	102
So wohnten die Römer	103
Pompeji	104
Die Sicherung des Reiches	106
Römisches Leben in den Provinzen	108
Christentum im Römischen Reich	110
Der christliche Glaube wird anerkannt	112
„Die Hunnen kommen!"	114
Das Römische Reich bricht zusammen	115
Die Römer gefährden die Umwelt	116

Von der Stadt zum Weltreich

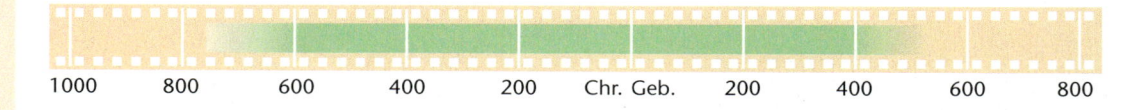

1000   800   600   400   200   Chr. Geb.   200   400   600   800

Der Kriegsgott Mars. Etruskische Statue, 7. Jahrhundert v. Chr.

10. Jahrhundert v. Chr.: Erste Besiedlung des Palatin-Hügels.

753 v. Chr.: Nach der Sage gründen Romulus und Remus Rom.

8.–6. Jahrhundert v. Chr.: Rom unter etruskischer Königsherrschaft.

1 Die bronzene Darstellung der Wölfin stammt aus dem 5. Jahrhundert v. Chr. Sie ist das Wahrzeichen der Stadt Rom und erinnert die Römer an die Gründungssage ihrer Stadt. Die Kinder wurden erst um 1500 hinzugefügt.

Rom – die Stadt des Romulus?

Jedes Jahr feiern die Römer den Geburtstag ihrer Stadt, die angeblich am 21. April 753 v. Chr. gegründet wurde. Damals – so heißt es in einer römischen Sage – lebten in der Nähe Roms die Zwillinge Romulus und Remus. Ihr Vater war Mars, der Gott des Krieges. Ihre Mutter war Rhea, die Tochter des Königs Numitor. Der König Numitor wurde von seinem Bruder, der nach der Herrschaft strebte, vertrieben. Die Zwillinge ließ er auf einem Holztrog auf dem Fluss Tiber aussetzen. In einer Nacherzählung der Sage heißt es weiter:

M … Der Kriegsgott Mars lenkte jedoch den Trog in eine Felsenhöhle. Dann schickte er eine Wölfin, das Tier, das ihm heilig war. Sie säugte die Kleinen. Nach einigen Tagen fand ein Hirte die Knaben und nahm sie mit nach Hause. Als sie herangewachsen waren, beschlossen Romulus und Remus, an der Stelle, an der sie einst gefunden worden waren, eine Stadt zu gründen. Sie konnten sich aber nicht einigen, wer der Stadt den Namen geben sollte. Wie es üblich war, wollten sie den Willen der Götter durch den Vogelflug erkunden. Jeder setzte sich auf einen Hügel und eben ging die Sonne auf, da rauschten sechs Geier an Remus vorüber. Nur kurz darauf flogen an Romulus zwölf Geier vorbei. Gewiss, sie waren ihm später erschienen, aber es war die doppelte Zahl. So zog Romulus mit einem Pflug eine Furche, die den Verlauf der künftigen Stadtmauern kennzeichnen sollte. „Das soll eine Mauer sein?", rief Remus höhnisch und sprang über die Furche. Da wurde Romulus zornig. Er stieß seinem Bruder die Lanze in die Brust und rief aus: „So soll es jedem ergehen, der diese Mauern zu übersteigen wagt." Romulus gab der Stadt seinen Namen und wurde ihr erster König. …

1 Sagen enthalten häufig einen wahren Kern. Vermutet, was sich von der römischen Gründungssage wirklich ereignet haben könnte.

82

Rom – eine sagenumwobene Siedlung

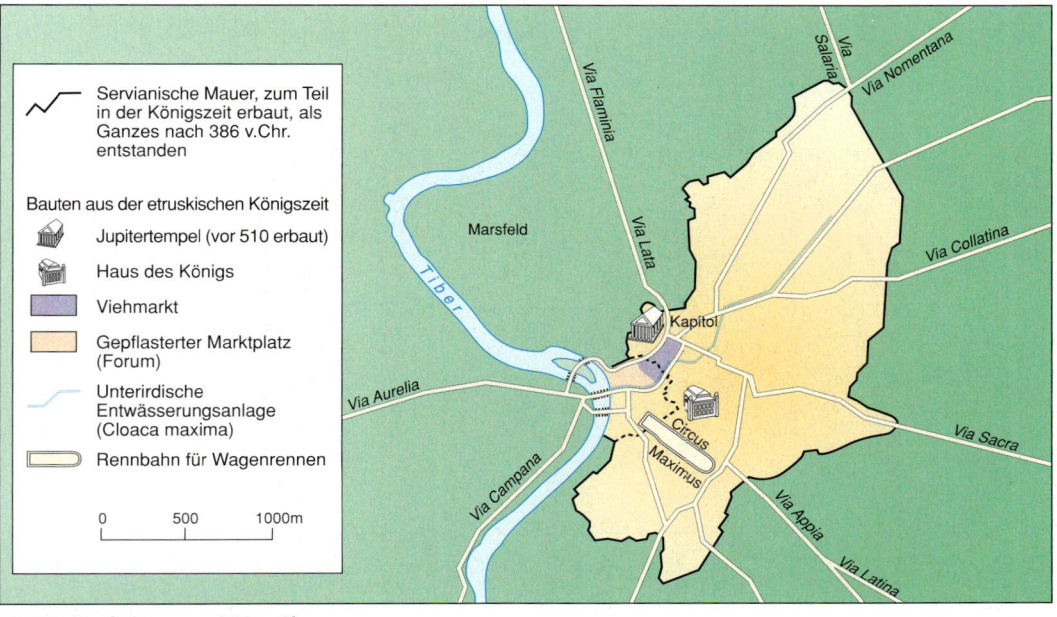

2 Die Stadt Rom um 350 v. Chr.

Zeichnung nach einem Fresko (Wandmalerei) einer jungen Etruskerin. Ihr Name war in den Putz eingeritzt: VELCA.

Zeichnung nach einer Ascheurne aus Ton. Die Urne hat die Form einer vorrömischen Hütte, wie sie auf dem Palatin in Rom gestanden hat. Um 900 v. Chr.

Sage und Wirklichkeit

Archäologische Forschungen beweisen, dass der Palatin, ein Hügel, der nah beim Tiber liegt, schon im 10. Jahrhundert v. Chr. von dem Stamm der Latiner besiedelt war. Es waren Hirten und Bauern, die Schafe, Rinder und Pferde besaßen und in einfachen Hütten lebten. In der Nähe verlief ein alter Handelsweg. Auf ihm brachten Händler vor allem das kostbare Salz von der Mündung des Tiber ins Hinterland. Allmählich entwickelte sich die Siedlung zu einem bevorzugten Handelsplatz, geschützt durch Wall und Graben.

Die Etrusker, die das Gebiet nördlich des Tiber beherrschen, eroberten im 7. Jahrhundert v. Chr. diesen Handelsplatz und bauten ihn zu einer Stadt aus. Nach dem etruskischen Adelsgeschlecht der Ruma erhielt die Stadt ihren Namen, der sich später in Rom wandelte. Die Stadtgrenze wurde durch eine mächtige Stadtmauer markiert. Sie durfte nur an den dafür vorgesehenen Stellen überschritten werden; wer dies missachtete, galt als Feind und durfte erschlagen werden. Die etruskische Religion war für die Römer von Anfang an besonders wichtig: Aus den Eingeweiden geschlachteter Opfertiere versuchten sie, den Willen der Götter zu erkunden. Sie übernahmen auch die Angewohnheit der Etrusker, den Donner, den Blitz und den Vogelflug zu beobachten; sie deuteten die Vorzeichen, um herauszufinden, ob die Götter einer Handlung zustimmten oder nicht.

2 *Stellt den Inhalt der Sage den Ergebnissen der Wissenschaft gegenüber.*

Die etruskischen Könige

Nach Romulus – so erzählt die Sage – sollen noch weitere sechs Könige über Rom geherrscht haben. Manche Könige waren klug und umsichtig. Sie sorgten sich um den Ausbau der Stadt: Ein prächtiger Marktplatz (Forum) wurde angelegt, Straßen gepflastert und ein gemauerter Kanal fertig gestellt, der alle Abwässer in den Tiber leitete. Zudem ließen sie zahlreiche Tempel errichten, in denen Göttinnen und Götter verehrt wurden. Unter ihrer Leitung wurde Rom zu einer blühenden Stadt, die viele Fremde anlockte, sich ebenfalls hier niederzulassen.

Rom wird Republik

1 Ein römischer Adliger mit den Büsten seiner Vorfahren. 1. Jahrhundert nach Chr.

2 Die römische Beamtenschaft.

Zensoren
Zu Zensoren wurden alle 5 Jahre fast immer ehemalige Konsuln gewählt. Zensoren überprüften das Vermögen und setzten die entsprechende Steuer fest. Sie waren ferner als Sittenrichter tätig und überwachten das Privatleben der Bürger.

Konsuln
Sie standen an der Spitze des Staates und führten im Krieg den Oberbefehl. Mindestalter 40 Jahre.

Prätoren
Sie konnten die Konsuln als Heerführer vertreten und überwachten die gesamte Rechtsprechung.

Ädilen
Sie überwachten die Ordnung auf den Straßen, dem Markt und allen öffentlichen Plätzen und waren zuständig für die Lebensmittelversorgung. Außerdem organisierten sie die öffentlichen Feste und Zirkusveranstaltungen.

Quästoren
Sie waren Hilfsbeamte der Konsuln und Verwalter der Staatskasse.

▶**Republik***:
(von dem lateinischen Wort „res publica" = die öffentliche Sache). Der Begriff für eine Staatsform, in der das Volk oder ein Teil des Volkes die Macht ausübt.

um 500 v. Chr.:
Die Adligen vertreiben den etruskischen König und gründen die römische Republik.

Senat*:
Rat der Ältesten, eigentliches Regierungsorgan im römischen Staat.

Die Römer gründen eine ▶Republik*

Es gab aber auch Könige, die vor allem darauf bedacht waren, ihren eigenen Reichtum und ihre Macht zu vergrößern. Zu ihnen gehörte Tarquinius Superbus, genannt „der Hochmütige". Die Römer hassten ihn nicht nur wegen seiner Überheblichkeit, sondern auch, weil er sie mit immer neuen Abgaben belastete. Um 500 v. Chr. wurde er von der aufgebrachten Bevölkerung verjagt. „Nie wieder einen König!", so schworen sich die Römer. Künftig sollte die Politik eine Angelegenheit aller Römer sein. Rom wurde eine Republik. „Res publica", „eine öffentliche Sache", „eine Angelegenheit des Volkes", so nannten die Römer jetzt selbst ihre Republik. Auf Zeit eingesetzte Beamte sollten jetzt die Herrschaft ausüben.

Der Senat und das römische Volk

Die beiden obersten Beamten hießen Konsuln. Sie führten die Regierungsgeschäfte und hatten im Krieg den Oberbefehl. Die Konsuln besaßen – wie früher die Könige – eine fast unumschränkte Macht. Ihre Amtszeit aber war auf ein Jahr beschränkt. Eine direkte Wiederwahl war nicht möglich. Beraten wurden die Konsuln vom Senat*. Hier versammelten sich die Oberhäupter der Adelsfamilien. Seine Mitglieder, Senatoren genannt, beschlossen die Gesetze. Auch Verträge mit anderen Staaten wurden vom Senat geschlossen. Weil er hierbei das römische Volk vertrat, begannen die Vertragstexte mit der Abkürzung SPQR: Senatus Populusque Romanus – übersetzt: „Der Senat und das römische Volk …".

1 Erklärt, worauf das Wort Republik in „Bundesrepublik Deutschland" hinweist.
2 Schüler nichtdeutscher Muttersprache können berichten, wie die genaue Bezeichnung ihres Staates lautet.
3 Seht euch das Schaubild 2 an. Erklärt, welche Aufgaben die jeweiligen Beamten übernahmen.
4 Stellt zusammen, wie man die Aufgabenbereiche der römischen Beamten heute benennen würde.

Rom wird Republik

3 Was zu einem Patrizier gehörte: ① Ein vornehmes Haus und adlige Vorfahren; ② Grundbesitz und Viehherden; ③ Sklaven; ④ Klienten.

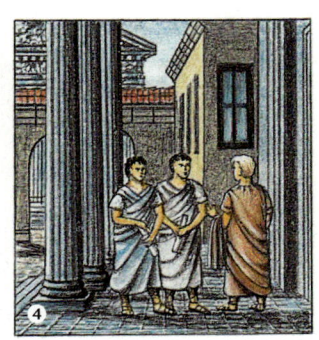

Die Vorherrschaft der Patrizier*

Die führende Stellung im römischen Staat nahmen die Adligen ein. Sie kontrollierten die neue Ordnung durch den Senat und sie stellten alle führenden Beamten: alle Richter, die Heerführer und die hohen Priester. Wie im frühen Griechenland gehörte auch in Rom derjenige zum Adel, der reich und von vornehmer Abstammung war. Die römischen Adligen waren Grundbesitzer und nannten sich selbst Patrizier. Den Patriziern gegenüber standen die Plebejer*: freie Bauern, Handwerker, Händler und Kaufleute, die die Mehrzahl der Bevölkerung stellten und nicht zum Adel gehörten. Sehr viele Bauern waren arm und hatten wenig Grundbesitz. Oft mussten sie sich Saatgut oder Lebensmittel bei den Patriziern borgen. Konnten sie es nicht zurückzahlen, verloren sie ihren Besitz und wurden häufig sogar in die Sklaverei verkauft. Viele Plebejer waren als Klienten (Schützlinge) einem adligen Patron (Schutzherrn) verpflichtet. Sie erfüllten Arbeitsaufträge und unterstützten die politischen Ziele ihres Patrons, der sie dafür finanziell unterstützte oder ihnen bei Rechtsstreitigkeiten beistand. Einige Adelsfamilien hatten über 5000 Klienten.

5 Erklärt den Unterschied zwischen Patriziern und Plebejern anhand des Schaubildes 3 und mithilfe des Textes.

6 Spielt folgende Situation: Die Patrizier erklären in einem Gespräch, warum allein sie in der Lage sind, alle wichtigen Ämter im Staat zu übernehmen. – Was könnten die Plebejer geantwortet haben?

Die Ständekämpfe

Die Plebejer waren mit der Vorherrschaft der Patrizier nicht einverstanden. Ihre Lage war schwierig, weil sie Jahr für Jahr Heeresdienst leisten mussten. Die Patrizier aber wollten freiwillig nichts von ihren Rechten abgeben. So kam es in Rom zu erbitterten Streitigkeiten zwischen dem ►Stand* der Patrizier und dem Stand der Plebejer. Die Auseinandersetzungen zwischen beiden Gruppen dauerten über 150 Jahre.

Patrizier*
(lateinisch „patres" = die Väter):
Der römische Adel.

Plebejer*
(lateinisch „plebs" = Menge, Masse):
Freie Bauern, Handwerker, Händler und Kaufleute in Rom, die nicht zum römischen Adel gehörten.

►*Stand*:*
Begriff für abgeschlossene Gruppen in einer Gesellschaft. Die Mitglieder einer Gruppe bestimmen sich durch Geburt, Vermögen oder durch unterschiedliche Rechte.

Der Kampf um die Verfassung

Verfassung*:
Eine Verfassung legt fest, welche Rechte die Bürger haben und wer den Staat regiert.

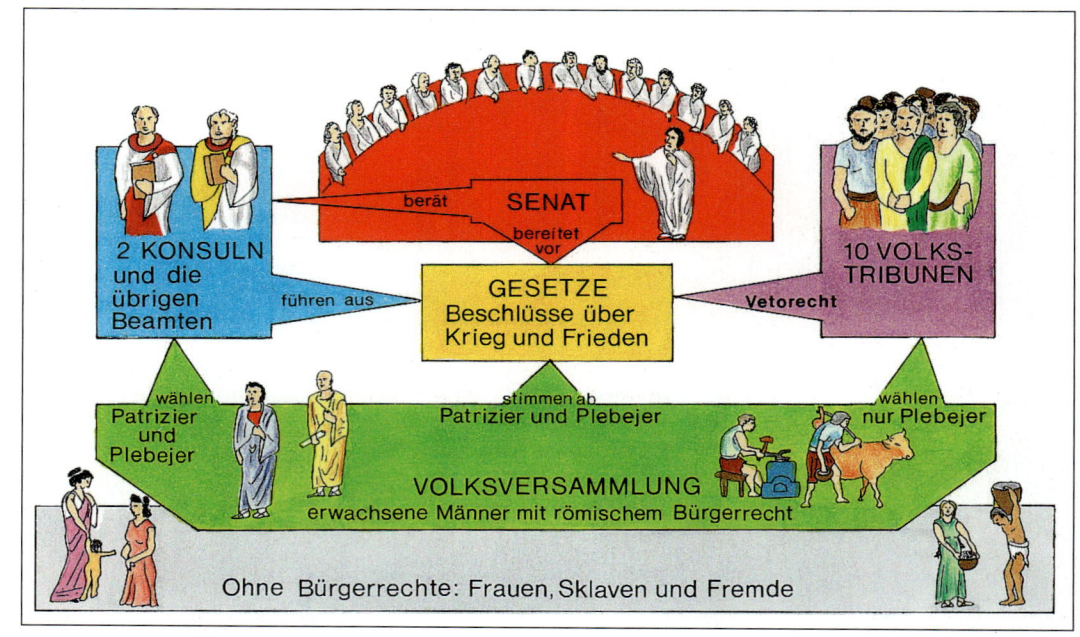

1 Die römische Verfassung* nach dem Ende der Ständekämpfe.

Die Münze aus der Zeit der römischen Republik zeigt einen Römer bei der Abstimmung in der Volksversammlung. Der Buchstabe V auf der Stimmtafel zeigt, dass er dem vorgeschlagenen Gesetz zustimmt.

Die Plebejer setzen Forderungen durch

Die Plebejer forderten von den Patriziern zu Beginn des 5. Jahrhunderts v. Chr. die Tilgung ihrer Schulden. Als sich die Patrizier unnachgiebig zeigten, verließ ein Großteil der Plebejer die Stadt. Sie zogen gemeinsam auf einen nahe gelegenen Hügel. Ein unerhörtes Vorgehen in den Augen der Patrizier! Mit ihrem Auszug verweigerten die Plebejer den Heeresdienst. Sie stellten die Mehrheit der Fußsoldaten und Rom war in kriegerische Auseinandersetzungen in Italien verwickelt. Die Patrizier mussten nachgeben und die Plebejer drohten auch in den folgenden Auseinandersetzungen immer wieder mit ihrem schärfsten Druckmittel: dem Auszug aus der Stadt und der Verweigerung des Heeresdienstes. So erreichten sie schließlich, dass sie eigene Beamte wählen durften. Diese Volkstribunen schützten die Plebejer vor ungerechten Amtshandlungen der Beamten. Sie hatten außerdem das Recht, gegen neue Gesetze Einspruch zu erheben, wenn diese ihrer Meinung nach die Plebejer benachteiligten („Vetorecht"). Auf Betreiben der Volkstribunen wurden dann um 450 v. Chr. die geltenden Gesetze aufgeschrieben. Die Gesetze galten für alle Bürger Roms in gleicher Weise. Sie wurden auf zwölf Bronzetafeln festgehalten, die öffentlich aufgestellt wurden.

Nach und nach besserte sich die Situation der Plebejer. Die Heirat zwischen Patriziern und Plebejern wurde nun erlaubt. Und seit der Mitte des 4. Jahrhunderts v. Chr. konnten Plebejer auch Beamte des römischen Staates werden. Nur Männer aus sehr reichen plebejischen Familien konnten es sich allerdings leisten, ein Staatsamt zu übernehmen, da es ehrenamtlich, das heißt ohne Bezahlung ausgeübt wurde.

1 Versetzt euch in die Lage der Plebejer und führt aus, welche Vorteile für sie geschriebene Gesetze gegenüber nur mündlich überlieferten Gesetzen hatten.

2 Erklärt mithilfe der Abbildung 1 die Rechte, die sich die Plebejer erkämpft hatten.

Die Römer erobern die Welt

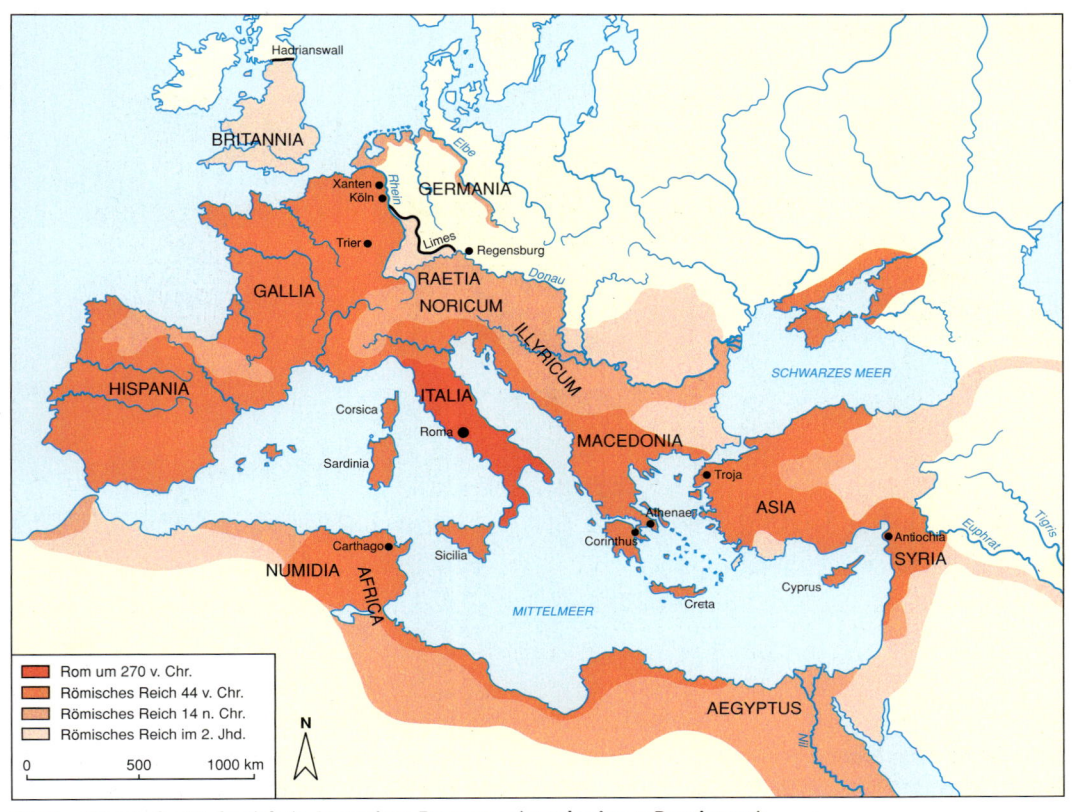

2 Das Römische Weltreich (▶Imperium Romanum) und seine ▶Provinzen*.

Römischer Soldat mit Schienenpanzer. Rekonstruktionszeichnung nach einem Relief. Bis zu 30 kg wogen Waffen und Ausrüstung. Dazu kamen noch etwa 15 kg Verpflegung.

Die Ausdehnung der römischen Herrschaft

Um 500 v. Chr. war die römische Republik noch ein kleiner Bauernstaat, dessen Fläche nicht viel größer war als das heutige Frankfurt am Main. Um 100 n. Chr. beherrschten die Römer den Großteil der damals bekannten Welt. Rom beherrschte Italien, Griechenland, Länder jenseits der Alpen und in Asien und Afrika.

Die Römer konnten ihr großes Reich mithilfe ihres Heeres erobern und beherrschen. Die Plebejer stellten die Masse der einfachen römischen Soldaten. Sie haben nach dem Ende der Ständekämpfe nie wieder den Heeresdienst verweigert. Vielmehr besaß Rom die am besten ausgebildeten und ausgerüsteten Truppen. Die Tapferkeit seiner Soldaten wurde schon damals gelobt.

3 Fertigt anhand der Karte eine Tabelle an: In die linke Spalte tragt ihr die römischen Provinznamen ein, in die mittlere das Jahr der Eroberung und in die rechte Spalte die heutigen Bezeichnungen.

Provinz	Zeit der Eroberung	heutiger Staat
...	...	...
...	...	...
...	...	...

4 Tragt zusammen, was ihr von den Gebieten des Römischen Reiches bereits wisst.

5 Versetzt euch in die Lage der unterworfenen Völker und berichtet, was die Ausdehnung des Römischen Reiches für sie bedeutet haben könnte.

▶**Provinzen*:** Alle Besitzungen des römischen Staates außerhalb der Halbinsel Italien hießen Provinzen. Die Provinzen bzw. die von den Römern unterworfenen Völker mussten Tribute, Abgaben in Form von Naturalien oder Geld, leisten.

um 100 n. Chr.: größte Ausdehnung des Römischen Reiches

Die Eroberungen verändern Rom

1 Die Folgen der Eroberungen für die Bauern: ① Im Frieden konnten die Bauern ihr Land bestellen; ② durch den jahrelangen Kriegsdienst veröedete ihr Besitz; ③ aus dem Krieg zurückgekehrt, mussten sie ihr Land verkaufen; ④–⑥ nun blieben drei Möglichkeiten: sie konnten als Landarbeiter arbeiten, nach Rom gehen oder das Land vom neuen Besitzer pachten.

▶ **Proletarier***
(lateinisch „proles" = die Nachkommenschaft): Bezeichnung der Römer für die Besitzlosen, die nichts außer ihrer Nachkommenschaft besaßen.

Popularen:
So wurden am Ende der römischen Republik die Politiker genannt, die die Not der Proletarier beheben wollten (z. B. Tiberius und Gaius Gracchus).

Optimaten:
Die Optimaten waren die Gegner der Popularen. Sie verteidigten die Senatsherrschaft gegen die Forderungen nach einer umfassenden Staatsreform.

Die Verarmung der Bauern

Rom war im 2. Jahrhundert v. Chr. zur Hauptstadt eines Weltreichs geworden. Doch die Reichtümer und Steuergelder aus den Provinzen kamen keineswegs allen Römern zugute. Im Gegenteil: In den zahllosen Kriegen waren viele Bauern und deren Söhne gefallen. Andere hatten jahrelang ihre Höfe nicht richtig bewirtschaften können. Das von ihnen angebaute Getreide war zudem fast unverkäuflich geworden. Getreide kam jetzt nämlich zu niedrigen Preisen aus den Provinzen nach Italien. Viele Bauern verarmten. Ihre Höfe mussten sie aufgeben. Sie zogen mit ihren Familien nach Rom. Doch auch hier erwartete sie keine bessere Zukunft, denn überall, im Kleinhandel wie im Handwerk, wurden Sklaven beschäftigt. Für die Bauern gab es keine Arbeit. Mittellos, ohne große Verdienstmöglichkeiten gehörten sie bald zur großen Masse der ▶Proletarier*.

Der Volkstribun Tiberius Gracchus soll um 130 v. Chr. die Lage der Bauern folgendermaßen beschrieben haben:

Q1 … Die wilden Tiere, die in Italien leben, haben ihre Höhlen und kennen ihre Lagerstätten und Schlupfwinkel. Die Männer aber, die für Italien kämpfen und sterben, haben nichts als Luft und Licht. Unstet, ohne festen Wohnsitz ziehen sie mit Frau und Kind im Land umher. …

Für Wohlleben und Reichtum anderer kämpfen und sterben sie im Krieg. Herren der Welt werden sie genannt. In Wirklichkeit aber besitzen sie nicht das kleinste Stückchen Land. …

Die Eroberungen verändern Rom

1 Erklärt mithilfe der Abbildung 1, warum die römischen Bauern verarmten, während das Römische Reich immer größer wurde.

Kampf für eine Landreform*
Wenn ein Krieg drohte, wurden freie Bauern zum Heeresdienst eingezogen. Ihre Ausrüstung mussten sie selbst bezahlen. Freie Bauern, die über so viel Geld verfügten, gab es aber immer weniger. So wurde es für Rom immer schwieriger, genügend Soldaten auszuheben. Tiberius Gracchus wollte diese Situation ändern. Er forderte im Jahre 133 v. Chr., dass jeder Großgrundbesitzer höchstens 1000 Morgen Land (250 ha) besitzen dürfe. Das übrige Land sollten landlose Bauern erhalten. Mit diesem Vorschlag waren die Großgrundbesitzer nicht einverstanden. Der römische Schriftsteller Appian schreibt um 150 n. Chr.:

Q2 … So traten dann die Reichen in Gruppen zusammen, beklagten sich und hielten den Armen vor, dass sie auf dem Lande seit Generationen Arbeit geleistet, dass sie Pflanzungen angelegt und Gebäude errichtet hätten.
Einige sagten, sie hätten das Land von ihren Nachbarn gekauft. Sollten sie mit dem Land auch das Geld verlieren? Andere erklärten, die Gräber ihrer Vorfahren lägen auf dem Lande. Kurz, es herrschte ein wildes Geschimpfe und Empörung. Auf der anderen Seite beklagten sich die Armen, man habe sie aus dem Wohlstand in bitterste Armut gestürzt. Sie zählten auf, wie viele Feldzüge sie mitgemacht hatten, um das Land für sich zu erobern. …

Die Ermordung der Gracchen
Ein Jahr später wurde Tiberius Gracchus von aufgebrachten Senatoren ermordet. Das gleiche Schicksal ereilte zehn Jahre später auch seinen Bruder Gaius, der ebenfalls eine Landreform durchsetzen wollte. Das Volk war empört. Um es zu beruhigen, wurden in den folgenden Jahren etwa 50 000 kleine Landgüter verteilt. Aber viele Hunderttausende Familien, die ebenfalls auf ein Landgut gehofft hatten, gingen leer aus.

Auf die Frage, wie es in Zukunft weitergehen sollte, gab es keine Antwort.

2 Verfasst eine kurze Ansprache, in der Tiberius Gracchus vor der Volksversammlung dafür wirbt, das Land neu aufzuteilen.

3 Nennt zwei Ziele, die Tiberius Gracchus mit seinen Reformen erreichen wollte.

4 Stellt die mit den Reformvorschlägen verbundenen Schwierigkeiten zusammen. Welche Lösungen würdet ihr vorschlagen?

Die Reform des Marius
Erst 107 v. Chr. gelang es dem erfolgreichen Feldherrn und Konsul Marius, die römische Armee wieder zu stärken. Über Marius wird in einem Jugendbuch berichtet:

M … Rom ist reich genug, um auch diejenigen unter Waffen zu stellen, die selbst so arm sind, dass sie keine militärische Ausrüstung erwerben können. Jeder Arme also, der Lust hat, Soldat zu werden, darf es, verkündete er. Marius ordnete an, dass jeder, der 16 Jahre gedient hatte, eine Landparzelle* erhielt. Dort kannst du, nachdem du dir für Rom Narben geholt hast, ein Haus bauen, den Acker bestellen, Oliven und Wein ernten und süßen Honig aus den Bienenstöcken gewinnen; kurzum ein ehrenwertes Leben in Frieden und Ruhe als Veteran* führen. …

Kämpfen für den Heerführer
Der Umstand, dass nicht der römische Senat, sondern der Feldherr Marius den Soldaten die „Altersversorgung" zugesagt hatte, führte bald zu einem ganz neuen Verhältnis der römischen Heerführer zu ihren Truppen: Denn weil nur erfolgreiche Feldherrn die Soldaten nach ihrer Entlassung versorgen konnten, kämpften diese nun nicht mehr in erster Linie für Rom, sondern vor allem für ihren Feldherrn. Die Macht der Heerführer wurde größer und es dauerte nicht lange, bis Einzelne mit ihren Truppen in Rom einmarschierten und versuchten, die Macht an sich zu reißen.

5 Spielt folgende Situation: Mehrere Proletarier unterhalten sich darüber, ob sie sich freiwillig zum Heeresdienst melden sollen.

Ein „römischer Offizier" mit Beinschienen und Offiziersmantel. *Foto, 1985.*

Reform*:
Veränderung, Verbesserung.

133 und 123 v. Chr.:
Tiberius und Gaius Gracchus versuchen, die Lage der Bauern durch eine Landreform zu verbessern. Die Brüder werden von aufgebrachten Senatoren ermordet. Die Reform scheitert.

107 v. Chr.:
Der Konsul Marius reformiert die römische Armee.

Parzelle*:
Kleines vermessenes Grundstück.

Veteran*:
Nach meist 20-jähriger Dienstzeit entlassener Soldat. Veteranen erhielten häufig ein Landgut und genossen steuerliche Vorteile.

89

Caesar setzt sich durch

Römischer Katapult.

Römische Münze, geprägt unter Julius Caesar. Die lateinische Inschrift (VENI, VIDI, VICI) heißt übersetzt: Ich kam, ich sah, ich siegte.

49–44 v. Chr.: Bürgerkrieg.

1 Ein kleiner, uns allen wohl bekannter Gallier, verabredet ein Treffen mit Gaius Julius Caesar. Comiczeichnung 1978.

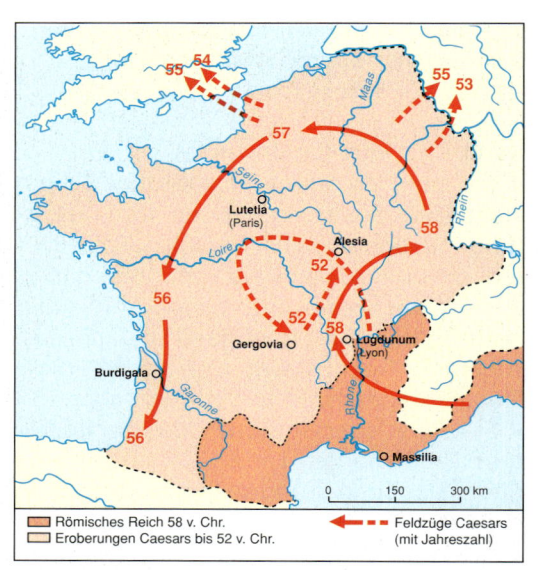

2 Die Feldzüge Caesars in Gallien.

Römisches Reich 58 v. Chr.
Eroberungen Caesars bis 52 v. Chr.
Feldzüge Caesars (mit Jahreszahl)

Gaius Julius Caesar

Ein Heerführer, dem es besonders gut gelang, die Soldaten für sich zu gewinnen, war Gaius Julius Caesar (100–44 v. Chr.). Zwischen 58 und 52 v. Chr. eroberten die von ihm geführten Truppen ganz Gallien. Der griechische Geschichtsschreiber Plutarch (um 46–120 n. Chr.) schrieb:

Q1 … Keiner von all seinen Vorgängern erreichte ihn in der Zahl der Schlachten und in der Größe der Verluste, die er den Feinden beibrachte. Denn der Krieg, den er in Gallien führte, dauerte nicht ganz zehn Jahre und in dieser Zeit nahm er über 800 Städte im Sturm, bezwang 300 Völkerschaften und kämpfte gegen drei Millionen. Eine Million tötete er im Kampf und eine andere nahm er gefangen.
Bei seinen Leuten war Caesar so beliebt, dass sie für seinen Ruhm mit unwiderstehlichem Mut in die größten Gefahren gingen.
Solchen Mut weckte Caesar besonders dadurch, dass er reichlich Geschenke und Belohnungen austeilte. Er wollte damit beweisen, dass er die im Krieg erworbenen Reichtümer nicht für sich selbst sammelte, sondern sie als gemeinsamen Lohn für tapfere Taten an verdiente Soldaten verteilte. …

Nach der Niederwerfung Galliens war das Ansehen Caesars so groß geworden, dass ein Senator meinte: „Nicht die Gallier und Germanen muss man fürchten, die größte Gefahr droht von Caesar." Als der Senat verlangte, dass Caesar seine Soldaten entlassen sollte, beschloss er, nach Rom zu marschieren. Kampflos besetzte er in kurzer Zeit Italien und besiegte das vom Senat aufgestellte Heer. Viele Senatoren flohen aus Rom; die übrigen ernannten ihn jetzt zum Diktator (Alleinherrscher), zunächst auf ein Jahr, später auf Lebenszeit.

1 *Seht euch die Abbildung 1 und die Karte 2 an. Tragt zusammen, was ihr über die Eroberung Galliens durch Caesar aus Jugend- oder Sachbüchern wisst.*
2 *Sprecht über die Warnung des Senators. Für wen stellte Caesar eine Gefahr dar?*

Das Ende der Republik

3 Die Ermordung Caesars. Das Bild zeigt, wie die Verschwörer Caesar umringen. Er lehnt – wie erwartet – die Bitte eines der Verschwörer ab. Daraufhin greifen sie zu Dolchen. Gemälde aus dem 19. Jahrhundert.

Cassius Dio:*
Historiker aus Kleinasien, der zu Beginn des 3. Jahrhunderts Geschichtswerke in griechischer Sprache verfasste.

Caesar als Alleinherrscher

Der griechische Schriftsteller Cassius Dio* (155–235 n. Chr.) schrieb:

Q2 … Der Senat überließ Caesar die Besetzung aller Beamtenstellen und ernannte ihn zum Diktator. Er allein sollte Soldaten halten dürfen und die alleinige Verfügung über die Staatskasse haben. Und die Senatoren beschlossen außerdem, es solle ein elfenbeinernes Standbild von Caesar zusammen mit den göttlichen Standbildern im Festzug mitgeführt werden. Ein anderes Bild Caesars stellten sie im Tempel auf mit der Inschrift: „Dem unbesiegten Gott", ein weiteres auf dem großen Marktplatz zu den Bildern der einstigen Könige Roms. …

Eine der ersten Maßnahmen Caesars als Diktator bestand darin, die Versorgung seiner Soldaten sicherzustellen. Sie wurden in verschiedenen Gebieten des Römischen Reiches angesiedelt und erhielten Land zur Bearbeitung. Anderen gab er Arbeit durch ein großzügiges Bauprogramm in der Hauptstadt. Vom Volk wurde Caesar sehr verehrt. Unter den Senatoren aber hatte er zahlreiche Gegner. Sie fürchteten, Caesar wolle König werden und damit den endgültigen Untergang der Republik herbeiführen. So beschlossen sie, ihn zu beseitigen. Am 15. März 44 v. Chr. ermordeten sie Caesar während einer Senatssitzung.

3 *Diskutiert, ob eurer Ansicht nach die Beweggründe von Caesars Gegnern einen politischen Mord rechtfertigen können.*

Der Beginn der ▶ Kaiserzeit*

Die Senatoren hatten Caesar ermordet, um die Freiheit der Republik zu retten. Doch sein Nachfolger Octavian (31 v. Chr. – 14 n. Chr.) war wie Caesar schon bald Alleinherrscher. Er wurde der erste Kaiser (abgeleitet von dem Namen „Caesar") der Römer. Er und seine Nachfolger beherrschten das römische Weltreich während der nächsten 500 Jahre.

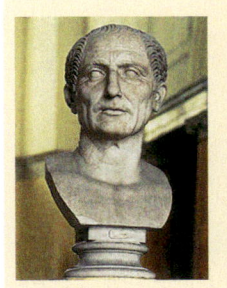

44 v. Chr.:
Caesar wird Alleinherrscher (Diktator) auf Lebenszeit und am 15. März ermordet.

▶ Kaiserzeit:*
Den Zeitraum, in welchem das Römische Reich von Kaisern regiert wurde (27 v. Chr. – 476 n. Chr.) bezeichnet man als Kaiserzeit. In der Anfangszeit wurden die römischen Kaiser wie Götter verehrt, sodass sich ein Kaiserkult entwickelte.

Das römische Kaiserreich

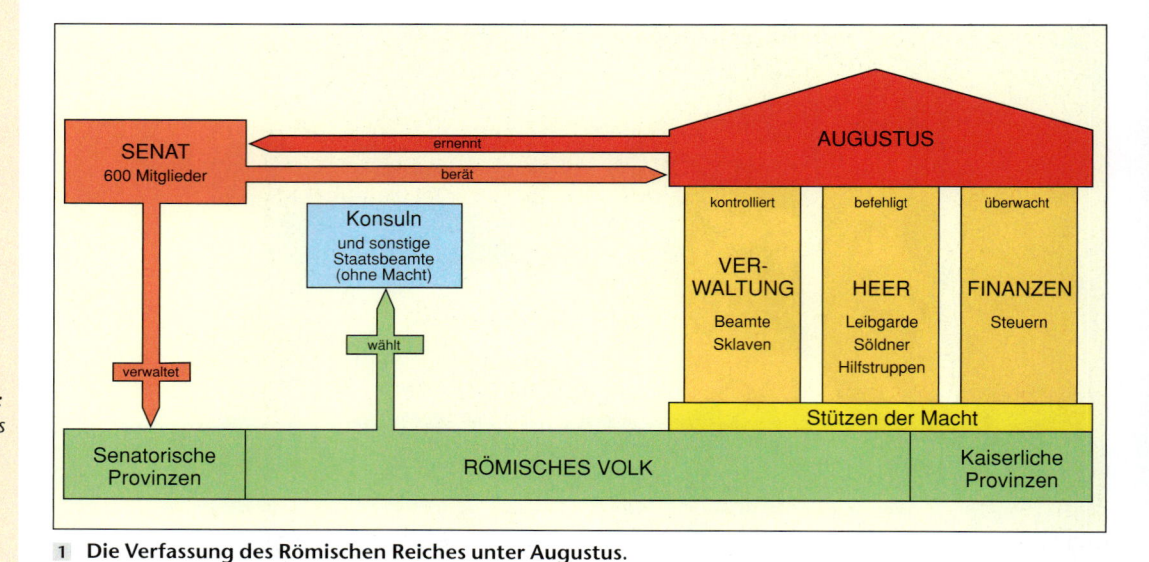

1 Die Verfassung des Römischen Reiches unter Augustus.

31 v. Chr.–14 n. Chr.: Octavian herrscht als Kaiser im Römischen Reich. Seit 27 v. Chr. wird er Augustus (= der Erhabene) genannt.

Römische Bürger: Die römischen Bürger, die nicht nur in der Stadt Rom lebten, hatten Vorteile, weil sie sich z. B. bei Gerichtsverhandlungen an den Kaiser wenden konnten. Alle Nichtrömer hatten die Möglichkeit, Römer zu werden. Ein Weg dazu war der Dienst in den Hilfstruppen des Heeres. Diese Soldaten wurden nach Ablauf ihrer Dienstzeit mit dem römischen Bürgerrecht beschenkt. Auch an ganze Städte konnte das Bürgerrecht verliehen werden.

Prinzipat des Augustus (27 v. Chr. – 14 n. Chr.): Beginn der römischen Kaiserzeit.

Die Alleinherrschaft des Augustus

Nach der Ermordung Caesars tobte fast 15 Jahre lang ein mit ungeheurer Grausamkeit geführter Bürgerkrieg. Octavian, den Caesar in seinem Testament als Erben eingesetzt hatte, ging schließlich als Sieger daraus hervor. Widerstand gegen den Alleinherrscher, der bald Augustus genannt wurde, gab es nicht. Dies lag sicherlich auch daran, dass sich die Menschen nach den Jahrzehnten des Bürgerkriegs nach Ruhe und Frieden sehnten.

Im Jahre 27 v. Chr. trat Octavian vor den römischen Senat und erklärte, die Republik sei wiederhergestellt. Er lege seine gesamte Macht nieder und wolle nur noch „princeps" (= erster Bürger) sein.

Cassius Dio, der von 155 bis 235 n. Chr. lebte, berichtet:

Q1 … Viele Senatoren bestürmten ihn (Octavian) mit Bitten, die Herrschaft zu behalten, bis er sich endlich gezwungen sah, Alleinherrscher zu bleiben. Die Provinzen, die friedlich und nicht mehr zum Krieg geneigt waren, überließ er dem Senat, die Provinzen, die unzuverlässig und gefährlich erschienen, behielt er selbst. … Auf diese Weise sollten die Senatoren von Waffen und Krieg entfernt bleiben. Er selbst wollte allein Waffen führen und Truppen unterhalten. …

In Wirklichkeit kam es dahin, dass Octavian selbst in allem über alles als Alleinherrscher bestimmte, da er die Finanzen kontrollierte. Außerdem war er Herr über das Heer. …

1 Erklärt mithilfe des Textes und des Schaubildes, worauf die Macht des Kaisers beruhte.

2 Was haltet ihr von der Aussage des Cassius Dio, Octavian habe sich gezwungen gesehen, Alleinherrscher zu bleiben?

Die Macht der Kaiser

Seit dem Sieg des Augustus lag die Macht nicht mehr bei den nur für ein Jahr gewählten Konsuln, sondern beim Kaiser. Er regierte auf Lebenszeit und stand über den bisherigen Beamten und dem Senat. Der Kaiser war Oberbefehlshaber der römischen Armee, seine Befehle hatten Gesetzeskraft. Der kaiserliche Gerichtshof hatte in wichtigen Fällen das letzte Wort. Einen Teil der Provinzen ließ der Kaiser direkt durch eigene Statthalter verwalten, nur für die Provinzen, in denen keine Soldaten stationiert waren, durfte der Senat die Statthalter ernennen.

Augustus, der Erhabene

2 Augustusstatue. Höhe: 2,04 m. Um 20 v. Chr.

Das Reich wurde von Rom aus verwaltet. Da das Reich aber sehr groß war, konnten die Kaiser nicht alles direkt kontrollieren. Die zahlreichen Städte im Reich behielten daher eine gewisse Selbstständigkeit. Solange sie die festgelegten Steuern zahlten, durften sie sich und ihr Umland weitgehend ohne Einmischung der kaiserlichen Zentrale verwalten. Jedes Jahr wählte man dafür in den Städten eigene Beamte. Ohne diese Selbstverwaltung von Tausenden von Städten hätte ein so großes Reich kaum bestehen können.

3 Erklärt, warum die Kaiser nur die Provinzen ohne Soldaten dem Senat überließen.

4 Überlegt, welche Schwierigkeiten sich bei der Verwaltung eines so großen Reiches ergeben konnten.

Die Kaiser und die Bewohner des Reiches

Alle römischen Untertanen mussten den Kaiser verehren (Kaiserkult*) und ihm einen Treueid leisten. In einem solchen Eid auf den Kaiser Caligula (37–41 n. Chr.) heißt es:

Q2 … Ich schwöre, dass ich diejenigen als meine persönlichen Feinde ansehen werde, von denen ich erfahre, dass sie dem Kaiser Caligula feindlich gesonnen sind. Und wenn jemand ihn und sein Wohlergehen gefährdet oder gefährden wird, werde ich nicht aufhören, ihn zu verfolgen, bis er vernichtet ist. Ich werde um das Wohl des Kaisers mehr besorgt sein als um meines oder das meiner Kinder und ich will diejenigen, die ihm feindlich gesonnen sind, als Staatsfeinde ansehen. Wenn ich bewusst gegen diesen Eid verstoße, dann sollen Jupiter Optimus Maximus und der unter die Götter aufgenommene Augustus und alle anderen unsterblichen Götter mir und meinen Kindern Vaterland, Gesundheit und all meinen Besitz nehmen. …

5 Fasst zusammen, wozu jeder, der diesen Eid schwören musste, sich verpflichtete. Vermutet, warum der Kaiser diesen Treueid verlangte.

Kaiserkult*:
Als Rom zum Kaiserreich wurde, betrachtete man auch die Kaiser als Götter und baute Tempel, in denen man sie anbetete. Mehrere Kaiser wurden schon vor ihrem Tod als Götter verehrt. Das Kaiserbildnis galt als Stellvertreter des Kaisers. Beleidigendes Verhalten gegenüber seinem Bild wurde als schweres Verbrechen geahndet.

Verkehrswege und Wirtschaft

1 Bau einer Römerstraße; rechts im Bild ein Landvermesser, unten: Querschnitt einer Landstraße. Rekonstruktionszeichnung.

*Die **Via Appia** war die erste und wohl berühmteste Militärstraße. Sie führte von Rom über mehr als 160 Kilometer in südöstliche Richtung. Wie viele andere römische Straßen hat die Via Appia bis heute überlebt, mit einer neuen Asphaltierung, über die nun der moderne Verkehr hinwegrollt.*

Römische Soldaten bauen Straßen

Mit Kaiser Augustus (31 v.–14 n. Chr.) begann für das Römische Reich eine Zeit des Friedens. Auf Befehl des Kaisers wurden die Soldaten daher jetzt verstärkt zum Straßenbau eingesetzt (siehe Abbildung 1).

Die Straßen waren bis zu 7 m breit. Das Fundament bestand meist aus größeren Steinen, darauf folgte eine Schicht aus grobem Steinschotter und eine weitere Schicht aus feinerem Kies. Die Straßendecke bestand ebenfalls aus Kies, in Städten oder in der Umgebung von Städten auch aus Steinplatten.

Die Straßendecke war leicht gewölbt, damit das Regenwasser in die Gräben zu beiden Seiten der Straße abfließen konnte. Wachtposten überwachten an wichtigen Kreuzungspunkten den Straßenverkehr. Für Reisende gab es in regelmäßigen Abständen Rasthäuser mit Schlafzimmern, Bädern und Ställen für Pferde und Wagen. Die Straßen dienten vor allem der Sicherung des Reiches: Auf den Straßen ritten Boten nach Rom, berichteten dem Kaiser von der militärischen Lage an den Grenzen und kehrten mit seinen Befehlen zu den Truppen zurück.

Truppen konnten schnell von einem Ort an einen anderen verlegt werden. Waffen, Handwerkserzeugnisse und Nahrungsmittel gelangten in kurzer Zeit bis zu den entferntesten Grenzbefestigungen. Zur Zeit seiner größten Ausdehnung verfügte das Römische Reich über ein Straßennetz von 250 000 km; davon waren 80 000 km Fernstraßen, die ständig überwacht wurden.

1 Stellt euch vor, ihr wäret Römer und hättet die Aufgabe, eine Straße zu bauen. Betrachtet die Abbildung und nennt die Aufgaben, die dabei gelöst werden müssen. Nicht alle Arbeiten des römischen Straßenbaus sind gezeigt. Beispielsweise muss das Baumaterial beschafft werden, die Soldaten müssen auch verpflegt und untergebracht werden.

Verkehrswege und Wirtschaft

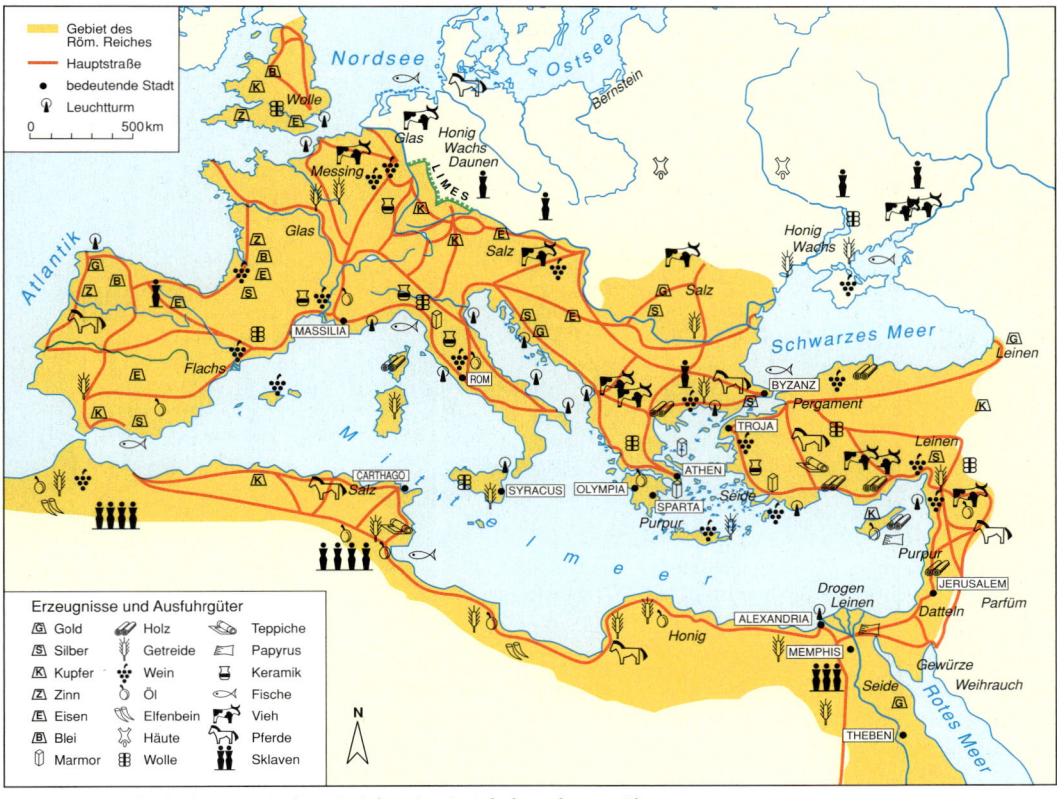

2 Die Wirtschaft des Römischen Reiches im 1. Jahrhundert n. Chr.
Produkte, die nach Rom geliefert wurden.

Vorderseite einer Bronzemünze. (Sesterz).

Eine Zeit des Friedens

Da im 1. Jahrhundert n. Chr. fast überall im Römischen Reich Frieden herrschte, konnte sich der Handelsverkehr auf den Straßen ungestört entwickeln. Auch die Handelsschiffe wurden nicht mehr wie in den Jahren zuvor von Seeräubern bedroht.
Ein Wissenschaftler schreibt über diese Zeit:

M ... In den drei Häfen Roms strömten die Güter der Welt zusammen: Gemüse, Obst und Wein aus Italien; Getreide aus Ägypten und Afrika; Öl, Pökelfleisch, Blei, Silber und Kupfer aus Spanien; Wild, Holz und Wolle aus Gallien; Datteln aus den Oasen; Marmor aus Griechenland und Numidien; Elfenbein aus Nordafrika; Bernstein aus den baltischen Ländern; Glasschätze aus Phönizien und Syrien; Stoffe und Seide aus dem Orient; Weihrauch aus Arabien; Gewürze und Edelsteine aus Indien. ...

2 Fertigt mithilfe der Karte eine Tabelle an. In die linke Spalte tragt ihr die heutigen Ländernamen ein, in die rechte Spalte die Waren, die nach Rom geliefert wurden.

3 Informiert euch in einem Lebensmittelgeschäft, aus welchen Ländern heute beispielsweise Gemüse, Obst usw. kommen.

Römische Münzen: Mit dem Aufstieg Roms zur Weltmacht wurden Münzen als Zahlungsmittel für das römische Wirtschaftsleben immer wichtiger. Ihr Wert wurde vom Staat festgelegt. Er ergab sich durch das verwendete Metall und das jeweilige Gewicht. So galt: 1 Aureus (Gold) = 25 Denare (Silber) = 100 Sesterzen (Bronze) = 400 Asse (Kupfer).

Rom – die Hauptstadt eines Weltreiches

1 Forum* Romanum: ① Curia, Tagungsort des Senats; ② Rednertribüne ③ Basilica Julia ④ Basilica Aemilia, ein Handelsgebäude; ⑤ Maxentiusbasilika; ⑥ Traiansforum; ⑦ Augustusforum. Rekonstruktion 20. Jahrhundert.

Forum:
Markt- und Versammlungsplatz in einer römischen Stadt.

Römischer Baukran mit Laufrad und Flaschenzügen.

Sachbuch-Tipp:
John Malam, Die Römer. Von Kaisern, Göttern und Gladiatoren. Starnberg: Dorling/Kindersley 2002
96 Seiten, € 7,90

Alltag in Rom

Strabo (63 v.–20 n. Chr.), ein Grieche, der zur Zeit des Augustus lebte, schrieb nach einer Besichtigung Roms:

Q1 … In Rom gibt es gepflasterte Straßen, Wasserleitungen und unterirdische Gräben, durch welche der Unrat aus der Stadt in den Tiber geleitet wird. Die Wasserleitungen führen so viel Wasser herbei, dass ganze Flüsse durch die Stadt und die unterirdischen Kanäle strömen und fast jedes Haus Wasserbehälter und reichlich sprudelnde Brunnen hat. Rom besitzt ferner zahlreiche herrliche Bauwerke. Viele davon stehen auf dem Marsfeld. Dieser Platz ist so groß, dass Wagenrennen und Pferdesport betrieben werden können, während sich gleichzeitig eine gewaltige Menge an Menschen im Ball- und Reifenspiel und im Ringen üben kann. Ferner gibt es viele Theater, breite Straßen, prächtige Tempel, herrliche Wohngebäude und Paläste.
Kommt man auf den alten Markt und sieht die prächtigen Bauten, die Tempel, Säulengänge und Wohngebäude, dann kann man leicht alles vergessen, was es sonst so gibt. So schön ist Rom. …

Der römische Dichter Juvenal (60–140 n. Chr.) meinte:

Q2 … Bin ich in Eile, komme ich wegen der vielen Menschen kaum voran. Hinter mir drückt das Volk in Scharen nach. Der eine stößt mir den Arm in die Seite, ein anderer ein hartes Brett. Bald trifft mich ein Balken am Schädel, bald ein Ölfass. Kot besprizt meine Waden, von allen Seiten bekomme ich Tritte von mächtigen Sohlen und bald tritt mir ein grober Soldat mit den Nägeln seiner Stiefel auf die Zehen. In jedem Landstädtchen könnte ich mir ein Häuschen kaufen zum gleichen Preis, den ich hier jedes Jahr als Miete für ein finsteres Loch zahlen muss. Nun, mein Freund, weißt du etwa, warum ich die Hauptstadt verlasse. …

1 Vergleicht die beiden Aussagen miteinander. Warum findet der Grieche Rom so besonders schön, weshalb verlässt der Römer die Stadt?

Brot und Spiele

2 Kampf zweier Gladiatoren. Von einem Aufpasser werden die Gladiatoren mit einem Lederriemen immer wieder angetrieben. Fußbodenmosaik, um 240 n. Chr.

3 Wagenrennen im Circus Maximus. Relief um 200 n. Chr.

Der Kaiser versorgt die Untertanen

Zur Zeit des Kaisers Augustus lebten in Rom über 1 Million Menschen. Unter ihnen gab es viele Arme und Arbeitslose. An über 200 000 römische Bürger ließ der Kaiser daher jeden Monat je 30 kg Weizen kostenlos verteilen, damit sie wenigstens genug zu essen hatten.

Die römischen Bürger forderten vom Kaiser aber nicht nur „Brot". Er sollte auch für Unterhaltung und Vergnügen in ihrer Freizeit sorgen. „Brot und Spiele" – so lautete die Forderung an den Kaiser.

Der Circus Maximus und das Kolosseum

Spiele – das waren Wagenrennen und Gladiatorenkämpfe. Im Circus Maximus fanden die Pferde- und Wagenrennen statt. Gerne gingen die Römer auch in das Kolosseum*. Dies war ein Rundbau, fast 60 m hoch, mit 45 000 Sitzplätzen. In der Mitte war – wie im Zirkus – eine Arena. Fast immer war das Kolosseum überfüllt. Alle wollten den Tierkämpfen zusehen, die der Kaiser für die Massen veranstalten ließ. Bären ließ man gegen Büffel kämpfen, Büffel gegen Elefanten oder Elefanten gegen Rhinozerosse.

Häufig gab es auch den Kampf Mensch gegen Tier. Als das Kolosseum im Jahre 80 n. Chr. eingeweiht wurde, starben an einem Tage fast 5000 Tiere in der Arena. Grausamer war der Kampf der Gladiatoren untereinander. Es war ein Kampf auf Leben und Tod. Die Kämpfer wurden von einer fanatischen Menge angefeuert. Beendet war der Kampf häufig erst dann, wenn einer der Kämpfer tot am Boden lag.

Abwechslung und Unterhaltung suchten die Römer auch in den Thermen. Das waren prächtig ausgestattete Freizeitzentren mit Dampf- und Wasserbädern, Kalt- und Warmbädern, Schwimm- und Wannenbädern. Daneben gab es auch Sportplätze, Gymnastikhallen, Büchereien und Museen. Außerdem waren in den Säulenhallen zahlreiche kleine Läden eingerichtet, in denen man einkaufen konnte. Alles zusammen bildete ein großes Freizeitzentrum. Der Eintrittspreis war so niedrig, dass auch ärmere Leute diese Thermen besuchen konnten. In den größeren Thermen konnten sich bis zu 5000 Besucher gleichzeitig aufhalten.

2 Beschreibt die Situation auf Abbildung 2.
3 Nehmt Stellung zu den Gladiatorenkämpfen. Wie denkt ihr über diese „Freizeitunterhaltung"?
4 Führt aus, warum der Kaiser Gladiatoren- und Theaterspiele veranstalten ließ.
5 Gestaltet eine Wandzeitung für euer Klassenzimmer zum Thema: „Eine Rundfahrt durch das alte Rom". Materialien bekommt ihr in Büchereien und Reisebüros.

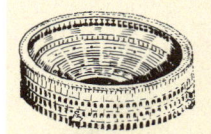

Das Kolosseum: Hier veranstalteten die Kaiser seit 80 n. Chr. Gladiatorenkämpfe und Tierhetzen. Für Seegefechte konnte man den Innenraum unter Wasser setzen.

Sklaven

Füllen*:
Fohlen, junges Pferd.

Halsringe *wie diesen trugen Sklaven. Der Name des jeweiligen Herren war darauf eingraviert.*

Freigelassene:
Sklaven kauften sich mit Ersparnissen selber frei oder wurden von ihren Herren nach mehreren Jahren freigelassen. Erst in zweiter oder gar dritter Generation hatten Freigelassene das volle römische Bürgerrecht, konnten damit öffentliche Ämter bekleiden oder eine rechtsgültige Ehe eingehen. Freigelassene traf man häufig in Ämtern am Kaiserhof oder in der Verwaltung der Provinzen an. Als Handwerker garantierten sie den hohen Lebensstandard der Kaiserzeit.

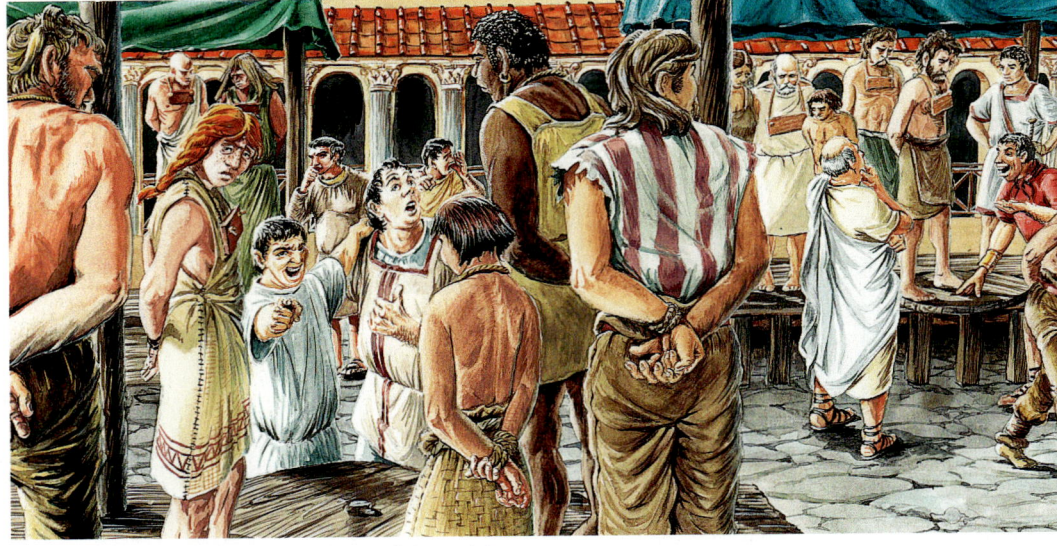

1 Römischer Sklavenmarkt. Rekonstruktionszeichnung.

Die Sklaven – billige Werkzeuge?

Von ihren Eroberungen brachten die Römer häufig Zehntausende von Kriegsgefangenen mit, die sie als Sklaven verkauften. Auf einem Schild, das sie um den Hals trugen, waren Alter, Herkunftsort und besondere Fähigkeiten angegeben. Je mehr Fähigkeiten ein Sklave besaß, desto teurer war er.

Das schwerste Los hatten auch bei den Römern die Bergwerkssklaven. Etwas besser hatten es jene, die als Handwerker in Töpfereien, Waffenwerkstätten, Mühlen oder Bäckereien oder in einem Haushalt arbeiteten. Hausklavinnen und -sklaven wurden meist einfachere Arbeiten übertragen. Sie waren allerdings – ebenso wie alle anderen – ständig der Gefahr ausgesetzt, wegen einer Nachlässigkeit schwer bestraft oder sogar getötet zu werden. Einige wurden auch als Lehrer eingesetzt zur Erziehung der römischen Kinder. Wenn sie Glück hatten, kamen sie zu einem Herren, der sie nicht nur als billiges Werkzeug ansah.

Der griechische Geschichtsschreiber Plutarch (um 46–120 n. Chr.) schrieb über den römischen Politiker Cato den Älteren (234 bis 149 v. Chr.):

Q1 … Er hielt eine große Menge Sklaven, die er aus den Kriegsgefangenen kaufte, am liebsten solche, die noch klein waren und sich wie junge Hunde oder Füllen* nach seiner Art bilden und ziehen ließen. … Wenn er seinen Freunden und Amtsgenossen ein Gastmahl gab, (ließ er) gleich nach Tisch die Sklaven, die beim Auftragen oder Zubereiten nachlässig gewesen waren, auspeitschen. … Diejenigen, die ein todeswürdiges Verbrechen begangen zu haben schienen, ließ er dann, wenn sie von sämtlichen Sklaven in einem Gericht schuldig befunden worden waren, hinrichten. …

1 *Beschreibt Abbildung 1. Spielt folgende Szene: Zwei Käufer unterhalten sich mit dem Verkäufer über die Sklaven, die er anzubieten hat. Die Sklaven berichten, was sie dabei empfinden.*

2 *Diskutiert darüber, wie Cato nach Q1 seine Sklaven behandelt. Vergleicht dabei Catos Gericht mit einer heutigen Gerichtsverhandlung.*

Sklaven

2 Römisches Fußbodenmosaik mit kämpfenden **Gladiatoren.** Ausschnitt. 2. Jahrhundert n. Chr.

3 Römisches Fußbodenmosaik mit kämpfenden **Gladiatoren.** Ausschnitt. 2. Jahrhundert n. Chr.

Gladiatoren in der Arena

Manche Sklaven wurden auch zu Gladiatoren ausgebildet. Zur Unterhaltung der Zuschauer mussten sie in großen Arenen auf Leben und Tod gegeneinander oder gegen wilde Tiere kämpfen (Abbildungen 2 und 3). Bei den Römern waren diese Spiele überaus beliebt. Mit lauten Rufen feuerten sie die Gladiatoren an oder verlangten von den Aufsehern, allzu träge und langsame Kämpfer mit Peitschenhieben oder glühenden Eisen anzutreiben. War ein Gladiator so stark verwundet, dass er nicht weiterkämpfen konnte, hob er den linken Arm; mit diesem Zeichen bat er um Gnade. Die Entscheidung darüber stand allein dem Ausrichter der Spiele zu, der den Willen der Zuschauer berücksichtigte. Waren diese mit den Leistungen nicht zufrieden, so senkten sie den Daumen und riefen: „erdrossle, töte ihn".

Weil diese Spiele so beliebt waren, nutzten ehrgeizige Politiker diese Möglichkeit, sich durch die Ausrichtung derartiger Veranstaltungen bei der Bevölkerung beliebt zu machen. Auf diese Weise hofften sie, genügend Stimmen zu erhalten, wenn sie sich um das nächsthöhere Amt in ihrer Beamtenlaufbahn (Seite 84) bewarben.

3 *Beschreibt die Situationen auf den Abbildungen 2 und 3. Versetzt euch in eine der dargestellten Personen und schildert eure Gedanken und Empfindungen.*

4 *Spielt folgende Situation: Der Schüler Alypius verabscheut die Gladiatorenspiele. Seine Freunde bedrängen Alypius und wollen ihn überreden, sich die Kämpfe anzuschauen. Er aber lehnt ab.*

Sind Sklaven Menschen?

Es gab im Altertum nur wenige Menschen, die sich für eine menschliche Behandlung der Sklaven aussprachen. Beachtung fand der Philosoph Seneca (etwa 4 v. Chr. – 65 n. Chr.). Er schrieb an einen Bekannten:

Q2 … Zu meiner Freude erfuhr ich von Leuten, die dich besucht haben, dass du freundlich mit deinen Sklaven umgehst. Das entspricht deiner Einsicht und deiner Bildung. … Bedenke, dass der Mensch, den du einen Sklaven nennst, den gleichen Ursprung hat wie du, dass sich über ihm derselbe Himmel wölbt, dass er die gleiche Luft atmet, dass ihm das gleiche Leben, der gleiche Tod beschieden ist. …

5 *Gebt mit eigenen Worten wieder, wie Seneca seine Haltung gegenüber den Sklaven begründet.*

Römischer Gladiator. Rekonstruktionszeichnung.

Familie und Erziehung

1 Eine Eheschließung. Die Frau brachte eine Mitgift in die Ehe ein. Im Fall der Scheidung erhielt sie zurück. Römisches Steinrelief.

2 Eine Frau mit einer Schreibtafel; ihr Mann mit einer Buchrolle. Wandbild aus Pompeji, um 70 n. Chr.

Mode:
Die Männer trugen ein knielanges, ärmelloses Hemd als Unterkleid. Über dieser Tunica als Oberkleid trugen die vornehmen Männer die Toga. In Rom musste sich jeder Bewerber um ein Staatsamt in eine weiße Toga kleiden.
Die Römerin trug über der Tunica ein Kleid aus Leinen. Draußen zog sie bei Bedarf einen lockeren Mantel („Palla") über.

Die römische „familia"

Die römische „familia" war etwas anderes als unsere heutige Familie: An der Spitze stand der „pater familias", der Vater der Familie. Er besaß über alle Familienmitglieder uneingeschränkte Macht und entschied allein über das Vermögen. Nur er konnte Verträge schließen. Und er allein bestimmte, ob ein Neugeborenes aufgezogen oder ausgesetzt wurde. Vor allem Mädchen wurden häufig ausgesetzt und mussten verhungern oder erfrieren, wenn sich nicht mitleidige Menschen des Kindes annahmen. Über alle Mitglieder der familia konnte der „pater familias" Strafen, sogar die Todesstrafe, verhängen. Zur „familia" gehörten neben der Ehefrau und den Kindern auch Enkel und Urenkel und die Familien der verheirateten Söhne. Ferner wurden zur „familia" auch die Sklaven und die Klienten gezählt.

Frauen in Rom

Die Römerin heiratete im Alter von 12 bis 14 Jahren. Als Ehefrau war sie vor allem „mater familias", die Mutter der Familie. Sie sorgte für das Haus, beaufsichtigte die Sklavinnen und kümmerte sich um die Erziehung der Kinder. Mit dem Beginn der Kaiserzeit erhielten die Römerinnen größere Freiheit und Selbstständigkeit. Kein Vater konnte seine Tochter mehr zwingen, eine Ehe einzugehen. Politische Rechte erhielten die römischen Frauen allerdings auch jetzt noch nicht; sie konnten also auch weiterhin keine öffentlichen Ämter übernehmen. So beschäftigten sich Frauen der Oberschicht häufig mit griechischer Bildung und Wissenschaft. Als Beraterinnen ihrer Männer wurden sie von römischen Schriftstellern immer wieder wegen ihrer politischen Klugheit gelobt. Stärker als früher nahmen sie am öffentlichen Leben teil, besuchten religiöse Feste, öffentliche Spiele, Theater, Thermen und Zirkusspiele.

Für die Frau eines einfachen Römers sah das Leben anders aus: In den engen, vom Einsturz bedrohten Mietskasernen wohnend, musste sie häufig allein für den Lebensunterhalt und die Erziehung der Kinder sorgen. Ihr Mann, der sich als Berufssoldat für eine zwanzigjährige Dienstzeit verpflichtet hatte, kam oft jahrelang nicht nach Hause.

1 Beschreibt, welche Eigenschaft der Römerin auf Abbildung 2 besonders hervorgehoben wird.

Familie und Erziehung

3 Privatlehrer mit Schülern. Relief, 3. Jahrhundert n. Chr.

Römische Schulen

2 *Seht euch Abbildung 3 an. Welche Situation im Leben eines römischen Jungen ist hier dargestellt?*

Bis zum 6. oder 7. Lebensjahr wurden die Kinder von ihrer Mutter erzogen. In den wohlhabenderen Familien übertrug man die Erziehung auch geeigneten Sklavinnen oder Sklaven. Mit 7 Jahren besuchten die Kinder der armen Familien eine öffentliche Schule.
Ein heutiger Wissenschaftler schreibt:

M … Der Unterricht begann früh am Morgen, ging pausenlos bis zum Mittag durch, wurde unter dem Vordach eines Ladens abgehalten, ständig umbrandet vom Straßenlärm, von dem ihn lediglich einige Zeltplanen trennten. Die gesamte Ausstattung bestand aus einem Stuhl für den Lehrer, Bänken oder Schemeln für die Schüler, einer schwarzen Tafel, Schreibtäfelchen und einigen Rechenbrettern. Der Unterricht ging das ganze Jahr hindurch und wurde nur an Markttagen und während der Sommerferien ausgesetzt. …

Lehrer waren häufig freigelassene Sklaven, denen die Schüler vielfach mit Verachtung begegneten. Um sich durchzusetzen, griffen sie deshalb häufig zur Prügelstrafe. Ganz anders ging es in den teuren Privatschulen zu, die nur von Kindern der Oberschicht besucht wurden. Begleitet von einem Sklaven, der Schreibzeug, Tafel und Lineal tragen musste, gingen die Kinder morgens zum Unterricht, der von einem gut ausgebildeten Lehrer gehalten wurde.

3 *Den Schulabschluss bezeichnete man in Rom häufig mit: „die Hand unter dem Stock wegziehen". Erklärt diese Redewendung.*

Schreibtafel aus Wachs mit Griffel. Daneben Tintenfass mit Feder und Pergament. Rekonstruktionszeichnung.

4 Bestrafung eines Schülers. Nach einem Wandbild aus Herculaneum aus dem 1. Jahrhundert n. Chr.

Der Alltag der Römer

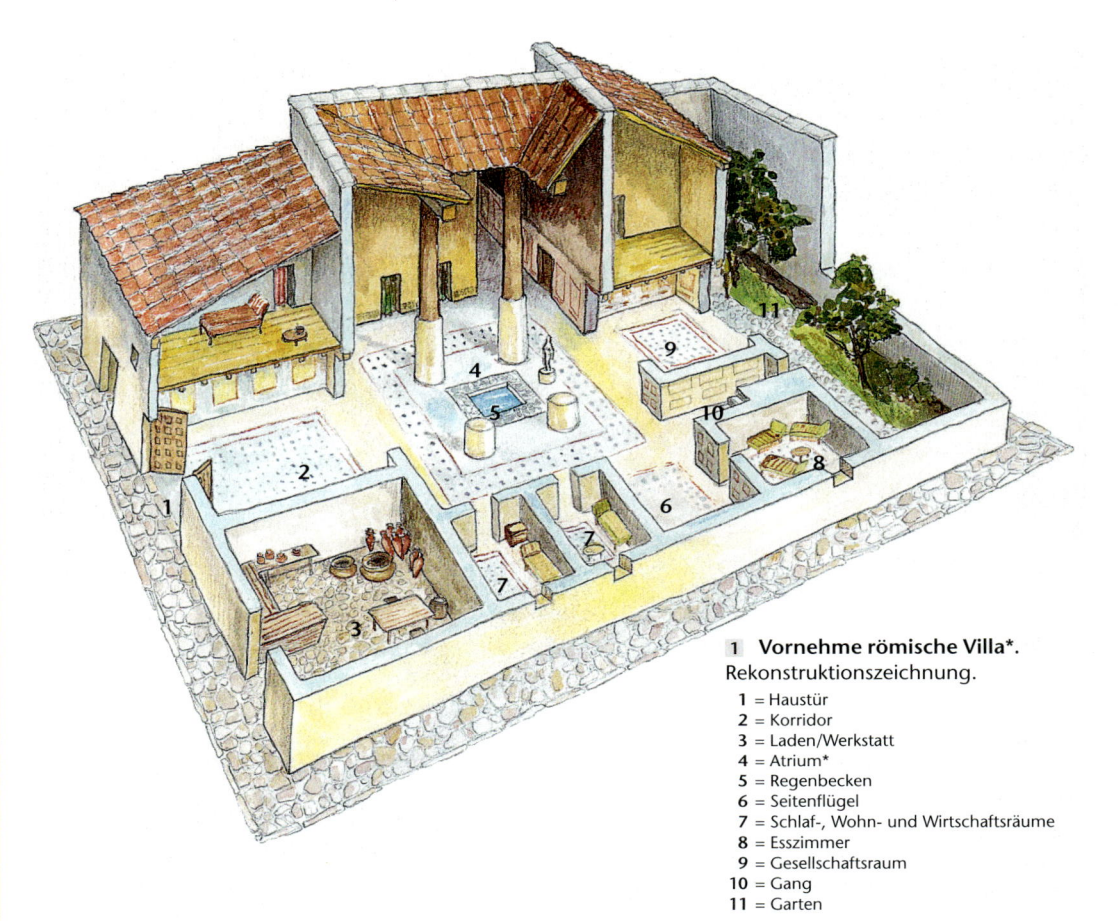

Fußbodenheizung in einer römischen Villa. Der Fußboden sitzt auf gemauerten Pfeilern, zwischen denen durch einen Ofen erhitzte Luft strömt.

Villa*
(lateinisch = Landhaus):
Bei den Römern war die Villa das zu einem Landgut gehörende Herrenhaus. Später bezeichnete die Villa auch die vornehmen Stadtwohnungen. Ihre reichen Besitzer verfügten in der Regel über landwirtschaftliche Güter.

Atrium*:
In der Eingangshalle (lateinisch = atrium) empfingen reiche Römer ihre Gäste. Durch die Öffnung im Dach fiel Licht ein. Regenwasser wurde in dem darunter liegenden Becken aufgefangen und half, den Raum zu kühlen.

1 Vornehme römische Villa*.
Rekonstruktionszeichnung.

- 1 = Haustür
- 2 = Korridor
- 3 = Laden/Werkstatt
- 4 = Atrium*
- 5 = Regenbecken
- 6 = Seitenflügel
- 7 = Schlaf-, Wohn- und Wirtschaftsräume
- 8 = Esszimmer
- 9 = Gesellschaftsraum
- 10 = Gang
- 11 = Garten

Villen und Mietskasernen

Kaiser Tiberius (14–37 n. Chr.) sagte einmal:
Q1 … Was soll ich zuerst verbieten? Den grenzenlosen Umfang der Villen? Die riesige und aus allen Nationen zusammengesetzte Dienerschaft? Die Schwere der Silber- und Goldgefäße? Die kostbaren Gewänder, die ebenso von Männern wie von Frauen getragen werden? Unsere Siege über fremde Völker ermöglichen es, fremdes Gut so zu verprassen. …

1 Untersucht mithilfe dieser Aussage und der Abbildungen 1 und 2, wie ein reicher Römer gewohnt hat.

In Rom gab es etwa 1500 Villen, die von reichen Römern bewohnt wurden. Die übrige Bevölkerung lebte in Häusern, die wir heute als Mietskasernen bezeichnen würden (Abbildung 3 der nächsten Seite). Man wohnte dicht gedrängt und musste an den Hausbesitzer hohe Mieten zahlen. In den Räumen im Erdgeschoss befanden sich Läden. Die kleinen Fenster in den Mauerbögen erhellten notdürftig ein Zwischengeschoss. Es diente gleichzeitig als Lagerraum und als Wohnung für den Ladeninhaber und seine Familie (Abbildung 4 der nächsten Seite). Über dem Zwischengeschoss befanden sich weitere Wohnungen, alle überbelegt mit Mietern. Heizung gab es keine und fließendes Wasser auch nicht. Häufig waren die Häuser baufällig.

So wohnten die Römer

2 Römische Luxusvilla in Pompeji. Rekonstruktionszeichnung.

Der Dichter Juvenal (60–140 n. Chr.) klagte:
Q2 … Wir hausen hier in Gebäuden mit Stützbalken leichter Art; nur solche zieht der Verwalter ein, wenn die Wand schwankt. Hat er die alten Risse verstopft, dann sagt er, wir sollten ruhig schlafen, obgleich die Gefahr des Einsturzes lauert. …

2 Beschreibt mithilfe der Abbildungen 3 und 4 sowie des Textes die Wohnung eines armen Händlers.
3 Besprecht gemeinsam, wer für Rom die vielen Siege errungen hat und wer von diesen Siegen den Nutzen hatte.

4 Wohnung eines armen Händlers. Rekonstruktionszeichnung nach Funden in der römischen Hafenstadt Ostia.

3 Römisches Mietshaus. Rekonstruktion.

Öffentliche Toilette in Pompeji.

Römischer Aquädukt (Wasserleitung) in Segovia (Mittelspanien), 1. Jahrhundert n. Chr. Der 800 m lange Aquädukt ist immer noch betriebsfähig.

Pompeji

1 Pompeji in den ersten Minuten des Bimssteinhagels im Jahre 79 v. Chr. Rekonstruktionszeichnung.

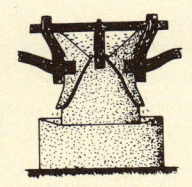

Querschnitt durch eine Getreidemühle aus Pompeji. Getreide war ein wichtiges Handelsgut.

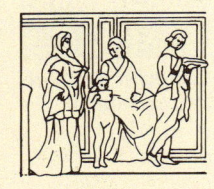

Teil eines Wandgemäldes in der Villa dei Misteri in Pompeji, 2. Jahrhundert v. Chr.

Lesetipp:
*Eilis Dillon, Im Schatten des Vesuv, München: dtv junior 1983
192 Seiten, € 7,–
Der Junge Timon erlebt die letzten Tage von Pompeji.*

Der Vesuv bricht aus

Pompeji war ein wichtiges Handels- und Industriezentrum und verfügte über einen eigenen Hafen. Als die Stadt im Jahre 62 n. Chr. durch ein gewaltiges Erdbeben weitgehend zerstört wurde, begannen seine Bewohner sofort mit dem Wiederaufbau. Die Arbeiten an den öffentlichen Gebäuden und den Privathäusern waren noch lange nicht vollendet, als am 24. August des Jahres 79 n. Chr. über die Stadt eine Katastrophe hereinbrach. Eine große Aschewolke zog bis Misenum, wo sich gerade Plinius der Jüngere (um 62–114 n. Chr.) aufhielt. Er berichtete:

Q ... Eine dicke Qualmwolke, die wie ein reißender Strom über die Erde dahinschoss, folgte uns drohend. „Wir wollen ausbiegen", rief ich (meiner Mutter zu), „solange wir noch etwas sehen, damit wir nicht auf der Straße in der Finsternis von der Menschenmasse ringsum zertrampelt werden."
Wir hatten uns kaum niedergesetzt, da umhüllte uns bereits die Nacht. ... Man hörte das Heulen der Frauen, das Gewimmer der Kinder, die Schreie der Männer. ... Die einen jammerten über sich selbst, die anderen über das Unglück der Ihren. Viele hoben die Hände zu den Göttern, groß war die Zahl derer, die glaubten, es gebe keine Götter mehr und über die Welt sei die letzte, die ewige Nacht hereingebrochen. ... Reichlich und schwer fiel die Asche herab. Von Zeit zu Zeit mussten wir aufspringen und sie abschütteln, sonst hätte sie uns völlig bedeckt und durch ihr Gewicht erdrückt ...

1 Informiert euch darüber, z. B. im Erdkundeunterricht, wie es zu einem Vulkanausbruch kommen kann.

Eine Stadt stirbt

Als Plinius in Misenum vor dem Aschenregen floh, war in Pompeji bereits alles Leben erloschen. Um 10.00 Uhr vormittags begann, ohne Vorwarnung, der Ausbruch des Vesuvs mit einem furchtbaren Knall. Millionen Tonnen von Bimsstein, Lava und Asche wurden in den Himmel geschleudert und trieben in einer schwarzen Wolke auf Pompeji zu.
Mauern und Dächer stürzten ein und begruben Mensch und Tier unter sich. Nur drei Stunden später war jegliches Leben hier erloschen. Heftige Blitze, Erd- und Seebeben begleiteten die Katastrophe, die drei Tage andauerte und die Stadt schließlich unter einer 5 m dicken Schicht versinken ließ.

Pompeji

Die infolge von Regenfällen feuchte Asche legte sich um die Leiber und drang in die Falten der Kleider, bevor sie erstarrte. Als die Körper zerfielen, blieb ihr Abdruck in der Asche erhalten. Als man im 19. Jahrhundert mit der systematischen Grabung in Pompeji begann, goss man in die so entstandenen Hohlformen flüssigen Gips. Man erhielt so ganz genaue Abbilder von Tieren und Menschen in Pompeji während der letzten Sekunden ihres Lebens.

Ein Wissenschaftler berichtet:

M ... Im Hause des Vesonius Primus hatte man vergessen, den Hund, der im Atrium angekettet war, freizulassen. Durch die Öffnung im Dach rieselte Schlacke in den Raum. Das unglückliche Tier kletterte auf die Asche, soweit es die Kette zuließ. Schließlich war der Hund besiegt; er drehte sich auf den Rücken, versuchte unter dem Einsatz seiner ganzen Kraft, sich zu befreien und verendete (Abbildung 3).

... Im Hause des Fauns konnten sich die Eigentümer nicht dazu entschließen, ihre Schätze im Stich zu lassen. In aller Eile suchte die Hausherrin ihre kostbarsten Besitztümer zusammen: goldene Armreifen in Schlangenform, Haarnadeln, Ohrringe, einen silbernen Spiegel und eine mit Goldstücken gefüllte Börse; dann erst wandte sie sich zur Flucht. Aus Angst vor der Asche kehrte sie zurück; kurz darauf stürzte das Dach ein und begrub die Unglückliche samt ihren Schätzen unter sich. Die anderen Hausbewohner erstickten in ihren Verstecken. ... Die Gladiatorenkaserne wurde zu einer tödlichen Falle für ihre Bewohner. Zwei, die in Ketten lagen, gingen elend zugrunde, denn niemand kümmerte sich um sie; die anderen zogen sich in bestimmte Räume zurück. Der Tod ereilte dort 63 Menschen. ...

2 Betrachtet die Abbildungen 1 und 4. Welche Gründe könnten Menschen an einer schnellen Flucht gehindert haben?

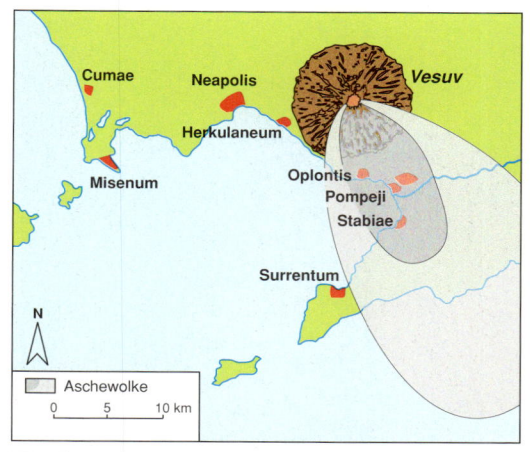

2 Die Bucht von Neapel im Jahre 79 n. Chr.

3 Abguss des Wachhundes des Vesonius Primus. Foto.

4 Abguss eines Maultiertreibers, der sich zum Schutz gegen die Ascheregen in seinen Umhang hüllte und erstickte. Foto.

Schrittsteine über eine Straße in Pompeji.

Fundstücke aus Pompeji:

Tragbares Kohlebecken.

Armreif in Gestalt einer Schlange.

Geldbörse aus Silber.

Die Sicherung des Reiches

Bei Idstein im Taunus wurde ein Limeswachturm rekonstruiert.

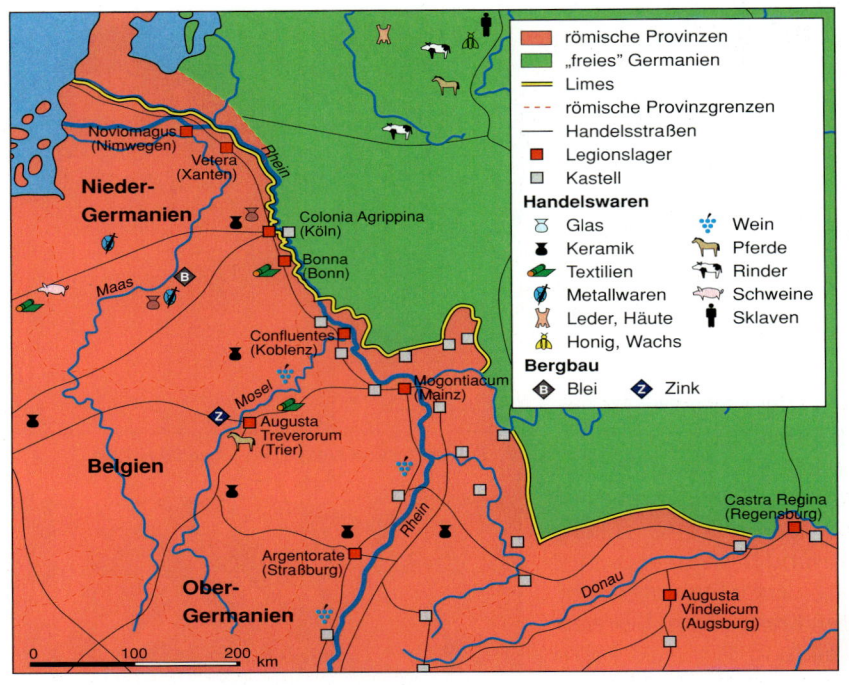

1 Der Limes in Nieder- und Obergermanien.

seit 50 v. Chr.: Römer am Rhein

▶ **Limes*** (lateinisch = Grenzweg): Grenzbefestigung der Römer mit Wällen, Gräben, Wachtürmen und Kastellen.

Das Rheinland als Grenzland des Imperium Romanum

Mitte des 1. Jahrhunderts n. Chr. begrenzten der Atlantische Ozean, die Wüsten Afrikas und die Flüsse Euphrat, Donau und Rhein das Imperium Romanum. Das riesige Reich war in Provinzen eingeteilt, an deren Spitze Statthalter standen, die die hier eingesetzten Truppen befehligten. Zugleich sorgten sie dafür, dass die unterworfenen Völker die römischen Gesetze einhielten und Abgaben bezahlten.

Im Rheinland verlief die Grenze nördlich der heutigen Landesgrenze zwischen Rheinland-Pfalz und Nordrhein-Westfalen: links des Rheins war römisch besetztes Gebiet, rechts das freie Germanien. Nur südlich der Ahrmündung gehörte auch einiges Gelände auf der rechten Rheinseite zum Römerreich. Doch noch kurz bevor Augustus starb, hatte es römische Kastelle bis hin zur Elbe gegeben. Was war geschehen?

Ein Historiker stellt dar:

M Um das Jahr 9 n. Chr. vereinigte ein Germanenfürst mit Namen Arminius seine Kollegen zum erfolgreichen Widerstand gegen die Römer. Vermutlich gerieten unter Führung ihres Feldherrn Varus die sorglos marschierenden Truppen in einen Hinterhalt der Germanen. Das war bei Kalkriese im Osnabrücker Land im sumpfigen Gelände.

Mit Varus starben hier mindestens 20 000 Mann, die Hälfte der gesamten Rheinarmee. Es gab zwar Rachefeldzüge der Römer, aber schließlich verzichtete man auf weitere Eroberungen im Germanenland. Wirtschaftlich war diese Gegend ohnehin wenig interessant. So zog man sich hinter den Rhein zurück. ...

1 *Erklärt, wie das Rheinland zum Grenzland wurde.*

Die Grenzsicherung

Um die Grenzen des Reiches zu schützen, schütteten die Römer überall dort, wo nicht Berge oder Flüsse eine natürliche Grenze bildeten, Erdwälle auf und bauten Türme, Mauern und Palisaden. Diese Grenzbefestigung, genannt ▶Limes*, entstand unter anderem an Rhein und Donau.

Die Sicherung des Reiches

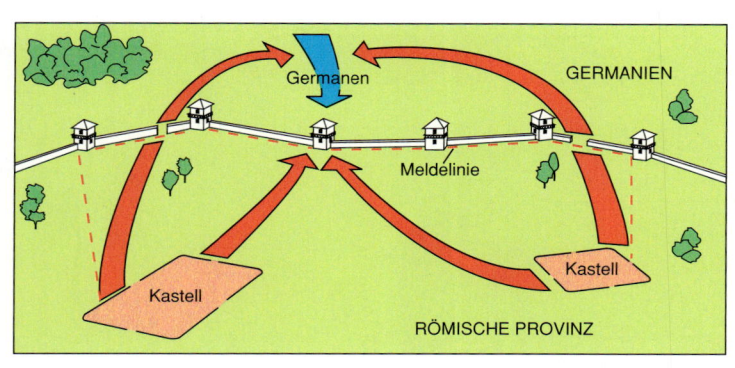

2 Wach- und Meldeanlagen am Limes. Entdeckte der römische Posten auf einem Wachturm Germanen, die sich heimlich der Grenze näherten, gab er sofort ein Signal an die benachbarten Wachtürme weiter, nachts z. B. mit einer Fackel, tagsüber mit einer roten Flagge oder – bei schlechtem Wetter – mit dem Horn. Von Turm zu Turm wurde das Signal weitergeleitet bis zum nächsten Kastell.

Der römische Schriftsteller Frontinus schrieb im 1. Jahrhundert n. Chr.:

Q ... Weil die Germanen treu ihrer Gewohnheit aus ihren Wäldern und dunklen Verstecken heraus die Unsrigen überraschend anzugreifen pflegten und nach jedem Angriff eine sichere Rückzugsmöglichkeit in der Tiefe der Wälder besaßen, ließ der Kaiser Domitian einen Limes über 120 Meilen anlegen (1 Meile = 1478 km). ...

Der Limes bildete eine weithin sichtbare Reichsgrenze. Im 2. Jahrhundert v. Chr. erstreckte er sich an Rhein und Donau bereits über 548 km, bewacht von Soldaten in über 60 Kastellen und 900 Wachtürmen.
Nur an bestimmten Übergangsstellen durften Kaufleute und Reisende die Grenze überqueren.

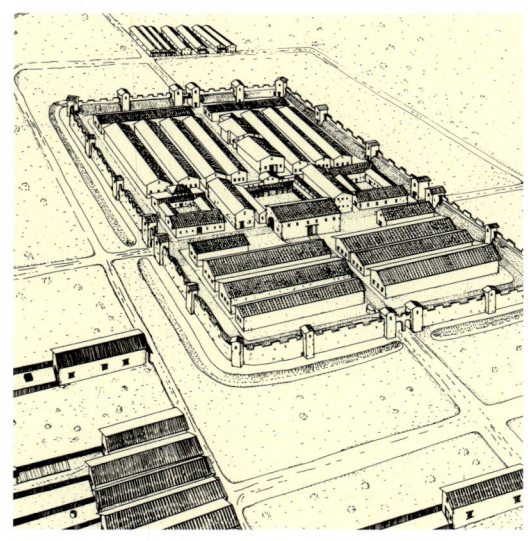

Die Grenzwächter

Zumeist bewachten Hilfstruppensoldaten aus eroberten Provinzen die Grenze. Nur in den großen Lagern wie Mainz und Bonn gab es Legionäre, die römische Bürger sein mussten. Die meisten Militärstationen waren kleinere Kastelle wie z. B. Rigomagus (Remagen). Dort lebten rund 500 Soldaten in Baracken zu je 80 Mann. Sie hatten unter anderem auch Arbeiten im Straßenbau oder in Steinbrüchen zu verrichten. Die Soldaten blieben in der Regel 25 Jahre in der Armee und wurden häufig versetzt. Wegen der Gefahr von Aufständen ließ man die Hilfstruppen nicht in ihrer Heimat Dienst tun.

3 Hilfstruppen-Doppellager Niederbieber mit Lagerdorf um 200 n. Chr.
Rekonstruktion nach Befunden.

Waffen eines Legionärs:
Schild
Kurzschwert
Wurfspeer

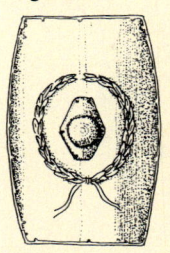

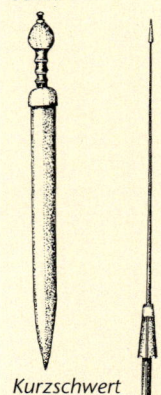

2 Erklärt mit eigenen Worten, warum die Römer den Limes errichteten.
3 Beschreibt mithilfe der Karte 1 den Verlauf des Limes im Rheinland und legt eine Liste der römischen Militärlager an.
4 Erklärt mithilfe der Abbildung 2 was geschah, wenn ein römischer Wachtposten germanische Krieger sichtete.

Römisches Leben in den Provinzen

1 „Die Vorzüge der römischen Kultur". Karikatur aus einer englischen Zeitschrift 1912.

„Ich heiße Thusnelda. Mein Lebensgefährte Dasmenus kommt aus Pannonien (= Ungarn). Ich habe ihn bei der Grenzstation in Niederbieber kennen gelernt und bin ihm hierher zum Kastell Rigomagrus (= Remagen) gefolgt. In der Lagervorstadt betreibe ich eine kleine Taverne. Nun soll Dasmenus nach Britannien versetzt werden. Darüber sind wir beide ganz unglücklich. Erst wenn er in fünf Jahren aus der Armee entlassen ist, dürfen wir heiraten. Dann erhält er als Abfindung ein Stück Land, hoffentlich in meiner Nähe!"

Römische Kultur erobert die Provinz

1 *Beschreibt die Karikatur. Welche Gegensätze werden dargestellt? Auf welche „Vorzüge" weist der römische Offizier in dieser Karikatur hin? Wie wird die Reaktion der Zuschauer beschrieben?*

Römische Soldaten, Offiziere, Verwaltungsbeamte und Händler brachten in alle Provinzen des großen Reiches die römische Lebensweise. An den großen Flüssen und Fernverkehrsstraßen entstanden Römerstädte wie beispielsweise Mainz, Koblenz, Bonn, Köln, London oder Taragona. Außerdem bauten die Römer zahlreiche große Gutshöfe zur Versorgung der Bevölkerung und der Soldaten. Steinhäuser und Straßenbau waren den unterworfenen Völkern ebenso fremd wie zahlreiche Früchte, die die Römer anbauten. Sie übernahmen hierfür die römischen Begriffe, die so auch in unsere Sprache Eingang gefunden haben:

M … Auf einer strata bedeckt mit plastrum nähert sich ein germanischer Händler auf seinem carrus dem römischen Gutshof. Seine Ware hat er sorgfältig verpackt in cista, saccus und corbis. Umgeben war der Gutshof von einer murus. Durch die geöffnete porta gelangte er in den Innenhof. Jetzt stand er vor der villa gedeckt mit roten tegula. In der villa gab es eine camera und ein geheiztes Zimmer mit einem langen discus. An der Wand hing ein speculum. Jedes Zimmer hatte ein großes fenestra. Im cellarium befand sich die riesige pressa, mit deren Hilfe vinum und mustum hergestellt wurden. Unterm Dach war noch ein spicarium.
Für seine Waren, Felle und Bernstein erhielt der germanische Händler Obst und Gemüse wie: prunum, persicum und radix; außerdem oleum, vinum und den guten caseus. Einige Waren ließ er sich auch in römischer moneta bezahlen. …

Römisches Leben in den Provinzen

2 Lateinische Wörter in der deutschen Sprache. Rekonstruktionszeichnung.

2 Setzt anstelle der lateinischen Wörter die entsprechenden deutschen Wörter ein. Seht euch dazu auch Abbildung 2 an.

3 Ein Treverer kommt in das römische Trier. Anschließend berichtet er von seinen Erlebnissen. Schreibe seinen Bericht.

3 Trier im 4. Jahrhundert n. Chr. Rekonstruktion.
① = Mosel, ② = Amphitheater, ③ = Circus Maximus, ④ = Kaiserthermen (Thermen = Bäder), ⑤ = Barbarathermen, ⑥ = Porta Nigra, ⑦ = Forum, ⑧ = Wasserleitung, ⑨ = Tempelbezirk Altbachtal.

Lehnwörter:
Aus einer fremden Sprache, z. B. aus dem Lateinischen, übernommenes (entlehntes) Wort, das sich in Aussprache und Schreibweise der übernehmenden Sprache angepasst hat.

Die keltische Pferdegöttin Epona, die von den Treverern besonders verehrt wurde. Sie war für die Zucht gesunder Tiere verantwortlich. Tonstatuette aus Neumagen.

Die Pferde der Treverer:
Die Stadt Augusta Treverorum (das heutige Trier) war nach dem dort lebenden keltischen Stamm der Treverer benannt. Dieser Stamm war berühmt für seine Pferdezucht und versorgte auch die römischen Reiterstaffeln der Umgebung mit seinen Tieren. So konnten die Einheimischen von der Pferdezucht leben.

Christentum im Römischen Reich

Christliche Zeitrechnung:
Die christliche Zeitrechnung beginnt mit dem Jahr 1, dem angenommenen Jahr der Geburt von Jesus Christus.
Forscher vermuten jedoch, dass Jesus 7 v. Chr. geboren wurde und 30 n. Chr. auf dem Berg Golgatha starb.

Evangelium:
Die ersten vier Bücher im Neuen Testament.

Apostel*
(griechisch = Sendbote):
Bezeichnung der von Jesus zur Verkündung des Christentums ausgewählten 12 Jünger.

Bibel*:
Die heilige Schrift der Christen. Gegliedert in 2 Teile, das Alte und das Neue Testament.

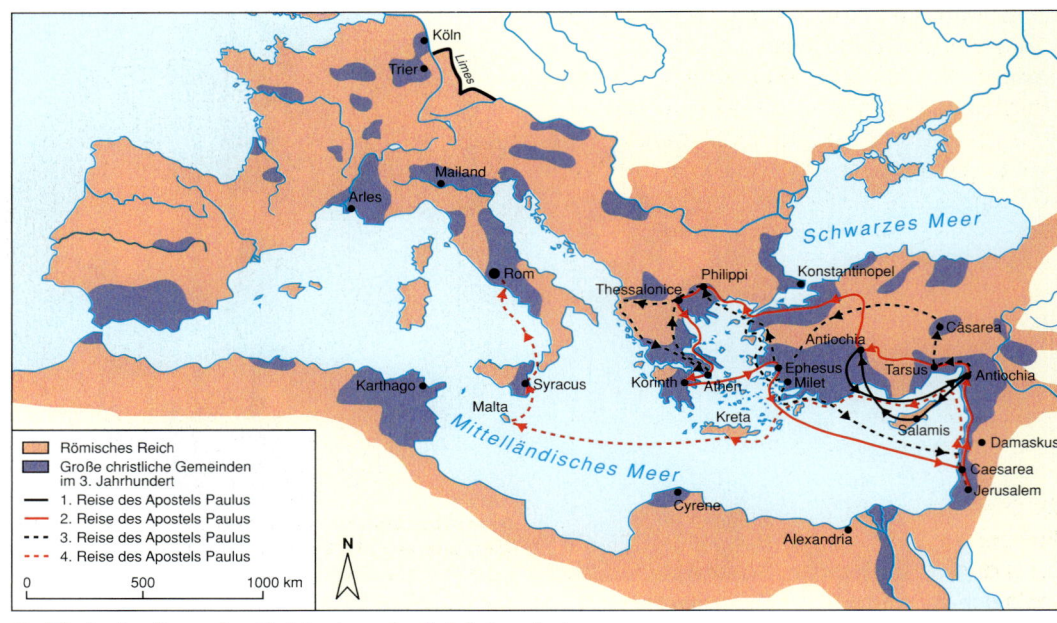

1 Die Ausbreitung des Christentums im 3. Jahrhundert.

Jesus und die Anfänge des Christentums

Während der Regierungszeit des Augustus wurde in Judäa, im heutigen Israel, ein Jude namens Jesus geboren. Als Erwachsener begann er, seine Auslegung des jüdischen Glaubens zu lehren. Seine Anhänger nannten ihn Jesus Christus („der Gesalbte"). Die jüdischen Priester beschuldigten ihn, dass er Gott beleidigte, weil er sich als Sohn Gottes bezeichnete. Sie erhoben Anklage bei Pontius Pilatus, dem römischen Statthalter der Provinz, weil Jesus als König der Juden bezeichnet wurde. Darin lag aus römischer Sicht ein Angriff auf die Herrschaft des römischen Kaisers. Jesus wich zwar den Vorwürfen aus, wurde aber zum Tod am Kreuz verurteilt. Doch seine Anhänger und Freunde verbreiteten die neue Lehre zunächst in Judäa, später im ganzen Römischen Reich. Vor allem der Apostel* Paulus unternahm mehrere große Reisen, um den neuen Glauben zu verkünden. Im Neuen Testament, einem Teil der Bibel*, sind die Glaubensgrundsätze Jesu und seine Gebote überliefert.

1 Beschreibt mithilfe der Karte die Reisen des Apostels Paulus.
2 Lest im Neuen Testament in der Apostelgeschichte nach (z. B. Kapitel 16 ff.), wie die Menschen auf die von Paulus verkündete Lehre reagiert haben.

Die Ausbreitung des Christentums

Überall entstanden kleine christliche Gemeinschaften. Besonders die ärmeren Schichten fühlten sich von dem christlichen Glauben angezogen. Der römische Philosoph Justin, ein Christ, berichtete im 2. Jahrhundert:

Q1 … An dem Tage, den man Sonntag nennt, findet eine Versammlung aller statt, die in Städten oder auf dem Lande wohnen. Dabei werden die Evangelien oder die Schriften vorgelesen. Hat der Vorleser aufgehört, so gibt der Vorsteher in einer Ansprache eine Ermahnung und Aufforderung zur Nachahmung all dieses Guten. Darauf erheben wir uns alle zusammen und beten.

Christentum im Römischen Reich

Und wenn wir mit dem Gebet zu Ende sind, werden Brot, Wein und Wasser herbeigeholt, der Vorsteher spricht Gebete und Danksagungen mit aller Kraft und das Volk stimmt ein und sagt Amen. Darauf erhält jeder seinen Teil von den geweihten Gaben. Wer aber die Mittel und den guten Willen hat, gibt nach seinem Ermessen, was er will (Sammlung für die Waisen und Witwen, Gefangenen, Fremdlinge und Armen). …

3 Begründet anhand Q1, warum sich besonders die ärmeren Schichten für den christlichen Glauben begeisterten.

Sklaven als Brüder?

Aus der gleichen Zeit stammt eine Beobachtung des in Griechenland geborenen Philosophen Aristides:

Q2 … Die Sklaven und Sklavinnen und deren Kinder bereden sie aus Liebe, Christen zu werden. Und sind sie es geworden, so nennen sie dieselben ohne Unterschied Brüder. …

4 Eine Sklavin, die zum ersten Mal an einer Feier der christlichen Gemeinde teilnahm, berichtet davon ihrem Mann oder ihren Freundinnen. Wovon war sie vielleicht besonders beeindruckt?

Eine Minderheit wird verfolgt

Die Christen waren im Römischen Reich zunächst nur eine Minderheit. Sie gingen ihren Berufen nach, zahlten pünktlich ihre Steuern und beteten auf ihren Zusammenkünften für das Wohl des Kaisers. Abgelehnt aber wurde von ihnen die Verehrung der Kaiser als Götter. Das führte bald zu allerlei Verdächtigungen: Wer die göttliche Verehrung der Kaiser ablehnt, ist sicherlich ein Gegner des Römischen Reiches. Warum trafen sich die Christen so oft? Wurden hier vielleicht heimlich Verbrechen vorbereitet? Es dauerte nicht lange, da galten die Christen als Staatsfeinde und Kriminelle, die man streng verfolgen musste.

2 Hinrichtung eines Christen, der zum Tod durch Raubtiere verurteilt wurde. Schale aus dem 4. Jahrhundert n. Chr.

Die erste große Verfolgung der Christen fand unter Kaiser Nero im Jahre 64 n. Chr. statt. Dabei wurden wahrscheinlich auch die Apostel Petrus und Paulus getötet. Immer wieder kam es in den folgenden Jahrhunderten zu Christenverfolgungen. Tertullian (etwa 150–225), ein Christ und Rechtsanwalt in Rom, schrieb im Jahre 197 an die römischen Statthalter:

Q3 … Unsere Gegner schreien laut nach dem Blut Unschuldiger, wobei sie freilich ihren Hass mit dem sinnlosen Vorwand begründen, dass nach ihrer Überzeugung an jeder Katastrophe des Staates … die Christen die Schuld trügen. Wenn der Tiber die Mauern überflutet, wenn der Nil die Felder nicht überflutet, wenn der Himmel sich nicht rührt, wenn die Erde sich bewegt, wenn eine Hungersnot, eine Seuche wütet, gleich schreit man: „Die Christen vor die Löwen." …

5 Stellt Vermutungen darüber an, warum man gerade die Christen für alle Katastrophen verantwortlich machte. Denkt bei eurer Begründung auch an heutige Vorurteile gegenüber bestimmten Bevölkerungsgruppen.

Der Fisch war ein Geheimzeichen für die Zugehörigkeit zur christlichen Glaubensgemeinschaft. Hinter dem griechischen Wort für Fisch („ICHTYS") verbargen sich die Anfangsbuchstaben eines Glaubensbekenntnisses:

ΙΧΘΥΣ
I CH TH Y S

Iesous Christos Theou Yios Soter = Jesus Christus, Gottes Sohn, Retter.

Der christliche Glaube wird anerkannt

Konstantin der Große:
306 n. Chr. wurde er von Legionen in Britannien zum Kaiser ausgerufen. 312 bezwang er einen Konkurrenten an der Milvischen Brücke bei Rom. Den unerwarteten Triumph seines zahlenmäßig unterlegenen Heeres führten die christlichen Geschichtsschreiber auf eine Erscheinung zurück, die Konstantin vor der Schlacht den Sieg im Zeichen des Kreuzes versprochen habe. Zwölf Jahre später entmachtete er auch seinen Mitkaiser im Osten des Reiches.

Märtyrer*
(griechisch = Zeuge): Ein Mensch, der für seine Glaubensüberzeugung sein Leben geopfert hat.

313 n. Chr.:
Kaiser Konstantin erkennt das Christentum als gleichberechtigte Religion an (Toleranzedikt von Mailand).

1 Prozession der Märtyrer* zu Christus beim Jüngsten Gericht. In den Händen tragen sie Kronen als Zeichen des Sieges. Mosaik aus dem 5./6. Jahrhundert in der Kirche San Apollinare Nuovo in Ravenna.

Konstantin der Große fördert die Christen

Über 200 Jahre lang wurden die Christen immer wieder verfolgt, doch die Zahl der Christen nahm immer weiter zu. Allmählich änderte sich die Haltung der römischen Kaiser gegenüber dem Christentum. Zu einer entscheidenden Wende kam es unter Kaiser Konstantin (306–337). Er traf sich im Jahre 313 mit seinem Mitkaiser Licinius in Mailand. Eusebios (um 260–339), Bischof und Vertrauter Konstantins, berichtet, dass sie gemeinsam folgendes Gesetz erließen:

Q1 … Wir haben beschlossen, den Christen und allen Menschen in unserem Reich das freie Recht zu geben, derjenigen Religion zu folgen, für die sie sich entschieden haben. Es geschah dies in der Absicht, dass jede Gottheit und jede himmlische Macht, die es je gibt, uns und allen, die unter unserer Herrschaft leben, gnädig sein möge.
Jedem Menschen ist es also erlaubt, die Religion der Christen zu bekennen, und zwar frei und ohne irgendeine Belästigung.
Wir haben dies angeordnet, damit es nicht den Anschein hat, als ob irgendein Kult oder irgendeine Religion durch uns benachteiligt würde. …

Kaiser Konstantin duldete das Christentum nicht nur, er förderte es auch. Auf seinen Befehl hin wurden in Rom große Gotteshäuser gebaut. Im ganzen Reich galt von nun an der Sonntag als staatlicher Feiertag.

1 Beschreibt die Abbildung 1 und überlegt, weshalb die Märtyrer als Sieger dargestellt werden.
2 Erklärt die Bedeutung dieses Gesetzes für die Christen.

Der christliche Glaube wird anerkannt

2 Münze Kaiser Konstantins aus dem Jahr 315 n. Chr. Am Helm befindet sich ein Christogramm*.

3 Römischer Siegelring mit Christogramm*.
4. Jahrhundert n. Chr.

391 n. Chr.: Kaiser Theodosius erklärt den christlichen Glauben zur alleinigen Staatsreligion.

Das Christentum wird ▶Staatsreligion*

Wie Kaiser Konstantin, so förderten auch fast alle seine Nachfolger das Christentum. Die alte römische Götterverehrung wurde immer mehr zurückgedrängt. Im Jahr 391 n. Chr. erließ Kaiser Theodosius (379 bis 395) folgende Bekanntmachung:

Q2 … Niemand … darf an irgendeinem Orte, in irgendeiner Stadt den vernunftlosen Götterbildern ein unschuldiges Opfertier schlachten. …
Wenn jemand es wagt, ein Tier zu opfern und mit Opfermehl zu bestreuen oder rauchende Eingeweide zu befragen, der soll wie ein Verbrecher vor Gericht gebracht werden.
Wenn einer Götterbilder … mit Darbringung von Weihrauch verehrt, … der soll Einbuße erleiden an dem Haus oder Besitztum, in dem er seinen Götzendienst verrichtet hat.

Im Jahr 393 erfolgte eine weitere Anordnung:

Q3 … Alle, die sich mit dem unheiligen Irrtum oder Verbrechen des heidnischen Götzendienstes beflecken, also alle Heiden, sollen weder zum Kriegsdienst zugelassen werden noch mit der Ehre eines Beamten oder Richters ausgezeichnet werden. …

3 Erklärt die Folgen der Erlasse für Nichtchristen mit eigenen Worten.

4 Schildert in einem kurzen Bericht die Entwicklung des Christentums im Römischen Reich seit den Zeiten der ersten Gemeinden.
5 Informiert euch, was das Grundgesetz der Bundesrepublik Deutschland über die Religionsausübung sagt.

Die Kirche organisiert sich

Nachdem das Christentum im 4. Jahrhundert Staatsreligion geworden war, nahm die Zahl der christlichen Gemeinden schnell zu. An der Spitze einer Gemeinde stand der Bischof. Sein Gemeindebereich deckte sich mit dem Verwaltungsbezirk seiner Stadt. Eine besondere Stellung unter den Bischöfen nahm der Bischof von Rom ein. Er galt als Nachfolger des Apostels Petrus, der wahrscheinlich in Rom während der ersten Christenverfolgung hingerichtet worden war. Seit dem 5. Jahrhundert nannte man den Bischof von Rom Papst* (= Vater). Rom wurde unter den Päpsten zum Mittelpunkt der christlichen Kirche im Westen des Römischen Reiches. Somit gab es neben dem Kaisertum als weltlicher Macht auch die Kirche mit einem geistlichen Oberhaupt.

▶ **Staatsreligion*:** die von einem Staat in seinem Territorium ausschließlich anerkannte oder bevorzugte Religion. In vielen Staaten der Gegenwart ist die Einführung einer Staatsreligion gesetzlich verboten.

Christogramm*: Symbol für den Namen Christus. Es wurde aus den griechischen Anfangsbuchstaben des Namens Christus zusammengesetzt: X = Ch und P = r.

Papst* (lateinisch „papa" = Vater): Oberhaupt der katholischen Kirche.

„Die Hunnen kommen!"

Völkerwanderung
Seit dem 3. Jahrhundert verließen viele germanische Stämme ihre Heimat. Sie zogen vor allem nach Süden, vermutlich, weil sich das Klima verschlechterte, aber auch Überschwemmungen oder Missernten können Gründe gewesen sein. Durch die Übergriffe der Hunnen verstärkten sich die Wanderungen. Obwohl es auch vorher immer wieder zu Wanderungsbewegungen von Stämmen kam, wird die Völkerwanderung als einschneidendes Ereignis der europäischen Geschichte bewertet. Durch sie wurde die bestehende Ordnung in Europa völlig zerstört.

375 n. Chr.: Hunneneinfall in Europa.

Durch Ermordung seiner Konkurrenten wurde **Attila** Alleinherrscher der Hunnen (434–453). Wegen seiner Kriegszüge gegen das Römische Reich und seiner brutalen Politik wurde er „Geißel Gottes" genannt.

1 **König Attila greift mit seinen Truppen die Germanen an.** Kolorierter Holzstich, 19. Jahrhundert.

Die „wilden" Hunnen

„Die Hunnen kommen!" Dieser Ruf versetzte ganze Völker in Europa seit 375 in Angst und Schrecken. Die Hunnen waren ein Reitervolk, das mit seinen Viehherden umherzog. Sie kamen aus der Mongolei und zogen durch ganz Asien bis nach Mitteleuropa. Ein römischer Geschichtsschreiber berichtet über sie:

Q1 … Sie führen ein so wildes Leben, dass sie weder Feuer noch Gewürz bei der Zubereitung ihrer Speisen brauchen. Sie ernähren sich von den Wurzeln wilder Pflanzen und dem rohen Fleisch von Tieren, das sie zwischen ihre Schenkel und den Rücken ihrer Pferde legen und so ein wenig mürbe machen. Sie bewohnen kein Haus, nicht einmal Hütten mit einem Rohrdach haben sie. An ihre Pferde sind sie wie angewachsen. Tag und Nacht leben sie auf ihren Pferden. Voller Lüge und Tücke sind sie und ohne alle Religion. Nur unersättliche Goldgier beherrscht sie. …

1 Vergleicht die Darstellung in Q 1 mit der in Abbildung 1.

Ein Grieche besucht Attila

Der Grieche Priscus berichtet über einen Besuch beim Hunnenkönig Attila:

Q2 … Wir kamen in ein riesiges Dorf. Dort befand sich ein Gebäude, das alle anderen Wohnsitze Attilas an Stattlichkeit übertraf. Die Sessel waren längs der beiden Seitenwände im Raum aufgestellt, in der Mitte saß auf einem Speisesofa Attila. Ihm gegenüber saßen zwei Söhne, der älteste Sohn saß auf dem Sofa des Königs, aus Ehrfurcht vor seinem Vater hielt er die Augen zu Boden gesenkt. Uns wurden erlesene Speisen auf silbernen Geschirren aufgetragen, während Attila nur einen Holzteller mit Fleisch erhielt. Er zeigte sich auch sonst überaus mäßig. Die Gäste tranken aus goldenen und silbernen Kelchen, er selbst bediente sich eines hölzernen Bechers. Ebenso trug er ein ganz einfaches Gewand. …

2 Vergleicht die Darstellung der Hunnen in Abbildung 1, Q 1 und in Q 2.
3 Stellt Vermutungen darüber an, wie es zu unterschiedlichen Darstellungen kommen konnte.

Das Römische Reich bricht zusammen

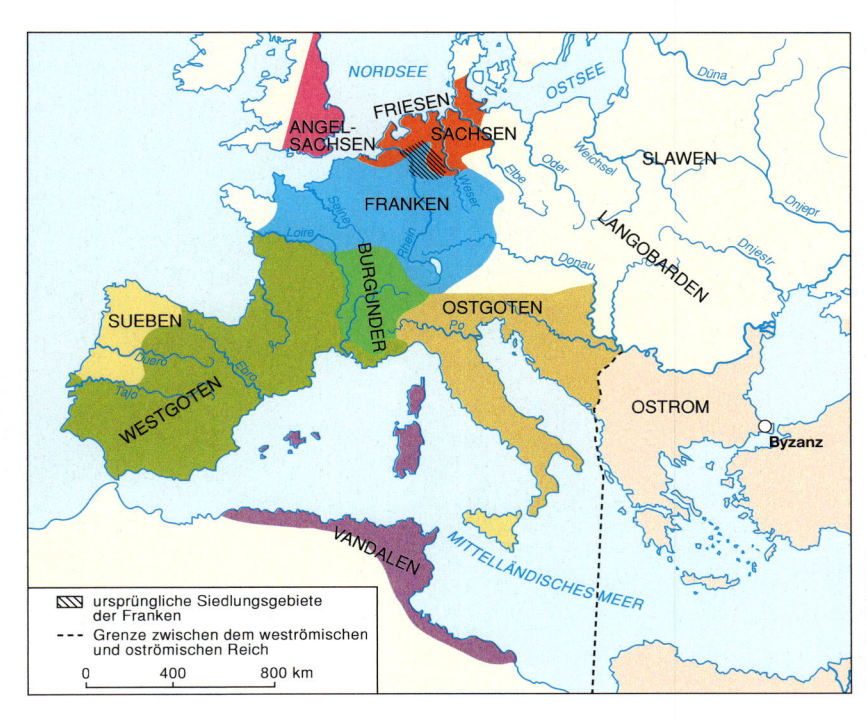

2 Germanische Nachfolgereiche auf dem Boden des ehemaligen Weströmischen Reiches. Um 500 n. Chr.

Das Ende des Weströmischen Reiches

Die Germanen, auf die die Hunnen stießen, mussten sich entweder unterwerfen oder sie versuchten, sich vor den Hunnen auf römisches Gebiet zu retten. Um das Reich wirksamer verteidigen zu können, teilte es Kaiser Theodosius I. im Jahre 395 in ein Weströmisches und ein Oströmisches Reich. Die Römer konnten gemeinsam mit verbündeten Germanen die Hunnen zwar im Jahr 451 vernichtend schlagen, aber fortan bedrohten germanische Stämme Rom.

Im Jahr 476 n. Chr. setzte der germanische Heerführer Odoaker den letzten weströmischen Kaiser ab. Das war das Ende des Weströmischen Reiches. Auf seinem Boden gründeten germanische Stämme eigene Reiche, von denen die meisten nur kurze Zeit bestanden. Ein Reich aber stieg zu besonderer Größe und Macht auf: das Reich der Franken. In langen Kriegen unterwarfen die Frankenkönige immer weitere Gebiete. So wurden sie zum hauptsächlichen Nachfolger des Römischen Reiches im Westen Europas.

Das Oströmische Reich

Das Oströmische Reich bestand noch weitere 1000 Jahre bis 1453. Konstantinopel – das heutige Istanbul – wurde seine Hauptstadt. Nach dem alten Namen der Hauptstadt nannten spätere Historiker das Oströmische Reich auch Byzantinisches Reich. Seine höchste Blüte entfaltete Ostrom unter Kaiser Justinian (527–565 n. Chr.). Er holte bedeutende Architekten in die Hauptstadt und ließ sie zu einem zweiten Rom ausbauen. Das größte und bekannteste Gebäude der Stadt wurde eine Kirche, die Hagia Sophia*, die zu den eindrucksvollsten Bauten der Welt gehört.

Kaiser Justinian ließ alle überlieferten Gesetzestexte, Erlasse und Urteile sammeln, prüfen und in einem Buch ordnen. Diese Gesetzessammlung gehört zu den größten Leistungen Justinians. Sie wurde zum Vorbild für spätere Jahrhunderte und hat sogar Auswirkungen auf unsere Rechtsprechung.

4 Beschreibt mithilfe der Karte, welche neuen Reiche auf dem Gebiet des Weströmischen Reiches entstanden.

395 n. Chr.: Teilung des Römischen Reiches.

476 n. Chr.: Ende des Weströmischen Reiches.

Hagia Sophia.
Die Minarette wurden erst nach der Eroberung von Konstantinopel durch die Türken erbaut.

Die Römer gefährden die Umwelt

Mogontiacum im dritten Jahr der Regierung des Marcus Aurelius:

Wohin führt der Holzverbrauch?

Wir wollen zwar nicht die dichten Urwälder haben, so wie sie drüben auf der anderen Seite des großen Rhenus im Land der Germanen wachsen. Aber es erfüllt uns doch mit Sorge, dass hierzulande die Wälder zurückgehen. Bald wird es so sein wie in den Provinzen am Mittelmeer, wo seit Urväter Zeiten die großen Stämme für den Bau unserer Schiffe geschlagen wurden und heute kaum noch ein Baum dem nunmehr kargen Land seinen Schatten spendet.

Auch hier bei uns wird Holz geschlagen für den Schiffbau. Desgleichen für die zahlreichen Heizanlagen in den komfortablen Häusern dieses Landes und nicht zuletzt für das warme Wasser der Thermen. Obendrein benötigen die Gewerbe die Hilfe der Wälder. Jeder Schmied, jeder Töpfer oder Glasbläser, die Ziegeleien, sie alle unterhalten heiße Feuer für ihr Handwerk. Es qualmt und stinkt an allen Orten!

Und nun kam die Kunde von einer großen Kalkfabrik in den Wäldern der Eifel (siehe nebenstehendes Bild). Unzählige Wagenladungen von Holz werden dort Tag für Tag, Jahr für Jahr den Feuern übergeben. Welche Bäume sollen da noch unseren Enkeln Schatten bringen!

Confluentes zur Zeit des Imperators Septimius Severus:

Steinbruch reißt Berg auf

Welch hässlicher Anblick: Überall im Lande um Confluentes werden große Blöcke zur Herstellung von Mühlsteinen aus dem Boden geschlagen. Wenn die Steinbrucharbeiter weiterziehen, hinterlassen sie verwüstetes Land. Bei einer Reise auf dem Fluss, die ich kürzlich durchführen musste, sah ich bei Bonna einen ganzen Berg, der, einem wunden Tiere gleich, von oben bis unten aufgerissen war!

Augusta Treverorum im zehnten Jahr der Regierung des Vespasian:

Tod durch Luxusleben?

Seit längerem schon haben die Ärzte in allen Provinzen des Imperiums eine merkwürdige Häufung von bestimmten Krankheiten und zunehmende Unfruchtbarkeit in den besseren Kreisen der Bevölkerung festgestellt. Es wurde schon vorsichtig der Verdacht geäußert, daran könnten die Wasserrohre aus Blei schuld sein, die ja bekanntlich nur in den Häusern der reicheren Bevölkerung verlegt sind. Auch Luxusgeschirr aus Blei wird nur dort verwendet. Über neuere Erkenntnisse werden wir unsere Leser sofort unterrichten.

---

1 Lest die Berichte und erstellt eine Liste der beschriebenen Umweltprobleme.
2 Nennt Ursachen und überlegt Auswirkungen dieser Probleme.
3 Tragt Umweltschäden von heute zusammen und vergleicht mit der Römerzeit.

Zusammenfassung

Die römische Republik
Um 500 v. Chr. war Rom noch ein kleiner Bauernstaat; etwa 250 Jahre später beherrschte es fast ganz Italien. Durch weitere Eroberungen entstand in den nächsten Jahrhunderten das römische Weltreich. Die Macht hatten in Rom zunächst die Patrizier (der Adel). Sie regierten nach der Vertreibung der etruskischen Könige die ▶Republik durch den Senat, die Konsuln und Beamte. Erst die Ständekämpfe führten um 490 v. Chr. zu einer Verfassungsänderung: Nun gab es Volkstribunen, die die Interessen der Plebejer vertraten.

Von der Republik zum ▶Kaiserreich
Die meisten römischen Soldaten waren freie Bauern. Sie leisteten oft über Jahre Kriegsdienst und vernachlässigten dadurch ihre Felder. Aus den eroberten Gebieten brachten sie Sklaven und große Reichtümer nach Rom, sie selbst aber verarmten. Immer weniger Römer konnten ihre Rüstung bezahlen und das Römische Reich schützen. Erst der Konsul Marius fand eine Lösung: Er schuf eine Armee von Berufssoldaten. Ehrgeizige und erfolgreiche Feldherren benutzten nun die Berufsarmee, um ihre eigenen Ziele durchzusetzen. Es kam zu jahrzehntelangen Bürgerkriegen, in denen schließlich Caesar die Alleinherrschaft errang (44 v. Chr.). Sein Nachfolger Augustus wurde der erste Kaiser Roms.

Das römische Kaiserreich
Römische Soldaten, Beamte und Händler brachten in alle ▶Provinzen die römische Lebensweise und gründeten Städte wie z. B. Koblenz, Köln, Trier. Zum Schutz des Reiches errichteten sie dort, wo es keine natürlichen Grenzen gab, den ▶Limes. Schon im 1. Jahrhundert entstanden überall im Römischen Reich christliche Gemeinden. Da die Christen sich weigerten, die römischen Kaiser als Götter zu verehren, wurden sie als Staatsfeinde angesehen und verfolgt. Erst 313 n. Chr. erließ Konstantin der Große einen Erlass, in dem die christliche Religion geduldet wurde. Unter Kaiser Theodosius wurde sie zur alleinigen ▶Staatsreligion erhoben.

Zum Nachdenken
1 *Ein Gallier besucht eine römische Stadt. Anschließend berichtet er in seinem Dorf davon. Schreibt eine entsprechende Erzählung.*

---

500 v. Chr.
Vertreibung der etruskischen Könige. Rom wird Republik.

Um 250 v. Chr.
Militärische Erfolge hatten Rom zur stärksten Landmacht im Mittelmeerraum gemacht.

31 v. Chr.–14 n. Chr.
Herrschaft des Kaisers Augustus. Beginn der römischen Kaiserzeit.

391 n. Chr.
Kaiser Theodosius erklärt den christlichen Glauben zur alleinigen Staatsreligion.

5. Europa im Mittelalter

Mittelalter – so nennt man die Zeit zwischen 500 und 1500 nach Christus, die Zeit in der Mitte zwischen Altertum und Neuzeit. Im Mittelalter spielte die Religion im Leben der Menschen in Europa eine überaus wichtige Rolle. Die „große Politik" der Kaiser und Könige wurde davon beeinflusst – aber auch der Alltag der „kleinen Leute" in Stadt und Land. Noch heute sieht man dies auch an den großen Kathedralen und vielen Kirchen.

(1) Warum werden die Kirchen so gigantisch groß gebaut?

(2) Wieso bauen die anders als früher? Spitzbogen statt einfache Rundbogenfenster wie bisher?

(3) Warum lässt der Bischof die Kathedrale ausgerechnet hier bauen?

(c) Dazu sucht man sich wichtige Plätze: im Zentrum der Stadt oder an einer „geheiligten Stelle", wo schon früher ein Tempel oder ein Altar stand.

(b) Die großen prächtigen Steinbauten sollen an das himmlische Jerusalem erinnern. Und, na ja, die Städte wollen ein wenig auch ihren Reichtum zeigen.

(a) … die Baumeister bauen jetzt nach der neuesten Mode: „gotisch"! Das haben sie in Frankreich gesehen … Schaut mal die spitzen, hohen Bögen und Gewölbe …!

1 Betrachtet das Bild von der Baustelle einer großen Kathedrale. Was seht ihr? Was könnt ihr erklären? Welche Fragen bleiben offen?

2 Am Rande stehen einige Personen, die zuschauen. Auch Sie stellen Fragen. Findet heraus, welche Antworten (a, b, c) zu den gestellten Fragen (1–3) passen könnten. Vergleicht eure Ergebnisse!

Schauplatz: Eine Kathedrale wird gebaut

Spezialisten und technischer Fortschritt

Der Bau einer großen Kathedrale war eine gigantische Aufgabe. Viele erfahrene Handwerker mussten von überall her angeworben werden. Sie benötigten Wohnraum und Werkstätten, aber auch Kleidung und Nahrung. Enorme Mengen von Material (Steine, Holz, Kalk) mussten herbeigeschafft werden.

Die Bauzeit war oft länger, als ein Handwerkerleben dauerte. Deshalb ließen sich die Meister und Gesellen in den Städten für längere Zeit nieder. Mehrere Generationen blieben an den mächtigen Bauten beschäftigt. Sie arbeiteten in Werkstätten, die sie „Bauhütten" nannten. Hier wurde das Fachwissen bewahrt und weitergegeben. Dadurch wurden die Techniken immer weiter verbessert.

1 *Schaut euch die Abbildung 1 an und versucht zu erklären, was genau mit welchen Werkzeugen gearbeitet wird. Legt dazu eine Liste im Heft an!*

Handwerker	Werkzeug	Tätigkeit
...	...	...
...	...	...

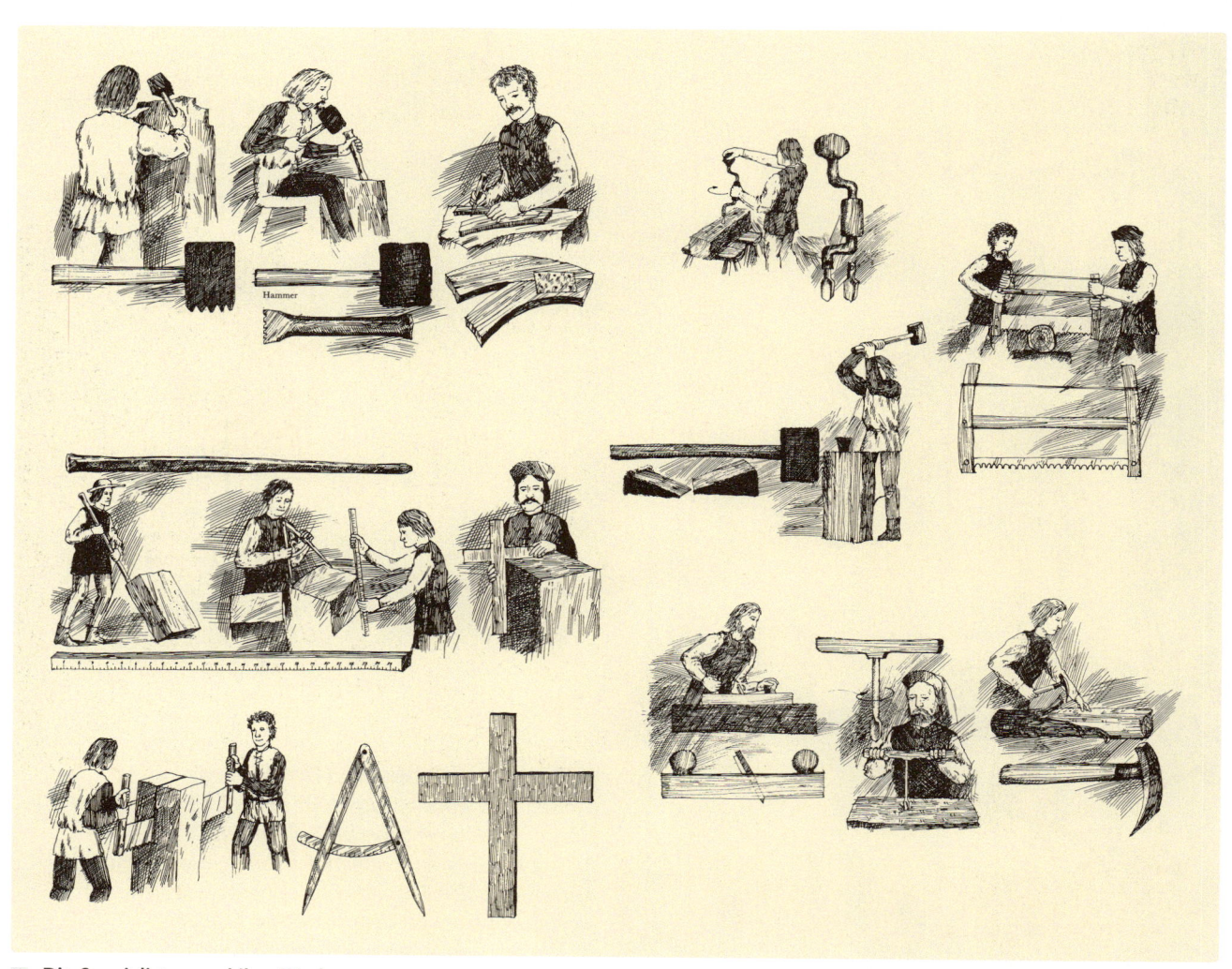

1 Die Spezialisten und ihre Werkzeuge.

Schauplatz: Eine Kathedrale wird gebaut

Was die Kinder des Maurers wissen ...
Stellt euch vor, ihr lebtet im mittelalterlichen Trier als Kinder eines Maurers, der beim Kirchbau beschäftigt war. Jetzt ist der Dom fertig. Es kommt Besuch aus einem kleinen Dorf. Ihr erklärt die Stadt mit Dombau und Marktbezirk.

2 Erklärt mithilfe der Abbildungen 2–5 den Trierer Dom- und Marktbezirk. Eure Erklärung soll Antwort auf vier Fragen geben:
– Wo finden sich Kirchenbezirk und Marktplatz im Stadtplan? Was bedeutet diese Lage?
– Was war ursprünglich unter dem Dom und warum hat man genau an dieser Stelle gebaut?
– Welche Kirche (Abbildung 5) wurde zuerst gebaut? Welche Veränderungen sieht man am neueren Bauwerk?
– Was soll das Marktkreuz bedeuten?

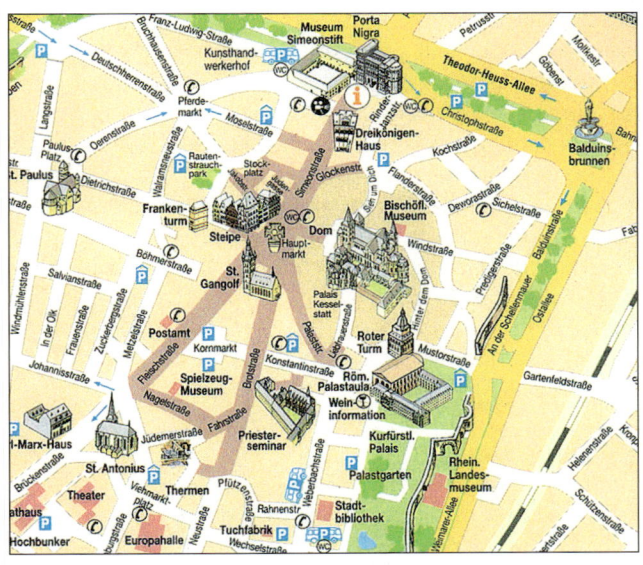

4 Stadtplan von Trier. Ausschnitt mit Dom und Markt.

Wir haben den Dom auf den Mauern eines römischen Kaiserpalastes gebaut, der hier vor 600 Jahren gestanden hat. Das war praktisch, weil es schon gute Fundamente gab. Es zeigt auch, dass das Haus Gottes der neue wichtigste „Palast" ist ... Gott ist der Herrscher über Himmel und Erde. Da ist es nur richtig, dass seine Kirche an der Stelle eines Kaiserpalastes steht.

2 Bei der Einweihung des Domes sagte ein Geistlicher:

Seit der Bischof, unser Stadtherr, mit dem Marktkreuz freien Handel und „Marktfrieden" versprochen hat, ist hier viel los! Von überall her kommen Händler auf den Trierer Markt.

3 Das Marktkreuz von 958.

5 Dom (rechts, 1016) und Liebfrauenkirche (links, 1212). Foto, 1999.

Arbeitstechnik: Bauwerke erkunden und erklären

Die Baumeister des Mittelalters bauten zunächst in einem Stil, den wir „romanisch" nennen. Später entwickelten sie dann die „gotische" Bau-Technik.
Auf dieser Doppelseite findet ihr Texte und Abbildungen. Sie sollen euch helfen, Bauteile zu erkennen und richtig zuzuordnen.

1 Schaut euch die Abbildungen an und erklärt die Bauteile, Formen und Fachbegriffe.

2 Geht auf Spurensuche in eurem Ort. Verwendet bei der Erkundung von Bauwerken die Arbeitsschritte von Seite 123.

3 Romanisches Kapitell. Kopfstück einer Säule. Foto, 1989.

1 Ost-Chor (geistliche Seite; Platz für den Altar)
2 West-Werk (weltliche Seite; Platz für den Herrscher)

1 Romanische Kirche von Westen.

4 Taufbecken in der Nikolauskapelle des Doms von Worms. Foto.

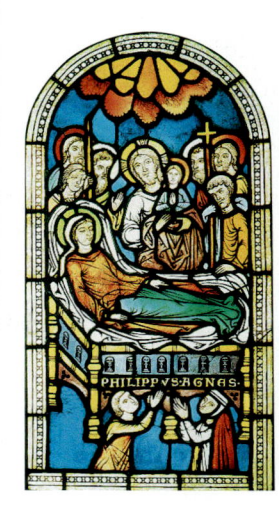

5 Romanisches Fenster, Köln 1260. Foto, 1999.

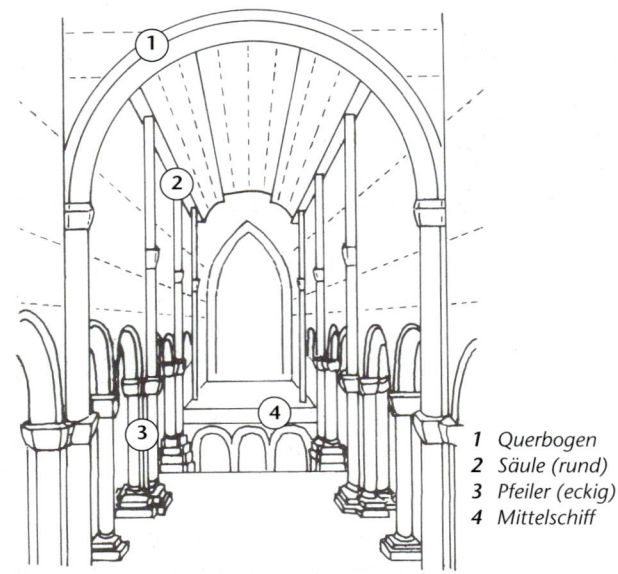

1 Querbogen
2 Säule (rund)
3 Pfeiler (eckig)
4 Mittelschiff

2 Romanisches Kircheninneres.

1. Romanik
Wort: „Romanisch" von „römisch"; runde Bögen und die Gebäudeform der Basilika (dreiteiliger Raum mit höherem Mittelteil) sind in den ältesten Kirchen zu finden. Sie sind den Palästen der römischen Kaiser abgeguckt.
Zeit: 11.–13. Jahrhundert

2. Gotik
Wort: ursprünglich italienisches Schimpfwort für Kirchengebäude des Nordens (gotisch = roh, primitiv);
Zeit: 13.–15. Jahrhundert
Hintergrund: Städte haben Geld; sie ziehen geschulte Handwerker an. Es geht um Gläubigkeit und Vorzeigen des Wohlstands einer Stadt.
Technik: Baumeister bauen oft „nach Erfahrung"; manche Bauten stürzen ein. Das Gewicht von oben wurde nicht mehr auf die Wände geleitet, sondern auf „Stützen" neben den Mauern. Dadurch konnten die Mauern für riesige Glas-Fenster geöffnet werden.

Arbeitstechnik: Bauwerke erkunden und erklären

Die folgenden Fragen können euch helfen, eine Kirche in eurem Ort oder eurer Umgebung zu erkunden:

1. Schritt:
Erste Eindrücke beschreiben
■ Haltet erste Eindrücke als Bericht, Zeichnung oder Foto fest (Lage, Raumwirkung innen/außen; Fenster, Ausstattung [Altäre, Figuren, Mobiliar, Malereien usw.]).

2. Schritt:
Informationen sammeln
■ Informiert euch beim Pfarrer oder in einer Bibliothek über die Baugeschichte (Wann begonnen? Nach welchen Vorbildern? Wer zahlt(e) Bau und Unterhalt früher und heute? Gab es Kriegsschäden usw.)

3. Schritt:
Den gesamten Bau und einzelne Teile erklären
■ Erklärt Bauteile, Figuren und Symbole!
■ Welche Bedeutung haben sie?
– Weshalb wurden sie hergestellt?
– Was wollten die Baumeister oder Künstler ausdrücken?

4. Schritt:
Eigene Meinung sagen
■ Was gefällt euch ganz besonders? – Was beeindruckt weniger?
■ Was versteht ihr nicht, sodass ihr noch weitere Informationen einholen müsst?

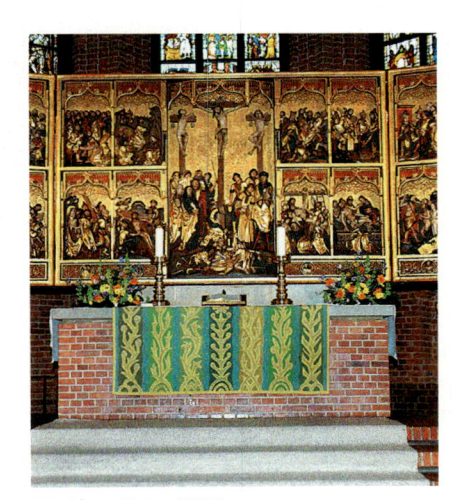

① Große Fensterrosette (leitet farbiges Licht ins Kircheninnere)
② Spitzbogenfenster mit reich verziertem Maßwerk
③ Portale

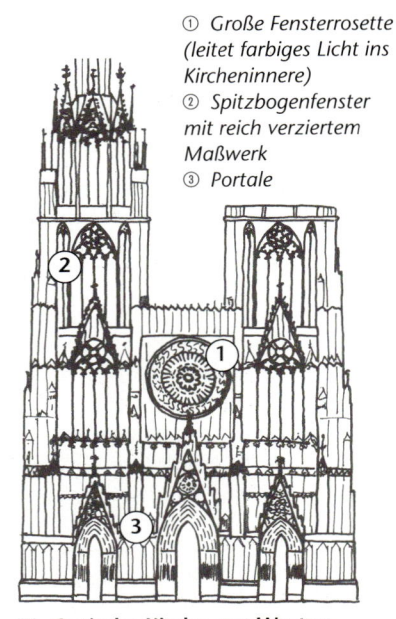

6 Gotische Kirche von Westen.

7 Altar. Foto, 1998.

So geht es weiter ...

Das Frankenreich entsteht	124
Ein König auf Reisen	126
Die Verwaltung des Reiches	128
Der König und die Fürsten	129
Karl – der „Vater Europas"?	130
Vom Frankenreich zum Deutschen Reich	131
Das Reich der Deutschen	132
Otto „der Große"	133
Das Leben in den Klöstern	134
Besuch in einem Kloster	136
Streit zwischen Kaiser und Papst	138
Papst Gregor VII. bannt König Heinrich IV.	140
Das Wormser Konkordat	141
Das arabische Weltreich entsteht	142
Begegnung mit dem anderen: Europa lernt vom Islam	144
Familie und Erziehung	145
Die Kreuzzüge: Kriege im Namen Gottes	146
Die Eroberung Jerusalems	147
Kreuzfahrer leben im Orient	148
Die Folgen der Kreuzzüge	149
Arbeitstechnik: Berichte aus früheren Zeiten kritisch befragen	150

Das Frankenreich entsteht

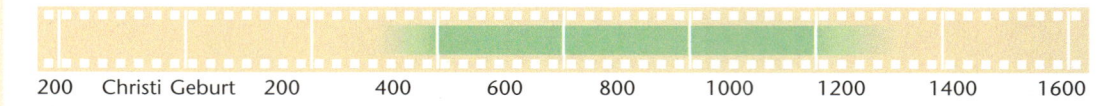

407:
Beginn der Invasion Englands durch Sachsen, Angeln und Jüten.

482–511:
Gründung des Frankenreiches durch Chlodwig aus dem Geschlecht der Merowinger.

Um 496:
Übertritt Chlodwigs zum Christentum. Sieg über die Alamannen.

Merowinger*:
fränkische Königsfamilie. Der Name stammt von „Merowech", der einer Sage nach ihr Vorfahre war.

Bischof*:
In den christlichen Kirchen verwaltet der Bischof als oberster Priester ein Gebiet, seine Diözese. Mehreren anderen Bischöfen vorgesetzte Bischöfe werden als Erzbischöfe bezeichnet. – Ursprünglich wurde der Bischof in der katholischen Kirche von den Geistlichen gewählt, später meist vom Papst ernannt.

Abt*:
der von Mönchen gewählte Vorsteher eines Klosters. Die von Nonnen gewählte Vorsteherin eines Frauenklosters wurde Äbtissin genannt.

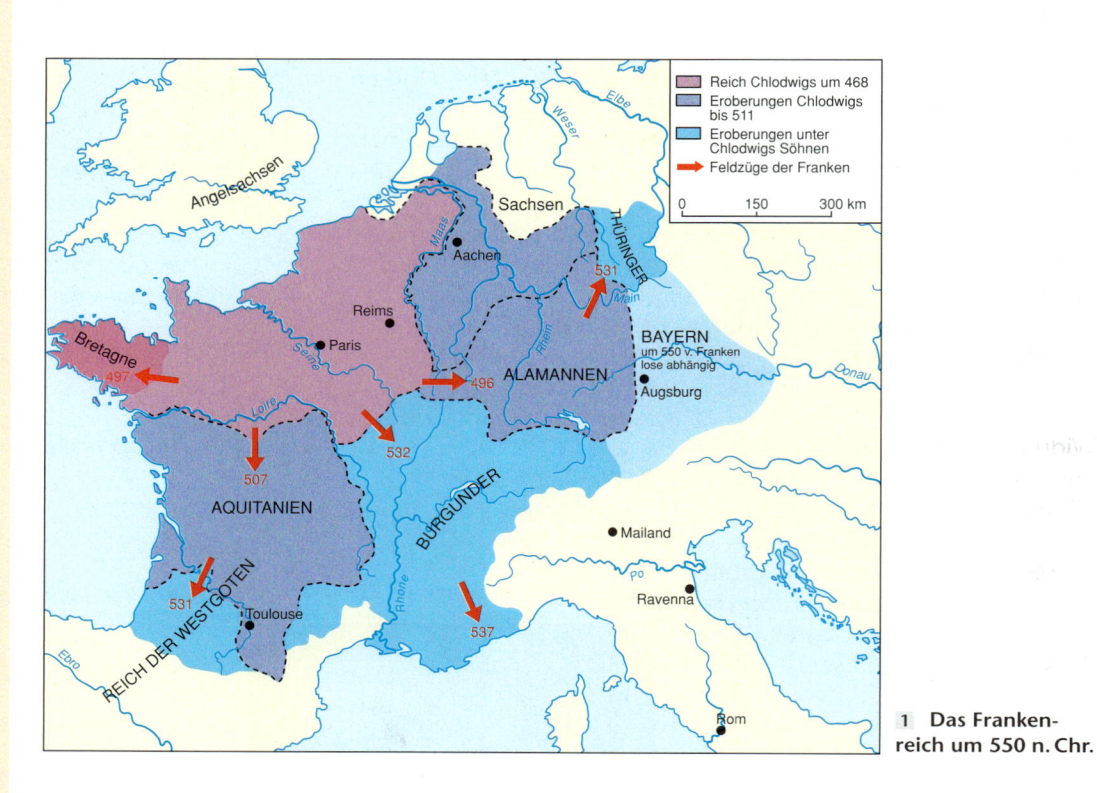

1 Das Frankenreich um 550 n. Chr.

Chlodwig – König der Franken

Im 4. und 5. Jahrhundert drangen immer wieder germanische Stämme auf römisches Reichsgebiet vor. Zu diesen Stämmen gehörten auch die Franken unter ihrem König Chlodwig, der aus dem Geschlecht der Merowinger* stammte. Im Jahr 486 vertrieb Chlodwig den letzten römischen Statthalter aus Gallien. Chlodwig erkannte schnell, dass er sein großes Reich nur mit Unterstützung der gallischen Bischöfe* und Äbte* regieren konnte. Diese Geistlichen waren schon unter den Römern tüchtige Verwaltungsbeamte gewesen. Chlodwig trat deshalb mit seinem Volk zum Christentum über. Die „Bekehrung" Chlodwigs erfolgte, als seinen Truppen im Kampf gegen die Alamannen eine totale Niederlage drohte. Gregor von Tours (540–594), Bischof und Geschichtsschreiber, berichtete darüber:

Q1 … Als Chlodwig dies sah, sprach er: „Jesus Christus! Gewährst du mir jetzt den Sieg über meine Feinde, so will ich an dich glauben und mich taufen lassen. Denn ich habe meine Götter angerufen, doch sie helfen mir nicht; sie sind wohl ohnmächtig. Nun rufe ich dich an. An dich will ich glauben, wenn ich nur der Hand meiner Feinde entkomme." …

Darauf flohen die Alamannen.

1 Erklärt, welche Vorteile sich Chlodwig von seinem Übertritt zum Christentum versprach.
2 Vergleicht diese Karte mit einer Westeuropakarte in eurem Atlas. Stellt fest, welche Gebiete der fränkische König Chlodwig eroberte.

Das Frankenreich entsteht

Karl der Große unterwirft die Sachsen
Chlodwig und seine Nachfolger förderten die weitere Ausbreitung des Christentums im Frankenreich. Unterstützt wurden sie von Mönchen aus Irland und Schottland, die als Missionare* den Germanen die christliche Botschaft verkündeten. Mit der Ausbreitung des Christentums gelang es auch, immer mehr benachbarte Stämme in das Frankenreich einzuverleiben.

Den längsten und erbittertsten Widerstand gegen die Franken leisteten die Sachsen. Erst unter der Führung Karls des Großen gelang es den Franken, diesen letzten freien Stamm der Germanen, der noch nicht zum Christentum übergetreten war, zu unterwerfen. Unter der Führung ihres Herzogs Widukind hatten die Sachsen über dreißig Jahre lang um ihre Unabhängigkeit gekämpft. Doch sobald Karl mit seinem Heer ihr Land verließ, erhoben sich die Sachsen wieder gegen die Franken. Karl griff grausam durch: Die Anführer des Widerstands ließ er bei Verden hinrichten. Es sollen über 4000 Männer gewesen sein. Widukind selbst konnte fliehen. Um den Widerstand endgültig zu brechen, wurden die Sachsen gezwungen, das Christentum anzunehmen. In einer Anordnung aus dem Jahr 782 bestimmte Karl:

Q2 … 3. Wer mit Gewalt in eine Kirche eindringt und dort raubt oder stiehlt oder die Kirche in Brand steckt, wird mit dem Tode bestraft.
4. Wer die vierzigtägige Fastenzeit vor Ostern nicht einhält und in dieser Zeit Fleisch isst, wird mit dem Tode bestraft.
5. Wer einen Bischof oder Priester tötet, wird mit dem Tode bestraft. …
7. Wer den Leichnam eines Verstorbenen nach heidnischer Sitte verbrennt, wird mit dem Tode bestraft.
8. Wer noch ungetauft ist und es unterlässt, zur Taufe zu kommen, weil er Heide bleiben möchte, wird mit dem Tode bestraft. …
17. Jeder Sachse soll den zehnten Teil seines Besitzes den Kirchen und den Priestern geben. …

2 **Sächsische Wallanlage (Motte) aus dem 8. Jahrhundert.** Rekonstruktionszeichnung.

34. Wir verbieten allen Sachsen, öffentliche Versammlungen abzuhalten, außer wenn unsere Boten eine Versammlung einberufen. …

3 Findet mithilfe der Karte heraus, auf welchem Gebiet die Sachsen in jener Zeit lebten. Vergleicht das Gebiet mit der Lage des heutigen Bundeslandes Sachsen.
4 Spielt folgende Szene: Ein Franke und ein Sachse unterhalten sich über die Anordnung Karls des Großen (Q2).

Sachsen wird Teil des Frankenreiches
Gegen diese harten Maßnahmen wehrten sich die Sachsen auch weiterhin. Erst 785 gab Widukind den Kampf auf. Zusammen mit weiteren Stammesgenossen ließ er sich taufen. Andere sächsische Adlige aber führten den Kampf fort. Im Jahr 804 wurde endgültig Frieden geschlossen. Damit war das Gebiet der Sachsen ein Teil des Frankenreiches geworden.

Missionare*
(lateinisch „missio" = Auftrag, Sendung): Bezeichnung für Glaubensboten, die im Auftrag der Kirche den christlichen Glauben unter Nichtchristen verkündeten.

Radbrot, Herzog der Friesen, verweigerte die christliche Taufe mit folgenden Worten:
„Lieber will ich elend bei meinen Vorfahren in der Hölle schmoren, als herrlich ohne sie im Himmelreich zu sein."

768–814:
Alleinherrschaft Karls des Großen. Ausdehnung des Frankenreiches über alle germanischen Stämme.

772–804:
Sachsenkriege. Die Sachsen werden gewaltsam dem Frankenreich eingegliedert und christianisiert.

Lesetipp:
Gertrud Ott, Widukind, Stuttgart: Verlag Freies Geistesleben 1992 gebunden, 180 Seiten, € 14,50

Ein König auf Reisen

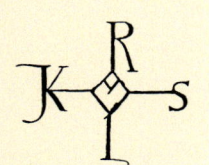

Namenszeichen Karls des Großen auf einer Urkunde aus dem Jahr 781.

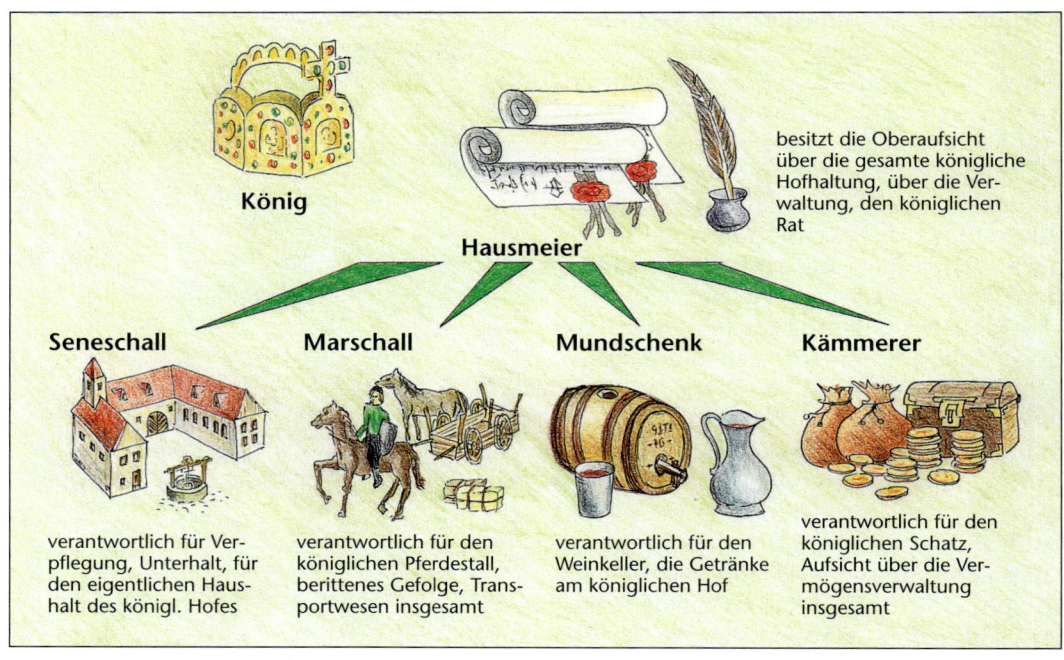

König

Hausmeier — besitzt die Oberaufsicht über die gesamte königliche Hofhaltung, über die Verwaltung, den königlichen Rat

Seneschall — verantwortlich für Verpflegung, Unterhalt, für den eigentlichen Haushalt des königl. Hofes

Marschall — verantwortlich für den königlichen Pferdestall, berittenes Gefolge, Transportwesen insgesamt

Mundschenk — verantwortlich für den Weinkeller, die Getränke am königlichen Hof

Kämmerer — verantwortlich für den königlichen Schatz, Aufsicht über die Vermögensverwaltung insgesamt

1 Die königlichen Hofämter.

karolingisch*: auf Karl den Großen zurückgehend.

Ein König auf Reisen

Das karolingische* Reich hatte keine Hauptstadt. König Karl war oft auf Reisen, um dafür zu sorgen, dass im ganzen Reich seine Gesetze und Befehle richtig ausgeführt wurden. In seinem Gefolge waren königliche Berater, Familienangehörige, Mägde und Knechte – insgesamt über 1000 Personen.
Zu den engsten Beratern des Königs gehörte der Hausmeier. Er sorgte dafür, dass alle königlichen Erlasse aufgezeigt und sorgfältig verwahrt wurden. Die königlichen Einnahmen wurden vom Kämmerer verwaltet. Seneschall, Mundschenk und Marschall hatten bei Reisen die königlichen Beauftragten möglichst zeitig davon zu benachrichtigen, wo und wie lange sich der König aufhalten wolle, damit man alles Nötige vorbereiten konnte. Der Mundschenk hatte für Getränke, der Marschall für die Pferde und Wagen zu sorgen. Die Hauptlast aber hatte der Seneschall zu tragen, der für die königliche Tafel verantwortlich war. Der Quartiermeister musste die Unterkunft für den König und dessen Gefolge vorbereiten.

1 *Überlegt mithilfe des Schaubildes 1, warum die hier genannten Aufgaben so wichtig waren, dass sie zu Hofämtern wurden.*

2 Karl der Große. Bronzestatue, um 800.

Ein König auf Reisen

3 Fränkischer Königshof. Rekonstruktionszeichnung.

Der König besucht eine ▶Pfalz*
Viele Bischöfe, Äbte und Grafen waren nicht begeistert, wenn der König mit seinem Gefolge kam, weil sie die Gäste kostenlos versorgen mussten. Karl hatte deshalb im ganzen Land königliche Güter errichten lassen, in denen er und sein Gefolge gut untergebracht und versorgt werden konnten. Für die Verwaltung dieser etwa 250 Königshöfe und Pfalzen erließ Karl genaue Anweisungen:

Q Unsere Krongüter, die wir eingerichtet haben, um unseren Hofhalt zu beliefern, sollen allein unserem Bedarf dienen. ...
Auf jedem unserer Königsgüter sollen die Verwalter einen möglichst großen Bestand an Kühen, Schweinen, Schafen, Ziegen und Böcken halten. Fehlen darf dieses Vieh niemals.
Mit ganz besonderer Sorgfalt ist darauf zu achten, dass alles, was mit den Händen verarbeitet und zubereitet wird, mit der größten Sauberkeit hergestellt wird, wie: Speck, Rauchfleisch, Sülze, Pökelfleisch, Wein, Essig, Most, Senf, Käse, Butter, Malz, Bier, Honig, Wachs und Mehl.
Jedes Krongut soll in seinem Lagerraum vorrätig haben: Bettdecken, Matratzen, Federkissen, Tischtücher, Bankpolster, Gefäße aus Kupfer, Blei, Eisen und Holz, Ketten, Kesselhaken, Bohrer und Schnitzmesser. Auch das eiserne Kriegsgerät muss man hier verwahren, damit es gut erhalten bleibt.
Unseren Frauenarbeitshäusern soll man liefern: Flachs, Wolle, Seife, Fett, Gefäße und die übrigen kleinen Dinge, die dort benötigt werden.
Jeder Verwalter soll in seinem Bezirk tüchtige Handwerker zur Seite haben: Grob-, Gold- und Silberschmiede, Schuster, Drechsler, Stellmacher, Schildmacher, Fischer, Seifensieder, Brauer, Bäcker und sonstige Dienstleute. ...

2 Beschreibt die Anlage eines Königshofes (Abbildung 3).
3 Stellt fest, welche Leute hier leben.
4 Der Verwalter eines Königsgutes erhält die Mitteilung, dass der König mit seinem Gefolge für eine Woche bei ihm einkehren wird. Schreibt auf, welche Vorbereitungen der Verwalter treffen muss.

▶ *Pfalzen**
(von lateinisch „palatium" = Palast): Die meisten Pfalzen waren keine Paläste, sondern große und gut befestigte Höfe. Sie dienten den Königen und ihrem Gefolge als Unterkünfte, Verwaltungssitze und Gerichtsorte.

Die Verwaltung des Reiches

1 Die Pfalz zu Aachen. ① Königshalle (47 × 20 m), ② Wohngebäude des Königs, ③ Torhalle mit Gerichtssaal, ④ achteckige Pfalzkapelle (noch heute erhalten), ⑤ Badehäuser und Schwimmbecken mit heißen Quellen, ⑥ Wohnhäuser für das Gesinde. Rekonstruktionszeichnung.

Markgrafen*:
Marken waren Gebiete an den Grenzen des Reiches (nach dem altgermanischen Wort „marka" = Grenzland). Für die Verwaltung dieser Gebiete und zur Sicherung der Grenzen ernannte der König Markgrafen, die über besondere Rechte verfügten.

Wie regierte Karl der Große das Karolingerreich?

Das Reich Karls war sehr groß. Er konnte deshalb nicht selbst überall nach dem Rechten sehen. Der König teilte das Reich daher in ungefähr 230 Gaue oder Grafschaften (Verwaltungsbezirke) auf:

– Die Verwaltung in diesen Gebieten übertrug er Männern seines Vertrauens, die er zu Grafen ernannte. Diese Gaugrafen hatten die Aufgabe, Steuern einzuziehen, Recht zu sprechen und im Kriegsfall ein Heer aufzustellen.

– In den besonders bedrohten Gebieten an den Grenzen des Reiches, in den Grenzmarken, setzte er Markgrafen* ein. Die Markgrafen konnten im Fall der Gefahr auf eigene Verantwortung ein Heer aufstellen und in den Krieg ziehen.

– Um die Grafen zu kontrollieren, schickte der König Königsboten im Land umher, immer einen weltlichen und einen geistlichen ▶Adligen. Sie überwachten die Tätigkeit der Grafen, vor allem die Verwaltung und die Rechtsprechung.

Karl selbst hielt sich am liebsten in der Pfalz zu Aachen auf. Hier empfing er ausländische Gesandte, hierhin kamen die Grafen und Bischöfe des ganzen Reiches um Bericht zu erstatten.

1 Überlegt, warum Karl einen geistlichen und einen weltlichen Königsboten schickte, um die Grafen zu kontrollieren.

2 Beschreibt anhand der Abbildungen 2 und 3, wie Karl der Große das Reich regierte.

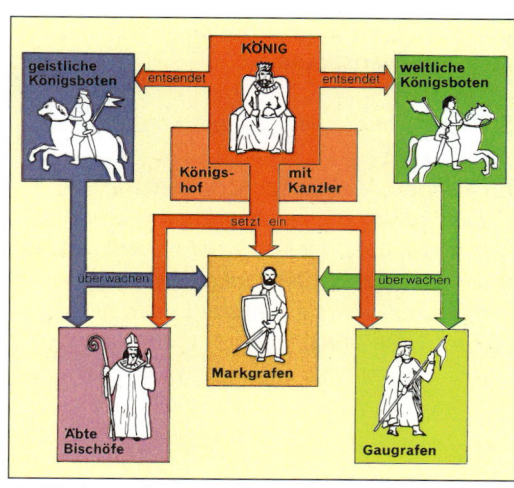

2 Die Verwaltung des fränkischen Großreiches.

Der König und die Fürsten

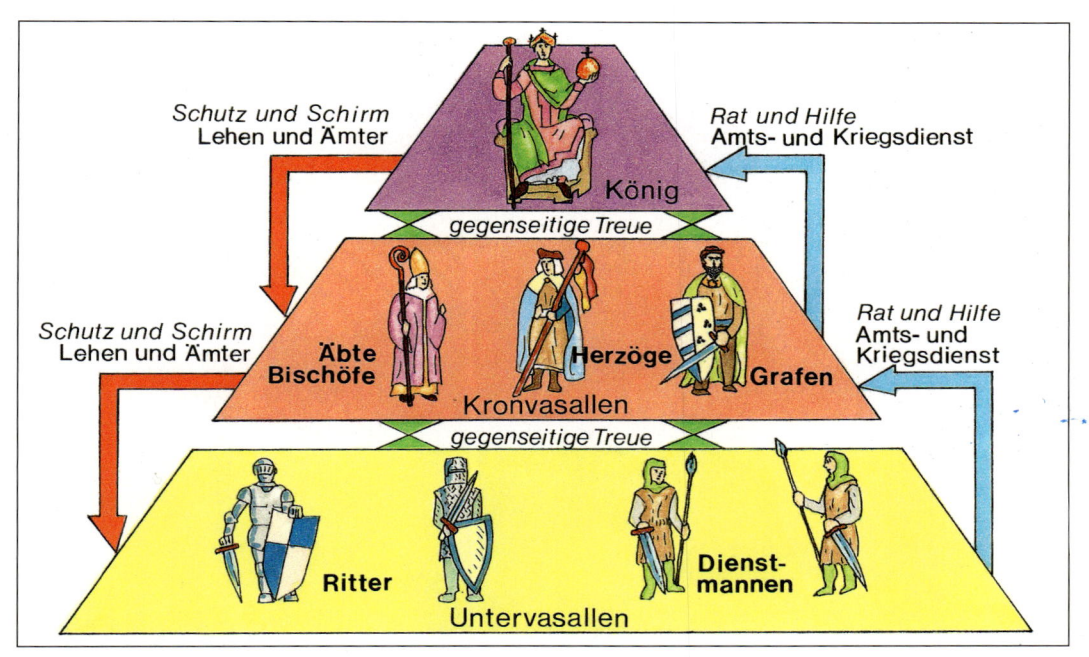

3 Lehnsherr und Lehnsmann.

Der König und die Fürsten

Für die Verwaltung seines Reiches brauchte Karl der Große die Unterstützung der Fürsten: die geistlichen Fürsten (Bischöfe und Äbte) und die weltlichen Fürsten (Herzöge, Grafen). Sie sollten die Durchführung seiner Anordnungen überwachen. Wenn er in den Krieg zog, mussten sie ihm schwer bewaffnete Krieger zur Verfügung stellen. Als Gegenleistung erhielten sie vom König Land mit Dörfern und Bauern auf Lebenszeit geliehen; diese Güter heißen deshalb auch ▶Lehen*. Wer sein Lehen vom König erhielt, war sein Kronvasall.

Auch die Kronvasallen konnten ihrerseits die Güter an Untervasallen weiterverleihen. Sie folgten dem Beispiel des Königs und gaben z. B. Teile des ihnen verliehenen Landes an die Ritter. Die Ritter leisteten dafür Kriegsdienst im fränkischen Heer.

Die Übergabe des Lehens

Wenn ein Lehen vergeben wurde, geschah dies in feierlicher Form: Der Vasall kniete nieder, legte seine Hände zwischen die Hände seines Herrn und schwor ihm Treue. Er versprach seinem Herrn Rat und Hilfe, wenn er dies forderte. Seine Hauptaufgabe bestand dabei in der Verpflichtung zum Kriegsdienst. Der Lehnsherr versprach dem Vasallen Treue und Schutz.

Ein Lehen konnte nicht nur aus Landgütern bestehen. Als Lehen wurden vom König auch Kirchenämter (an Abt, Äbtissin oder Bischof) und hohe Verwaltungsämter vergeben, wie etwa das Grafenamt.

Starb ein Vasall, so sollte das Lehen an den Lehnsherrn zurückfallen. Der Lehnsherr konnte dann frei entscheiden, ob und wem er das Lehen wieder ausgeben wollte.

Nach und nach setzten die Adligen durch, dass sie die vom König erhaltenen Lehen in ihren Familien weitervererben konnten.

3 *Erklärt mit Hilfe des Schaubildes 3 die Verpflichtungen des Königs und der Vasallen.*

Ein Fürst belehnt seinen Untervasallen. Buchmalerei aus dem 14. Jahrhundert.

▶ *Lehen*:*
(= Geliehenes); im Mittelalter das Nutzungsrecht an einer Sache (Grundbesitz, Rechte, Ämter). Es wird vom Eigentümer (Lehnsherrn) an einen Lehnsmann übertragen. Der Lehnsmann verspricht dem Lehnsherrn dafür die Treue und bestimmte Leistungen.

Karl – der „Vater Europas"?

Karl der Große auf einer Briefmarke in lateinischer Sprache.

Karl der Große auf einer Briefmarke in französischer Sprache.

Kaiser*:
Herrschertitel für einen „König über Könige". Das Wort leitet sich vom Ehrentitel „Caesar" der römischen Kaiser der Antike ab. – Aus der zweiten Silbe des Wortes ist auch der gleichbedeutende Herrschertitel der russischen Zaren abgeleitet.

800 n. Chr.:
Karl der Große wird in Rom zum Kaiser gekrönt.

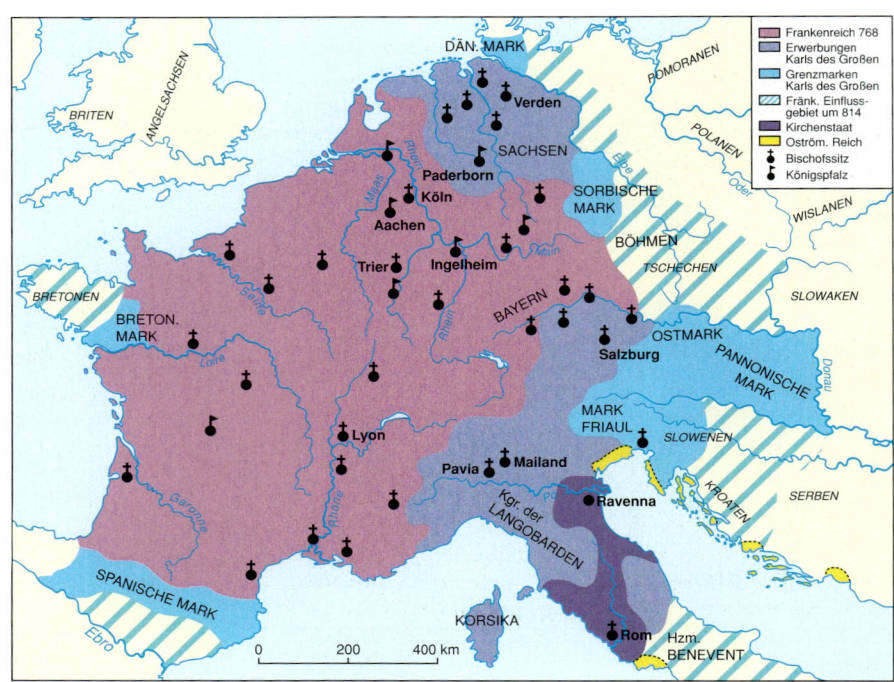

1 Das Reich Karls des Großen.

Vom Frankenkönig zum Nachfolger der römischen Kaiser

Am Ende des 8. Jahrhunderts war Karl der mächtigste Herrscher in Europa. Sein Reich umfasste weite Teile des ehemaligen Weströmischen Reiches. Dem Kaiser* des Oströmischen Reiches fühlte er sich ebenbürtig. In dem Gedicht eines unbekannten Verfassers um 800 heißt es:

Q1 … Der König (Karl) übertrifft alle Könige auf der ganzen Welt an Würde und Weihe … König Karl, das Haupt der Welt, die Liebe und Zierde des Volkes, die bewundernswerte Spitze Europas, der beste Vater, der Held, der Augustus, aber auch mächtig in der Stadt (Aachen), die als zweites Rom zu neuer Blüte gewaltig emporwächst. …

1 Beschreibt die Machtstellung Karls, wie sie vom Verfasser der Quelle gesehen wird. – Wie bezeichnet er die Stadt Aachen? Was möchte er damit zum Ausdruck bringen?

Im Jahr 800 n. Chr. wurde König Karl von Papst Leo III. in Rom zum Kaiser gekrönt. Im fränkischen Reich verstand man die Kaiserkrönung so, dass Karl jetzt für alle sichtbar die Nachfolge der römischen Kaiser angetreten habe.

Karl war es gelungen, nach den Unruhen der Völkerwanderung* ein Reich zu schaffen, in dem unterschiedliche Völker und Stämme lebten. Gemeinsam war allen Untertanen der christliche Glaube, der ihr tägliches Leben bestimmen sollte. In der Nachfolge der römischen Kaiser förderte er Bildung und Wissenschaft. Das Frankenreich wurde zum Fundament für die weitere Geschichte ganz West- und Mitteleuropas. So gilt Karl heute als „Vater Europas". Nicht übersehen kann man aber auch die Schattenseiten seiner Herrschaft wie etwa die grausamen Kriege gegen die Sachsen.

Die Teilung des karolingischen Reiches

Karl der Große starb im Jahr 814. Nachfolger wurde sein Sohn Ludwig der Fromme, der das Reich mühsam zusammenhalten konnte. Als er im Jahr 840 starb, stritten sich seine Söhne um das Erbe. Dabei verbünde-

Vom Frankenreich zum Deutschen Reich

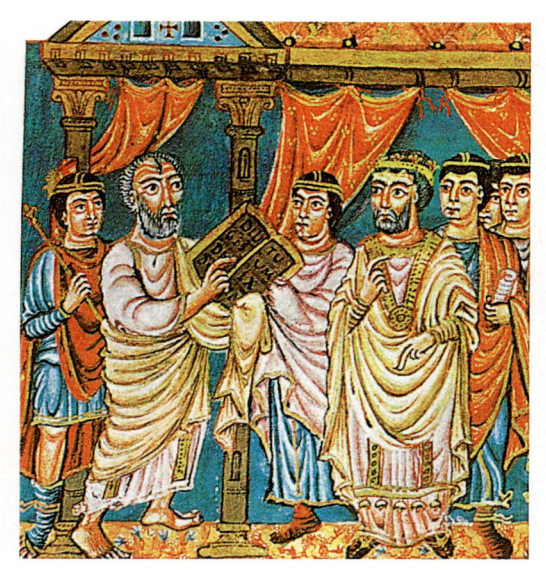

2 Der Frankenkönig Karl, umgeben von seinen Beratern. Mittelalterliche Buchmalerei, 11. Jahrhundert.

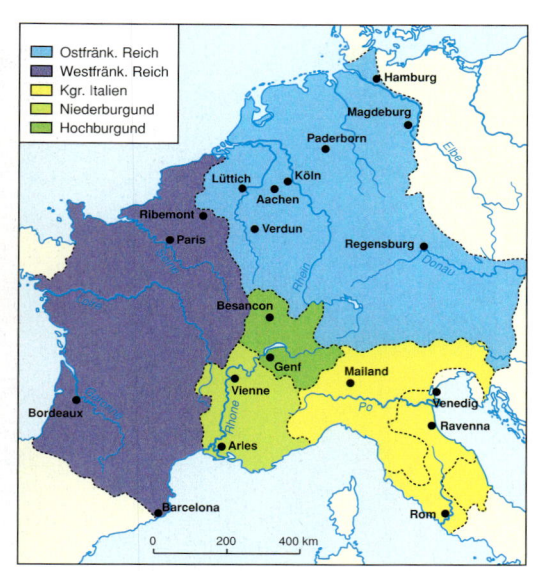

3 In der zweiten Hälfte des 9. Jahrhunderts zerfällt das Frankenreich.

Völkerwanderung*:
Vom 3. bis 6. Jahrhundert n. Chr. wanderten zahlreiche germanische Stämme aus ihren nordosteuropäischen Gebieten nach Süden. Es kam zu einer großen Umverteilung der europäischen Bevölkerung.

919 n. Chr.:
Der Sachsenherzog Heinrich wird zum ostfränkischen König gewählt.

ten sich Karl der Kahle und Ludwig der Deutsche gegen ihren Bruder Lothar. Nithard, ein Enkel Karls des Großen, erhielt von Karl dem Kahlen den Auftrag, über diesen Bruderstreit zu berichten:

Q2 ... Es trafen sich also am 14. Februar [843] Ludwig und Karl in der Stadt, die früher Argentaria und jetzt Straßburg heißt, und schworen einen Eid. Ludwig aber sprach romanisch, Karl deutsch: ... Von diesem Tag an will ich mich zukünftig sowohl bei Hilfeleistungen wie auch in jeder anderen Sache so verhalten, wie man sich von Rechts wegen gegenüber seinem Bruder verhalten soll. ... Und mit Lothar will ich keine Abmachung eingehen. ...

Auch in den folgenden Jahrzehnten kam es immer wieder zu schweren Kämpfen; mehrmals wurde das karolingische Reich neu aufgeteilt. Burgund und Italien im Süden wurden selbstständige Königreiche.
Im Norden kam es zur Bildung eines west- und eines ostfränkischen Reiches. In beiden Reichen bildete sich ein Zusammengehörigkeitsgefühl der dort lebenden Menschen heraus. So entstanden allmählich die beiden Länder Frankreich und Deutschland.

2 *Mithilfe der Karte und eines Atlas könnt ihr feststellen, welche europäischen Staaten durch ihre Zugehörigkeit zum Frankenreich einen Teil ihrer Geschichte gemeinsam haben.*

Das Reich der Deutschen entsteht

Der letzte Karolinger im Ostreich starb im Jahr 911. Die Königswürde ging 919 an Heinrich I., den mächtigen Herzog in Sachsen. Während seiner Regierungszeit wird das Ostreich zum ersten Mal als „Reich der Deutschen" bezeichnet. Das Wort „deutsch" kommt vom Althochdeutschen „diutisc", was so viel bedeutet wie „volksmäßig, dem Volk gehörig". Als „diutisc" bezeichnete man auch die germanische Sprache, die im Ostreich gesprochen wurde. Allmählich wurde daraus der Name für die Menschen, die diese Sprache sprachen, die „Deutschen". Nachfolger Heinrichs I. wurde sein Sohn Otto I., der im Jahr 962 vom Papst zum Kaiser gekrönt wurde. Seit seiner Zeit bis 1806 wurde die Kaiserwürde immer nur an deutsche Könige verliehen.

Heinrich I. errichtet Burgen:
Um seinen Herrschaftsbereich vor allem nach Osten hin abzusichern, befahl Heinrich den Bau von Burgen entlang der Grenze. Der Mönch Widukind von Corvey berichtete:
„Zuerst wählte der König unter den bäuerlichen Kriegern jeden neunten Mann aus und ließ ihn in Burgen wohnen. Er sollte hier für seine acht Genossen Wohnungen errichten und von allen Früchten den dritten Teil empfangen und verwahren. Die acht übrigen sollten säen und ernten und die Früchte sammeln für den neunten."

131

Das Reich der Deutschen

Otto I. mit den Reichsinsignien*.
Kolorierter Holzschnitt, um 1493.

Reichsinsignien*:
Herrschaftszeichen der deutschen Könige und Kaiser bis 1806. Dazu gehörten u. a. die Reichskrone, der Reichsapfel und das Reichsschwert.

Bistum*:
der Amtsbezirk eines katholischen Bischofs. Im Wesentlichen ist der Begriff gleichbedeutend mit dem der Diözese. Im Fall des Erzbischofs aber umfasst das Erzbistum mehrere Diözesen anderer Bischöfe.

1 Die Herzogtümer zur Zeit Ottos I.

Ein Reich – viele Herrscher

Als Otto I. im Jahr 936 zum deutschen König gekrönt wurde, bestand das Deutsche Reich aus fünf großen Herzogtümern: Sachsen, Lothringen, Franken, Schwaben und Bayern. Die Herzöge hatten Otto I. zwar zum König gewählt, regierten in ihren Herzogtümern aber weiterhin ohne große Rücksicht auf seine Weisungen. Otto I. behandelte die Herzöge seinerseits wie bloße Vasallen. So kam es schon bald zu kriegerischen Auseinandersetzungen. Nur mit Mühe gelang es dem König dabei, die aufständischen Herzöge zu besiegen. Um die Herzogtümer unter seine Gewalt zu bringen, setzte er dort nur noch Verwandte ein; auf ihre Treue glaubte er sich verlassen zu können. Aber auch diese verbündeten sich mit den Führungsschichten der Stämme und führten mehrere Aufstände gegen ihn. Daraufhin suchte der König die Unterstützung der Kirche.

Das Reichskirchensystem

Wirklich verlassen konnte sich Otto I. nur auf Bischöfe und Äbte: Geistliche durften nicht heiraten. Sie hatten also auch keine Erben. Starb ein Bischof oder Abt, so konnte der König erneut über das Land verfügen, ohne auf Ansprüche von Familienangehörigen Rücksicht nehmen zu müssen.

Daher verlieh Otto I. Bischöfen und Äbten weltliche Macht und politische Funktionen. Er stattete Klöster und Bistümer* mit Land und Hoheitsrechten aus (z. B. Münz- oder Zollrecht) und bot ihnen seinen Schutz an. Als Gegenleistung hierfür mussten Bischöfe und Äbte bei der Verwaltung des Reiches mithelfen. Darüber leisteten sie dem König einen Dienst- und Treueeid.

Die Kirche wurde also in den Königsdienst eingebunden und Bischöfe und Äbte wurden in der königlichen Hofkapelle regelrecht als Beamte ausgebildet. Auch Ottos Nachfolger stützten sich mit Erfolg auf die-

Otto „der Große"

ses so genannte Reichskirchensystem, das Bischöfe und Äbte als weltliche Herren unter anderem dazu verpflichtete, an der Seite des Königs auch in den Krieg zu ziehen.
Dazu bemerkte der Bischof Fulbert von Chartres (950–1029):

Q … Du fragst, was von solchen Bischöfen zu halten sei, die Unruhen suchen und Krieg führen. Ich wage nicht einmal, sie Bischöfe zu nennen. … Sie ziehen in kriegerischer Begleitung umher und werben gegen Geld Soldaten an. Es gibt wohl kaum Könige oder Fürsten, die so gut wie Bischöfe das Kriegswesen kennen und die Truppen ordnen können, um das Blut von Christen, auch wenn sie Feinde sind, zu vergießen. Wenn man ihnen sagt, dass sie nicht um Lebende zu töten, sondern zur Leitung der Seelen berufen seien, sind sie mit einer Ausrede schnell zur Hand. Sie sagen dann, nur ungern hätten sie zu den Waffen gegriffen; sie seien von anderen bedroht worden und müssten sich nun mit Waffengewalt die Freiheit verschaffen. Gegen diese Ausreden stehen die Worte des Papstes Nikolaus: Die heilige Kirche ist weltlichen Gesetzen nicht verpflichtet; sie tötet nicht, sie spendet Leben. …

1 Sucht auf der Karte die Herzogtümer zur Zeit Ottos I. Vergleicht deren Grenzen mit denen der heutigen Bundesländer.
2 Überlegt, wie es sich auswirken konnte, wenn ein Abt oder Bischof zugleich weltlicher Herr war.

Siege über die Ungarn und die Slawen

Die Auseinandersetzungen Ottos I. mit den aufständischen Herzögen nutzten die Ungarn, ein Nomaden- und Reitervolk, zu wiederholten Raubzügen im Reich. Schon seit rund 60 Jahren waren die Ungarn eine ständige Bedrohung gewesen. Otto I. konnte sie aber 955 auf dem Lechfeld bei Augsburg so vernichtend schlagen, dass sie von nun an keine weiteren Überfälle und Angriffe mehr wagten. Sie wurden im Gegenteil sesshaft, nahmen das Christentum an und gründeten das Königreich Ungarn. Otto trug seit der Entscheidungsschlacht auf dem Lechfeld den Beinamen „der Große". Diesem Sieg über die Ungarn folgten nun auch militärische Erfolge über die Slawen östlich der Elbe. Bis zur Oder erstreckte sich schließlich das Herrschaftsgebiet des deutschen Königs. Die eroberten Gebiete waren aber noch längst nicht gesichert.

2 Otto I. und seine Gemahlin Editha.
Die runde Scheibe, die der König – seit 962 auch Kaiser – in der Hand hält, zeigt den Erdkreis. Aus dem Dom von Magdeburg, 9. Jahrhundert.

Neue Bistümer und Kirchen sichern die Herrschaft des Königs

„Auf der Förderung des Christentums beruhen Heil und Ordnung des königlichen Reiches" – dies schrieb der König allen Bischöfen und Grafen. Sein Ziel war es daher, die unterworfenen Slawen zum Christentum zu bekehren. Er gründete deshalb z. B. im Jahr 968 das Erzbistum Magdeburg, dem er die Bistümer Havelberg, Brandenburg, Merseburg, Meißen und Zeitz unterstellte.
Außerdem ließ Otto I. neue Kirchen errichten. Dazu gehörten einfache Dorfkirchen ebenso wie große Dome und Klöster. Von ihnen aus sollte der christliche Glaube im Land verbreitet werden.

3 Erklärt den Satz: „Auf der Förderung des Christentums beruht das Heil des königlichen Reiches".

---

seit 948:
Otto I. betreibt die Christianisierung des Landes zwischen Elbe und Oder.

936:
Otto I. wird in Aachen zum König gekrönt.

936–973:
König Otto I. regiert das Deutsche Reich.

955:
Schlacht auf dem Lechfeld.

962:
Auf einem Zug nach Norditalien 962 wird Otto I. auch König des langobardischen Königreiches Italien und lässt sich in Rom zum Kaiser krönen.

Das Leben in den Klöstern

Kreuzgang des ehemaligen Ratzeburger Domklosters. Foto, 2002.

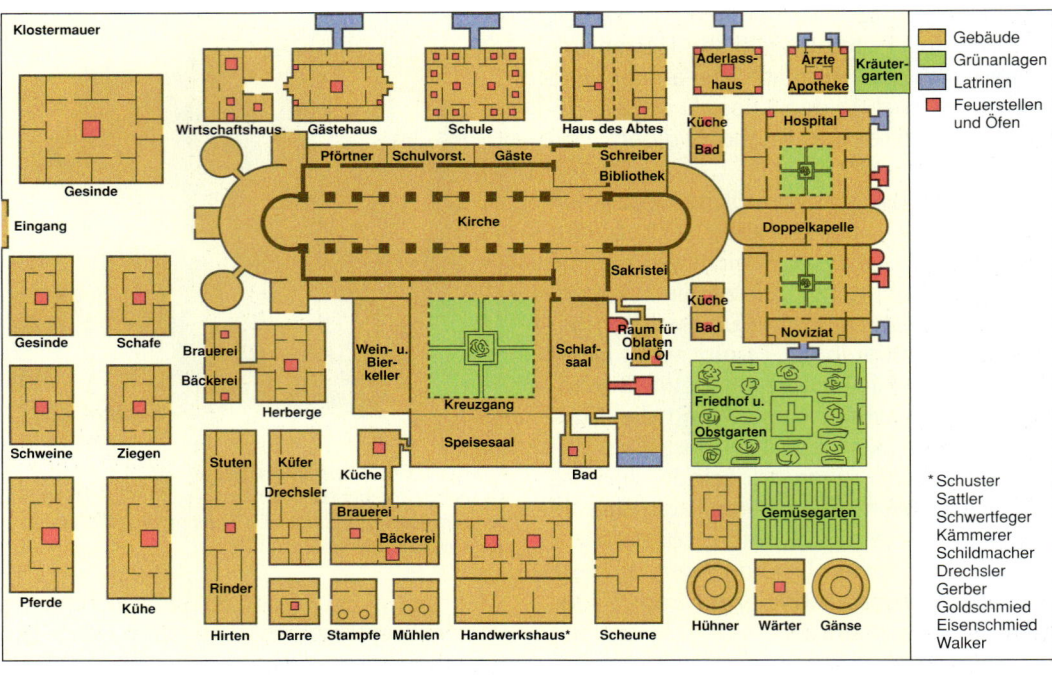

1 Klosterplan von St. Gallen. Die Abbildung ist eine moderne Umgestaltung des Originals von 820.

Seit 400 n. Chr.: Das Mönchstum breitet sich in Europa aus.

529 n. Chr.: Benedikt von Nursia gründet ein Kloster auf dem Monte Cassino bei Cassino.

Das Mönchstum breitet sich aus

Im 3. Jahrhundert zogen sich, zuerst in Ägypten, einzelne Christen in die Einsamkeit zurück, um als Eremiten (= Einsiedler) ihr Leben ganz Gott zu weihen. Nur ein Jahrhundert später kam es, ebenfalls in Ägypten, zur Gründung von Klöstern, in denen Mönche in einer Gemeinschaft Gott dienen wollten. Seit dem 4. Jahrhundert breitete sich dieses Mönchstum auch in Europa aus.

Ein mittelalterliches Kloster

1 *Aus dem Klosterplan von St. Gallen könnt ihr die Berufe und Tätigkeiten der Mönche erkennen. Tragt in eine Liste ein:*

Gebäude und Gebäudeteile	Berufe	Tätigkeit
…	…	…
…	…	…

2 *Berichtet, was ihr über Klöster und die Tätigkeiten von Nonnen und Mönchen heute wisst.*

Die Regeln des heiligen Benedikt

Die Mönche lebten, von der Außenwelt durch Mauern abgeschirmt, nach festen Regeln unter der Leitung eines Abtes. Gebet und Arbeit bestimmten den Tagesablauf. Diese Lebensform wurde zum Vorbild für Benedikt von Nursia in Italien. Er hatte einige Jahre als Eremit gelebt, bevor er 529 auf dem Monte Cassino ein Kloster gründete. Seine Schwester gründete als Äbtissin bald auch ein Frauenkloster in der Nähe.

Die Frauen und Männer, die in ein Kloster eintreten wollten, mussten drei Gelübde ablegen: Sie verpflichteten sich, arm, also ohne persönlichen Besitz, zu leben, sie gelobten, ehelos zu bleiben und dem Abt unbedingt zu gehorchen. In 73 Kapiteln gab Benedikt Anweisungen für das Leben im Kloster. Im 8. Jahrhundert machten die Karolinger die „Benediktsregel" für alle Klöster in ihrem Reich verbindlich. So wurde sie nicht nur zur Grundlage des ersten Mönchsordens, der Benediktiner, sondern auch des gesamten abendländischen Mönchtums.

Das Leben in den Klöstern

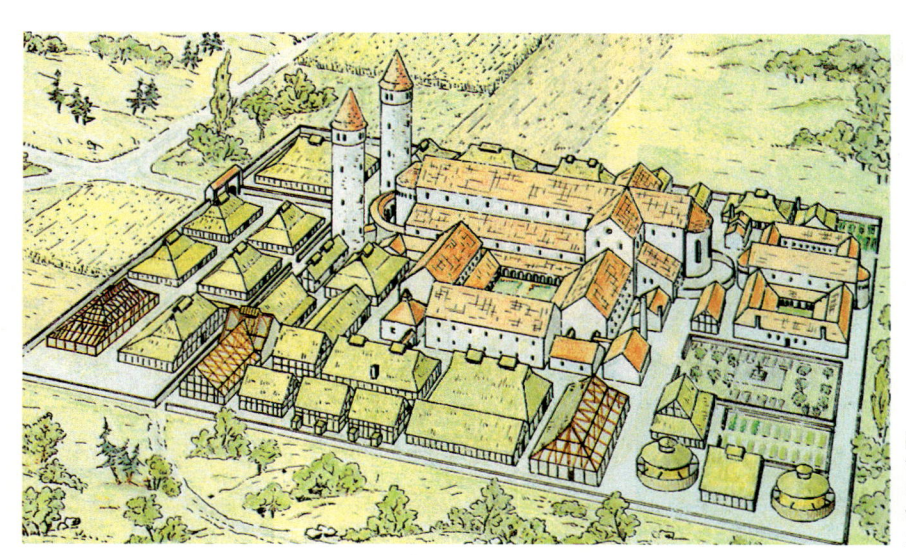

2 Rekonstruktionszeichnung nach dem Klosterplan von St. Gallen.

Mönch mit Kutte. Die Ordenskleidung bestand aus einer Kutte, einem Hemd, das bis zu den Knöcheln reichte, mit einem Strick oder Ledergürtel. Dazu kam ein Schulterumhang mit einer Kapuze (bei den Ordensfrauen der Schleier).

In den Ordensregeln des heiligen Benedikt heißt es unter anderem:

Q **... 33: Vom Eigentum**
Keiner wage es, ohne Erlaubnis des Abtes etwas wegzunehmen oder zu empfangen oder etwas zu Eigen zu besitzen, durchaus nichts, weder Buch noch Tafel, nein, überhaupt nichts. Alles sei allen gemeinsam. ...

48: Von der täglichen Handarbeit
Müßiggang ist ein Feind der Seele. Deshalb sollen sich die Brüder beschäftigen: zu bestimmten Zeiten mit Handarbeit, zu bestimmten anderen Stunden mit heiliger Lesung. Wenn die Ortsverhältnisse oder die Armut fordern, dass sie das Einbringen der Ernte selbst besorgen, sollen sie deswegen nicht missmutig werden. Sie sind nämlich erst wahre Mönche, wenn sie von der Arbeit ihrer Hände leben. ...

66: Von der Anlage des Klosters
Wenn möglich, ist das Kloster so anzulegen, dass alles Notwendige, nämlich Wasser, Mühle, Garten und die verschiedenen Werkstätten sich innerhalb der Klostermauern befinden. So brauchen die Mönche nicht draußen umherzulaufen, was für ihre Seelen durchaus nicht zuträglich ist. ...

3 Erläutert mithilfe von Text und Tabelle den Tagesablauf in einem Benediktinerkloster.

Tagesablauf in einem Benediktinerkloster heute

Uhrzeit			
4.40	Wecken	12.30–13.00	Gemeinsames Mittagessen
5.00–6.00	Nachtgebet und Morgenlob	13.00–14.00	Ruhepause
6.00–7.00	Bibellesung und Besinnung der Mönche in ihren Zimmern	14.00–18.00	Arbeit
		18.00–18.30	Feierlicher Gottesdienst am Ende des Arbeitstages
7.00–7.30	Jeder Mönch kann für sich das Frühstück einnehmen	18.40–19.00	Gemeinsames Abendessen
7.30–11.00	Kurzes gemeinsames Morgengebet; Beginn der Arbeit	19.00–19.40	Zeit zur eigenen Verfügung
		19.45	Abendgebet
11.15–12.00	Gemeinsamer Gottesdienst	20.00–4.40	Strenges Stillschweigen im Kloster; Mönche sind auf ihren Zimmern
12.20	Kurzes gemeinsames Mittagsgebet		

Besuch in einem Kloster

Mönch als Handwerker.

1 **Mönche bauen ein Kloster.** Gemälde, 1450.

Mönch in der Schreibstube. Buchmalerei, um 1150.

2 **Mönche spalten bei Rodungsarbeiten einen Baum.** Buchmalerei aus dem 12. Jahrhundert.

3 **Mönche bei der Ernte.** Buchmalerei aus dem 12. Jahrhundert.

Ein Herzog besucht das Kloster

In der Abgeschiedenheit der Klöster wollten Männer und Frauen Gott allein dienen. Doch ihr Wirken ging weit über die Klostermauern hinaus.

In einer erfundenen Geschichte wird erzählt, wie der bayerische Herzog im Jahr 756 das erst zehn Jahre zuvor gegründete Kloster Tegernsee besucht:

M … Das Bild der Landschaft hat sich in wenigen Jahren völlig verändert. Früher traf man in diesen endlosen Wald- und Sumpfgebieten nur alle paar Stunden auf ein ärmliches Dorf mit niederen, strohgedeckten Hütten.

Jetzt zieht sich eine breite, ausgeholzte Fläche am östlichen Ufer des Sees dahin. Auf den Feldern treiben Mönche die Ochsengespanne, Bauern, die dem Kloster zinspflichtig sind, fällen im nahen Wald die Bäume, andere roden Bäume aus und eine Schar von Jungen verbrennt das Astwerk in großen Haufen zu Asche. …

Der Abt des Klosters führt seine Gäste durch das Klostergebiet: „Wir haben den Ackerbau wesentlich verbessert", erklärt der Abt seinen Gästen. „Vor uns kannte man in dieser Gegend nur Spelt, Hafer und Roggen.

Unsere Bruderabtei Bobbio in (Nord-)Italien schickte uns vor einigen Jahren mehrere Säcke Sämereien über den Brennerpass. Nicht nur der Weizenanbau ist seitdem ansehnlich gewachsen, auch die Zucht von Edelobst haben wir eingeführt."

… Der Abt weist auf einen lang gestreckten, hölzernen Bau, aus dem Sägen, Hobeln und Hämmern erschallen. „Das ist die Schreinerei", sagt er, „ich habe angeordnet, dass ihre Erzeugnisse zusammen mit anderen Klosterarbeiten im Speisesaal ausgelegt werden." Der Herzog wendet sich den langen, roh gezimmerten Tischen der Mönche zu, auf denen die Schaustücke bereitliegen.

Neben höfischen Kleidern, die eines Königs würdig sind, prunken gestickte Messgewänder mit Gold- und Silberborten; da gibt es wunderbar weich gegerbte Schaftstiefel

Besuch in einem Kloster

Kloster Maria Laach in der Eifel. Foto, 1987.

aus der Klosterschusterei, Zaumzeug aus Holz, Eisen und Kupfer von den Brüdern Werkzeugmachern, Schreinern und Schmieden verfertigt. Wagenräder, Fässer, Truhen mit eingesetzten Bildern, mit Einlagen aus farbigem Holz, aus Metall und Elfenbein, getriebene, ziselierte und gegossene Waffen, Schilde, Helme und vor allem Kelche, Weihegeräte und Schmuck entlocken dem Herzog und seinen Mannen laute Rufe der Bewunderung. „Wer sind die Künstler, die solche Dinge schaffen?", fragt der Herzog erstaunt. „Unsere Mönche kommen aus Franken", antwortet der Abt, „aus Angelsachsen und Italien. Hier im Orden Sankt Benedikts lebt vieles fort, was schon vergessen schien."

Anschließend führt der Abt seinen Gast in die Schreibstube: „Wir erziehen unsere Schreiber zu größter Sorgfalt", bemerkt der Abt, „ein Buchstabe muss wie der andere sein." Ein fleißiger Schreiber liefert von Sonnenaufgang bis Sonnenuntergang nicht mehr als zwei Seiten. Ein besonders kunstvoll gefertigtes Buch stellt manchmal die Lebensarbeit eines Mönchs dar. „Man bezahlt es mit einem kleinen Bauerngut."

Zum Schluss besuchte der Herzog noch die Klosterschule. Junge Männer, die sich auf ihr Leben im Kloster vorbereiten, erhalten hier ihre Ausbildung im Lesen, Rechnen und Schreiben. Einige von ihnen werden später am Hof des Königs, bei einem Grafen oder Fürsten als Lehrer oder Schreiber tätig sein. ...

1 Schreibt einen kurzen Bericht über die Gründung und Entwicklung des Klosters Tegernsee in den ersten zehn Jahren.
2 Nennt die unterschiedlichen Berufe, die die Mönche beherrschen mussten, um eine Kirche und andere Klostergebäude bauen zu können. Beachtet dazu die Abbildungen auf der linken Seite.
3 Überlegt auch, welche Planungen vorangegangen sein mussten, bevor mit dem Bau begonnen werden konnte.
4 Erklärt folgende Behauptung: Mittelalterliche Klöster waren wirtschaftliche, kulturelle und religiöse Zentren, die das Leben der Menschen stark beeinflussten.
5 Welche gesellschaftlichen Aufgaben übernehmen Klöster heute? Informiert euch in der Bücherei oder im Internet, wo es früher in eurer Nähe ein Kloster gab. Wie weit ist das nächste Kloster jetzt entfernt?

Nonne in der Schreibstube. Holzschnitt, um 1550.

Streit zwischen Kaiser und Papst

1 Otto I. setzt Papst Johannes XII. ab und Leo VII. ein. Buchmalerei aus dem 11. Jahrhundert.

Der Kaiser

Otto I. war 962 in Rom vom Papst zum Kaiser gekrönt worden. Dieser Titel brachte ihm keine unmittelbar größere Macht, aber einen Vorrang an Würde und Hoheit gegenüber den anderen christlichen Herrschern Europas. Diese Position wurde auf die Stellung der römischen Kaiser der Antike zurückgeführt und das vom Kaiser beherrschte Reich wurde als Heiliges Römisches Reich bezeichnet. Bis 1806 trugen ausschließlich deutsche Könige die römische Kaiserwürde, weshalb sich ab dem 11. Jahrhundert allmählich die Bezeichnung „Heiliges Römisches Reich deutscher Nation" einbürgerte.

Gold für einen Bischofssitz

Seit Otto I. (936–973) bestimmten die deutschen Könige, wer zum Bischof oder Abt geweiht werden sollte. Sie wählten dazu nur Männer aus, auf die sie sich verlassen konnten und die in der Lage waren, große Besitzungen zu verwalten, Krieger für den Wehrdienst auszurüsten und in den Krieg zu führen. Ein frommer Lebenswandel war demgegenüber weniger wichtig. Es gab viele Adlige, die gern Bischof oder Abt werden wollten. Die Simonie*, der Kauf kirchlicher Ämter, war daher keine Seltenheit. So berichtete ein Bischof voller Stolz:

Q1 … Ich gab Gold und erhielt den Bischofssitz. Aber ich werde es mir schon wieder verschaffen. Ich weihe einen Priester und erhalte Gold. Ich ernenne einen Diakon und erhalte einen Haufen Silber. …

Und Lampert, ein Mönch aus Hersfeld, schrieb um 1080:

Q2 … Nicht ohne Grund hat der Herr über die Mönche unseres Landes Verachtung ausgeschüttet. Sie kümmerten sich nicht mehr um göttliche Dinge, sondern beschäftigten sich ausschließlich mit Geld und Gewinn. Sie bestürmten die Ohren der Fürsten ungestüm nach Abteien und Bistümern. Selbst um ein kleines Amt zu kaufen, versprachen sie täglich goldene Berge. …

1 Nennt die Vorwürfe, die gegen die Lebensweise der Geistlichen erhoben werden.
2 Auf Abbildung 4 befinden sich auch Mönche in der Hölle. – Was möchte der mittelalterliche Maler damit zum Ausdruck bringen? – Welche anderen Personen könnt ihr erkennen?

„Die Kirche muss frei sein!"

Gegen die Ernennung (lateinisch „investitura") von Bischöfen und Äbten durch die deutschen Könige und gegen das zum Teil zügellose Klosterleben gab es immer stärke-

Simonie:
der Kauf oder Verkauf von kirchlichen Ämtern. Seit Otto I. wurden geistliche Ämter nur gegen die Zahlung entsprechender Geldsummen vergeben.

Streit zwischen Kaiser und Papst

2 Krönung Ottos III. durch die Hand Gottes (996). Rechts und links vom Kaiser sind die Könige von Ungarn und Polen dargestellt.

3 Papst und Kaiser im „Sachsenspiegel". Heidelberger Handschrift aus dem 14. Jahrhundert. – Der Sachsenspiegel ist die älteste schriftliche Abfassung deutschen Rechts, 1221 vom Ritter Eike von Repgow verfasst.

ren Widerstand, angeführt von den Mönchen des Reformklosters Cluny in Burgund. Dieses Kloster war schon bei seiner Gründung im Jahr 910 direkt dem Papst unterstellt worden. Weder König noch Herzog, Graf oder Bischof durften sich einmischen. Die Mönche wählten ihren Abt frei. Und die Äbte von Cluny genossen überall in Europa hohes Ansehen. Sie traten dafür ein, dass die Einsetzung von Geistlichen in hohe Ämter durch Laien* verboten werden müsse. Die Kirche müsse frei sein – so lautete ihre Forderung. Die Einsetzung von Geistlichen stehe nur ihr selbst zu, letztes Wort müsse daher der Papst und nicht der Kaiser haben. Kern dieses „Investiturstreits" war damit also die Frage: Wer ist die erste Macht im christlichen Abendland – weltlicher oder geistlicher Herrscher, Kaiser oder Papst?

3 Seht euch die Abbildungen 1–3 an. Wie wird auf ihnen die Stellung von Papst und Kaiser dargestellt?

4 Der Text über dem Bild lautet: Hier ist die Hölle und der Engel verschließt ihre Tore. Aus dem Psalter Heinrichs von Blois, um 1400.

Weltliche und geistliche Herrschaftszeichen (Insignien):

Reichsapfel und Schwert als Zeichen der weltlichen Herrschaft.

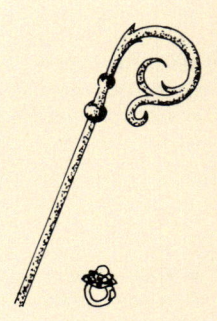

Stab und Ring als Zeichen der geistlichen Herrschaft.

Laien*:
Als Laien werden alle Menschen bezeichnet, die nicht zum so genannten Klerus gehören, also keine Geistlichen sind. – Im alltäglichen Sprachgebrauch wird dieser Begriff in Ableitung auch als Gegensatz zum Fachmann gebraucht.

139

Papst Gregor VII. bannt König Heinrich IV.

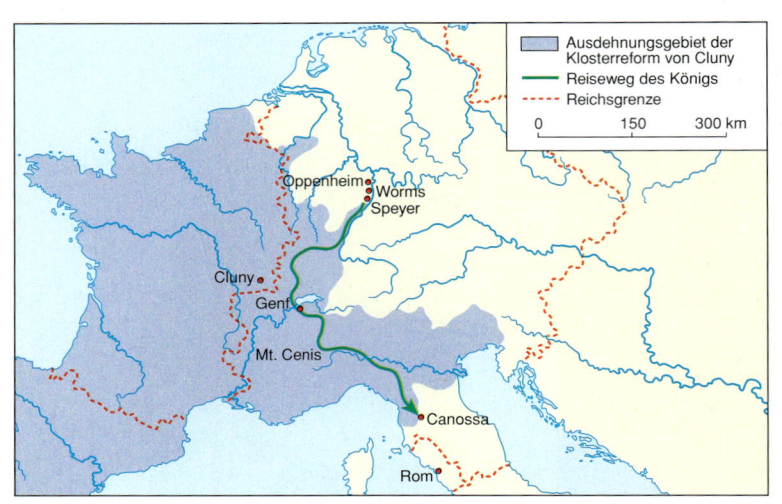

1 Das Ausdehnungsgebiet der Klosterreform von Cluny.

Investitur*
(lateinisch „investitura" = Einkleidung); die Einsetzung in ein geistliches Amt. Im Mittelalter stritten Kaiser und Papst um das Recht zur Investitur von Bischöfen und Äbten.

▶ **Kirchenbann***:
Durch den Kirchenbann wurde eine Person aus der Kirche ausgeschlossen. Einem Gebannten war es z. B. verboten, eine Kirche zu betreten, und er konnte auch nicht kirchlich bestattet werden. Kein Christ durfte mit einem Gebannten sprechen, Geschäfte betreiben usw. Nach auferlegter Buße konnte der Kirchenbann wieder aufgehoben werden.

Der Investiturstreit
Die Forderung nach der Freiheit der Kirche wurde besonders stark vertreten durch den Mönch Hildebrand. Viele Jahre hatte er in Cluny verbracht, bevor er im Jahr 1073 zum Papst gewählt wurde und den Namen Gregor VII. annahm.
Schon kurz nach seiner Wahl nannte er in 27 Leitsätzen seine Vorstellungen vom Papsttum, z. B.:
Q1 …
– Der römische Papst ganz allein kann Bischöfe absetzen oder auch wieder einsetzen.
– Alle Fürsten haben die Füße einzig und allein des Papstes zu küssen.
– Der Papst kann Kaiser absetzen.

Als Gregor VII. diese Sätze veröffentlichte, herrschte im Deutschen Reich König Heinrich IV. (1056–1106). Diese Leitsätze wichen von den bisherigen Regeln ab. Seit Otto I. war es üblich, dass der Kaiser Äbte und Bischöfe ein- und absetzte.
Heinrich IV. ernannte weiterhin Bischöfe und Äbte und übertrug ihnen weltlichen Besitz und Herrschaftsrechte. Ein Verzicht auf dieses Recht zur Investitur* schien ihm undenkbar, waren Äbte und Bischöfe doch die treuesten Stützen der königlichen Macht.

„Steige herab, steige herab!"
Da der König die päpstlichen Leitsätze ignorierte, drohte ihm der Papst mit dem ▶ Kirchenbann*. Daraufhin berief Heinrich IV. im Jahr 1076 eine Reichsversammlung aller deutschen Fürsten nach Worms ein. Vor den Anwesenden verlas er folgenden Brief an den Papst:
Q2 … Unser Herr Christus hat uns zum Königtum, dich aber nicht zur geistlichen Herrschaft berufen. Unsere Bischöfe, die Gott berief, hast du, der Unberufene, zu verachten gelehrt. Auch mich hast du angetastet, mich, von dem die Überlieferung lehrt, dass ich nur von Gott gerichtet werden darf. So steige denn, der du durch diesen Fluch und das Urteil aller unserer Bischöfe und unser eigenes verdammt bist, herab und verlasse den päpstlichen Stuhl, den du dir angemaßt hast.
Ich, Heinrich, von Gottes Gnaden König, mit allen unseren Bischöfen, wir sagen dir: Steige herab, steige herab! …

Der Papst reagierte auf diese Herausforderung mit dem Kirchenbann. Allen Christen war es nun verboten, dem König zu dienen.

1 Nennt die Gründe, die Heinrich für die Absetzung des Papstes anführt.

140

Das Wormser Konkordat

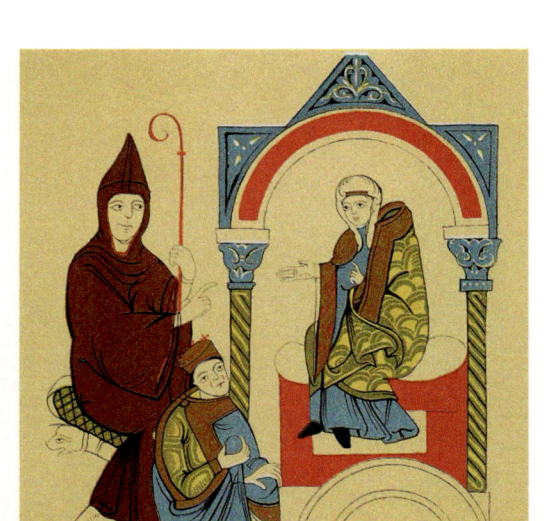

2 Heinrich IV. bittet die Markgräfin Mathilde, der die Burg Canossa gehört, und den Abt Hugo von Cluny um Vermittlung bei Papst Gregor VII.

3 Das Ergebnis des Wormser Konkordats. Schematische Darstellung.

1077:
In Canossa bat Heinrich IV. den Papst um Vergebung, die dieser ihm gewährte. Zuvor hatte Papst Gregor VII. den Bann über den Kaiser ausgesprochen. Heinrichs Herrschaft war dadurch äußerst gefährdet.

Konkordat*:
Bezeichnung für einen Vertrag zwischen dem katholischen Kirchenstaat (Vatikan) und einem anderen Staat.

Die Fürsten drohen dem König

Der päpstliche Bann wirkte sich für den König verhängnisvoll aus. Viele Herzöge und Grafen sahen ihre Chance gekommen, die eigene Machtstellung auszubauen. Sie weigerten sich, dem König länger zu gehorchen. Offen drohten sie Heinrich IV. damit, einen neuen König zu wählen, falls er nicht binnen eines Jahres vom Bann gelöst sei. Außerdem luden sie den Papst ein, nach Deutschland zu kommen. Er sollte in ihrem Streit mit dem König die Rolle des Schiedsrichters übernehmen. Dieses Zusammentreffen des Papstes mit den Fürsten wollte Heinrich IV. auf jeden Fall verhindern.

So entschloss er sich, nach Italien zu ziehen, um vom Papst die Lossprechung vom Kirchenbann zu erhalten. Der Papst befand sich zu dieser Zeit auf der Burg Canossa im Apennin. Drei Tage lang stand der König als reuiger Sünder, nur mit einem Büßerhemd bekleidet, vor ihren Mauern; erst am 4. Tag löste ihn der Papst vom Bann. Heinrich hatte damit die Forderungen der Fürsten erfüllt.

Das Wormser Konkordat*

Die Auseinandersetzung zwischen Papsttum und Kaisertum war damit aber nicht beendet. Fast 40 Jahre dauerte es noch, bis es 1122 zur Beendigung des Investiturstreits und zu einer endgültigen Lösung im Wormser Konkordat kam. Von nun an wurden in Deutschland die Bischöfe frei gewählt vom Domkapitel, der Versammlung der höchsten Geistlichen des Bistums. Dann erfolgte durch den König die Belehnung mit dem Zepter als Zeichen der weltlichen Herrschaft. Anschließend erst erfolgte die Weihe. Vertreter des Papstes übergaben dabei Ring und Stab als Zeichen der kirchlichen Gewalt.

Insgesamt führte der Streit zwischen Kaiser und Papst in Deutschland zu einer Stärkung der Landesfürsten. Die geistlichen Fürsten verbündeten sich dabei mit den weltlichen. Auf der Suche nach neuen Bundesgenossen wandten sich die Kaiser den Städten zu.

2 *Erklärt, warum sich der König nach neuen Verbündeten zur Stärkung der Königsmacht umsehen musste.*

Das arabische Weltreich entsteht

Islam
(arabisch = heil, unverehrt sein):
die von Mohammed begründete Weltreligion.

Koran*
(arabisch = Lesung, Vortrag):
die heilige Schrift des Islam.
Fünf Forderungen ergeben sich aus dem Koran für jeden Gläubigen:
1. Die Verkündigung des einen Gottes: Es gibt keinen Gott außer Allah. Mohammed ist sein Prophet.
2. Das Gebet, fünfmal täglich.
3. Das Almosen, milde Gaben für die Armen.
4. Das Fasten von Sonnenaufgang bis Sonnenuntergang im Fastenmonat Ramadan.
5. Die Pilgerfahrt nach Mekka, die jeder Muslim einmal im Leben unternehmen soll.

Prophet*:
stammt aus der griechischen Sprache und bedeutet „Verkünder des göttlichen Willens".

Mohammeds Name in arabischer Schrift. **Mohammed** wurde um 570 in Mekka geboren. Er begründete im 7. Jahrhundert die Lehre des Islam.

Das arabische Weltreich entsteht

Während das Weströmische Reich im 5. Jahrhundert unterging, hatte das Oströmische als Byzantinisches Reich bis 1453 Bestand. Doch schon vorher verlor Byzanz große Gebiete an das arabische Weltreich. Die Araber waren Muslime, Anhänger des islamischen Glaubens, der sich seit 600 n. Chr. neben dem Christentum entwickelt hatte. Sie folgten den Vorschriften des Koran*, ihrer heiligen Schrift.

In Arabien lebten im 6. Jahrhundert hauptsächlich Nomaden. Sie gehörten verschiedenen Stämmen an. Bevor sie Muslime wurden, verehrte jeder Stamm neben vielen anderen Göttern seinen Hauptgott. Nur ein Heiligtum verehrten alle Stämme gemeinsam: die Kaaba (sprich Ka-a-ba) in der Stadt Mekka. Die Kaaba war ein würfelförmiger Bau. In seiner Ostwand befand sich der heilige schwarze Stein, ein Meteorit.

Der Prophet* Mohammed

In einer armen Händlerfamilie in Mekka wurde um 570 Mohammed geboren. Seine Eltern starben früh. Mohammed wurde Hirte, dann Kameltreiber, schließlich Leiter der Handelskarawane einer reichen Witwe, die er später heiratete.

Als Mohammed 40 Jahre alt war, erschien ihm der Legende nach der Erzengel Gabriel in einer Höhle in der Nähe Mekkas. Er befahl ihm, den Menschen den wahren Glauben zu bringen. Und so verkündete Mohammed, was Gott ihm durch den Engel aufgetragen hatte:

Q1 … Es gibt keinen Gott außer Allah. Er ist der Lebendige und der Beständige. Alles, was im Himmel und auf Erden ist, gehört ihm. Gott ist der Freund aller, die glauben. Seid gut zu euren Eltern; seid ehrerbietig gegen sie, auch wenn sie alt und schwach geworden sind. Alle Gläubigen sind Brüder; haltet Frieden untereinander und fürchtet Gott. Ihr Männer, spottet nicht über andere Männer. Ihr Frauen, spottet nicht über andere Frauen. Vielleicht sind die anderen besser als ihr. Und gebt einander keine Schimpfnamen.

1 Mohammed auf einem Kamel und Jesus auf einem Esel reiten nebeneinander.
Arabische Buchmalerei aus dem 13. Jahrhundert.

Nicht das ist Frömmigkeit, dass ihr [beim Beten] euer Gesicht nach Osten wendet oder Westen. Frömmigkeit übt vielmehr, wer an Gott glaubt, an den jüngsten Tag, an die Engel, an das Buch [Koran] und an die Propheten, seinen Besitz mit Liebe hingibt an Anverwandte, Waisen, Arme, Wanderer, Bittende und Gefangene. …

1 Fragt muslimische Mitschülerinnen und Mitschüler nach ihrem Glauben und ihrem religiösen Leben.
2 Der Koran enthält Glaubenssätze und Verhaltensregeln (siehe Randspalte). Nennt die entsprechenden Sätze in Q1.
3 Beschreibt Abbildung 2. Überlegt, was damit über das Verhältnis von Christus und Mohammed ausgesagt werden soll.

Die Auswanderung nach Medina

Mohammed predigte, dass vor Gott alle Menschen gleich sind und die Wohlhabenden mit ihrem Besitz die Armen und Notleidenden unterstützen sollten. Doch die reichen Kaufleute aus Mekka wollten von dieser Botschaft nichts wissen. Sie versuchten, Mohammed lächerlich zu machen und bedrohten ihn sogar.

Das arabische Weltreich entsteht

Im Jahr 622 floh Mohammed mit seinen Anhängern in die 400 km entfernte Stadt Medina. Mit dieser Flucht, der ▶Hedschra*, beginnt der eigentliche Siegeszug des Islam. Für die Muslime ist die Hedschra ein so wichtiger Abschnitt in ihrer Geschichte, dass sie ihre Zeitrechnung mit dem Sommer 622 beginnen.

In Medina wurde Mohammed nicht nur als religiöser Führer, sondern auch als Schiedsrichter bei Stammesfehden anerkannt. Er wurde Gemeindeoberhaupt und damit auch das politische Oberhaupt Medinas.

Der Siegeszug des Islam

Innerhalb von zehn Jahren gelang es Mohammed, teils mit Waffengewalt, die umliegenden Stämme und Sippen zu bekehren. Im Jahr 630 eroberte er Mekka und erklärte es zur heiligen Stadt. Das alte heidnische Heiligtum, die Kaaba, ließ er bestehen. Den schwarzen Stein, so erklärte er, habe Gott auf die Erde geworfen als Zeichen seines Bundes mit den Menschen. Als Mohammed im Jahr 632 starb, bekannte sich schon fast ganz Arabien zum Islam.

Die Nachfolger Mohammeds, die den Titel „Kalif"* annahmen, riefen die Muslime dazu auf, für den Islam weitere Gebiete zu erobern.

In weniger als einhundert Jahren errichteten die Araber ein Weltreich, das im Osten bis an die Grenzen Indiens und Chinas reichte. Im Jahr 711 überschritten arabische Truppen die Meerenge von Gibraltar: Spanien und Portugal gerieten unter ihre Herrschaft. Ein weiteres Vordringen wurde durch Siege der Franken im Jahr 732 bei Tours und Poitiers verhindert.

Wie die Araber mit den unterworfenen Städten verfuhren, zeigt ein Vertrag zwischen dem muslimischen Feldherrn Amr und dem Stadtkommandanten in Alexandria in Ägypten aus dem Jahr 642:

Q2 ... Dieser Vertrag schließt alle christlichen Untertanen, Priester, Mönche und Nonnen mit ein. Er gewährt ihnen Sicherheit und Schutz. Auch ihre Kirchen, Wohnungen und Wallfahrtsplätze sollen geschützt werden und ebenso alle, die diese Wallfahrtsorte besuchen. Sie verdienen Rücksicht, weil sie den Propheten Jesus anerkennen und weil Mohammed uns eine Ermahnung hinterließ, barmherzig zu sein und ihnen Sicherheit zu garantieren. ...

4 Beschreibt die Ausbreitung des Islam anhand der Karte.

5 Erläutert das Verhalten der Muslime gegenüber den unterworfenen Völkern.

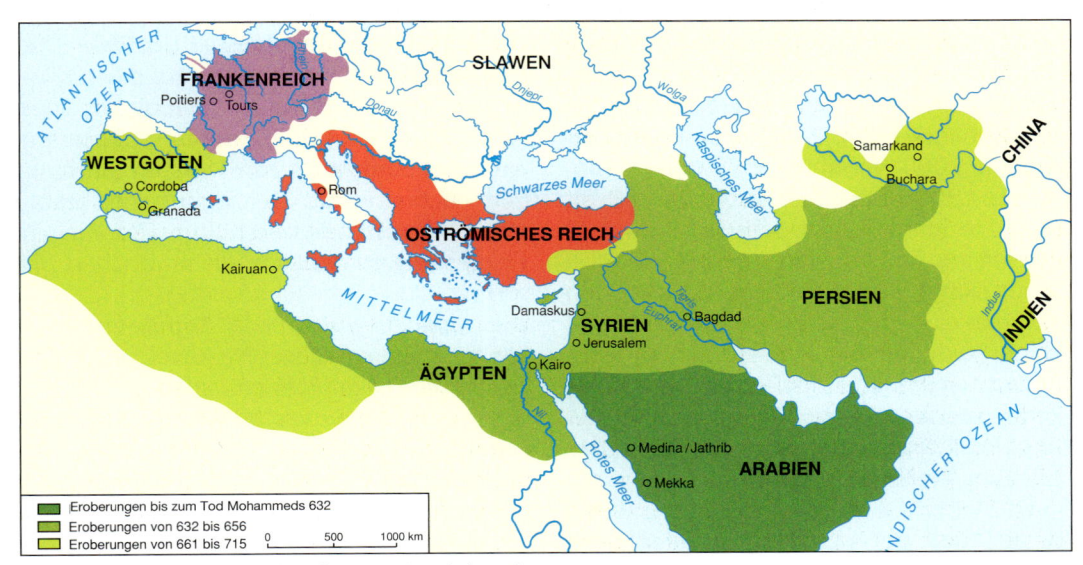

▶ *Hedschra**
(arabisch = Auswanderung): bezeichnet die Flucht Mohammeds und seiner Anhänger aus Mekka.

Kalif*:
(arabisch „chalifa" = Stellvertreter). Bezeichnung der Nachfolger und Stellvertreter des Propheten Mohammed. Der Kalif war geistliches Oberhaupt aller Muslime und zugleich weltlicher Herrscher des arabischen Weltreichs.

Der Aufruf der Kalifen:
... Euch ist befohlen zu kämpfen, obwohl es euch widerstrebt. Aber vielleicht ist das schlecht für euch, was ihr gern habt. Allah allein weiß es. Diejenigen, die im Glauben und in Allahs Namen ausgezogen sind und in seinem Namen Krieg geführt haben, dürfen auf seine Gnade hoffen. Diejenigen, die in Allahs Namen ihr Leben lassen müssen, führt er in das Paradies, das er ihnen versprochen hat. ...

2 Die Ausbreitung des Islam bis zum 8. Jahrhundert.

- Eroberungen bis zum Tod Mohammeds 632
- Eroberungen von 632 bis 656
- Eroberungen von 661 bis 715

Begegnung mit dem anderen: Europa lernt vom Islam

Moschee*
(arabisch = „Ort des Sich-Niederwerfens", Gebetshalle): Versammlungsraum und Gemeindezentrum einer muslimischen Gemeinde. Die Moschee besitzt einen oder mehrere Türme, die Minarette, von denen der Muezzin (Gebetsrufer) die Gebetsstunden ausruft.

Folgende Wörter sind arabischen Ursprungs:

Algebra	Laute
Alkohol	Marzipan
Arsenal	Matratze
Basar	Natron
Damast	Pflaster
Gitarre	Sirup
Kaffee	Sofa
Kampfer	Teppich
Kattun	Ziffer
Kittel	Zucker

1 Blick in das Innere der großen Mesquita-Moschee von Cordoba in Spanien.
780 n. Chr. wurde mit dem Bau begonnen. Zweihundert Jahre später war die Moschee fertig gestellt. Sie war eine der größten der Welt. Foto, 1986.

Islamische Kultur – das Beispiel Cordoba

Im islamischen Weltreich gab es im 10. Jahrhundert fünfzehn große Städte mit mehr als 100 000 Einwohnern. Neben Bagdad, Kairo und Damaskus gehörte dazu auch Cordoba in Spanien.
Ein heutiger Wissenschaftler schreibt:

M … Mit ihren 28 Vorstädten war Cordoba um die Mitte des 10. Jahrhunderts die größte Stadt in ganz Europa.
Außer den Wohnungen der Wesire (oberste Staatsbeamte) und Beamten besaß Cordoba 113 000 Wohnhäuser. Es gab 600 Moscheen, 300 Bäder, 50 Hospitäler, 80 öffentliche Schulen, 17 Hochschulen und 20 öffentliche Bibliotheken, die Hunderttausende von Büchern enthielten. Zur selben Zeit gab es in Europa außer Konstantinopel keine Stadt mit mehr als 30 000 Einwohnern. Keine Gemeinde besaß ein Krankenhaus oder eine höhere Schule. Es gab nirgends eine nennenswerte Bibliothek oder ein öffentliches Bad. …

Die Baukunst der muslimischen Baumeister war zu dieser Zeit unerreicht und z. B. die Mesquita-Moschee* von Cordoba (siehe Abbildung 1) erregte in der damaligen Welt große Bewunderung.

Der Islam und die Wissenschaft

Die arabischen Wissenschaftler schufen das Zehnersystem, mit dem wir heute noch rechnen; sie erfanden das Schießpulver und wussten um die Kugelgestalt der Erde. Der Erdumfang wurde von ihnen auf einen Kilometer genau errechnet. Das Handbuch eines arabischen Arztes über Pocken und Masern wurde in Europa bis zum vorigen Jahrhundert nachgedruckt. Der Einfluss der arabischen Wissenschaft und Kultur wird auch in vielen Wörtern deutlich, die arabischen Ursprungs sind (siehe Randspalte).

1 Schlagt die unbekannten Begriffe im Lexikon nach. Stellt fest, welchen Bereichen des Lebens diese Begriffe entstammen.
2 Sprecht über die Beschreibung Cordobas. Erkundigt euch in eurer Stadtbibliothek, über wie viele Bücher sie verfügt.

Familie und Erziehung

Die Stellung der Frauen in Arabien
Vor Mohammeds Auftreten hatten Frauen in Arabien fast keine Rechte. Bei der Eheschließung ging die Frau wie bei einem Kauf als Sache in den Besitz des Mannes über. Zur Ehre eines Mannes gehörte es, Söhne zu haben; unerwünschte Töchter wurden häufig getötet. Der Islam brachte hier viele Verbesserungen für Frauen und Mädchen. Zur islamischen Ehe gehörte ein Vertrag, der Rechte und Pflichten der Eheleute genau festlegte. So sagte Mohammed:

Q1 ... Unter den Gläubigen zeigen diejenigen den vollkommensten Glauben, die den besten Charakter besitzen. Und die Besten von euch sind diejenigen, die ihre Frauen am besten behandeln. ...

Ein muslimischer Gelehrter des Mittelalters sagte einmal:

Q2 ... Die Frau soll im Innern des Hauses bleiben und an ihrem Spinnrad sitzen. Mit den Nachbarn soll sie nicht viel reden und nur in dringenden Angelegenheiten sie besuchen. Sie soll das Haus nicht verlassen, außer mit seiner Erlaubnis. Wenn sie ausgeht, soll sie sich in abgetragene Kleider hüllen und wenig begangene Wege wählen, die Hauptstraßen und Märkte hingegen vermeiden. Auch soll sie darauf achten, dass kein Fremder ihre Stimme höre oder an ihrem Äußeren sie erkenne. Sie soll ferner die vorgeschriebenen Gebetszeiten und das Fasten beachten. Begehrt ein Freund ihres Mannes an der Türe Einlass und der Mann ist nicht zu Hause, soll sie sich in kein Gespräch mit ihm einlassen. Der Mann soll bei ihr an erster Stelle stehen, dann erst sollen sie selbst und ihre Verwandten kommen. Auch soll sie zärtlich sein gegen ihre Kinder, sie hegen und pflegen und sorgsam behüten. Sie soll mit den Kindern so wenig wie möglich schimpfen und möglichst wenig dem Mann widersprechen. ...

3 Schreibt aus dem Text alle Gebote und Verbote für die Frauen heraus.

2 Studentinnen und Studenten im großen Hörsaal der Universität Constantine, Algerien. Foto, 1991.

4 Lest beide Quellen und sagt, was ihr davon haltet. Begründet eure Meinung.
5 Seht euch die Abbildung 2 an. Was fällt euch daran auf?

Die Kinder
Frauen und Kinder lebten in einem besonderen Bereich des Hauses, den man Harem (das Abgesonderte) nannte. Bei einem reichen Muslim gehörten zum Harem mehrere Bauten: Wohnräume, Innenhöfe mit Bäumen und Blumenbeeten, mit Wasserspielen und Terrassen.
Bis zum siebten Lebensjahr lag die Erziehung der Kinder hauptsächlich bei der Mutter. Danach kümmerte sich der Vater um die Ausbildung des Sohnes. Er hielt ihn zu den religiösen Pflichten der Muslime an – vor allem zur täglichen Gottesverehrung und zum Fasten – und schickte ihn nach Möglichkeit in eine Schule. Dort lernten die Jungen in erster Linie den Koran lesen, schreiben und auswendig aufsagen. Deshalb nennt man diese Schule auch Koranschule. Sie besuchten sie, bis sie den Koran oder wenigstens Teile davon auswendig konnten. Dann ließ der Vater den Sohn einen Beruf erlernen.
Die Mädchen dagegen wurden meist bis zu ihrer frühen Verheiratung von der Mutter in ihre künftigen Pflichten als Hausfrau, Mutter und Ehefrau unterwiesen.

6 Vergleicht die Erziehung von Jungen und Mädchen im Islam damals und heute bei uns. Welche Gemeinsamkeiten oder Unterschiede stellt ihr fest?

Der Islam verbietet bildliche Darstellungen von Gott. Sein Name wird aber überall in den Moscheen und Gebetsbüchern mit Schriftzeichen gemalt.

Die Kreuzzüge: Kriege im Namen Gottes

Konzil*:
Versammlung hochrangiger Geistlicher. Die ersten Konzile fanden schon im 2. Jahrhundert statt und wurden vom Papst einberufen und geleitet.

1095:
Papst Urban II. ruft in Clermont (Frankreich) zum Kreuzzug gegen die Muslime auf.

Teilnehmerzahlen an den ersten drei Kreuzzügen (Schätzung)

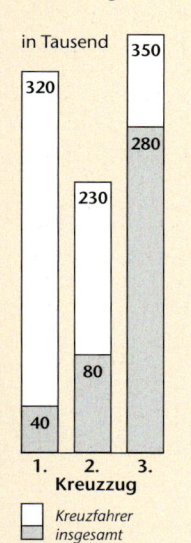

in Tausend
- 1. Kreuzzug: 320 / 40
- 2. Kreuzzug: 230 / 80
- 3. Kreuzzug: 350 / 280

☐ Kreuzfahrer insgesamt
▨ davon im Hl. Land angekommen

1 Papst Urban II. ruft in Clermont zum Kreuzzug auf. Miniatur.

Der Papst ruft zum ▶Kreuzzug auf

In der Auseinandersetzung mit Kaiser Heinrich IV. hatte Papst Gregor VII. seinen Anspruch auf die Führung des christlichen Abendlandes angemeldet. Diesen Anspruch unterstrich sein Nachfolger Urban II. in einer Rede zum Abschluss eines Konzils* in Clermont (Frankreich) im Jahr 1095. Er stellte sich an die Spitze des christlichen Europas, als er alle Christen dazu aufrief, Jerusalem von der Herrschaft der Muslime mithilfe eines Kreuzzugs zu befreien.

Palästina war schon um die Mitte des 7. Jahrhunderts von den Arabern erobert worden. Dennoch konnten Christen weiterhin ungestört Pilgerfahrten zu den heiligen Stätten der Christenheit wie Jerusalem, Bethlehem oder Nazareth unternehmen. Von den Kalifen wurden diese Pilgerfahrten sogar gefördert, brachten sie doch Geld ins Land. Diese Situation änderte sich beinahe schlagartig im 11. Jahrhundert, als die Seldschuken, ein türkisches Reitervolk aus Mittelasien, Palästina und Kleinasien eroberten. Der oströmische Kaiser richtete im Jahr 1095 einen dringenden Hilferuf an Papst Urban II. Im November 1095 fand in Clermont (Frankreich) eine Kirchenversammlung statt. Zum Abschluss hielt Papst Urban eine Rede, die von einem Teilnehmer später aufgeschrieben wurde:

Q1 … Ihr Volk der Franken, ihr seid Gottes geliebtes und auserwähltes Volk. An euch richtet sich unsere Rede: Von Jerusalem und Konstantinopel kam schlimme Nachricht zu uns. Ein fremdes und gottloses Volk hat die Länder der dortigen Christen besetzt und durch Mord, Raub und Brand entvölkert. Die Kirchen wurden gründlich zerstört oder beschlagnahmt. … Unerschrockene Ritter, gedenkt der Tapferkeit eurer Väter. Das Land, in dem ihr wohnt, ist von euch viel zu dicht bevölkert. Es hat keinen Überfluss an Reichtum und liefert seinen Bauern kaum die nötigste Nahrung. Tretet den Weg zum Heiligen Grab an, nehmt das Land dort dem gottlosen Volk, macht es euch untertan. Jerusalem ist der Mittelpunkt der Erde, das fruchtbarste aller Länder. Wir aber erlassen allen gläubigen Christen, die gegen die Heiden die Waffen erheben, alle Strafen, die die Kirche für ihre Sünden über sie verhängt hat. …

1 Nennt die Argumente, mit denen der Papst die Zuhörer für den Kreuzzug gewinnen möchte.
2 Zählt Beispiele dafür auf, dass auch heute noch aus religiösen Gründen Kriege geführt werden.

Die Eroberung Jerusalems

2 Kreuzfahrer erobern Jerusalem. Miniatur, um 1450.

Jüdische Gemeinden als Opfer:
Die Kreuzfahrer gingen schon im eigenen Land gegen angebliche Feinde des Christentums vor. Besonders für die Juden, denen sie die Schuld am Tod Jesu gaben, hatte der Kreuzzug furchtbare Folgen. Jüdische Wohnhäuser und Synagogen wurden ausgeplündert, die Menschen zur Taufe gezwungen oder getötet. In Worms, Mainz, Xanten Trier, Erfurt ereigneten sich Massaker gegen die jüdische Bevölkerung.

Blutbad in Jerusalem

Noch im Jahr 1096 brachen mehrere Heere mit Zehntausenden von Teilnehmern auf, um nach Jerusalem zu ziehen. Im Juni 1099 erreichten nach langen, verlustreichen Märschen nur noch Reste dieser Kreuzfahrerheere die Stadt Jerusalem. Fast fünf Wochen tobte der Kampf vor den Mauern. Dann konnten die Ritter in die Stadt eindringen. Wilhelm von Tyrus, ein christlicher Geschichtsschreiber, schilderte fast 100 Jahre später das Ereignis:

Q2 … Sofort durchzogen die Ritter die Straßen und Plätze der Stadt. Alle Feinde, die sie finden konnten, streckten sie mit dem Schwert nieder. Bald lagen überall so viele Erschlagene, dass man nur noch über Leichen gehen konnte. Über zehntausend Feinde sollen in diesem Bezirk umgebracht worden sein. Es geschah sicherlich nach dem gerechten Urteil Gottes, dass die, welche das Heiligtum des Herrn mit ihren abergläubischen Gebräuchen entweiht hatten, es mit ihrem eigenen Blut reinigen mussten. Als endlich auf diese Weise die Ordnung der Stadt hergestellt war, legten sie die Waffen nieder, wuschen sich die Hände und zogen reine Kleider an. Dann gingen sie mit demütigem und zerknirschtem Herzen an den heiligen Orten umher, an denen auch Christus gewesen war. …

Der islamische Historiker Ibn-al-Atir (1160 bis 1223) berichtet, dass in der Al-Aqsa-Moschee von den Kreuzfahrern mehr als siebzigtausend Muslime getötet wurden. Darunter waren viele muslimische Pilger, die ihr Land verlassen hatten, um an diesem heiligen Ort zu beten. Dem ersten Kreuzzug folgten bis zum Jahr 1270 noch sechs weitere.

3 Ein Kreuzfahrer schreibt einen Bericht über die Eroberung Jerusalems an seine Angehörigen. Überlegt, was er über die Bewohner Jerusalems berichten wird.

4 Ein Bewohner Jerusalems, ein Muslim, berichtet seinen Angehörigen das gleiche Ereignis. Schreibt dazu eine kurze Erzählung.

5 Berichtet über das Vorgehen der Kreuzfahrer und versucht, euch ein Urteil zu bilden.

6 Seht euch die Grafik in der Randspalte genau an. Wie viele Kreuzfahrer haben Jerusalem gar nicht erreicht? – Überlegt euch mögliche Ursachen. Seht euch dazu die Karte der Vorseite an.

Wendenkreuzzug 1147:
Einem Aufruf Papst Eugens III. folgend, zog ein Teil der Kreuzfahrer – vornehmlich sächsische Fürsten – nicht ins Heilige Land, sondern gegen die heidnischen Slawen (Wenden) in Ostholstein, Mecklenburg und Pommern. Sie verfolgten damit – wie schon die Zeitgenossen bemerkten – ihre eigenen, überwiegend materiellen Interessen. Die Kreuzfahrer verwüsteten Siedlungen, letztlich scheiterte der Wendenkreuzzug jedoch.

Kreuzfahrer leben im Orient

Ritterorden*:
Orden sind Gemeinschaften von Männern oder Frauen, die sich feierlich verpflichten, ihr Leben in den Dienst Gottes zu stellen. Am bekanntesten sind die Orden von Mönchen oder Nonnen. Bei den Ritterorden gehörte zum gottgeweihten Leben der Krieg gegen die Nichtchristen.

Abzeichen des Malteserordens.

Abzeichen des Deutschen Ordens.

Abzeichen des Ordens vom Heiligen Grab.

1 Kreuzfahrerburg Krak des Chevaliers in Syrien. Luftaufnahme. Die ehemals muslimische Festung wurde von den Kreuzrittern erobert und konnte nach einem Umbau 2000 Menschen aufnehmen.

Die Kreuzfahrerstaaten
Die Kreuzfahrer gründeten im Heiligen Land eigene Staaten, die sie mit starken Burgen sicherten (Abb. 1). Gegen diese Staaten richteten sich die Angriffe der Muslime. Unter ihrem Sultan Saladin konnten sie die meisten Gebiete zurückerobern. Im Jahr 1187 gelang Saladin auch die Besetzung Jerusalems. Viele Christen gerieten in Gefangenschaft. Saladin gab ihnen jedoch die Möglichkeit, sich freizukaufen. Wer kein Geld hatte, geriet in die Sklaverei. Dass eine große Anzahl von Christen davon betroffen war, lässt sich von ihrem niedrigen Preis ableiten: Ein christlicher Sklave soll nicht teurer als ein Paar Sandalen gewesen sein. Die Witwen und Waisen gefallener Kreuzritter soll Saladin finanziell unterstützt haben. Der muslimische Geschichtsschreiber Imad al-Din berichtete:

Q1 … Manche Christen zahlten neben dem Lösegeld noch einen Tribut und blieben in Jerusalem in aller Ruhe ansässig. … Tausende von Christen blieben in der Stadt und ihrer Umgebung und gingen friedlichen Beschäftigungen nach. …

1 Vergleicht das Vorgehen der Kreuzritter nach der Eroberung Jerusalems mit der Haltung des Sultans.

Die Ritterorden*
Zum Schutz gegen die Muslime und zur Pflege der Kranken schlossen sich die Kreuzfahrer in verschiedenen Orden zusammen, den Templern, den Johannitern und den Deutschherren. Als die Muslime immer weiter vordrangen, zogen sich diese Orden zurück. Die Johanniter gingen nach Malta und werden deshalb heute auch „Malteser" genannt; der Deutsche Ritterorden suchte sich ein neues Aufgabengebiet im späteren Ostpreußen.

2 Informiert euch, welche Aufgaben der Johanniterorden heute übernimmt.

Das Ende der Kreuzfahrerstaaten und die Vertreibung der Mauren
Im Jahr 1291 wurde die Hafenstadt Akkon, die letzte christliche Festung, von den Türken erobert. Damit war das Ende der christlichen Herrschaft im Heiligen Land gekommen. In den folgenden Jahrhunderten galt der Kampf der christlichen Heere den Muslimen auf der Iberischen Halbinsel. Der letzte Stützpunkt der Mauren, so hießen die Muslime in Spanien, war die Stadt Granada. Diese konnte im Jahr 1492 von den Christen zurückerobert werden.

Die Folgen der Kreuzzüge

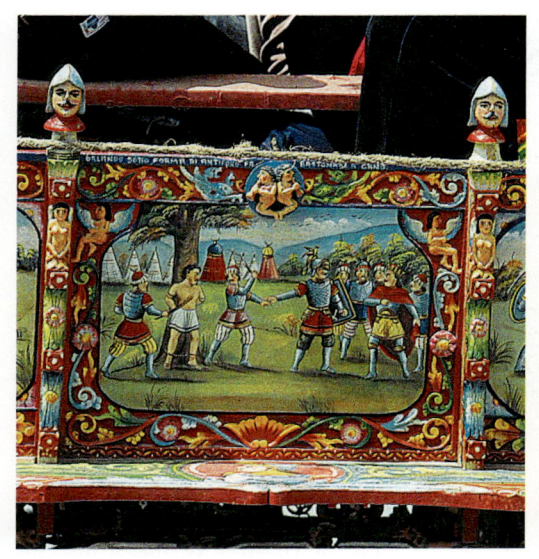

2 Die Rückseite eines Wagens bei einer christlichen Prozession auf Sizilien. Dargestellt ist der Kampf zwischen Christen und Muslimen. Foto eines heute noch benutzten Wagens.

3 Heimkehrender Kreuzritter. Gemälde von Karl Friedrich Lessing, 1835. Verklärende Darstellung aus dem 19. Jahrhundert.

Christen und Muslime beim Schachspiel. Aus einem Schachbuch um 1283.

Frauen und Männer im Heiligen Land

Insgesamt über eine Million Männer und Frauen – so schätzt man heute – haben an den Kreuzzügen teilgenommen. Viele sind den Strapazen unterwegs zum Opfer gefallen, andere wurden in den Kämpfen getötet; manche Kreuzfahrer blieben auf Dauer im Heiligen Land. Über sie schrieb Abt Fulcher von Chartres:

Q2 … Wir, die wir Abendländer waren, sind Orientalen geworden; dieser, der Römer oder Franke war, ist hier Galiläer oder Bewohner Palästinas geworden; jener, der in Reims oder Chartres wohnte, betrachtet sich als Bürger von Tyrus oder Antiochia. Wir haben schon unsere Geburtsorte vergessen. … Manche von uns besitzen in diesem Land Häuser und Diener …, ein anderer hat eine Frau geheiratet …, eine Syrerin oder Armenierin …; der eine bebaut Weingärten, der andere Felder. … Die verschiedensten Mundarten sind jetzt der einen wie der anderen Nation gemeinsam und das Vertrauen nähert die entferntesten Rassen an. …

3 Erklärt mithilfe der Quelle, wie es zur Annäherung zwischen „Abendländern" und „Orientalen" kam. Vergleicht mit den Abbildungen. Welches Bild von den Kreuzzügen wird hier vermittelt?

Europa und der Orient

Sichtbare Auswirkungen der Kreuzzüge zeigten sich als Erstes im verfeinerten Lebensstil der Ritter. Von ihren Kreuzzügen brachten sie kostbare Stoffe wie Damast und Musselin mit, ferner prächtige Teppiche, Porzellan und die Kunst des Schachspiels*. Muskat und Pfeffer, Safran und Nelke fanden Eingang in die europäische Küche. Da immer mehr Menschen nach diesen Gütern aus dem Orient verlangten, nahm der Fernhandel beträchtlich zu. Es waren vor allem die italienischen Kaufleute in Genua und Venedig, die diesen Handel organisierten. Kaum interessiert waren die Kreuzfahrer hingegen an den Erkenntnissen islamischer Gelehrter. Wissenschaftliche Bücher, z. B. über Mathematik, Medizin, Geografie oder Chemie, kamen nicht mit den Kreuzfahrern, sondern über Cordoba nach Europa.

Das Schachspiel*: Das Spiel und der im Spiel übliche Ausruf „Schach matt" (arabisch = der König ist tot) sind persisch-arabischer Herkunft. Bekannt wurde es zunächst in Spanien durch die Herrschaft der Araber seit 711. Durch die Kreuzzüge wurde es in ganz Europa verbreitet.

Arbeitstechnik:
Berichte aus früheren Zeiten kritisch befragen

Berichte aus früheren Zeiten
Berichte geben uns Auskunft über die Vergangenheit. Doch war es damals wirklich so, wie der Bericht es beschreibt? Ist er verlässlich oder gibt er nur die Sichtweise des Verfassers wieder? Übertreibt der Bericht? Enthält er sogar falsche Informationen? Mithilfe welcher Fragen ihr den Wahrheitsgehalt eines Textes überprüfen könnt, zeigt euch das folgende Beispiel.
Der Mönch Robert von Reims war beim Konzil in Clermont im Jahr 1095 selbst dabei gewesen (siehe Seite 146). Nach seinem Bericht sagte der Papst auf dieser Versammlung:

Q … Ihr Volk der Franken, ihr seid Gottes geliebtes und auserwähltes Volk. An euch richtet sich unsere Rede: Von Jerusalem und Konstantinopel kam schlimme Nachricht zu uns. Ein fremdes und gottloses Volk hat die Länder der dortigen Christen besetzt und durch Mord, Raub und Brand entvölkert. Die Kirchen wurden gründlich zerstört oder beschlagnahmt. … Unerschrockene Ritter, gedenkt der Tapferkeit eurer Väter. Das Land, in dem ihr wohnt, ist von euch viel zu dicht bevölkert. Es hat keinen Überfluss an Reichtum und liefert seinen Bauern kaum die nötigste Nahrung.
Tretet den Weg zum Heiligen Grab an, nehmt das Land dort dem gottlosen Volk, macht es euch untertan. Jerusalem ist der Mittelpunkt der Erde, das fruchtbarste aller Länder. Wir aber erlassen allen gläubigen Christen, die gegen die Heiden die Waffen erheben, alle Strafen, die die Kirche für ihre Sünden über sie verhängt hat. …

Fragen zum Text
1 Wovon wird im Text berichtet?
2 Was steht im Mittelpunkt des Berichts? Wie kann man den Inhalt kurz zusammenfassen?
3 Wo gibt der Verfasser seine Meinung wieder? Wo urteilt und bewertet er?
4 Stimmt der Bericht mit den bisherigen Kenntnissen, die wir von diesem Sachverhalt haben, überein?

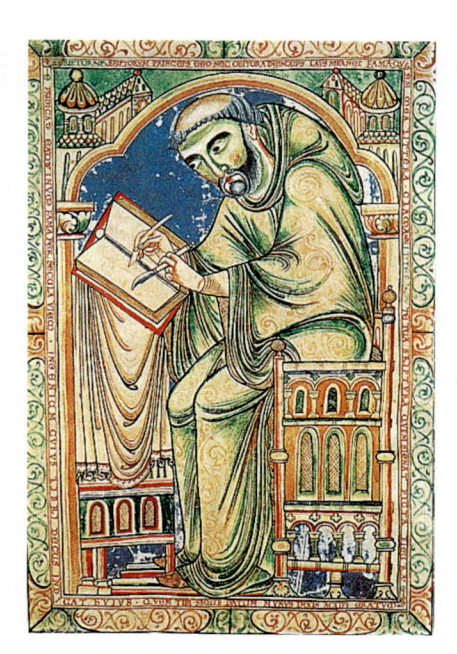

Fragen zum Geschichtsschreiber
5 Was wissen wir von dem Schreiber?
6 Kennt der Schreiber die Ereignisse, die er berichtet, aus eigener Anschauung?
7 Welche Absicht verfolgt der Verfasser mit seinem Bericht?
8 Wie steht der Schreiber zu den Personen oder Gruppen, über die er schreibt? Ergreift er für eine Seite Partei?

Das Ergebnis der Überprüfung
Zu 1: Der Schreiber gibt laut eigener Angabe die Rede des Papstes wieder, die im Jahr 1095 auf der Kirchenversammlung in Clermont gehalten wurde.
Zu 2: Im Mittelpunkt des Berichts stehen die Verfolgungen und Bedrohungen der Christen durch die Seldschuken sowie der Aufruf zur Eroberung Jerusalems.
Zu 3: Die Rede des Papstes wurde aus dem Gedächtnis nachgeschrieben; sie ist also sicher keine wortwörtliche Wiedergabe. Möglicherweise hat der Verfasser also einige Aussagen schärfer formuliert, als dies der Papst tat; andererseits: allzu viel dürfte er nicht verändert haben; schließlich hatten Tausende von Zuhörern dieser Rede beigewohnt, die diesen Bericht dann als unglaubwürdig abgelehnt hätten.
Zu 4: Es gibt neben diesem Bericht des Mönches Robert von Reims noch weitere Berichte von Zeitgenossen. Diese Rede dürfte also in dieser oder ähnlicher Form tatsächlich gehalten worden sein.
Zu 5/6: Robert von Reims, ein Mönch, behauptet, selbst an dieser Versammlung teilgenommen zu haben.
Zu 7: Der Verfasser will mit der lebendigen Schilderung der Rede des Papstes offensichtlich auch seine Leser, die nicht in Clermont gewesen waren, für die Kreuzzugsidee begeistern.
Zu 8: Der Bericht erweckt den Eindruck, dass auch der Verfasser ein Verfechter des Kreuzzugsgedankens ist.

Zusammenfassung

Das Reich der Franken

Unter den germanischen Reichen, die nach dem Niedergang Westroms gegründet wurden, war die stärkste Macht das Reich der Franken. Der fränkische König Chlodwig (482–511 n. Chr.) aus dem Geschlecht der Merowinger und seine Nachfolger förderten die Ausbreitung des Christentums im Reich.

Seine größte Ausdehnung erhielt das Frankenreich unter Karl dem Großen (768–814). Um die Verwaltung zu erleichtern, teilte König Karl das Reich in Grafschaften auf und führte das ▶Lehnswesen ein. Im Jahr 800 wurde Karl in Rom zum Kaiser, dem „König über Königen", gekrönt. Nach seinem Tod im Jahr 814 bildeten sich Teilreiche heraus, die im Lauf der Zeit immer eigenständiger wurden. Als 911 schließlich der letzte Karolinger starb, wurde im Osten aus dem Fränkischen Reich bald das Deutsche Reich.

Das Reich der Deutschen

Im Jahr 936 wurde Otto I. (936–973) deutscher König. Nachdem er 962 das langobardische Königreich Italien unterworfen hatte, ließ auch er sich in Rom zum Kaiser krönen. Otto festigte seine Herrschaft, indem er dafür ausgebildete Äbte und Bischöfe für die Verwaltung einsetzte (Reichskirchensystem). Viele der eingesetzten Geistlichen widmeten sich ausgiebig ihren weltlichen Aufgaben, vernachlässigten aber das religiöse Leben.

Als Folge der wachsenden weltlichen Ausrichtung der Geistlichen kam es im 11. Jahrhundert zu einem Machtkampf zwischen Papst und Kaiser um die Frage, ob der Kaiser als weltlicher Herrscher Bischöfe und Äbte in ihr Amt einweisen durfte (Investiturstreit). Durch das Wormser Konkordat (1122) erreichte die Kirche erst vierzig Jahre später das Recht, die Bischöfe selbst zu wählen.

Die Kreuzzüge

Im Mittelmeerraum hatte sich mit der Ausdehnung des arabischen Weltreichs der Islam weit verbreitet. Bis ins 11. Jahrhundert, als Seldschuken das Land eroberten, war es christlichen Pilgern gestattet, ihre heiligen Stätten in Palästina zu besuchen. Papst Urban II. (1088–1099) rief 1095 zum ersten von insgesamt sieben ▶Kreuzzügen auf. Ihr Ziel war die Eroberung Jerusalems. Nach anfänglichen Erfolgen und der Gründung von Kreuzfahrerstaaten wurden um 1300 die letzten der besetzten Gebiete zurückerobert.

800
Karl der Große wird in Rom zum Kaiser gekrönt.

962
Otto I. wird in Rom zum Kaiser gekrönt.

1077
Heinrich IV. zieht nach Canossa und bittet den Papst um Vergebung.

1099
Die Kreuzfahrer erobern Jerusalem.

6. Gesellschaft und Wirtschaft im Mittelalter

1 Betrachtet die Abbildung und erzählt von den verschiedenen Szenen.
2 Überlegt, was ihr schon vom Leben auf den Burgen wisst, und berichtet davon.

Schauplatz: Burgen, Ritter, Edelfrauen

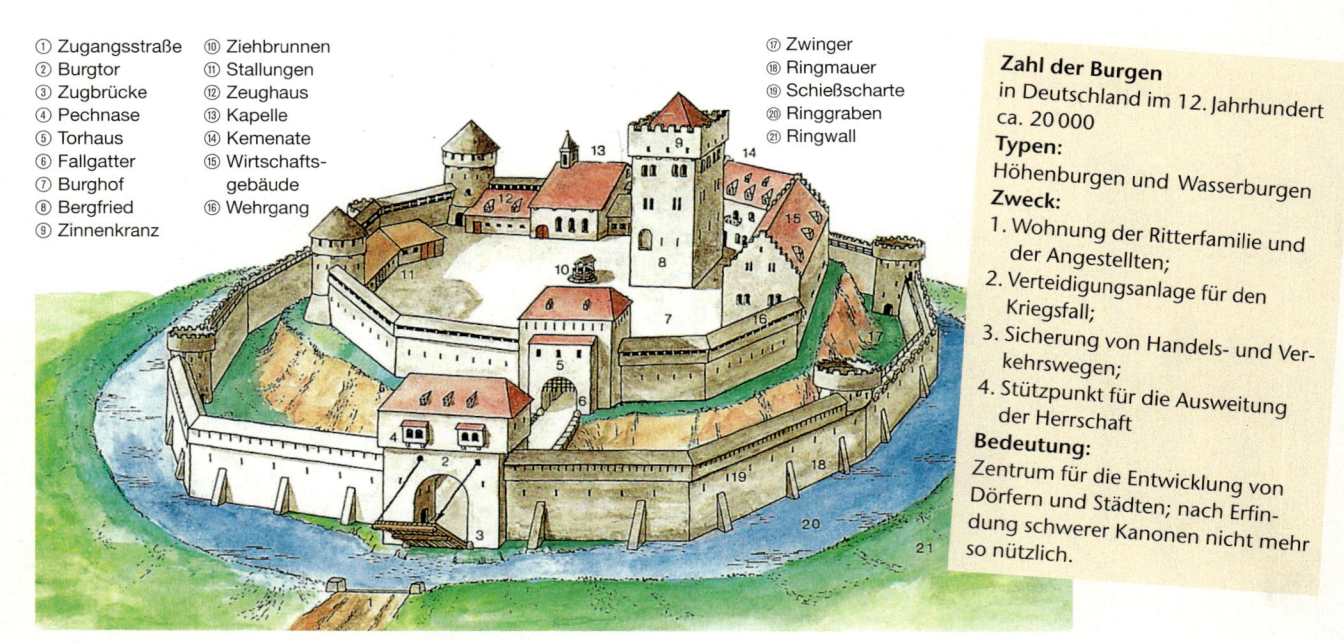

① Zugangsstraße
② Burgtor
③ Zugbrücke
④ Pechnase
⑤ Torhaus
⑥ Fallgatter
⑦ Burghof
⑧ Bergfried
⑨ Zinnenkranz
⑩ Ziehbrunnen
⑪ Stallungen
⑫ Zeughaus
⑬ Kapelle
⑭ Kemenate
⑮ Wirtschaftsgebäude
⑯ Wehrgang
⑰ Zwinger
⑱ Ringmauer
⑲ Schießscharte
⑳ Ringgraben
㉑ Ringwall

Zahl der Burgen in Deutschland im 12. Jahrhundert ca. 20 000

Typen: Höhenburgen und Wasserburgen

Zweck:
1. Wohnung der Ritterfamilie und der Angestellten;
2. Verteidigungsanlage für den Kriegsfall;
3. Sicherung von Handels- und Verkehrswegen;
4. Stützpunkt für die Ausweitung der Herrschaft

Bedeutung: Zentrum für die Entwicklung von Dörfern und Städten; nach Erfindung schwerer Kanonen nicht mehr so nützlich.

1 Mittelalterliche Burg. Rekonstruktionszeichnung.

1 Wertet die Abbildungen dieser Seite aus und bearbeitet folgende Aufgaben:
– Welche Informationen sind euch neu?
– Wo zeigt die Karte größere Ansammlungen von Burgen? Welchen Grund könnte das haben?
– Erklärt die einzelnen Bauteile der Burg: Welche Aufgaben hatten sie in Kriegs- und Friedenszeiten?

2 / 3 Wasserburg: Pfalzgrafenstein bei Kaub (im Rhein), Höhenburg: Marksburg über Braubach am Rhein. Fotos, 1994.

4 Burgen in Rheinland-Pfalz.

Schauplatz: Burgen, Ritter, Edelfrauen

2 Verarbeitet die Stichworte des Interviews zu einer Reportage (z. B. für eine Mittelalter-Zeitung, für einen Fernsehbeitrag, für eine öffentliche Befragung der „Ritterfamilie" vor Publikum usw.)

3 Sucht Unterschiede zwischen den Antworten von Cornelius und Isolde.

Ritter Cornelius von Pyrmont und seine Frau Isolde von Gollenfels geben dem Herold Karl von Wied Auskunft

Na, dann fragen Sie mal … Und nehmen Sie am Feuer Platz!

Zeitung, Fernsehen? Was ist das denn? Machen Sie schnell, ich muss noch

Frage:		
1. Wer darf sich Ritter nennen?	Wer aus einer adeligen Familie stammt und genügend Grundbesitz hat; das kann ein Lehen oder eigenes Land sein …	Wessen Eltern schon Ritter waren, wer einem Herzog oder Grafen dient und mit eigenen Leuten bewaffnet in den Kampf ziehen kann …
2. Wie wurden Sie auf Ihr Leben vorbereitet?	Ich lernte einen großen Haushalt mit viel Gesinde (= Personal) führen, sticken, Laute spielen, mit Heilkräutern umgehen und Schach spielen …	…war drei Jahre Knappe (= Ritterlehrling) bei einem Verwandten, lernte mit allen Waffen umgehen und Pferde reiten, höfische Sitten und Harfenspiel. Mit 19 wurde ich zum Ritter geschlagen …
3. Welche Aufgaben haben Sie?	Ich muss das Personal auf der Burg anleiten und kontrollieren (Nähstube, Vorräte usw.), mich um die Erziehung der Mädchen kümmern, meinen Mann unterhalten …	…meinen Lehnsherren im Krieg oder bei Fehden (= Streit mit Adligen) unterstützen, Arbeiten der Bauern anordnen und überwachen (macht meist mein Vogt!), als Gerichtsherr Streit schlichten und Eheerlaubnisse geben …
4. Was ist für Sie die schönste Zeit im Jahr?	Das Erntedankfest (wenn die Ernte gut eingefahren ist!), wenn wir auf Festen sind oder Gäste haben; wenn ein fahrender Sänger uns unterhält …	Die Jagd im Herbst oder die großen Turniere auf der Burg meines Lehnsherren. Krieg macht mir meist auch Spaß, besonders, wenn es fette Beute gibt …
5. Was ist zu Ihrer Wohnung zu sagen?	Ich hätte gern Butzen (Glasstücke) in den Fenstern, damit es nicht so kalt ist und zieht. Allerdings ist meine Kemenate meist geheizt … als einziger Raum in der Burg!	Die Burg ist ziemlich sicher und groß genug. Letztes Jahr wurde der Bergfried noch verstärkt. Im Winter ist es leider saukalt hier!
6. Bitte sagen Sie uns etwas zu Krankheiten.	Kleine Wehwehchen kann ich mit Kräutertränken und -umschlägen heilen. Erst im letzten Winter starb meine Schwester bei der Geburt ihres achten Kindes … Leider sterben auch viele unserer Kinder an Kinderkrankheiten…	Zahnweh ist die Hölle! Bei Verwundungen kriegt man leicht Wundbrand – dann muss das Bein oder der Arm abgesägt und die Wunden mit glühenden Eisen ausgebrannt werden: ziemlich schrecklich … außerdem ist mein Hintern oft wund vom Reiten …
7. Was ist Ihre größte Angst?	Dass wir überfallen oder belagert werden, dass mein Mann bei einem der gefährlichen Turniere oder Kriegszüge stirbt!	Dass ich in die Hölle komme, weil ich Sünden begangen habe (da sage ich aber nichts Weiteres!) oder dass meinem einzigen Sohn und Erben etwas geschieht …

Schauplatz: Burgen, Ritter, Edelfrauen

Berittene Krieger und „arme Ritter" ...
Vor tausend Jahren gab es eine Entwicklung hin zu „berittenen Kriegern" (▶ Rittern), die zu Pferd kämpften. Ausrüstung der Reiter waren Helm, Kettenhemd und Schienen an Armen und Beinen, und als Waffen: Lanze, Schwert und Streitkolben. Schwere Rüstungen waren hauptsächlich für die Turniere da.

Frauen und Männer der Ritterfamilien versuchten, nach bestimmten Regeln „ritterlich" zu leben: Höflichkeit, Selbstbeherrschung, Zuverlässigkeit und Schutz der Schwachen waren ihre Ideale. Im Alltag sah das oft anders aus!

Als im 15. Jahrhundert Feuerwaffen (Kanonen, Gewehre) und Landsknechtssoldaten aufkamen, ging die Zeit der Ritter zu Ende. Ein weiterer Grund war, dass ihr Landbesitz nicht mehr genug einbrachte. Wirtschaftlich wurden die Ritter von den Handwerkern und Kaufleuten in den Städten überholt.

In Sagen, Comics, Videospielen und Filmen spielen Ritter und edle Damen noch heute eine wichtige Rolle.

1 *Findet zu den Abschnitten des Textes passende Überschriften.*
2 *Berichtet, welche Personen/Typen heute bekannt sind, die an Menschen aus der Ritterzeit erinnern. (Beispiel: Jedi-Ritter, Highlander usw.)*
3 *Beschreibt die Abbildungen 1–6 und ordnet sie den obigen Abschnitten zu.*

1 Ritter Hagen von Tronje versenkt den Schatz der Nibelungen im Rhein bei Worms. Foto.

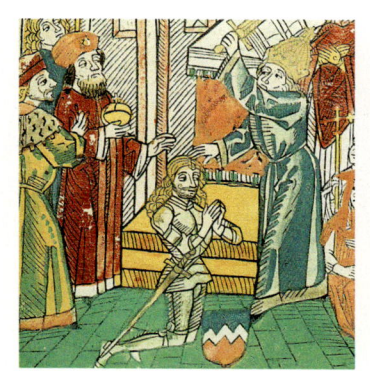

2 Ritterschlag. Kolorierter Holzschnitt.

3 Turnier, um 1470. Buchmalerei.

4 Edle Frauen beim Gesang. Gemälde.

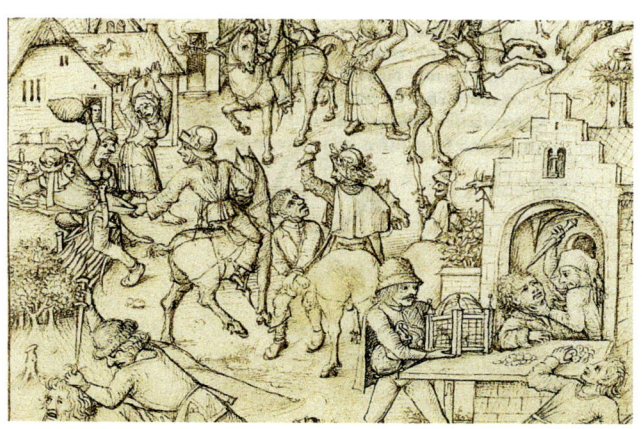

5 Raubritter überfallen ein Dorf. Buchmalerei.

6 Belagerung einer Burg. Holzschnitt.

Arbeitstechnik: Rollenspiel

Ein Rollenspiel soll helfen, sich in Menschen und Situationen einzufühlen. Wenn ihr euch an die nachstehenden Schritte haltet, kommt ihr schnell zu einem interessanten Rollenspiel:

4 Ergänzt die fehlenden Rollenkarten: Richter (Landgraf Georg v. Wildeck); zweite Klägerin (Bäuerin Irmgard), Zeuge (Pater Albertus, beide aus dem Dorf Heckenrode).
5 Spielt den Prozess gegen den Raubritter Hans.

1. Schritt:
Ausgangslage klären
Auf der „Situationskarte" wird kurz beschrieben, worum es geht. Wird z. B. die Lösung eines Problems gesucht oder sollen einzelne Typen in ihrem Verhalten gezeigt werden?

2. Schritt:
Rollen verteilen
- Rollen werden immer freiwillig übernommen.
- Jede Person kann von Jungen oder Mädchen dargestellt werden.
- Die Rollen können frei ausgestaltet werden, müssen aber mit der Rollenkarte übereinstimmen.

3. Schritt:
Kurze Spielvorbereitung
- Die Spieler machen sich mit der Rolle vertraut; eventuell kurze Besprechung untereinander.
- Die Spieler stellen sich zu Beginn vor oder heften sich eine Namenskarte an.

4. Schritt:
Spielen und Spielen beobachten
- Wenn ihr wollt, könnt ihr Spielbeobachter einsetzen (am besten zwei für jede Rolle).
- Welche Argumente wurden im Spiel genannt?
- Wie verhielten sich die einzelnen Spieler in ihrer Rolle?

5. Schritt:
Auswertung und Besprechung
- Was konnte man sehen?
- Wie entwickelte sich die Handlung? Wurde alles verstanden? Wie haben sich die Spieler gefühlt?
- Was gefiel besonders gut? (Loben, nicht meckern!)
- Welche Fragen sind entstanden?

Situationskarte
Der Raubritter Hans von Ehrenstein soll sich vor Gericht verantworten, weil er Dörfer (Bauern) und Handelszüge (Kaufleute) überfallen hat. Es hat sogar Tote gegeben.

Rollenkarte

Rollenkarte 1
Hans v. Ehrenstein, 36 Jahre, Ritter, der in den letzten Jahren „auf den Hund gekommen ist".
- **Einstellung:** Ich kann von den paar Abgaben der Bauern nicht leben; was mir fehlt, muss ich mir mit Gewalt holen! Die Kaufleute sind eh' alle Betrüger, da kann ich mir ruhig etwas abzweigen.
- **Ziel:** Will nicht verurteilt werden!

Rollenkarte 2
Gerhard Weinsberg, 51 Jahre, Kaufmann, handelt mit Wein, Stoffen und Farben, erzählt von seinen interessanten Handelsfahrten quer durch Europa
- **Einstellung:** Wenn sich jeder wie der Raubritter verhalten würde, wäre keiner seines Lebens mehr sicher; Raubritter sind gemeine Verbrecher!
- **Ziel:** Will seine Sachen wieder haben; Ehrenstein soll für seine Verbrechen hängen.

So geht es weiter ...

Das Leben der Bauern	158
Von der Freiheit in die Abhängigkeit	159
Die Grundherrschaft	160
Fortschritte in der Landwirtschaft	162
Von der Siedlung zur Stadt	164
Städteboom in ganz Europa	165
Städte erkämpfen ihre Freiheit	166
Die Stadtbewohner: frei, aber nicht gleich	167
Das Leben in der Stadt	168
Armut und Krankheit	169
Die Juden in den Städten	170
Kaufleute, Handwerker und Zünfte	172
Fernhandel und Städtebünde	174
Die Hanse	175
Der Kampf um das Stadtregiment	176
Unruhen breiten sich aus	177
Die Macht der Handelshäuser	178
Geld regiert die Welt	179
Arbeitstechnik: Eine Wandzeitung gestalten	180

Das Leben der Bauern

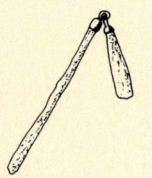

*Durch den Einsatz von **Dreschflegeln** wurde das Dreschen des Getreides einfacher und ergiebiger. Das Ausschlagen mit dem Stock und das Austreten durch Tiere oder Menschen wurde nun überflüssig.*

***Butterfass**. Rekonstruktionszeichnung. Ohne Kühlgeräte konnte man frische Milch nicht lange aufbewahren. Man konnte aus Milch aber Butter und Käse herstellen, die länger haltbar waren. Um Butter zu gewinnen, ließ man Milch einige Zeit in flachen Gefäßen stehen, bis sich eine dickflüssige Rahmschicht bildete. Der Rahm wurde abgeschöpft und im Butterfass gestoßen, bis sich das Fett absetzte. Aus etwa 30 Litern Milch konnte man ein Kilogramm Butter herstellen.*

1 Die Arbeit eines Bauern in den zwölf Monaten eines Jahres.
Aus einer französischen Handschrift, um 1480.

Der Alltag der Bauern

Im Mittelalter lebten die meisten Menschen von der Landwirtschaft: am Anfang fast alle, am Ende des Mittelalters – um 1500 – waren es immer noch über 80 Prozent. Zum Vergleich: So groß ist der Anteil der Landbevölkerung heute beispielsweise in Pakistan oder im Osten der Türkei.

Die Bauern lebten in sehr karg eingerichteten Häusern, die meist aus nur einem einzigen Raum bestanden. Fast alles, was sie brauchten, stellten sie selbst her. So bauten sie ihre Häuser oder Hütten selbst, spannen und webten, verarbeiteten Tierhäute zu Kleidung, stellten Arbeitsgeräte her, backten ihr Brot und verarbeiteten Milch zu Butter und Käse.

Die notwendigen Arbeiten erforderten den vollen Arbeitseinsatz aller Familienmitglieder. Auch die Kinder mussten, sobald sie dazu in der Lage waren, im Haushalt, Garten und Stall mithelfen, um möglichst schnell mit den anfallenden Arbeiten vertraut zu werden. Die Arbeitszeit wurde durch die Jahreszeit bestimmt. Wenn es hell wurde, stand man auf, im Sommer zwischen 4 und 5 Uhr; die erste Hauptmahlzeit nahm man zwischen 9 und 10 Uhr ein, die zweite nachmittags zwischen 16 und 17 Uhr. Die Mahlzeiten bestanden aus Brot, Haferbrei oder gekochtem Gemüse. Zu trinken gab es Wasser oder Molke (Käsewasser). Sobald es dunkel wurde, ging man schlafen, denn eine Beleuchtung gab es kaum.

Von der Freiheit in die Abhängigkeit

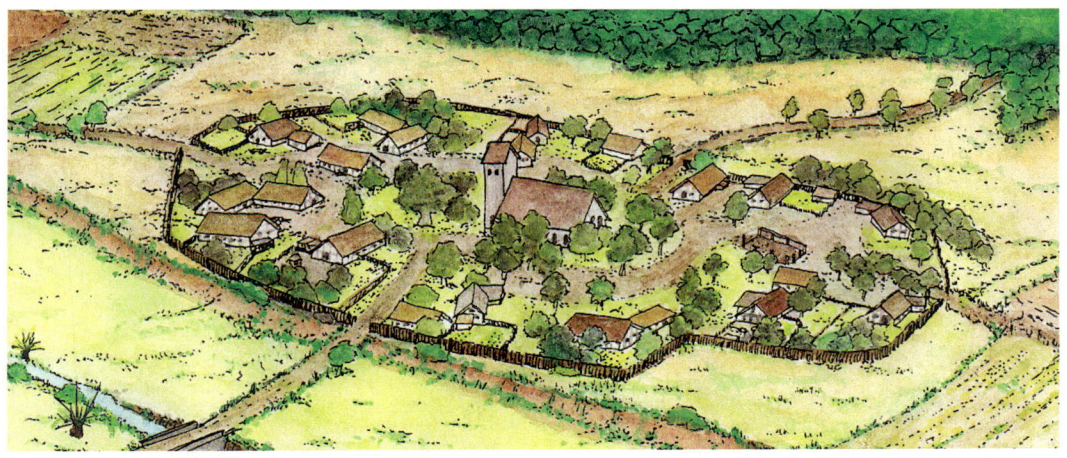

2 Ein mittelalterliches Dorf. Rekonstruktionszeichnung.

Die Arbeiten der Bäuerin

Nicht nur die Arbeit der Männer (Abbildung 1) war hart. Auch die Bäuerinnen waren schweren körperlichen Belastungen ausgesetzt. So heißt es in einem 1985 erschienenen Buch:

M … Neben der Hilfe bei Heu- und Getreideernte verrichteten sie eine Fülle von Tätigkeiten in Haus, Garten und Feld, wie Dreschen des Korns, Versorgung des Groß- und Kleinviehs, Weiterverarbeitung der Milch zu Butter und Käse und Schlachten von Haustieren. … Zu den üblichen Arbeiten der Frau im bäuerlichen Haushalt gehörten die Betreuung des Herdfeuers, die Zubereitung der Speisen und die Anlage von Vorräten. … Typisch weibliche Tätigkeiten waren die Verarbeitung von Hanf und Flachs und das Spinnen und Weben von Leinen. … Für den Zusammenhalt der bäuerlichen Hausgemeinschaft und für das Funktionieren der Bauernwirtschaft überhaupt übte die Bäuerin also eine unersetzbare Funktion aus. …

1 Beschreibe mit eigenen Worten den Arbeitsalltag einer Bauernfamilie im Mittelalter.
2 Erzählt, was ihr vom Leben der Bauern heute wisst und vergleicht es mit dem der Bauern im Mittelalter.
3 Beschreibt die Anlage des Dorfes (Abbildung 2).

Die Bauern verlieren ihre Freiheit

Um 800 besaßen in weiten Teilen des Frankenreichs noch viele Bauern eigenes Land. Sie konnten von den Erträgen ihrer Arbeit leben (Subsistenzwirtschaft*). Doch 200 Jahre später hatte sich ihre Situation geändert. In einem Buch, das um 1000 in England geschrieben wurde, findet sich folgendes Gespräch:

Q … Lehrer: Nun Pflüger, wie verrichtest du deine Arbeit?
Bauer: O Herr, meine Arbeit ist sehr schwer. Ich stehe auf, wenn es tagt, treibe die Ochsen auf das Feld und spanne sie vor den Pflug. Sei der Winter auch noch so streng, ich wage es nicht, im Haus zu bleiben, aus Furcht vor meinem Herrn. Jeden Tag muss ich einen vollen Morgen* Land pflügen, nachdem ich die Ochsen eingespannt und die Pflugschar angehängt habe.
Lehrer: Was tust du sonst noch den Tag über?
Bauer: Freilich ist das nicht alles. Ich muss die Krippen der Ochsen mit Heu füllen, ihnen Wasser geben und ihren Dung fortschaffen.
Lehrer: Ja, ja, das ist schwere Arbeit!
Bauer: Ganz recht, das ist sehr schwere Arbeit und ich muss sie tun, denn ich bin nicht frei.

4 Erläutere, wie der Bauer die Umstände seiner Arbeit beschreibt.

Subsistenzwirtschaft:* bäuerliche Produktion für den Eigenbedarf (Selbstversorgungswirtschaft). Die meisten Bauern wirtschafteten zunächst nur für die Versorgung der eigenen Familie; die Erträge in der Landwirtschaft waren in der Regel gering. Bei Missernten waren Hunger und Hungertote die zwangsläufigen Folgen.

Morgen:* ein altes Feldmaß; das Land, das ein Gespann an einem Morgen umpflügen kann. In der heutigen Landwirtschaft bezeichnet man als Morgen eine Fläche von 2.500 (50×50) m².

Die Grundherrschaft

▶ **Grundherrschaft*:**
Herrschaft über das Land und die Menschen, die auf ihm wohnten. Bauern erhielten vom Grundherrn Land, Schutz in Notzeiten und die Befreiung von der Heeresfolge. Die Bauern mussten dafür Abgaben entrichten und ▶ Frondienste leisten.

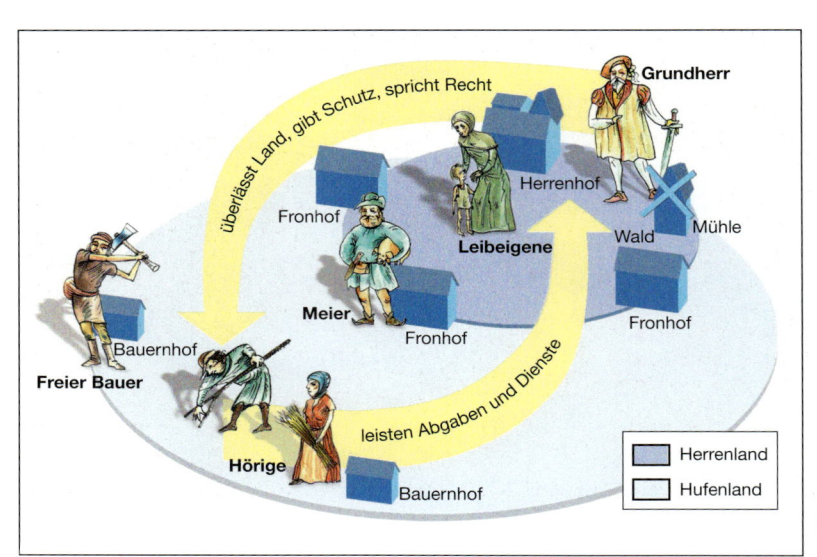

▶ **Höriger*:**
Ein von seinem Grundherrn abhängiger Bauer. Er erhält vom Grundherrn Land zur Bewirtschaftung und muss dafür Abgaben und Dienste leisten. Hörige waren an das ihnen übergebene Land gebunden und konnten zusammen damit verkauft werden. Hörige Bauern mit besonders vielen Dienst- und Abgabepflichten nannte man Leibeigene. Sie durften weder Eigentum besitzen noch heiraten. Hörigkeit wurde an die Nachkommen vererbt.

1 Vereinfachtes Schaubild der mittelalterlichen ▶ Grundherrschaft*.

Warum verloren die Bauern ihre Freiheit?

Die Zeit, da es noch viele freie Bauern gegeben hatte, war die Zeit Karls des Großen gewesen. Unter seiner Herrschaft hatte jeder freie Bauer die Pflicht, zusammen mit seinem König in den Krieg zu ziehen (Heeresfolge).
Karl der Große führte viele Kriege. So waren die freien Bauern manchmal mehrere Jahre nicht zu Hause, wenn es eigentlich Zeit gewesen wäre für Aussaat oder Ernte. Zahlreiche Höfe verfielen, Hunger und Not kehrten ein. Um dem Kriegsdienst zu entgehen, übergaben freie Bauern ihren Grund und Boden einem Herrn, der dadurch ihr Grundherr wurde.

Grundherren und Hörige

Grundherren konnten z. B. sein: Adlige, Grafen, aber auch Bischöfe oder Klöster. Der Grundherr übernahm für seine Bauern die Heeresfolge. Er schützte und unterstützte sie in Notzeiten. Diese Bauern brauchten also nicht mehr mit dem König in den Krieg zu ziehen. Sie konnten das ganze Jahr über den notwendigen Arbeiten im Hof und auf dem Feld nachgehen.
Als Gegenleistung mussten sie sich dazu verpflichten, jedes Jahr

– einen bestimmten Anteil an der Ernte, an Milch, Käse, Eiern und Vieh an den Grundherrn abzuliefern. Bei der Ernte handelte es sich ungefähr um den zehnten Teil. Diese Abgabe wird daher der Zehnt genannt.
– bestimmte Arbeiten für den Grundherrn zu verrichten, wie etwa mithilfe auf den Wiesen oder Feldern, Zäune errichten, Wege anlegen oder Brücken bauen. Diese Arbeiten werden ▶ Frondienste (fron = Herr) genannt.

Aus freien Bauern wurden so unfreie; sie werden auch als ▶ Hörige bezeichnet.
Die einem Grundherrn gehörenden Güter lagen oft ganz verstreut. Um sie besser verwalten zu können, unterstellte der Grundherr mehrere nahe beieinander liegende Ländereien einem Fronhof. Hier lebte und wirtschaftete der von ihm eingesetzte Verwalter, der die Arbeiten und Abgaben der Bauern ständig kontrollierte.

1 Erklärt die Bezeichnung „Grundherr" und „Höriger".
2 Erläutert das Schaubild 1.
3 Spielt folgende Szene: Zwei freie Bauern, die wieder in den Krieg ziehen sollen, unterhalten sich. Der eine Bauer möchte sich jetzt in die Abhängigkeit eines Grundherrn begeben, der andere möchte frei bleiben.

Die Grundherrschaft

2 Bauern bei der Fronarbeit. Buchmalerei aus dem 15. Jahrhundert.

Der Bauer Widrad und das Kloster Prüm
In welchem Umfang die hörigen Bauern Abgaben und Dienste leisteten, erfahren wir aus einem Bericht des Klosters Prüm in der Eifel. Zu diesem Kloster gehörten auch dreißig hörige Bauern in Rommersheim. Einer dieser Bauern war Widrad.
Von ihm schreibt der Abt des Klosters im Jahr 893:

Q … Widrad gibt an das Kloster jedes Jahr 1 Eber, 1 Pfund Garn, 3 Hühner, 18 Eier. Er fährt 5 Wagenladungen von seinem Mist auf unsere Äcker, bringt 5 Bündel Baumrinde für die Beleuchtung und fährt 12 Wagenladungen Holz zum Kloster. Dieses Holz dient im Winter zum Heizen. Ferner liefert Widrad dem Kloster jährlich 50 Latten und 100 Schindeln für Dachreparaturen.
Sein Brot bäckt Widrad in unserem Backhaus und das Bier braut er in unserem Brauhaus. Hierfür zahlt er an das Kloster eine Gebühr.
Eine Woche in jedem Jahr verrichtet er den Hirtendienst bei unserer Schweineherde im Wald. Er bestellt drei Morgen Land, das ganze Jahr hindurch, jede Woche drei Tage. Das bedeutet: Er muss bei der Einzäunung unserer Äcker und Weiden helfen, zur rechten Zeit pflügen, säen, ernten und die Ernte in die Scheune bringen.
Bis zum Dezember, wenn das Getreide gedroschen wird, muss er es zusammen mit anderen Hörigen bewachen, damit es nicht von Brandstiftern angezündet wird. Wachdienst muss ebenfalls geleistet werden, wenn der Herr Abt kommt, um ihn vor nächtlicher Gefahr zu schützen.
Wenn Widrad 15 Nächte den Wachdienst verrichtet, das Heu geerntet und auf unseren Äckern gepflügt hat, erhält er in einem guten Erntejahr Brot, Bier und Fleisch; in anderen Jahren erhält er nichts.
Die Frau Widrads muss leinene Tücher aus reinem Flachs anfertigen, 8 Ellen lang und 2 Ellen breit. Sie fertigt daraus Hosen für die Mönche an.

4 Einen Überblick über Abgaben und Dienste eines hörigen Bauern erhaltet ihr, wenn ihr folgende Tabelle zeichnet:

Jährliche Abgaben	Frondienste	Weitere Leistungen
…	…	…

5 Versetzt euch in die Lage Widrads und seiner Frau. Welche Abgaben und Dienste hättet ihr als besonders hart empfunden?

Bischof Adalbero von Laon schrieb 1016:
„Wer könnte die Sorgen zählen, von denen die unfreien Bauern während ihrer langen Wege und ihrer harten Arbeit bedrückt werden? Geld, Kleidung, Nahrung: Die unfreien Bauern liefern alles an jedermann. Kein Adliger könnte ohne ihre Abgaben bestehen. Der Herr, der vorgibt, seine Bauern zu ernähren, wird in Wirklichkeit von ihnen ernährt."

Sachbuch-Tipp:
Andrew Langley, Leben im Mittelalter. Aus der Reihe „Sehen – Staunen – Wissen", Hildesheim: Gerstenberg Verlag 1996 64 Seiten, € 12,90

Von der Siedlung zur Stadt

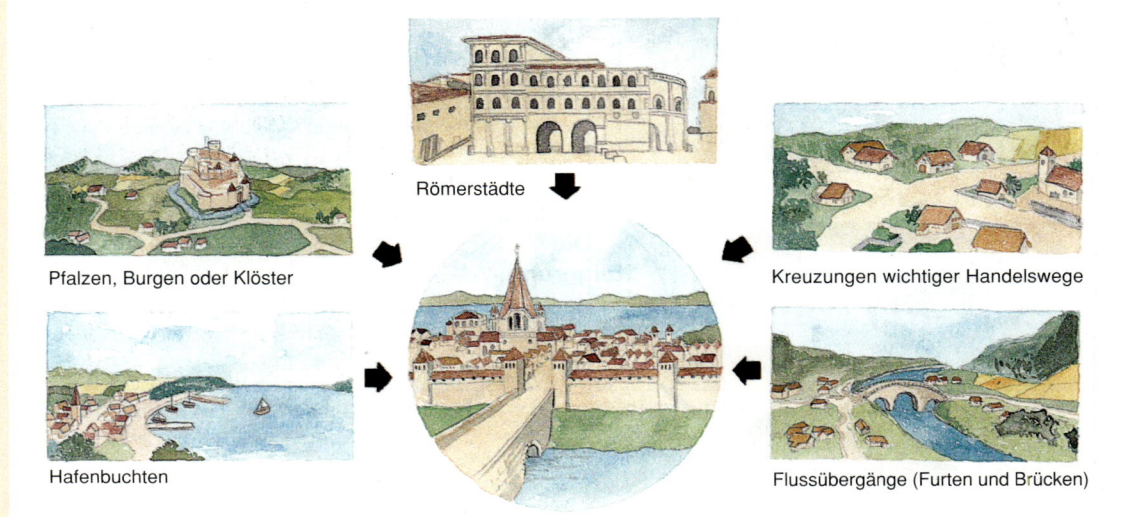

Einwohnerzahlen europäischer Städte um 1300:

Paris	300 000
Florenz	100 000
Venedig	100 000
Brügge	50 000
Köln	30 000
Lübeck	25 000
Straßburg	20 000
Danzig	20 000
Rostock	20 000
Hamburg	18 000
Mainz	6 000

1 Voraussetzungen für die Stadtentwicklung.
(Pfalzen, Burgen oder Klöster – Römerstädte – Kreuzungen wichtiger Handelswege – Hafenbuchten – Flussübergänge (Furten und Brücken))

Kastell*: burgartige Befestigungsanlage.

Städte entwickeln sich

Ein Wissenschaftler schrieb über die Entstehung von Städten im Mittelalter:

M … Die ältesten Städte auf deutschem Boden sind römischen Ursprungs. Dort, wo die Römer an Rhein und Donau ihre Kastelle* und Niederlassungen angelegt hatten, wuchsen auch die ältesten stadtartigen Siedlungen, in denen Soldaten und Kaufleute wohnten. In den Zeiten der Völkerwanderung wurden sie zerstört und geplündert. In der Zeit der fränkischen Könige aber, also im 8. und 9. Jahrhundert, ließen sich hier Grafen und die Bischöfe nieder. Sie fanden in Kriegszeiten Schutz hinter den starken alten römischen Mauern.
Solche sicheren Plätze waren auch den Kaufleuten sehr willkommen. Sie schlossen sich zusammen in Niederlassungen, nahe genug an der Burg des Grafen oder Bischofs, um sicheren Schutz zu haben. …

Bevorzugt wurden von den Kaufleuten insbesondere Niederlassungen an wichtigen Handelsstraßen, an Flussübergängen und Hafenbuchten, denn hier waren Verkehrsknotenpunkte und meist bestanden auch schon kleine Siedlungen.

Über die Entstehung der Stadt Brügge im heutigen Belgien heißt es in einem Bericht aus dem 9. Jahrhundert:

Q1 … Vor dem Burgtor, an der Brücke, sammelten sich allmählich Gewerbetreibende, um für die zu arbeiten, die in der Burg wohnten. Außer Kaufleuten, die alles Mögliche feilboten, gab es Schank- und Gastwirte. Sie machten es sich zur Aufgabe, diejenigen, die beim Grafen zu tun hatten, zu beköstigen und zu beherbergen. Mit der Zeit begannen die Zuzügler, Häuser zu bauen und sich wohnlich einzurichten; dort fanden alle Aufnahme, die nicht in der Burg selbst wohnen konnten. Die Siedlung wuchs, sodass in kurzer Zeit ein großer Ort entstand. …

So wie hier bei Brügge entstanden auch an vielen anderen Orten zunächst kleine Siedlungen, die sich allmählich zu Städten entwickelten.

1 *Erklärt mithilfe des Schaubildes 1 die Voraussetzungen für die Entstehung von Städten.*

Städteboom in ganz Europa

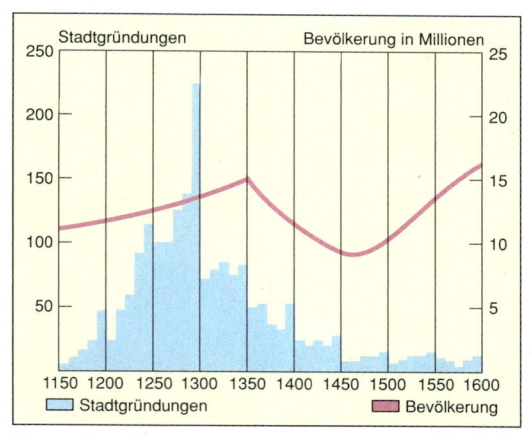

2 Stadtgründungen und Bevölkerungsentwicklung in Mitteleuropa von 1150 bis 1600.

Städte werden planmäßig gegründet

Jede Stadt hatte einen Stadtherrn. Das war meistens ein Graf, Herzog oder Bischof, auf dessen Grund und Boden die Stadt stand. Er sorgte für einen geordneten Handel in der Stadt und auf dem ▶ Markt*, indem er Maße und Gewichte festsetzen und die Einhaltung aller Vorschriften überwachen ließ. Von den Kaufleuten und Händlern zog er dafür Zölle und Marktgebühren ein. Viele Landesherren gingen dazu über, planmäßig neue Städte zu gründen. Mit jeder neuen Stadt festigten sie ihre Herrschaft, zumal die Städte auch unentbehrliche Einnahmequelle waren.
Eine wichtige Rolle spielte dabei die jeweilige rechtliche Grundlage, das so genannte Stadtrecht*. Berlin hatte sein Stadtrecht von Brandenburg erhalten. Es entsprach im Wesentlichen dem Magdeburger Stadtrecht. Die spätere Stadtgründung Frankfurt an der Oder erhielt 1253 wiederum Berliner Stadtrecht. Auf diese Weise entstand eine Art Stadtrechtsfamilie, in der die Berliner Stadtverfassung überliefert wurde, obwohl ihre Originalniederschrift verloren gegangen ist:

Q2 Wir, Johann, von Gottes Gnaden Markgraf von Brandenburg, tun kund, … dass wir Unserem Lehnsmann Gottfried von Herzberg das Recht gegeben haben, die Stadt Frankfurt anzulegen, mit der Bestimmung, dass ein Drittel aller Abgaben auf Baugrundstücken und (Ackerland) ihm gehören soll, ebenso ein Drittel der Einkünfte aus dem Stadtgericht.
Wir weisen der Stadt Weide- und Ackerland zu. Wenn nun die sieben steuerfreien Jahre zu Ende sind, die wir der Stadt zugestanden haben, soll sich diese desselben Rechts erfreuen wie unsere Stadt Berlin.
Weiter sollen in der Stadt Käufer und Verkäufer keinerlei Marktsteuern zahlen. Für alle Großhandelswaren muss der übliche Zoll gezahlt werden. Von jedem Verkaufsstand haben wir uns eine festliegende Abgabe ausbedungen, wovon der … Schultheiß* auch ein Drittel haben soll.
Ein Brückenzoll wird festgelegt.
Der Schultheiß soll zwei Mühlen haben (und den Gewinn daraus ziehen). …

2 Mithilfe der Gründungsurkunde könnt ihr diese Fragen beantworten: Wer ist der Stadtgründer und damit Stadtherr? Welche Bürger interessieren den Stadtherrn? Wie versucht er, sie für die Ansiedlung in der Stadt zu gewinnen?

3 Rolandsstatue* in Wedel. Foto, 2002.

▶ **Markt*:**
Handelsplatz, der eine eigene Rechtsordnung besaß. Der Marktherr (König, Bischof oder Fürst) garantierte den Marktfrieden und die Sicherheit. Streitigkeiten wurden vor einem eigenen Marktgericht verhandelt. Aus Marktplätzen entwickelten sich häufig mittelalterliche Städte.

Stadtrecht*:
Entscheidend für eine Stadt war die Verleihung der Stadtrechte durch einen Landesherrn. Die Stadtrechte ermöglichten den Bewohnern der Stadt, sich selbst zu verwalten und ein eigenständiges Wirtschaftsleben zu führen. Die Stadt stellte somit eine für die Bürger unmittelbare Obrigkeit im Machtbereich des Landesherrn dar.

Schultheiß*:
hier: Bürgermeister.

Roland*/Rolandsstatuen*:
Die Figur des Rolands mit Schild und Schwert war Zeichen des besonderen städtischen Rechts, zu dem die Handelsfreiheiten und der Marktfrieden gehörten.

Städte erkämpfen ihre Freiheit

1 Vor dem Stadtherrn, einem Bischof, und seinen Beratern erscheinen ein Bürger, ein Bauer und ein Patrizier. Buchmalerei, um 1500.

2 Ein Patrizier mit seiner Familie. Gemälde von Jean Bourdichon (etwa 1457–1521).

Stadtmauer:
Ein Ausdruck der städtischen Selbstständigkeit war die Stadtmauer. Diese diente nicht nur zur militärischen Verteidigung gegen angreifende Heere, sondern auch sonst zur Sicherung der Stadt. Die Stadttore wurden abends geschlossen und bewacht. Der Zutritt zum Stadtgebiet wurde somit strengstens kontrolliert.

Kampf der Bürger gegen ihre Stadtherrn

Wie die Bauern auf dem Land einem Grundherrn unterstanden, so unterstanden anfangs auch die Stadtbewohner ihrem Stadtherrn. Im Lauf der Jahrhunderte wurden die Städte aber immer größer und mit der Größe einer Stadt wuchs auch das Selbstbewusstsein ihrer Bürger. Vor allem die Kaufleute, die es zu beachtlichem Wohlstand gebracht hatten, wollten sich nicht länger von ihrem Stadtherrn bevormunden lassen. Voller Stolz nannten sie sich in vielen Städten selber Patrizier, ebenbürtig den Adligen. Zu den Freiheiten, die die Patrizier anstrebten, gehörten neben einer eigenen Gerichtsbarkeit und Verwaltung vor allem Handelsprivilegien wie Zollfreiheit, Messeprivilegien sowie das Münz- und Stapelrecht. In einigen Städten widersetzten sie sich immer mehr den Anordnungen des Stadtherrn. Es kam zu langjährigen bewaffneten Auseinandersetzungen. In anderen Städten kauften die Bürger ihrem Stadtherrn ein Recht nach dem anderen ab. In einer erfundenen Erzählung heißt es:

M … Stadtherr war Graf Bernhard. Von den reichen Kaufleuten seiner Stadt borgte er immer wieder Geld: Er wollte für seine Tochter eine teure Aussteuer kaufen. Er nahm an einem prunkvollen Turnier teil. Er schuldete einem Mailänder Händler eine größere Summe. Er begleitete den König zur Kaiserkrönung nach Rom. – Die Kaufleute gaben ihm das Geld. Sie verlangten aber jedes Mal, dass der Graf ihnen bestimmte Rechte überließ. Eines Tages hatten sie ihr Ziel erreicht. Im großen Rathaussaal legten die versammelten Bürger dem Grafen eine Urkunde vor. Darin stand: „Ich schwöre, den Bürgern der Stadt für immer und ewig alle Freiheiten zu gewähren." Der Graf schwor und unterschrieb. …

Die Stadtbewohner: frei, aber nicht gleich

3 Eine Handwerkerfamilie.
Gemälde von Jean Bourdichon (etwa 1457–1521).

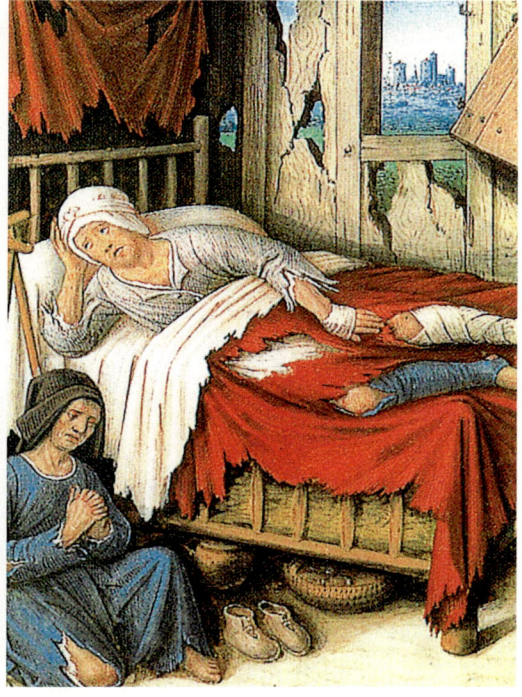

4 Tagelöhner mit seiner Frau.
Gemälde von Jean Bourdichon (etwa 1457–1521).

1 Spielt folgende Szene: Der Graf bittet die Landsleute, ihm Geld zu leihen. Die Kaufleute beraten, was sie ihrem Stadtherrn antworten sollen.

Die Bevölkerung in den Städten

Am Ende des 12. Jahrhunderts hatten fast alle Stadtherren ihre Rechte an die Bürger abgetreten. Jetzt wurden die Städte von den mächtigen und angesehenen Kaufleuten, den Patriziern, regiert, die es durch ihren Fernhandel zu großem Wohlstand gebracht hatten. Die Patrizier wählten aus ihren Reihen die Ratsherren und stellten auch den Bürgermeister. Der Rat setzte die Steuern fest, zog die Zölle ein und entschied, für welche Maßnahmen diese Gelder verwendet werden sollten. Ebenso setzte der Rat Löhne und Preise fest und die Zeiten für das Öffnen und Schließen der Stadttore. Er bestimmte sogar, wie lange Familienfeste und Hochzeitsfeiern dauern durften. Die Patrizier zählten sich in der Stadt zum ersten Stand. Ihre prächtigen Häuser standen um den Marktplatz im Zentrum der Stadt. In den anschließenden Straßenzügen wohnten Handwerker und Krämer, die Mitglieder eines Gewerbes, häufig zusammen in der gleichen Straße. Sie bildeten die Mittelschicht. Unter ihnen gab es Wohlhabende wie z. B. die Goldschmiede, aber auch Ärmere wie etwa die Leineweber. Nicht zu den Bürgern zählten die Juden (Seite 170 f.) sowie die Angehörigen der Unterschicht. Sie wurden lediglich als „Stadtbewohner" bezeichnet. Dazu gehörten Mägde, Gesellen, Lehrlinge, Bettler, Krüppel, Arme, Außenseiter sowie die „unehrlichen" Berufe wie z. B. Henker und Totengräber.

2 Beschreibt mithilfe der Abbildungen 2 bis 4 die Lebensbedingungen von Patriziern, Handwerkern und den Angehörigen der Unterschicht.

„Stadtluft macht frei"
Die Tatsache, dass die Bewohner freier Städte keinem Herrn verpflichtet waren, übte auf die Bauern in der Umgebung große Anziehungskraft aus: Viele versuchten, als Handwerker in den Städten Fuß zu fassen und so der Grundherrschaft (Seite 160) zu entkommen. Doch erst, wenn es dem Bauern gelungen war, ein Jahr und einen Tag von seinem Grundherrn unentdeckt in der Stadt zu leben, durfte der Grundherr nicht mehr über ihn verfügen. Dann galt: „Stadtluft macht frei".

167

Das Leben in der Stadt

Trippen wurden als Überschuhe getragen. Die schlechten Straßenverhältnisse erforderten einen wirksamen Schutz gegen Schmutz und Nässe. Die Trippen funktionierten wie kleine Stelzen, mit denen man sauberen und trockenen Fußes durch die üblichen Schmutz- und Wasserlachen auf den matschigen Straßen kam. Von dem etwas unsicheren Gang auf diesen Stelzenschuhen leitet sich das Wort „trippeln" ab.

„Entsorgung" im Mittelalter: Ein Nachttopf wird ausgeleert.

Schwemme*:
flache Uferstelle als Badeplatz des Viehs.

1 Eine vornehme und eine einfache mittelalterliche Stadtwohnung. Buchillustration, 1994.

Städte aus Holz und Lehm

Nur sehr reiche Händler oder Stadtadlige konnten sich Häuser aus Stein leisten. Das teure Baumaterial verwendete man nur beim Bau der Stadtmauer, für das Rathaus, für Kirchen oder Klöster. Bei allen anderen Bauten handelte es sich um Holz- oder Fachwerkbauten, für die einfachstes Baumaterial verwendet wurde (Holz, Lehm, Sand). Viele Menschen wohnten zur Miete und die Wohnungen hatten meist nur ein oder zwei Räume. Wer nicht einmal dafür Geld hatte, lebte in Bretterhütten unter den Bögen der Stadtmauer.

1 *Vergleicht die beiden Räume (Abbildung 1). Notiert Unterschiede von Bauweise und Ausstattung. Bedenkt dabei auch, dass das Zimmer der vornehmen Familie nur eines von mehreren war.*

Gestank in Straßen und Gassen

In einer modernen Darstellung über die mittelalterliche Stadt heißt es:

M … Wer am Morgen die Stadt betritt, der begegnet sicher zuerst dem Stadtvieh. In den Gassen der Stadt traben die Kühe, ein Schäfer führt mit seinem Hund die Schafherde auf die nahe Höhe. Große Tauben heben sich aus den Gassen, sie sind Lieblinge der Bürger. Noch mehr Mühe machen dem Rat die Borstentiere und ihr Schmutz, denn die Schweine fahren durch die Haustüren in die Häuser und suchen auf dem Weg ihre unsaubere Nahrung. In den Flussarmen, welche durch die Stadt führen, hat das Vieh seine Schwemmen*. Dort brüllt und grunzt es und verengt den Weg für Menschen und Karren. Da fehlt auch der Mist nicht. Auf abgelegenen Plätzen lagern

Armut und Krankheit

2 Aussätzige vor der Stadt. Ausschnitt aus einer französischen Buchillustration (zwischen 1333 und 1350).

große Haufen. Wenn die Stadt sich einmal zu einem Kaiserbesuch oder einer großen Messe schmückt, dann lässt sie, um säuberlich auszusehen, nicht nur die Gehängten vom Galgen nehmen, sondern auch den Dung von Straßen und Plätzen schaffen. ...

Viele Städte erließen daher Vorschriften wie diese:

Q ... Niemand soll Mist oder Kot vor sein Haus legen, wenn er ihn nicht gleich wegfahren will, außer auf den hierzu bestimmten Plätzen, nämlich neben dem Fleischmarkt, ferner neben dem Brunnen auf dem Pferdemarkt und bei dem Platze, welcher Gewirke heißt. ... Jeder, der sein Nachtgeschirr auf die Straße entleeren will, muss nach dem Öffnen des Fensters zunächst rufen: Achtung, Wasser! ...

2 Nennt Maßnahmen, mit denen heutzutage die Sauberkeit der Städte und ihrer Abwässer gewährleistet wird.

Spitäler und Siechenhäuser

Die Unsauberkeit in den engen Straßen begünstigte die Entstehung und Ausbreitung von Krankheiten. In manchen Jahren rafften Seuchen bis zu einem Drittel der Bewohner hinweg. Zur Behandlung der Kranken gab es in allen Städten Spitäler. Die Krankenzimmer waren teilweise äußerst klein, manchmal nur sechs Quadratmeter, häufig mussten sich zwei Kranke ein Bett teilen und daher war die Ansteckungsgefahr sehr groß. Menschen mit schweren ansteckenden Krankheiten, wie der Lepra, mussten außerhalb der Stadt in den Siechenhäusern wohnen. Ihnen war das Betreten der Städte bei Strafe untersagt. Mit Klappern warnten sie jeden, der sich ihnen näherte.

Die Pest im 14. Jahrhundert

Die Unsauberkeit in den Städten begünstigte auch die rasche Ausbreitung der Pest. Die Pest, die vermutlich durch Kaufleute und Matrosen im Jahr 1347 aus dem Orient nach Italien eingeschleppt worden war, breitete sich innerhalb kürzester Zeit über fast ganz Europa aus. Sie hinterließ verödete Städte und verlassene Dörfer. Fast ein Drittel der europäischen Bevölkerung – so schätzt die heutige Forschung – starb an dieser Seuche, die allein im 14. Jahrhundert noch weitere drei Mal auflöderte.

3 Überlegt, welche wirtschaftlichen Folgen die Pest hatte. Denkt z. B. an den Handel, das Handwerk und die Landwirtschaft.

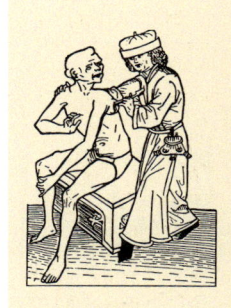

Ein Pestkranker. Der Arzt sticht die Pestbeule aus. Holzschnitt.

Die Juden in den Städten

1 Mehrfach war die Würzburger Judengemeinde im Mittelalter schweren Bedrohungen ausgesetzt. Die Juden – zu erkennen an dem gelben Fleck auf der Kleidung – werden niedergeschlagen, ihre Häuser ausgeraubt. Zeitgenössische Darstellung.

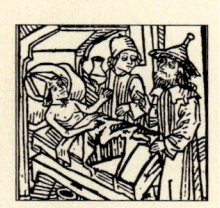

Ein am Judenhut kenntlicher Arzt am Krankenbett des heiligen Basilius. Holzschnitt.

Ein jüdischer Geldverleiher. Holzschnitt.

Erst willkommen geheißen ...
Die meisten Einwohner der Städte waren Christen. Unter ihnen wohnten aber auch Angehörige anderen Glaubens: die Juden. Die Juden hatten eigene Häuser für Gebet und Gottesdienst: die Synagogen. Die Thora, die Heilige Schrift der Juden, ist auch Bestandteil des christlichen Alten Testaments. Viele Juden waren gebildeter als die meisten anderen Städter. Bei den christlichen Herrschern waren Juden oft hoch angesehen wegen ihrer bedeutenden Rolle im Fernhandel. Im 10. und 11. Jahrhundert, als das christliche Abendland und die muslimischen Staaten sich eher feindlich gegenüberstanden, knüpften jüdische Kaufleute aus dem Deutschen Reich über alle Grenzen hinweg Kontakte zu den jüdischen Gemeinden rund um das Mittelmeer und förderten dadurch den Handel.

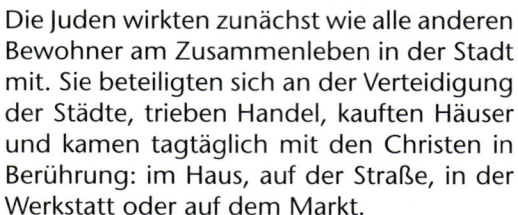

Die Juden wirkten zunächst wie alle anderen Bewohner am Zusammenleben in der Stadt mit. Sie beteiligten sich an der Verteidigung der Städte, trieben Handel, kauften Häuser und kamen tagtäglich mit den Christen in Berührung: im Haus, auf der Straße, in der Werkstatt oder auf dem Markt.

Eine Wende in dem friedlichen Miteinander von Juden und Christen brachten erst die Kreuzzüge (Seite 146 ff.). Der Aufruf zum Kampf gegen die „Ungläubigen im Heiligen Land" wurde von vielen Menschen schon bald umgedeutet in einen Kampf gegen die „Ungläubigen" im eigenen Land.

... dann verfolgt
Noch im 11. Jahrhundert kam es zu den ersten blutigen Verfolgungen der Juden in den rheinischen Städten.

Seit dieser Zeit verschlechterte sich auch ihre rechtliche Lage. Juden durften keinen landwirtschaftlichen Besitz und keine Häuser erwerben. Untersagt wurde ihnen etwa seit dem 12. Jahrhundert auch jegliches Handwerk, da die Zünfte nur Christen aufnahmen. Da sie außerdem seit den Kreuzzügen von christlichen Kaufleuten immer mehr aus dem Fernhandel verdrängt wurden, blieb ihnen fast nur noch der Geldverleih gegen Zinsen, was den Christen verboten war. Damit sie sofort zu erkennen seien, mussten Juden seit dem 12. Jahrhundert auch eine besondere Kleidung tragen, den Kaftan, einen weiten Mantel mit Streifen, sowie einen spitzen Hut.

Die Juden in den Städten

2 Die Judengasse in Frankfurt.
Gemälde von Anton Burger, 1883.

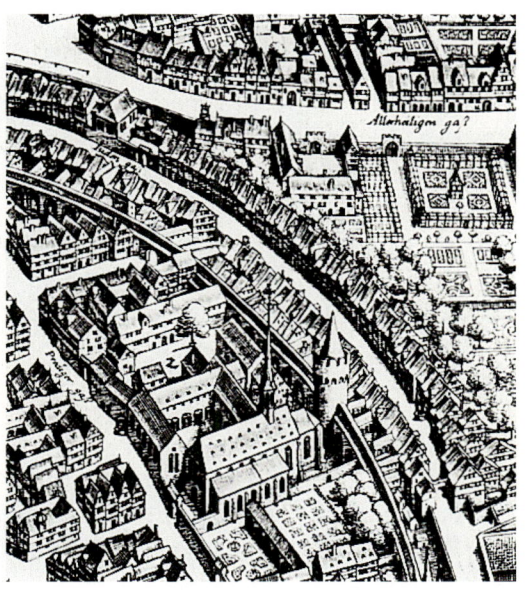

3 Plan der Stadt Frankfurt mit Judengasse.
Zeitgenössische Darstellung.

Lesetipp:
*Ruben Wickenhäuser, Mauern des Schweigens, G & G Kinder- und Jugendbuchverlag 1999
280 Seiten, € 12,90*

Leben in Gettos
Es gab zudem viele Städte, in denen die Juden gesondert in eigenen Stadtvierteln, den Gettos, leben mussten. Das Getto war von einer Mauer umgeben. Die Tore wurden von Stadtknechten bewacht und abends verschlossen. Auch wenn die jüdische Bevölkerung zunahm, wurden die Gettos nicht erweitert. So waren sie meist überbevölkert, verbaut, dunkel und schmutzig. Denn die christlichen Eigentümer der Gettohäuser waren nur an der Miete interessiert und ließen die Häuser verkommen.

Pest und Judenpogrom*
Die Feindseligkeit gegenüber den Juden erreichte einen Höhepunkt, als in Europa 1348/49 die Pest ausbrach (Seite 169). Ein Geistlicher aus Erfurt notierte 1349 in seiner Chronik:

Q … Am 21. März 1347 wurden die Juden in Erfurt entgegen dem Willen des Rates von der Bürgergemeinde erschlagen, hundert oder mehr. Die andern aber … haben sich, als sie sahen, dass sie den Händen der Christen nicht entkommen konnten, aus einer Art Frömmigkeit in ihren eigenen Häusern selbst verbrannt. … Mögen sie in der Hölle ruhn! Man sagt auch, sie hätten in Erfurt die Brunnen und die Gera vergiftet und auch die Heringe, sodass niemand in den Fasten davon essen wollte und keiner der reichen Bürger mit Wasser kochen ließ. Ob sie Recht haben, weiß ich nicht. Eher glaube ich, der Anfang ihres Unglücks war das unendlich viele Geld, das Barone und Ritter, Bürger und Bauern ihnen schuldeten …

Aus vielen europäischen Staaten im 14. und 15. Jahrhundert vertrieben, wanderten zahllose Juden nach Osten, um dort eine neue Heimat zu suchen.

1 *Ermittelt anhand der Quelle, welche Haltung der Geistliche gegenüber den Juden einnimmt.*
2 *Nennt mithilfe der Quelle die wahren und die vorgeschobenen Gründe für die Judenverfolgung.*
3 *Informiert euch, ob es in eurer Gemeinde Zeugnisse jüdischen Lebens gibt (Abbildungen 2 und 3).*

Pogrom*:
Ausschreitungen gegen nationale oder religiöse Minderheiten.

Kaufleute, Handwerker und Zünfte

Schwertgroschen. Leipzig, 1457. Seit Mitte des 14. Jahrhunderts wurden in Freiberg, Dresden und Leipzig Münzen unter der Aufsicht landesherrlicher Münzmeister geprägt.

Die Mark: Als alte Gewichts- und Rechnungseinheit ist die Mark seit dem 11. Jahrhundert in Deutschland bekannt. Die Kölner Mark wog 234 Gramm und war von 1524 das Münzgrundgewicht – heute würde man Leitwährung sagen. 1876 wurde mit der Goldmark die Unterteilung in 100 Pfennige eingeführt. 1948 wurde die Deutsche Mark (DM) Rechnungseinheit. Falschmünzerei wurde im Mittelalter mit dem Tod bestraft.

Ein Schmied an seinem „mittelalterlichen" Arbeitsplatz. Foto, 2002.

1 Die Ehefrau führt für ihren Mann, der Geldwechsler ist, die Bücher. Gemälde, 1538.

Die Kaufleute

In jeder Stadt gab es die Kleinhändler, Krämer genannt, die die Waren des täglichen Bedarfs anboten. Auch die umliegenden Dörfer wurden von ihnen mitversorgt. Hoch angesehen waren jene Kaufleute, die im Fernhandel tätig waren. Oft waren sie wochen- oder monatelang unterwegs, um ihre Waren in Frankreich oder Italien anzubieten. Wenn sie von dort nach Hause zurückkehrten, brachten sie kostbare Tuche mit, aber auch orientalische Gewürze, Weine vom Mittelmeer, Parfüm oder Südfrüchte. Auch viele fremde Kaufleute kamen in die Städte, um ihre Waren anzubieten. Auf der Ratswaage mussten sie ihre Güter wiegen und kontrollieren lassen sowie Zölle und Schutzgelder entrichten. Außerdem waren selbst durchreisende Händler gezwungen, einen Teil ihrer Ware in der Stadt zu verkaufen. Alle Kaufleute wollten für ihre Gegenstände natürlich auch „gutes Geld". Da fast jede Stadt ihre eigene Währung hatte, wurde der Wert des Geldes berechnet nach der Menge an Silber oder Gold, das in jeder Münze eingeschmolzen war.

1 Erklärt mithilfe der Abbildung 1, wie der Wert einer Münze festgestellt wurde.

Gilden und Handelsniederlassungen

In den großen Fernhandelsstädten schlossen sich die Kaufleute in Gilden zusammen, um den Handel erfolgreich durchführen zu können. Die Gilden vertraten auch die Interessen ihrer Mitglieder vor dem Rat der Stadt. Als die Städte immer größer wurden und der Handel immer mehr zunahm, konnten die Fernhandelskaufleute nicht mehr selbst ihre zahlreichen Warentransporte begleiten. Fuhrleute brachten jetzt die Güter, die vorher durch Boten bestellt und bezahlt worden waren.

Mächtige Kaufmannsfamilien, wie z. B. die Fugger in Augsburg, errichteten in vielen Städten eigene Niederlassungen, so genannte Handelskontore. So konnten vor Ort die besten Einkaufs- und Verkaufsmöglichkeiten erkundet werden. Wie reich man durch den Handel werden konnte, zeigt das Testament eines Kaufmanns aus Regensburg:

Q … Ich vermache meiner Frau Agnes 1600 Pfund Silber, meinen Töchtern Katrin und Anne je 200 Pfund, meinen vier Söhnen Hans, Matthäus, Wolfgang und Jörg mein Wohnhaus, meine zwei Badstuben, mein Brauhaus und meine übrigen Höfe

Kaufleute, Handwerker und Zünfte

2 Bäuerliches Ehepaar beim Schuster. Holzschnitt, 16. Jahrhundert.

und Häuseranteile in Stadt und Umgebung. …

Einem Pfund Silber entsprachen etwa 480 Pfennige. Es kosteten damals: ein Huhn ungefähr 2–3 Pfennige, ein Pfund Butter 2 Pfennige und 100 kg Gerste etwa 44 Pfennige.

Die Handwerker

Die Handwerker stellten in den Städten den größten Teil der Stadtbevölkerung. In Leipzig beispielsweise wurden um 1500 bereits 155 verschiedene gewerbliche Berufe ausgeübt, besonders in der Textilherstellung und in der Verarbeitung von Metall und Leder. Doch auch innerhalb des Handwerks gab es eine Kluft zwischen Arm und Reich. Die Leineweber beispielsweise galten als sehr arme Handwerker und auch die Wollweber und Tuchmacher waren nicht reich.

Die Aufgaben der ▶Zünfte*

Zur Verteidigung gemeinsamer Interessen schlossen sich die Handwerker seit dem 12. Jahrhundert zu Zünften zusammen. Jedes Handwerk hatte seine eigene Zunft. Jede Zunft
- erließ feste Regeln zur Ausbildung;
- setzte die Zahl der Lehrlinge und Gesellen für jeden Betrieb fest;
- überwachte die Qualität der Produkte und die Einhaltung der vorgeschriebenen Preise;
- schrieb den Mitgliedern genau vor, wie viel Ware sie produzieren durften;
- schlichtete Streitigkeiten der Zunftmitglieder untereinander.

Die Vorschriften waren für alle verbindlich. „Schaumeister" überwachten die Zunftgenossen. Pfuschern, d. h. Handwerkern, die nicht Mitglied waren, „legten sie das Handwerk". Minderwertige Erzeugnisse wurden eingezogen und die Hersteller bestraft.

2 *Besprecht, welches Ziel die einzelnen Zunftverordnungen hatten.*

3 *Erklärt folgende Behauptung: Die Zunftmitglieder wollten nicht Reichtum, sondern Sicherheit.*

Die enge Verbundenheit der Zunftmitglieder zeigte sich auch im alltäglichen Leben. An den Stadt- und Kirchenfesten nahm man gemeinsam teil. Kranke und arme Mitglieder wurden unterstützt und gemeinsam sorgte man für Witwen und Waisen verstorbener Zunftgenossen. Auch an der Verteidigung der Stadt waren die Zünfte beteiligt. Jede Zunft hatte ein bestimmtes Stück der Stadtmauer zu verteidigen.

4 *Sucht auf einem Stadtplan Straßennamen, die an mittelalterliches Handwerk erinnern. Wo liegen diese Straßen?*

▶ *Zünfte*:*
(von „sich ziemen"), Genossenschaften von Meistern eines Handwerks in einer mittelalterlichen Stadt. Die Zünfte legten Regelungen über wichtige Angelegenheiten fest (z. B. über Zahl der Lehrlinge und Gesellen, Art der Ausbildung, Produktionsmenge und Preise). Alle Mitglieder mussten sich nach den Regeln ihrer Zunft richten.

Zunftwappen:

Müller

Fleischer

Maler

Schuster

Fernhandel und Städtebünde

Transportarten im Mittelalter:

1 Die überschwemmte Landstraße. Gemälde von Jan Breughel dem Älteren, 1614.

Handelswege im Mittelalter

Die Bewohner der mittelalterlichen Städte mussten ständig mit frischen Lebensmitteln versorgt werden. Die Handwerker benötigten außerdem zahlreiche Rohstoffe. Viele Waren wurden von weit her gebracht. Tag für Tag rollten die Planwagen der Fernhandelskaufleute durch die Stadttore. Sie brachten Getreide, Mehl, Fisch, Wein, Salz und Honig, aber auch Tuche, Pelze, Leder, Farbstoffe, Eisen, Zinn usw.

Der Warentransport über weite Strecken bereitete den Kaufleuten große Schwierigkeiten. Die „Fernverkehrsstraßen" waren meist in schlechtem Zustand; es handelte sich häufig um holprige, unbefestigte Wege, die bei Regen oder im Winter kaum passierbar waren. Die von mehreren Pferden gezogenen Lastkarren blieben nicht selten mit liegen, stürzten um oder versanken im Morast.

Gefährlicher für die Kaufleute als diese natürlichen Hindernisse waren Wegelagerer und Raubritter. Ständig mussten sie damit rechnen, durch Raubüberfälle ihr Hab und Gut, wenn nicht sogar das Leben zu verlieren. Die Landesherren beauftragten oft regionale Adlige mit dem Schutz der Straßen, die dafür von den Marktstädten Schutzgelder einziehen durften, sich aber nicht selten selbst als Raubritter erwiesen. So schlossen sich schon im 12. Jahrhundert Kaufleute aus verschiedenen Städten zu Fahrtgenossenschaften zusammen, so genannten ▶Hansen (= Scharen). In großen Geleitzügen, von Söldnern gegen Überfälle und Plünderungen geschützt, wurden die Waren jetzt zu ihren Bestimmungsorten gebracht. Im 13. Jahrhundert, als die Macht der Könige in Deutschland sehr geschwächt war, kleinere Herren überall neue Zollstellen errichteten und die Überfälle immer mehr zunahmen, kam es zur Bildung von verschiedenen Städtebünden, die jetzt den Schutz der Transporte übernahmen.

1 *Schreibt mithilfe von Text und Abbildung eine kleine Geschichte: „Bauern und Händler auf dem Weg zur Stadt".*

Die Hanse

2 Das Wirtschaftsgebiet der Hanse um 1400.

Der Aufbau der Hanse

Einer dieser Städtebünde, der sich schließlich über den gesamten Nord- und Ostseeraum erstreckte, war die Hanse. Sie wurde nie richtig gegründet. Es gab keine Mitgliedslisten und kein gemeinsames Gesetz. Als Mitglieder wurden die Städte angesehen, die ihre Gesandten regelmäßig zu den Beratungen schickten. Der erste dieser „Hansetage" fand 1356 in Lübeck statt. Auf den Hansetagen wurde über das gemeinsame Vorgehen der Hansestädte beraten. Wer sich nicht an diese Beschlüsse hielt oder den anderen Städten schadete, konnte „verhanst", d. h. aus der Hanse ausgeschlossen werden. Zu ihrer Blütezeit hatte die Hanse ca. 180 Mitglieder. Da es häufig Probleme gab, die nur die Städte eines bestimmten Gebietes etwas angingen, traf man sich zwischen den großen Hansetagen in so genannten „Viertelstagen". Hier wurde auch besprochen, wie man sich gegenüber der gesamten Hanse verhalten wollte. 1384 trafen sich die Vertreter der preußischen Hansestädte am Sonntag vor Weihnachten in Marienburg. Dort beriet man:

> Q … über den Hansetag, der am 5. März mit den gemeinen Städten in Lübeck abgehalten werden soll: Soll man dort mit Briefen oder durch Boten vertreten sein?
> Es wird einstimmig beschlossen, Boten von hier aus zu dem Tage zu schicken wegen allerlei Dingen, die uns, die gemeinen Städte und Kaufleute, angehen. …

Zum Viertel der wendischen Hanse gehörten die Städte der südwestlichen Ostseeküste und Pommerns. Diese Städte standen unter der Vorherrschaft Lübecks. Während sich die rheinisch-westfälischen Hansestädte unter der Leitung Kölns und die sächsischen unter der Braunschweigs trafen, war der Hauptort der preußisch-livländischen Hansestädte Danzig. Da Lübeck die wichtigste Hansestadt überhaupt war und hier die meisten Hansetage stattfanden, wurde Lübeck auch das Haupt der Hanse genannt.

2 Zeigt die Hauptorte der Hanseviertel auf der Karte.

3 Erklärt, weshalb man in Marienburg erst darüber beraten hat, ob man Briefe oder Boten nach Lübeck schicken soll.

Hanseschiff um 1500. Die Kogge war das Handels- und Kriegsschiff der Hanse. Sie war 23 m lang, 7 m breit und erheblich größer und schneller als die bis dahin gebräuchlichen Schiffe. Die neue Bauweise, die erstmals den Einsatz von gesägten Brettern und Balken erlaubte (für die Planken der Wikingerschiffe mussten die Stämme noch gespalten werden), verringerte die Baukosten erheblich. Die Koggen wurden zuerst mit einem Ruder an der in Fahrtrichtung rechts liegenden Seite gesteuert (daher bis heute Steuerbord). Das Beladen einer Kogge – sie konnte bis zu 200 Tonnen Fracht aufnehmen – dauerte zwei bis drei Wochen. Um 1400 verfügte die Hanse über etwa 1000 Schiffe.

Der Kampf um das Stadtregiment

Stände einer mittelalterlichen Stadt:

Patrizier: Angehörige der städtischen Oberschicht.

Bürgertum: Handwerker, Händler und Stadtbeamte.

Unterschicht: Dienstboten, Handelsgehilfen, Handwerksgesellen.

„Unehrliche": Gaukler, Krüppel, Bettler, Bader, Henker, Totengräber.

1 Vertreter der Zünfte betreten die Ratsstube. Im Hintergrund die Patrizier, in der Mitte die Bibel und der Schlüssel für die Truhe mit der Stadtkasse. Aus dem Zunftehrenbuch der Stadt Augsburg, 16. Jahrhundert.

Wer regiert die Stadt?

Es waren vor allem die kleinen Kaufleute und die in Zünften organisierten Handwerker, die mit ihrem Steueraufkommen den Bau des prächtigen Rathauses und der Kirchen, des Spitals und der hohen Mauern ermöglichten. Wenn es in der Stadt brannte, organisierten sie die Löscharbeiten; im Kriegsfall trugen sie die Hauptlast bei der Verteidigung der Stadt. Vom Stadtregiment aber blieben sie ausgeschlossen.

In zahlreichen Städten Deutschlands kam es zu regelrechten Zunftkämpfen mit Toten und Verletzten. In einem Innungsbrief an die Schuhmacher zu Berlin bestimmten die Ratsmannen 1284, dass über die Aufnahme eines Handwerkers die Zunft nur mit Zustimmung des Stadtrats entscheiden dürfe. In den folgenden rund 100 Jahren verkehrten sich die politischen Kräfte dann weitgehend ins Gegenteil, denn 1381 steht in einer Urkunde:

Q1 … Wir, die alten und die neuen Ratsmannen …, bezeugen … mit Willen und Wissen der Gewerbe und der Bürgergemeinde, …

Die Zünfte erkämpfen sich ihr Recht

In einer Chronik der Stadt Augsburg heißt es:
Q2 … Am 22. Oktober 1368 versammelten sich die Zünfte bewaffnet am Perlachturm. Sie schlossen alle Stadttore und besetzten alle Straßen und Plätze der Stadt. … Sturmglocken riefen in der Frühe des 23. Oktober die Ratsherren zu einer außerordentlichen Ratssitzung zusammen. Schweigend eilten die Ratsherren durch die Reihen der bewaffneten Handwerker dem Rathaus zu. Dann besetzten Wachen der Zünfte die Rathauspforten und schlossen so die Falle. … Nach stundenlangen Debatten gaben die Ratsherren schließlich nach. … Der Rat übergab als Unterpfand seines Wortes die Hoheitszeichen der Stadtregierung. … Dann schworen Ratsherren und Handwerker, eine zünftliche Regierung einzuführen. …

Im brandenburgischen Stendal stellten in dieser Zeit die Zünfte acht Ratsherren, die übrige Bürgerschaft nur noch vier. Weniger erfolgreich waren die Aufständischen in Cölln und Berlin. Hier durften die Zünfte

Unruhen breiten sich aus

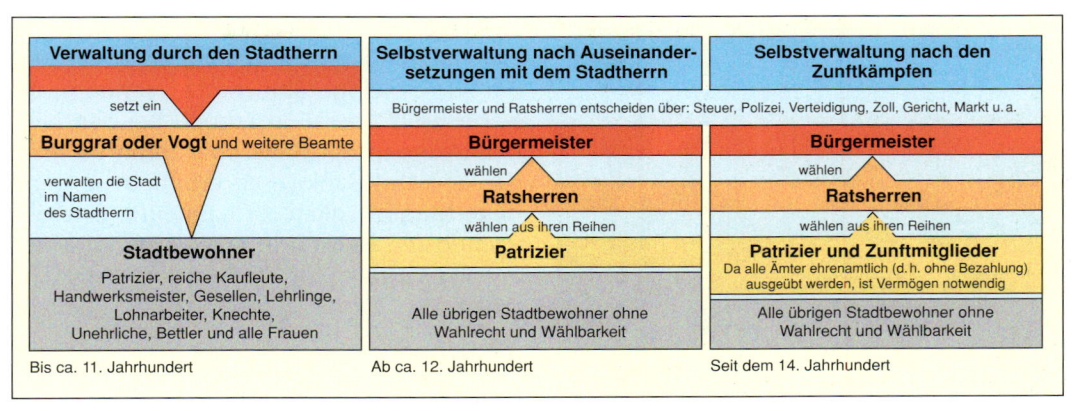

Verwaltung durch den Stadtherrn	Selbstverwaltung nach Auseinandersetzungen mit dem Stadtherrn	Selbstverwaltung nach den Zunftkämpfen
setzt ein	Bürgermeister und Ratsherren entscheiden über: Steuer, Polizei, Verteidigung, Zoll, Gericht, Markt u.a.	
Burggraf oder Vogt und weitere Beamte	**Bürgermeister**	**Bürgermeister**
verwalten die Stadt im Namen des Stadtherrn	wählen	wählen
	Ratsherren	**Ratsherren**
	wählen aus ihren Reihen	wählen aus ihren Reihen
Stadtbewohner Patrizier, reiche Kaufleute, Handwerksmeister, Gesellen, Lehrlinge, Lohnarbeiter, Knechte, Unehrliche, Bettler und alle Frauen	**Patrizier**	**Patrizier und Zunftmitglieder** Da alle Ämter ehrenamtlich (d.h. ohne Bezahlung) ausgeübt werden, ist Vermögen notwendig
	Alle übrigen Stadtbewohner ohne Wahlrecht und Wählbarkeit	Alle übrigen Stadtbewohner ohne Wahlrecht und Wählbarkeit
Bis ca. 11. Jahrhundert	Ab ca. 12. Jahrhundert	Seit dem 14. Jahrhundert

2 Die Entstehung der städtischen Selbstverwaltung. Schematische Darstellung.

zwar zwei bis vier Ratsmitglieder wählen, aber selbst dieser kleine Erfolg hielt nur fünf Jahre an, bis zum Jahr 1351. Dann waren die Patrizier wieder unter sich. Auch in einigen anderen Städten konnten die Patrizier ihre Macht noch länger behaupten, wie z. B. in Stralsund, wo ein Aufstand der Bürger niedergeschlagen wurde.

1 *Erklärt mithilfe des Schaubildes die Entstehung der städtischen Selbstverwaltung.*

Aufstand gegen Familie Wulflam

In Stralsund hatte die Familie Wulflam über Generationen das Sagen in der Stadt. Zusammen mit seinem Sohn Wulf Wulflam spielte Bertram Wulflam auch innerhalb der Verwaltung der Hanse (Seite 175) eine wichtige Rolle. Als Verwalter der Stadtfinanzen änderte er die Ordnung eines von ihm betreuten Spitals zum Schaden der armen Leute. Das brachte das Fass zum Überlaufen, denn die Stralsunder hatten sich schon vorher über die selbstherrliche Regierungsweise der Wulflams geärgert. Sie machten 1391 den Gewandschneider Karsten Sarnow zu ihrem neuen Bürgermeister und verlangten einen Rechenschaftsbericht von Bertram Wulflam. Sein erster Bericht wurde als viel zu ungenau zurückgewiesen. Wenn Sarnow sich nicht dazwischen geworfen hätte, wäre Bertram Wulflam von den aufgebrachten Stralsundern sogar gelyncht worden. Vor einem weiteren Verfahren floh Wulflam zusammen mit seinen Anhängern.

In Stralsund wurde eine neue Stadtverfassung erlassen, bei der von allen Bürgern zwölf Gemeindeältermänner gewählt werden sollten. Doch lange hielt diese neue Ordnung nicht, da die Hanse Druck auf die Stadt ausübte. Sie drohte Stralsund auszuschließen, wenn sie die Wulflams nicht wieder aufnahm und das alte Recht wieder einführte. 1393 wurde Karsten Sarnow den wirtschaftlichen Interessen der Stadt geopfert und enthauptet.

2 *Spielt den Aufstand gegen Bertram Wulflam nach. Hinweise zum Rollenspiel findet ihr auf Seite 291.*

3 Rathaus von Lübeck. Foto, 2001.

1300–1400: Die wohlhabenden Kaufleute saßen im Stadtrat und regierten über die Städte. Dagegen empörten sich im 14. Jahrhundert in vielen Städten die Handwerker erfolgreich. Sie wollten mitregieren, schließlich zahlten sie auch Steuern.

Die Macht der Handelshäuser

Buchhaltung:
In früheren Zeiten gaben Geschäftsbücher nur Aufzeichnungen über geschuldete Geldsummen wieder. Wurden Schulden getilgt, so wurden die Notizen einfach wieder durchgestrichen. Als im späten Mittelalter vor allem der Gewinn Handelszweck wurde, setzte sich die ▶ **doppelte Buchführung** durch: Alle Ausgaben und Einnahmen wurden nun auf zwei gegenüberliegenden Seiten eines Geschäftsbuches verzeichnet, sodass sich ein genaues Bild der Gewinne und Verluste eines Unternehmens ergab.

▶ **Kapital*:**
Vermögen aus Geld und Sachgütern, die sich in Geldsummen abschätzen lassen. Um Gewinne zu erzielen, braucht ein Unternehmer Kapital, das er für seine Geschäfte einsetzen kann.

▶ **Wechsel*:**
Geldtausch von einer Währung in eine andere. Ein Händler zahlte an einem Ort Geld ein und erhielt eine Bescheinigung über die Summe. Am Zielort ließ er sich die eingezahlte Summe in der dortigen Währung auszahlen. Das erhöhte die Sicherheit der Händler auf Reisen.

1 **Jakob Fugger, der Reiche, in seinem Augsburger Kontor mit seinem Buchhalter.** An der Wand finden sich Ordner für die Niederlassungen der Fugger. „Ofen" und „Antorff" meinen Budapest und Antwerpen. Buchillustration, 1520.

„Geld darf nicht im Kasten ruhen"

In einem kleinen Buch mit dem Titel „Ratschläge über den Handel", das in Florenz im 15. Jahrhundert erschien, wandte sich ein Kaufmann mit folgenden Worten an einen jungen Geschäftsmann: „Deine Hilfe, deine Ehre, deine Verteidigung, dein Gewinn: das ist das Geld. Geld, das in Umlauf sein muss und nicht in einem Kasten ruhen darf."
So dachten damals viele Menschen in ganz Europa. Seit dem 12. Jahrhundert entwickelte sich zunächst in Italien als bedeutendes neues Gewerbe das Bankwesen. Geschäftsleute konnten ihr ▶ **Kapital*** bei einer Bank anlegen und erhielten dafür regelmäßig Zinsen. Die Bank konnte das eingezahlte Geld unterdessen weiterverleihen. Da sie für solche Kredite höhere Zinsen forderte, als sie dem Anleger zahlte, machte sie Gewinn. Dem Anleger bot so eine Geldanlage weitere Vorteile: Er konnte sich das Geld nicht nur dort wieder auszahlen lassen, wo er es eingezahlt hatte, sondern als ▶ **Wechsel*** überall in Europa bei den Niederlassungen der Bank oder ihren Partnerbanken. Das Bankwesen eröffnete so ganz neue Möglichkeiten für Kaufleute. Eine der wichtigsten Banken in Europa gehörte der Familie Fugger, die in Augsburg eine bedeutende Handelsgesellschaft aufgebaut hatte.

Der Aufstieg der Fugger

Hans Fugger, der Sohn eines Bauern und Webers aus einem kleinen Dorf nahe bei Augsburg, war noch ein kleiner Händler gewesen. Seine Ware verkaufte er im 14. Jahrhundert – wie damals allgemein üblich – auf dem Markt der eigenen Stadt. Seine Söhne und Enkel schlugen andere Wege ein, um schnell reich zu werden. Sie stellten keine Tuche mehr her, sondern ließen andere Weber für sich arbeiten. Die Fugger selber wurden Händler und „Verleger". Das heißt: Sie kauften Flachs und Baumwolle in großen Mengen auf und gaben diese an ärmere Weber und Bauern weiter, die etwas dazuverdienen wollten. Neben den Rohstoffen wurden von ihnen bei Bedarf auch die notwendigen Geräte zur Verfügung gestellt oder – wie man damals sagte – „vorgelegt". Von ihren Webern kauften die Fugger die fertigen Tuche zu einem möglichst niedrigen Preis und verkauften sie überall in Europa mit großem Gewinn. Diese Arbeitsweise nennt man „Verlagssystem".

1 *Erklärt mithilfe des Textes den Begriff „Verlagssystem".*

Die Fugger werden ▶Monopolisten* und Bankiers der Fürsten

Die Fugger errichteten in zahlreichen Städten Europas Handelshäuser und Niederlassungen. Gut bewachte Schnelltransporte brachten die Waren in kürzester Zeit an jeden gewünschten Ort. Außerdem richteten die Fugger eine eigene Post ein, sodass sie über wichtige wirtschaftliche und politische Entscheidungen oft früher informiert waren

Geld regiert die Welt

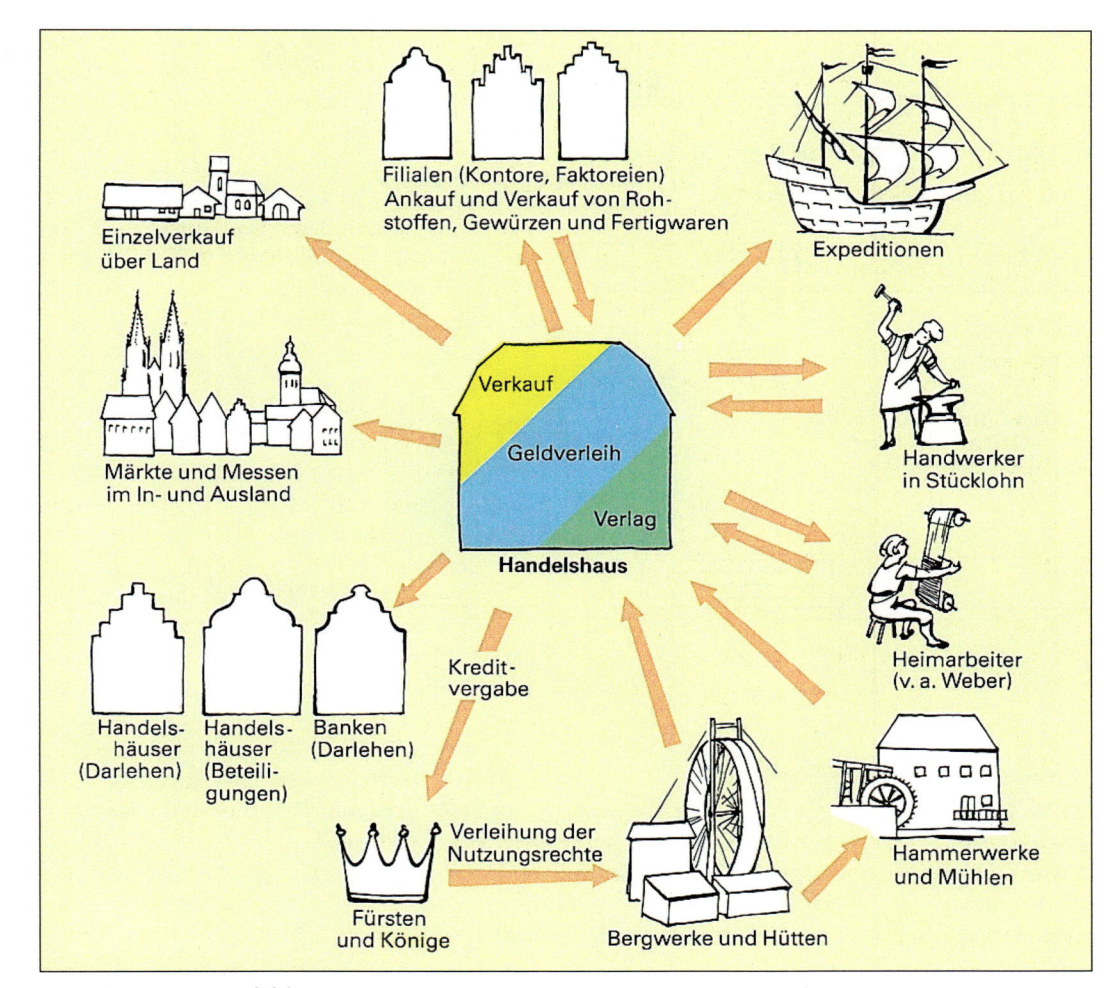

2 Aufbau eines Handelshauses um 1500.

▶ **Monopol*:** Wirtschaftliche Machtstellung eines Unternehmens, das den größten Teil eines Marktzweiges beherrscht. Es schaltet damit den Wettbewerb aus und kann die Preise diktieren.

Schautaler mit dem Bildnis Jakob Fuggers. Der Kaufmann ließ die Münze 1518 prägen.

als ihre Konkurrenten. Außer mit Stoffen handelten die Fugger auch mit Fellen, Schießpulver, mit Gewürzen und Zitrusfrüchten, mit Pelzen, Samt und Seide. Vor allem gelang es ihnen, alle Gewürze aufzukaufen, die die Portugiesen nach Mitteleuropa lieferten, und ohne Konkurrenz weiterzuverkaufen. Reich wurden die Fugger ferner mit dem Verleihen von Geld. Aus zahlreichen Bankgeschäften mit Päpsten, Königen und Fürsten zogen sie großen Gewinn. Da die Fürsten die geliehenen Gelder oft nicht zurückzahlen konnten, überließen sie den Fuggern Kupfer- und Silberbergwerke zur Ausbeutung. In kürzester Zeit sicherten diese sich das Monopol auf Kupfer und Quecksilber: Nur die Fugger durften nun Kupfer und Quecksilber verkaufen; sie allein bestimmten auch den Preis. Wie viel Einfluss sie auch auf die Politik nehmen konnten, zeigte sich im Jahr 1519, als sich Karl V. um die Kaiserkrone bewarb. Von den Fuggern erhielt Karl über 500 000 Gulden. Mit diesem Geld kaufte er die Stimmen der deutschen Kurfürsten und wurde von ihnen zum deutschen Kaiser gewählt.

2 Beschreibt mithilfe der Abbildung 2 die Geschäftstätigkeiten der Fugger.
3 Stellt dar, was die finanzielle Abhängigkeit des Kaisers für ihn selbst und für die Fugger bedeutete.

Arbeitstechnik: Eine Wandzeitung gestalten

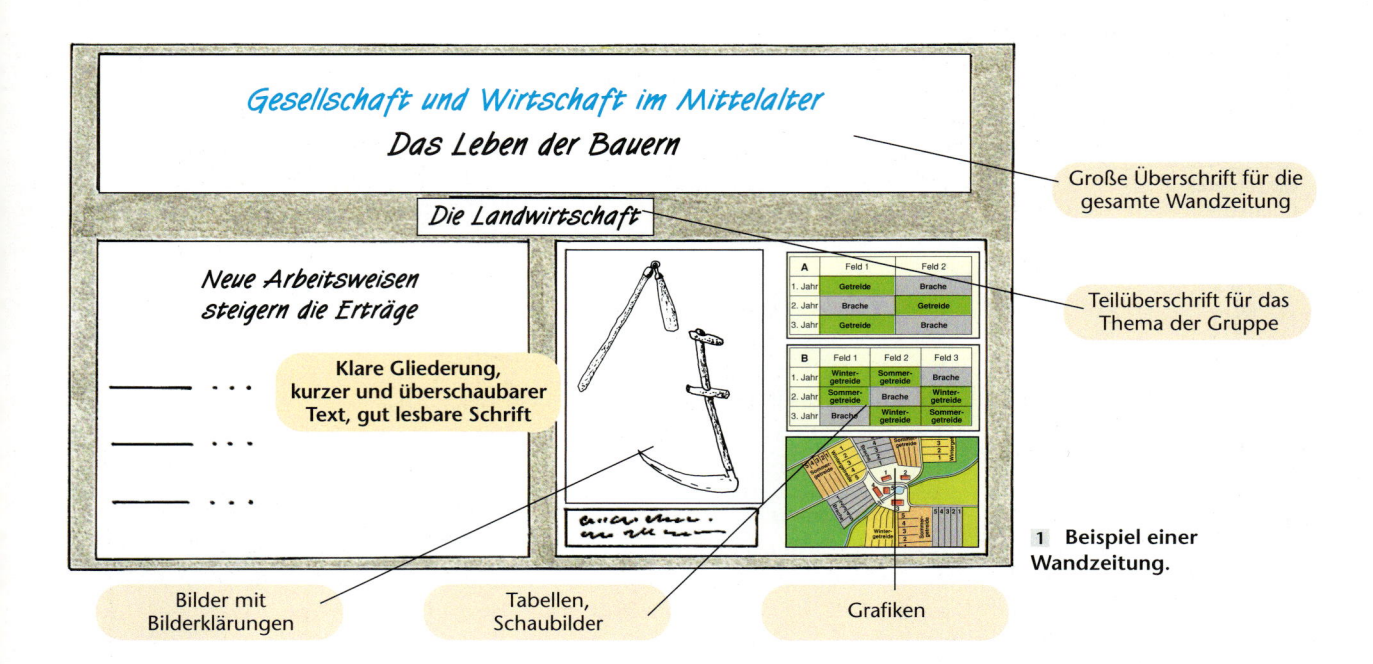

Gesellschaft und Wirtschaft im Mittelalter
Das Leben der Bauern

Die Landwirtschaft

Neue Arbeitsweisen steigern die Erträge

- Große Überschrift für die gesamte Wandzeitung
- Teilüberschrift für das Thema der Gruppe
- Klare Gliederung, kurzer und überschaubarer Text, gut lesbare Schrift
- Bilder mit Bilderklärungen
- Tabellen, Schaubilder
- Grafiken

1 Beispiel einer Wandzeitung.

In diesem Kapitel habt ihr einiges darüber erfahren, unter welchen Bedingungen die Menschen im Mittelalter lebten und wie sie sich versorgten. Mithilfe von Wandzeitungen lassen sich die gewonnenen Kenntnisse anschaulich darstellen. Wählt ein Thema des Kapitels aus, um es in einer informativen Übersicht zu präsentieren. Vorab muss klar sein: Eine Wandzeitung schaut der Betrachter im Stehen oder auch mal nur im Vorbeigehen an. Also: Wenige und überschaubare Texte, dazu einige möglichst großformatige Abbildungen und das Ganze übersichtlich anordnen!
In folgender Reihenfolge könnt ihr vorgehen:

1. Schritt: Informationen auswählen
- Was ist wichtig, was kann weggelassen werden? Was soll als Text, was im Bild, Schaubild oder in einer Tabelle dargestellt werden?

2. Schritt: Gestaltung überlegen
- Wie soll die Schrift aussehen (Druck- oder Schreibschrift, Größe, Farbe)? Welche Bilder sind geeignet und wie werden sie angeordnet? Welche Zeichnungen, Tabellen oder Schaubilder sollen angefertigt werden und an welchen Platz sollen sie kommen?

3. Schritt: Material bereitstellen
- Welches Material wird benötigt (Tapete, Pappe, Transparentpapier, Stifte, Kleber, Heftzwecken, Stecknadeln, Scheren, Lineal usw.)? Wer besorgt es?

4. Schritt: Arbeit verteilen und durchführen
- Wer möchte Texte schreiben, Bilder ausschneiden und beschriften, Zeichnungen, Tabellen anfertigen usw.? Sprecht euch untereinander ab. Wichtiger Hinweis: Bilder, Texte usw. nicht sofort festkleben, sondern erst alles lose auflegen!

5. Schritt: Wandzeitung präsentieren
- Wandzeitung aufhängen und den anderen Gruppen vorstellen (präsentieren).

Zusammenfassung

Das Leben der Bauern

Im Mittelalter lebten die meisten Menschen auf dem Land. Das Leben der Bauern war hart und die Landwirtschaft warf kaum genug Erträge ab, um die eigene Familie zu versorgen. Durch neuartige Arbeitsgeräte und die Dreifelderwirtschaft setzte sich aber allmählich eine effektivere Nutzung des landwirtschaftlichen Bodens durch.

Zur Zeit Karls des Großen waren die Bauern frei, aber zum Heeresdienst verpflichtet. Da sie sich während der Kriegszeiten nicht um ihr Land kümmern konnten, waren sie gezwungen, es an einen Herrn zu übergeben, der ihre Kriegspflicht übernahm und ihr ▶ Grundherr wurde. Die Bauern verloren ihre Freiheit; sie mussten nun ▶ Frondienste und Abgaben leisten.

Städte entstehen in ganz Europa

Seit dem 12. Jahrhundert entwickelten sich in ganz Europa Städte, die unter dem Schutz von Stadtherren standen. Deren Rechte wurden seit 1200 fast überall von reichen Kaufleuten übernommen. Sie wählten aus ihren Reihen einen Rat der Stadt und stellten den Bürgermeister. Erst um 1400 erkämpften sich die in ▶ Zünften organisierten Handwerker Mitspracherechte. Von der politischen Mitwirkung ausgeschlossen blieben Frauen ebenso wie Angehörige der Unterschichten und die Juden, die in Notzeiten immer wieder zum „Sündenbock" gemacht und grausam verfolgt wurden.

Bauliche Mittelpunkte der Städte waren die gotischen Kirchen, daneben die Häuser der reichen Patrizier und der Markt. Geprägt war jede Stadt aber auch vom Gestank und Schmutz auf Gassen und Straßen. Die Unsauberkeit trug zur raschen Verbreitung von Seuchen wie der Pest entscheidend bei.

Fernhandel und reiche Kaufleute

Ständigen Gefahren durch Überfälle ausgesetzt waren die Fernhandelskaufleute. Daher schlossen sie sich zu ▶ Genossenschaften zusammen. Aus einem solchen Bund entstand die ▶ Hanse, die schnell zu einer bedeutenden Wirtschaftsmacht wurde.

Im späten Mittelalter verstärkte sich der Handel und sein Zweck verlagerte sich: Nicht mehr die Selbstversorgung stand im Mittelpunkt, sondern das Gewinnstreben. Einzelnen reichen Kaufmannsfamilien gelang es, Märkte vollkommen zu beherrschen. So hatten die Fugger in Augsburg das ▶ Monopol auf den Kupfer- und Quecksilberhandel.

---

ca. 1000–1500

Bauern bei der Fronarbeit

Um 1100

Die meisten Städte entstanden an Orten, die sich durch günstige Bedingungen für den Handel auszeichneten.

Um 1400

Zünfte erkämpfen sich ein Mitspracherecht im Stadtregiment.

1356–1500

Aufstieg und Niedergang der Hanse.

7. Entdeckungen und Eroberungen

Alles hängt vom Kapitän ab. Wenn er Recht hat, werde ich das neu entdeckte Land für Spaniens Krone in Besitz nehmen. Und wenn wir Gold finden, erhalte ich meinen Anteil.

Ich habe keine Wahl. Meine Eltern sind tot. Ich muss arbeiten, sonst verhungere ich. Vielleicht machen wir ja reiche Beute und bekommen unseren Anteil.

1 Betrachtet die Abbildung: Was wird hier verladen? Wer ist im Hafen anwesend?
2 Notiert die Gründe der Reisenden, an dieser Entdeckungsfahrt teilzunehmen, in einer Tabelle.
3 Auf den Seiten 184 und 185 findet ihr eine Zusammenstellung von Schifffahrtsinstrumenten von der Vergangenheit bis zur Gegenwart. Bildet sechs Gruppen und erklärt, wie die verschiedenen Instrumente funktionierten und wie die Problemlösungen im Lauf der Zeit fortentwickelt wurden.

"Die Erde ist eine Kugel. Ich bin der erste, der Richtung Westen segelt, um nach Indien zu gelangen. Ich werde berühmt und reich zu Ehren des spanischen Königpaars."

"Ich bin Seemann. Der Kapitän ist in Ordnung, aber ich habe Angst. geht nach Westen. Hoffentlich kommen wir lebendig zurück. Die Erde soll rund sein. Verrückt!"

"Die Karavelle ist klein, aber seetüchtig. Wir haben alles an Bord. Wenn der Alte Recht hat, werden wir reich zurückkehren. Trotzdem habe ich Angst vor der Reise."

"Ich bin der Vertreter der katholischen Kirche. Ich werde die Heiden taufen und zu Christen machen. Das wird Gott gefallen und Spanien mächtig machen. Amen."

Auszug aus der Ladeliste:

Schifffahrtsinstrumente
Seekarten
in Salz eingelegtes Fleisch
getrocknetes Fleisch
getrockneter Fisch
Mehl, Zwieback, Olivenöl
Wasser, Wein

Schifffahrtsinstrumente von der Vergangenheit ...

Erstmals erwähnt	Zeitalter der Entdeckungen durch Europäer		
Das Lot 200 v. Chr. in Griechenland	**Das Lot** diente zum Messen der Wassertiefe. So konnte man feststellen, ob eine Gefahr für das Schiff bestand.		Die mit dem **Lot** gemessene Tiefe wird in Karten eingetragen. Stellen mit gleicher Wassertiefe werden durch Linien verbunden. So kann man erkennen, wieviel Wasser unter dem Kiel ist…
Seekarten ca. 500 v. Chr. in Griechenland		Eine **Weltkarte** zur Zeit von Kolumbus. Es fehlen Nord- und Südamerika. Die Entfernungen und Länderformen sind sehr ungenau, weil sie nicht auf Messungen beruhen.	Die Erde als Kugel. Martin Behaim stellte die Erde als Kugel (**Globus**) dar. Die Einteilung in Längen- und Breitengrade ermöglichte die Vermessung der Erde – ebenso wie die Bestimmung des Ortes, wo man sich befand.
Astrolabium 500 v. Chr., Griechenland **Jakobsstab** 15. Jahrhundert, Europa **Quadrant** 13. Jahrhundert, Arabien		Das **Astrolabium** misst die Höhe eines Sternes über dem Horizont = Breitengrad. Der **Jakobsstab** misst das Gleiche, ist aber besser abzulesen und zu halten.	**Der englische Quadrant** Mit diesem Sonnenwinkelmesser konnte man um 12 Uhr mittags den Breitengrad errechnen, ohne dass man direkt in die Sonne schauen musste.
Log mit Knoten 15. Jahrhundert		Die Geschwindigkeit eines Schiffes wurde gemessen, indem man ein Schwimmholz ins Wasser warf und die Zeit feststellte, die beim Passieren einer Messstrecke verging.	Auch das **Knoten-Log** wurde ins Wasser geworfen. Man ermittelte die Zeit, die beim Abwickeln des Seils verging, an dem festgelegte Strecken mit Knoten markiert waren.
Kompass 10. Jahrhundert, China 11. Jahrhundert, Arabien 12. Jahrhundert, Europa		**Der Kompass** Die Chinesen ließen eine magnetische Nadel im Wasser schwimmen. Später wurde diese Nadel auf einer Stahlspitze befestigt, wo sie sich frei drehen konnte. Sie richtet sich an jedem beliebigen Ort am natürlichen Magnetfeld der Erde aus.	Der **Schiffskompass** war eines der wichtigsten Instrumente der Seefahrer in den Zeiten der Entdecker, mit ihm bestimmte und hielt man den Kurs.
Sanduhr 12. Jahrhundert, Europa		Wie spät ist es? Auf den meisten Schiffen gab es eine **Sanduhr** mit einer halben Stunde Laufzeit. Bei jedem Umwenden wurde die Schiffsglocke geschlagen. Es gab auch Sanduhren mit kurzer Laufzeit, um damit in Kombination mit dem Log die Geschwindigkeit zu messen.	Die **Sonnenuhren** hatten einen Kompass. Wenn der Schatten des Zeigers mit der Kompassnadel parallel stand, war es 12 Uhr Ortszeit.

... bis zur Gegenwart

	heutiger Stand der Entwicklung	... und in Zukunft ...
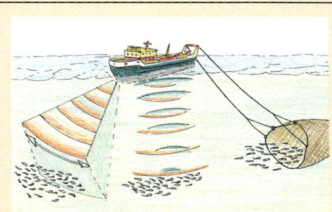 **Das Echolot** misst die Tiefe durch Schallsignale. Es kann aber auch Fischschwärme erkennen.	 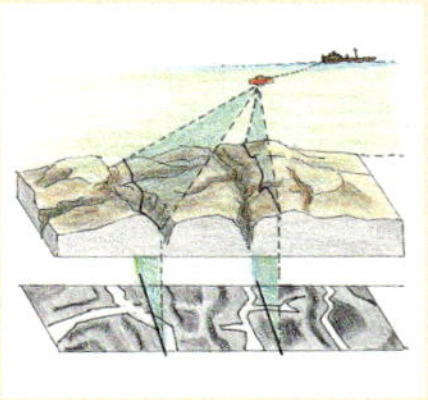 Das Sonar **Gloria** ist das genaueste Vermessungssonar. Das zwei Tonnen schwere Gerät wird in 40 Metern Tiefe durchs Wasser geschleppt. Geländemerkmale auf dem Meeresgrund erscheinen auf einem Sonarbild als helle und dunkle Stellen.	Die Erforschung und Nutzung der Unterwasserwelt lässt die Bedeutung solcher Geräte noch steigen.
 **See- und Weltkarten** Seit dem 16. Jahrhundert wird die Erde immer genauer vermessen und es werden Karten davon hergestellt.	 **Satellitenvermessung** Ein Spot-Satellit, der die Erdoberfläche aus 830 Kilometern Höhe abtastet. Auf den Aufnahmen sind noch Objekte mit Ausmaßen von 10 Metern zu erkennen.	Die Vermessung der Welt ist nicht beendet, es wird weiter daran gearbeitet.
 **Der Sextant** Mit dem Sextanten maß man den Sonnenstand zur Mittagszeit. Mit diesem Instrument ließ sich nicht nur die geografische Breite bestimmen. Zusammen mit der genauen Uhrzeit konnte man auch die Längengrade berechnen.	 **Das Navigationshandy** Mit dieser Technik ist im Zusammenspiel mit einem weltumspannenden Satellitennetz heute das Problem der Ortsbestimmung gelöst. Die Anwendungsbereiche sind noch in der Entwicklung. Ein Handy kann heute schon metergenau sagen: Wo bin ich?	Stürmische Entwicklung neuer Anwendungsbereiche, viele zukünftige, auch für den Alltag nutzbare Produkte.
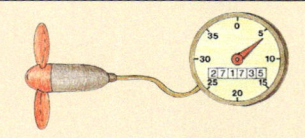 Beim **Patent- oder Sumlog** überträgt ein Propeller die Zahl der Umdrehungen auf die Anzeigeskala. Die Geschwindigkeit wird immer noch in „Knoten" angegeben.	 Heute können sowohl **Echolot** wie auch **Navigationshandy** die Geschwindigkeit anzeigen.	Die vorhandene Technik ermöglicht viele Spezialgeräte. Weitreichende Zukunftsentwicklungen sind denkbar ...
 **Das Kompasshaus** Große Schiffe hatten zwei Kompasse, die in einem eigenen Haus geschützt waren. Nachts wurden sie beleuchtet.	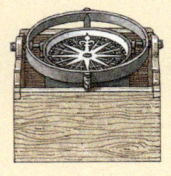 Auch heute hat jedes Schiff noch einen **Kompass**. Er wird auf der Brücke, dem Steuerstand abgelesen. Der Steuermann hält mit dem Kompass den Kurs.	Der Kompass wird weiterhin ein wichtiges Instrument auf jedem Schiff sein, weil er vollkommen unabhängig von anderen technischen Einrichtungen funktioniert.
 Der erste **Chronometer** war ein aufwändiges feinmechanisches Meisterwerk. Er ermöglichte durch seine genaue Zeitangabe in Kombination mit dem Sextanten die Berechnung der Längengrade auf 50 Kilometer genau.	 Billige **Quarz-** oder **Funkuhren** geben heute die genaue Zeit an. In den Seefahrtschulen lernen die Schüler noch mit Winkelmessung (Sextant) und Zeit zu navigieren, das heißt Kurs und Standort des Schiffes bestimmen.	Bei der Navigation hat die Uhr nur scheinbar an Bedeutung verloren. In den modernen elektronischen Geräten sind nämlich zumeist auch Zeitmessungselemente eingebaut (Sonar, Navigationshandy) ...

Arbeitstechnik: Kartenarbeit

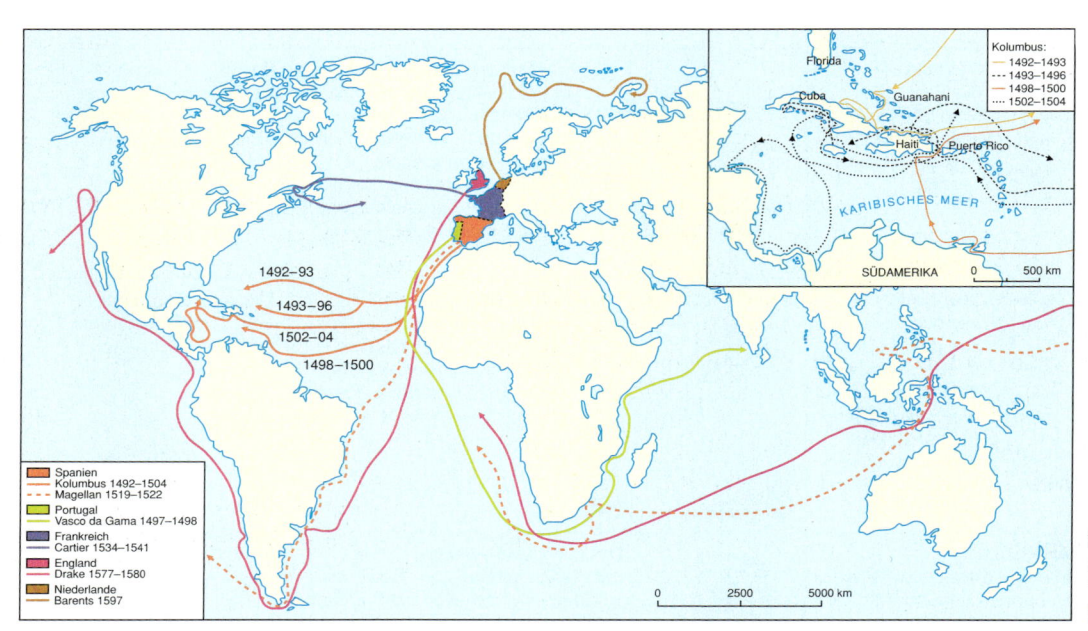

Legende:
- Spanien
  - Kolumbus 1492–1504
  - Magellan 1519–1522
- Portugal
  - Vasco da Gama 1497–1498
- Frankreich
  - Cartier 1534–1541
- England
  - Drake 1577–1580
- Niederlande
  - Barents 1597

Kolumbus:
- 1492–1493
- 1493–1496
- 1498–1500
- 1502–1504

1 Wichtige Entdeckungsfahrten im 15. und 16. Jahrhundert.

Christoph Kolumbus (1451–1506)

Er stammte aus Genua in Italien und suchte im Auftrag des spanischen Königs nach einem Seeweg nach Indien in westlicher Richtung. Im Zuge seiner ersten Entdeckungsreise im Jahr 1492 wurde er zum spanischen Vizekönig der neu entdeckten Länder ernannt. Bis 1504 unternahm er noch drei weitere Entdeckungsreisen in die Karibik. Aber erst nach seinem Tod wurde erkannt, dass er nicht einen neuen Weg nach Indien, sondern einen neuen Kontinent entdeckt hatte.

Vasco da Gama (1469–1524)

Mit vier Schiffen brach der Portugiese im Juli 1497 auf, um einen östlichen Seeweg nach Indien zu finden. Er umsegelte die Südspitze Afrikas, das Kap der Guten Hoffnung, dann weiter in nordöstlicher Richtung. Im Mai 1498 erreichte er tatsächlich den indischen Hafen Caligut. 1499 kehrte er mit drei Schiffen, beladen mit Gewürzen und Seidenstoffen nach Portugal zurück. Viele seiner Seeleute waren jedoch an Skorbut, einer von Vitamin C-Mangel hervorgerufenen Krankheit, gestorben.

Ferdinand Magellan (1480–1521)

Der Portugiese begann 1519 die erste Weltumseglung in westlicher Richtung. Er umrundete die Südspitze Südamerikas, das Kap Hoorn, und erreichte im November 1520 die Südsee. Weil das Meer ruhig war, nannte Magellan es „mar pacifico" (= friedliches Meer). Die Meeresstraße zwischen dem Atlantischen und Pazifischen Ozean ist nach ihm benannt worden. Magellan starb während der Weltumseglung auf einer Insel der Philippinen.

Arbeitstechnik: Kartenarbeit

Das neue Bild der Welt

Bereits im 9. und 10. Jahrhundert waren die Wikinger mit ihren Schiffen auf einem bisher unbekannten Kontinent im Westen gelandet, doch gerieten ihre Entdeckungen wieder in Vergessenheit. Erst seit dem 15. Jahrhundert sorgten Forscher und Entdecker wie Christoph Kolumbus, Ferdinand Magellan oder Vasco da Gama dafür, dass das seit der griechischen Antike bestehende Bild der Welt grundlegend erweitert werden konnte. Damit erlebte auch die Lehre und Technik der Kartenherstellung, die Kartografie, einen neuen Aufschwung.

Neben geografischen Karten, die ihr aus dem Erdkundeunterricht kennt, gibt es auch Geschichtskarten. Sie sollen historische Zusammenhänge veranschaulichen. Um eine Karte richtig „lesen" zu können muss man sich vor allem die beigefügten Erklärungen (= Legende) ansehen. Auch helfen folgende Arbeitsschritte weiter:

1. Schritt:
Thema und Zeitraum bestimmen
- Welche Einzelangaben finden sich auf der Karte?
- Wie lautet die Überschrift der Karte?
- Um welchen Zeitraum geht es?

2. Schritt:
Das dargestellte Gebiet bestimmen
- Welcher Raum ist dargestellt?
- Welche heutigen Länder liegen in dem dargestellten Raum?
- Welche Ausdehnung hat der dargestellte Raum? (Beachtet den Maßstab!)

3. Schritt:
Farben und Zeichen erkennen
- Welche Farben und Zeichen sind in der Zeichenerklärung (Legende) wiedergegeben und was bedeuten sie?
- Geht es um eine zeitlich eng begrenzte Situation?
- Oder werden z. B. Veränderungen, die sich über einen längeren Zeitraum hinweg vollzogen haben, dargestellt?

4. Schritt:
Aussagen der Karte zusammenfassen
- Wie können die Aussagen der Karte zusammengefasst werden? *Zum Beispiel: Stichworte machen, einen Bericht schreiben, eine Tabelle erstellen …*

5. Schritt:
Offene Fragen notieren
- Welche weiteren Fragen ergeben sich aufgrund der Informationen, die ihr aus der Karte gewonnen habt?

1 Wendet die Arbeitsschritte auf die abgebildete Karte an.
2 Rechnet nach, wie lange Magellans Schiffsmannschaft bei ihrer ersten Weltumsegelung unterwegs war.
3 Stellt Vermutungen darüber an, welche Probleme sich daraus ergaben (Nahrung, Wasser, Krankheiten …).
4 Bildet Arbeitsgruppen und informiert euch in Lexika oder Sachbüchern über einen der Entdecker Cartier, Drake oder Barents. Berichtet darüber in der Klasse.

So geht es weiter …

Künstler, Forscher und Erfinder **188**

Mit dem Buchdruck in die Zukunft **190**
Kolumbus „entdeckt" Amerika **192**
Wie Forscher und Entdecker das Bild der Welt gründlich veränderten …

Indianische Hochkulturen **194**

Die Azteken **195**
Wer waren die „Indianer"? Eine der Kulturen der „Neuen Welt" wird vorgestellt …

Begegnung zweier Welten **196**

Goldgierige Eroberer **197**
Über das Zusammentreffen zweier völlig fremder Kulturen …

Das spanische Weltreich **198**

Kolumbus und die Folgen **199**
Wie die „Neue Welt" zum Kolonialreich wurde …

Die „Neue Welt" wird europäisch **200**

Stoffe und Schnaps gegen Sklaven und Gold **201**
Wie die Kolonien nach den Wünschen der Europäer ausgerichtet werden …

Wie segelten die Eroberer? **202**

Ein Versuch, die Nutzung der Windkraft deutlich zu machen …

Künstler, Forscher und Erfinder

| Christi Geburt | 200 | 400 | 600 | 800 | 1000 | 1200 | 1400 | 1600 | 1800 |

Lesetipp:
*Albrecht Gralle, Der Gürtel des Leonardo, Zürich: Bajazzo 2002 gebunden, 223 Seiten, € 14,–
Eine abenteuerliche Geschichte um die Erfindung eines Fluggerätes*

1 **Rekonstruktion eines von Leonardo da Vinci entwickelten Fluggeräts, das mit Menschenkraft betrieben wird.** Leonardo glaubte, ein Mensch mit künstlichen Flügeln könne fliegen wie ein Vogel.

Zeichnungen aus den Skizzenbüchern Leonardo da Vincis (1452–1519).

Beweise statt Glauben – der Beginn der modernen Naturwissenschaft

Im Mittelalter bestimmte der christliche Glaube in Europa das gesamte Leben. Auch bei wissenschaftlichen Fragen suchte man die Antworten stets in der Bibel. Diese Einstellung änderte sich im Lauf des 15. Jahrhunderts vollkommen. Die Menschen wollten jetzt selbst nachprüfen, selber nach Beweisen und überzeugenden Argumenten suchen. Deutlich wird dies in einem Brief des niederländischen Gelehrten Agricola (1444–1495) an einen Freund:

Q1 … Lass dir alles verdächtig sein, was du bisher gelernt hast. Verurteile alles und verwirf es, wenn du nicht stichhaltige Beweise findest. Auf dem Glauben beruht die Frömmigkeit; die wissenschaftliche Bildung aber sucht stets nach Beweisen. …

So wie Agricola dachten im 15. Jahrhundert viele Menschen. Zu den herausragendsten Vertretern dieses neuen, wissenschaftlichen Ansatzes gehörte auch Leonardo, der 1452 in dem Dorf Vinci bei Florenz geboren wurde. Jahrelang beschäftigte er sich intensiv mit dem Flug von Vögeln, Fledermäusen und Insekten. Genaue Beobachtungen waren die Grundlage für Konstruktionen von Flugapparaten, aber auch von Waffen und U-Booten. Begeistert dachte sich Leonardo Maschinen aus, die zur damaligen Zeit unvorstellbar erschienen. So finden wir in seinen Notizbüchern Entwürfe für einen Fallschirm, für ein Auto mit Federantrieb oder auch für eine Schwimmweste. Leonardo war aber nicht nur Künstler, genialer Forscher und Erfinder. Ihn interessierte beinahe alles. Obwohl das Sezieren (die Leichenöffnung) menschlicher Körper von der Kirche verboten wurde, nahm Leonardo über dreißig Leichenöffnungen selbst vor, um sich ein genaues Bild vom menschlichen Körper und seinen Organen sowie den Krankheitsursachen zu machen.

Künstler, Forscher und Erfinder

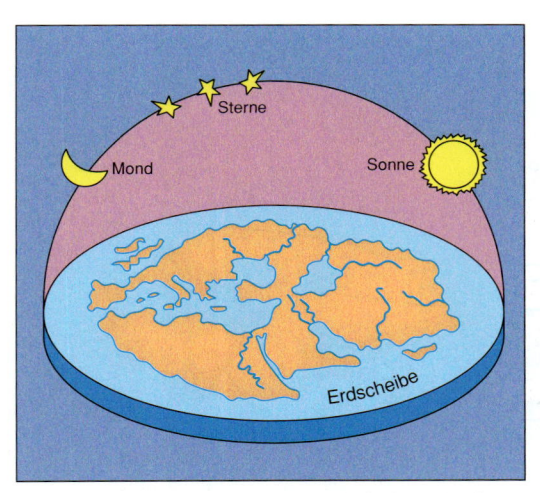

2 Die Bewegung der Planeten nach der mittelalterlichen Vorstellung (geozentrisches Weltbild).

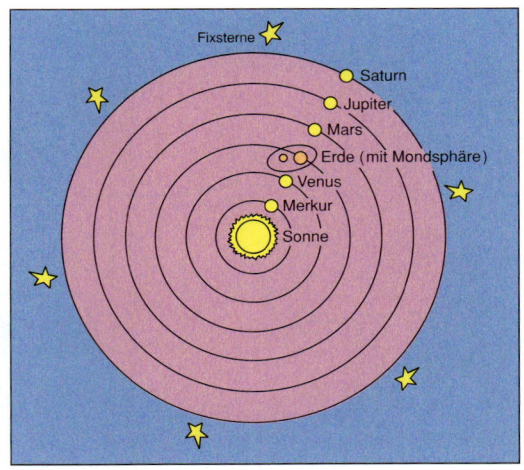

3 Die Bewegung der Planeten nach der Berechnung des Kopernikus (heliozentrisches Weltbild).

Seine Vorgehensweise begründete er mit folgenden Worten:

Q2 ... Mir aber scheint, es sei alles Wissen eitel und voller Irrtümer, das nicht von der Erfahrung, der Mutter aller Gewissheit, zur Welt gebracht wird.
Hüte dich vor den Lehren jener Spekulanten, deren Überlegungen nicht von der Erfahrung bestätigt sind. ... Wir müssen von der Erfahrung ausgehen und mit dieser das (Natur-)Gesetz erforschen. ...

1 Leonardo wendet sich gegen die „Lehre der Spekulanten". – Was ist damit gemeint?
2 Sucht nach eigenen Beispielen, in denen ihr durch genaue Beobachtung zur Erkenntnis eines Naturgesetzes kommt.

Die Welt verliert ihren Mittelpunkt

Ein Beispiel für das gewandelte Denken der Wissenschaftler gibt auch der polnische Priester und Astronom Nikolaus Kopernikus (1473–1543). Jahrzehntelang widmete er sich der Erforschung der Planeten und ihrer Umlaufbahnen. Als Geistlicher war er davon überzeugt, dass sich die Erde als flache Scheibe im Mittelpunkt des Weltalls befinde; um sie drehen sich alle anderen Planeten und die Sonne (Abb. 2). So lehrte es die Kirche und so glaubte man es auch der Bibel entnehmen zu können, wo von der Bewegung von Sonne und Mond die Rede ist (vgl. Buch Josua 10, 12–13). Der Mensch als das höchste Geschöpf Gottes konnte – so glaubte man – doch nur im Zentrum des Weltalls leben.
Als Wissenschaftler gelangte Kopernikus allmählich zu einer ganz anderen Erkenntnis. Seine Beobachtungen und Berechnungen – immer wieder von ihm überprüft – ergaben ganz eindeutig, dass die Erde und die Planeten sich um die Sonne drehen. Die Lehre der Kirche von der Erde als Zentrum des Weltalls musste also falsch sein. Dreißig Jahre lang hielt Kopernikus die Ergebnisse in seinem Schreibtisch verschlossen. Erst kurz vor seinem Tod gab er die Erlaubnis zum Druck eines Buches, das den Titel trug: „Über die Umlaufbahnen der Himmelskörper". Von der Kirche wurde das Buch sofort verboten.

3 Beschreibt die Position der Erde in den Abbildungen 2 und 3.
4 Spielt folgende Situation: Kopernikus berät sich mit einem anderen Priester, ob er seine Erkenntnisse veröffentlichen soll. – Welche Argumente sprechen dafür, welche dagegen?
5 Prüft, ob es Ähnlichkeiten und Unterschiede im Vorgehen von Kopernikus und Leonardo gibt.

*Bild des **Kopernikus** mit einem astronomischen Modell.*

Mit dem Buchdruck in die Zukunft

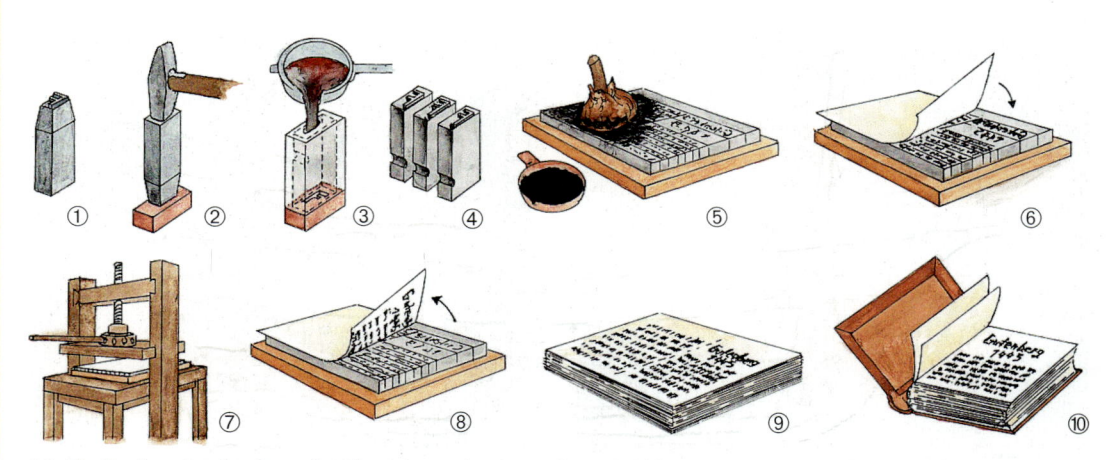

1 Ein Buch entsteht. So stellte Gutenberg eine Letter her: ① Er formte eine Musterletter aus hartem Material. ② Dann schlug er sie in ein Klötzchen aus weichem Kupfer. So entstand eine Matrize. ③ In die Matrize goss er flüssiges Blei. ④ Daraus entstand dann eine Bleiletter. ⑤ Die Lettern setzte er zu einer Druckform zusammen, die er schwarz färbte. ⑥ Darauf legte er einen Bogen Papier. ⑦ Er presste Papier und Druckform zusammen. ⑧ Nun war der Bogen bedruckt. ⑨ Die Bögen wurden zu einem Buch zusammengetragen. ⑩ Der Buchblock erhielt einen Einband.

*Johannes Gensfleisch, genannt **Gutenberg** (1397 bis 1468), Erfinder des Buchdrucks.*

Die Erfindung des Buchdrucks

Die Entdeckungen und Erfindungen hätten damals wohl kaum so schnell eine große Rolle gespielt, wäre nicht zu dieser Zeit auch der Buchdruck erfunden worden.

Im Mittelalter hatten sich neue Ideen oder Erfindungen nur langsam herumgesprochen. Zeitungen gab es nicht und Bücher auch nur sehr wenige. Bücher wurden nämlich – meist in Klöstern – mit der Hand geschrieben. Für die Anfertigung eines einzigen Buches brauchte man häufig viele Jahre. Bücher waren daher sehr teuer. Eine Bibel etwa kostete 60 Gulden; für diese Summe konnte man auch ein kleines Bauerngut erwerben. Nur Klöster, Fürsten oder sehr reiche Bürger konnten sich überhaupt eigene Bücher leisten. Dies änderte sich beinahe schlagartig mit der Erfindung von Johannes Gutenberg. Der Abt des Klosters Hirsau berichtet darüber:

Q1 … Zu dieser Zeit (1450) wurde in Mainz jene wunderbare und früher unerhörte Kunst, Bücher mittels Buchstaben zusammenzusetzen und zu drucken, durch Johannes Gutenberg, einen Mainzer Bürger, erfunden und ausgedacht. …

Sie druckten zuerst ein Wörterbuch, indem sie die Buchstaben der Reihe nach in hölzernen Tafeln geschnitzt hatten. Allein mit diesen Tafeln konnten sie nichts anderes drucken, eben weil die Buchstaben nicht von der Tafel ablösbar und beweglich waren. Nach diesen Erfindungen erfolgten kunstreichere. Sie erfanden die Kunst, die Formen aller Buchstaben des Alphabets aus Metall zu gießen.

Die Buchstaben konnten zu Wörtern, zu Seiten zusammengesetzt werden. Nach dem Druck wurden sie wieder auseinander genommen. Dann konnten die Buchstaben für eine neue Seite wieder gesetzt werden.

1 *Erklärt anhand der Abbildung 1 das von Gutenberg erdachte Verfahren.*
2 *Erklärt den Vorteil beweglicher Metallbuchstaben gegenüber dem Druck mit Holztafeln.*

Bücher für alle

Die Druckerkunst verbreitete sich rasch über ganz Europa. Um 1500 gab es in Europa über 1100 Druckereien. Sie legten 40 000 verschiedene Werke mit einer Gesamtzahl von mehr als zehn Millionen Büchern auf. An erster Stelle wurden Bibeln und religiöse Schriften gedruckt, aber auch wissenschaftliche oder politische Flugschriften. Bücher konnten sich jetzt viele Menschen leisten,

Mit dem Buchdruck in die Zukunft

2 Druckerwerkstatt im 16. Jahrhundert. Die Herstellung des Druckwerks begann links bei den Setzern. Sie setzten den Text eines geschriebenen Manuskripts mit Metallbuchstaben auf eine Platte. Dann wurde Korrektur gelesen (der stehende Mann mit Brille sucht nach Druckfehlern). Im Hintergrund wurde der Handsatz mithilfe von Druckerschwärze und Lederballen eingefärbt. Dann wurde in der Presse rechts ein Blatt Papier darauf gedrückt. Das bedruckte Papier hing anschließend rechts oben zum Trocknen und wurde zum Schluss von Lehrjungen auf den Stapel im Vordergrund gelegt. Der Mann rechts vorn im Bild könnte ein Kunde sein, der nach seinem Druckauftrag fragt.

Als im 15. Jahrhundert gedruckte Bücher eingeführt wurden, stieg die Nachfrage nach Brillen sprunghaft an.

denn sie wurden ständig billiger. Im Jahr 1522 kostete z. B. die Bibel nur noch 1 1/2 Gulden. In einer Lob- und Gedächtnisrede auf die Erfindung der Buchdruckerkunst hieß es 1740:

Q2 … Die vormals kostbaren, so seltenen Bücher der alten Weltweisen, Geschichtsschreiber, Redner und Dichter, Rechtsgelehrten und Ärzte wurden nunmehr auf erstaunende Weise vervielfältigt. … Für das Geld, wofür man sonst kaum zwei oder drei Bücher hatte kaufen können, konnte man jetzt ganze Büchersäle auffüllen. Was vorher nur die Großen der Welt und Begüterte im Volk hatten tun können, das war jetzt auch dem einfachen Volk nicht versagt. … Es mehrte sich die Zahl hoher und niederer Schulen. Kurz, ganz Europa ward mit Künsten und Wissenschaften erfüllt. …

mehr als das Blei in der Flinte das Blei im Setzkasten." – Überlegt bei eurer Antwort, was es ohne die Erfindung des Buchdrucks nicht geben würde.

3 Stellt fest, welche Vorteile des Buchdrucks in dieser Gedächtnisrede genannt werden.
4 Erläutert den Satz: „Der Buchdruck bildet das erste Massenmedium der Geschichte."
5 Erklärt die Behauptung: „Mehr als das Gold hat das Blei die Welt verändert. Und

3 Auch die neue Methode der Papierherstellung senkte die Preise. Leinenlumpen wurden zu einem Brei verkocht, der mit einem flachen Sieb abgehoben und ausgepresst wurde. Beim Trocknen verflochten sich die Fasern zu einem Papierbogen. Rekonstruktionszeichnung.

191

Die „Santa Maria", das Schiff des Kolumbus:
Länge: 21 m
Verdrängung: 240 t
Besatzung: 40 Mann

Die „Universe Island", ein modernes Tankschiff (1990):
Länge: 310 m
Verdrängung: 300 000 t
Besatzung: 20 Mann

Mit den Schiffen „Pinta", „Nina" und „Santa Maria" verließ Kolumbus 1492 Spanien. Er suchte den Seeweg nach Indien, doch er entdeckte Amerika.

Pinta

Nina

Santa Maria

Kolumbus „entdeckt" Amerika

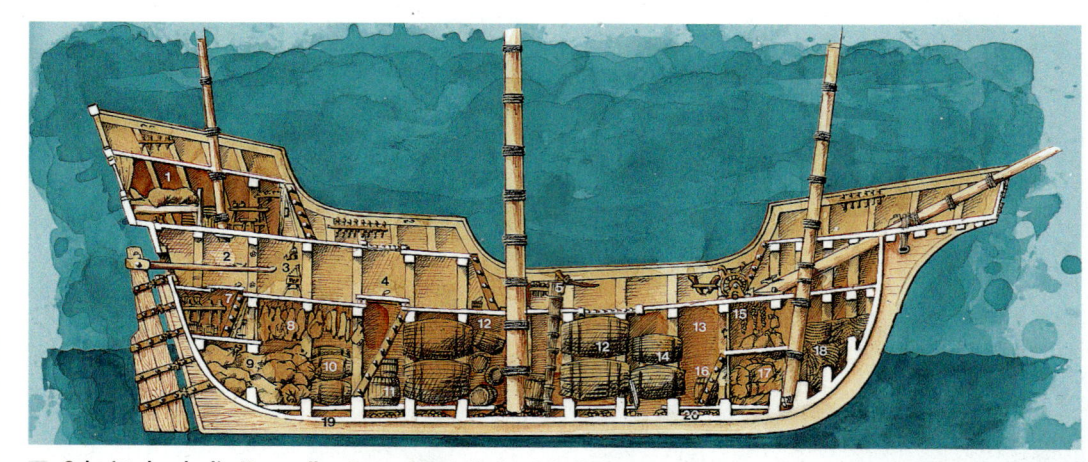

1 Schnitt durch die Karavelle „Santa Maria", das Schiff des Kolumbus. **1** Admiralskajüte, **2** Steuerruder, **3** Kompass, **4** Luke zum Schiffsladeraum, **5** Entwässerungspumpe, **6** Hebevorrichtung für Anker und Segel, **7** Waffen- und Munitionskammer, **8** geräucherte und getrocknete Fleischwaren, **9** Schiffszwieback, **10** Pökelfleisch in Fässern, **11** Ölvorrat, **12** Wasservorrat, **13** Schiffsladeraum, **14** Weinfässer, **15** getrocknete Hülsenfrüchte in Säcken, Zwiebeln und Knoblauch, **16** Mehlfässer, **17** Abstellkammer für Segel, **18** Laderaum für Taue, **19** Sammelraum für Kondenswasser, **20** Steine als Ballast.

Auf dem Seeweg nach Indien?
1 *Seht euch die Zeichnung oben an und erklärt, wozu die dort gezeigten Dinge auf die Seereise mitgenommen wurden.*

Christoph Kolumbus, geboren 1451 in Genua, fuhr seit seinem 14. Lebensjahr zur See. Auf diesen Fahrten lernte er die technischen Neuerungen und Erfindungen seiner Zeit kennen. Gleichzeitig informierte er sich über die neuesten Erkenntnisse der Sternenkunde, Kartografie und Seefahrt. Beides machte ihn zu einem erfahrenen Seefahrer. Mit Waren aus Indien und China hatten europäische Kaufleute lange Zeit regen Handel getrieben. Begehrt waren vor allem Seidenstoffe sowie Gewürze. Die wichtigsten Handelswege verliefen dabei von Europa über Konstantinopel nach Indien. Im Jahr 1453 eroberten die Türken Konstantinopel. Sie konnten nun die Preise bestimmen. Wenn die Waren auf dem Landweg zu teuer wurden, musste man es eben auf dem Seeweg versuchen. Im Auftrag ihres Königs suchten portugiesische Seeleute jahrzehntelang nach einem Weg um die Südspitze Afrikas. Jedes Mal drangen sie ein Stück weiter vor.

Kolumbus sah eine andere Möglichkeit. Er wollte Indien erreichen, indem er nicht wie sonst üblich in östliche Richtung segelte, sondern westwärts fuhr. Bestärkt in seinem Vorhaben wurde er von Paolo Toscanelli, einem berühmten Arzt und Astronomen aus Florenz. Er schrieb an Kolumbus:

Q1 … Ich habe Kenntnis genommen von deinem hochherzigen und großartigen Plan auf dem Weg nach Westen, den dir meine Karte anzeigt, zu den Ländern des Ostens zu segeln. Besser hätte es sich mithilfe einer runden Kugel klarmachen lassen. Es freut mich, dass du mich richtig verstanden hast. Der genannte Weg ist nicht nur möglich, sondern wahr und sicher. …

Neun Jahre lang bemühte sich Kolumbus zunächst beim portugiesischen, dann beim spanischen König um Unterstützung. Im Jahr 1492 erhielt er vom spanischen König und der Königin drei Schiffe, von denen das größte, die „Santa Maria", 21 Meter lang und sechs Meter breit war.

2 *Erläutert die Ausführungen Toscanellis an einem Globus.*

Kolumbus „entdeckt" Amerika

2 Landung des Kolumbus auf der Insel Guanahani.
Kolorierter Kupferstich, 1594.

Eine Fahrt bis an das Ende der Welt?

Vor seiner Abreise ernannte der spanische König Kolumbus zum Vizekönig sämtlicher Inseln und aller Länder, die er entdecken würde. Außerdem sollte Kolumbus den zehnten Teil aller Waren aus diesen Ländern erhalten.

Am 3. August 1492 verließ Kolumbus mit den drei Schiffen den spanischen Hafen Palos.

Woche um Woche fuhren die Schiffe westwärts. Die Vorräte wurden langsam knapp, die Schiffsbesatzung unruhig. Weit und breit war kein Land zu sehen. War die Erde doch nur eine Scheibe, wie die Matrosen glaubten? „In ihren Augen" – so notiert Kolumbus in sein Tagebuch – „sehe ich nur Hass." Doch Kolumbus hielt unbeirrt an seinem Kurs fest. Endlich, am 12. Oktober 1492, wurde Land gesichtet. Im Namen des spanischen Königs ergriff Kolumbus von der Insel Besitz und nannte sie San Salvador, „Heiliger Erlöser". Die Bewohner nannten ihre Insel Guanahani. Über die Menschen dort schrieb Kolumbus:

Q2 … Die Eingeborenen sind ohne Zweifel gutmütig und sanft. Da ich ihre Freundschaft gewinnen wollte, gab ich einigen von ihnen ein paar bunte Mützen und Halsketten aus Glasperlen und andere Dinge von geringem Wert, worüber sie sich ungemein freuten. … Sie sind gewiss hervorragende Diener. Sie haben einen aufgeweckten Verstand, denn ich sehe, dass sie sehr schnell alles nachsagen können, was man ihnen vorspricht. …

Kolumbus und die „Indianer"

Reich beladen kehrte Kolumbus im Mai 1493 nach Spanien zurück und brachte bis dahin unbekannte Pflanzen und Tiere, z. B. Papageien, aber auch Gold und einige Eingeborene mit zurück. Weil Kolumbus bis zu seinem Tod glaubte, in Indien gelandet zu sein, nannte er die Bewohner der entdeckten Inseln „Indianer".

3 Erklärt die ersten Handlungen des Kolumbus nach dem Betreten der Insel.

4 Beschreibt Abbildung 2. Wie werden die Spanier, wie die Inselbewohner dargestellt (Kleidung, Haltung, Tätigkeiten)?

5 Überlegt, was der Künstler mit der Tätigkeit der ganz links dargestellten Personengruppe andeuten wollte.

6 Schreibt einen Bericht über die Ankunft der Spanier aus der Sicht der Inselbewohner.

1492: Kolumbus entdeckt Amerika.

Lesetipp:
Hans Baumann, Der Sohn des Columbus, München: dtv junior 1981
368 Seiten, € 9,–

Sachbuch-Tipp:
Pierre Marc, Kolumbus entdeckt Amerika, Zürich: Bohem Press/PRO 1992 gebunden, 106 Seiten, € 15,80

Amerigo und Amerika: 1508 ernannte der König von Spanien den Italiener **Amerigo Vespucci** zum obersten königlichen Seelotsen. Auf drei Fahrten erkundete er die Neue Welt. Seine Karten waren so genau, dass die Seeleute die Neue Welt bald nur noch „Amerigos Land" oder Amerika nannten.

Indianische Hochkulturen

Konquistadoren*:
Die spanischen und portugiesischen Eroberer Mittel- und Südamerikas im 16. Jahrhundert. Durch ihre Expeditionen wurden die indianischen Reiche, etwa der Inkas und Azteken, erobert, ausgeplündert und zerstört. Bekannteste Konquistadoren waren u. a. Hernando Cortez und Francisco Pizarro.

1 Plan der Stadt Tenochtitlán zur Zeit der Entdeckung. Holzschnitt, 1524.

So stellten sich die Europäer die Bewohner in den unbekannten Ländern vor. Aus einem französischen Reisebuch des 14. Jahrhunderts.

Tenochtitlán: Hauptstadt der ▶ Azteken

Es gab und gibt in Amerika sehr unterschiedliche Indianerkulturen. So lebten im Gebiet des heutigen Mexiko zur Zeit der Entdeckungen die Azteken.
Über ihre Hauptstadt Tenochtitlán schrieb am 30. Oktober 1520 der spanische Konquistador* Hernando Cortez in einem Brief:

Q … Die Hauptstadt Tenochtitlán liegt in einem salzigen See. Sie hat vier Zugänge, alle über Steindämme führend, die von Menschenhand erbaut sind. Sie sind etwa zwei Lanzen breit. An einem der Dämme laufen zwei Röhren aus Mörtelwerk entlang, jede etwa zwei Schritte breit und eine Mannslänge hoch. Durch eine Röhre kommt ein Strom süßen Wassers bis in die Mitte der Stadt. Alle Menschen nehmen davon und trinken es. Die andere Röhre wird benutzt, wenn die erste gereinigt wird. …
Die Stadt hat viele öffentliche Plätze, auf denen ständig Markt gehalten wird. Dann hat sie noch einen anderen Platz …, wo sich täglich mehr als 60 000 Einwohner treffen: Käufer und Verkäufer von Lebensmitteln, Kleinodien aus Gold, Silber, Blech. … Außerdem verkauft man Steine, Bauholz, Kalk und Ziegelsteine. …
… Es gibt Apotheken …, es gibt Häuser, wo man für Geld essen und trinken kann. Es gibt Leute zum Lasttragen. …
Es gibt in dieser Stadt viele sehr gute und sehr große Häuser, weil alle großen Herren des Landes … ihre Häuser in der Stadt haben, sie wohnen dort eine gewisse Zeit des Jahres. Aber auch sonst gibt es viele reiche Bürger, die gleichfalls sehr schöne Häuser besitzen. Sie alle haben außer sehr schönen, großen Gemächern auch sehr hübsche Blumengärten. …
An allen Eingängen der Stadt, wo die Kähne ausgeladen werden, also an den Stellen, durch die der größte Teil der Lebensmittel in die Stadt gelangt, sind Hütten gebaut. In ihnen halten sich Wachtposten auf, die eine Abgabe von allem erheben, was in die Stadt gebracht wird. Ich weiß aber nicht, ob diese Beträge für den Herrscher oder für die Stadt erhoben werden. …

Die Azteken

2 Menschenopfer.
Aus einer zeitgenössischen aztekischen Handschrift.

3 Ein aztekisches Schmuckstück.
Um 1480.

Die Götter des Feuers und des Wassers waren die ältesten Götter der Azteken. Der Gott des Feuers trug eine Schale für die Flammen auf seinem Rücken. Der Regengott Tlaloc war bei allen Völkern Mexikos ein übermächtiger Herr. Jeder Berg hatte seinen Tlaloc, der die Regenwolken einsammelte und sie über den Himmel verteilte.

1 *Erläutert Abbildung 1 mithilfe des Textes.*
2 *Erstellt eine Liste dessen, was nötig ist, um eine solche Stadt zu versorgen.*
3 *Vergleicht Tenochtitlán mit einer modernen Stadt.*

Vom Leben der Azteken

Tenochtitlán war die Hauptstadt eines großen Staates. Mithilfe von Beamten und Priestern regierte seit 1502 der König Montezuma das Land der Azteken.

Die Religion spielte im Leben der Azteken eine sehr große Rolle. Sie glaubten an viele Götter, die auf verschiedene Weise in das Leben der Menschen eingreifen sollten. Besonders wichtig war der Sonnengott Huizilopochtli, denn die Sonne galt als Voraussetzung für alles Leben auf der Erde.

Dieser Sonnengott verbrauchte jedoch für einen Tageslauf seine gesamte Energie. Deshalb brauchte er Nahrung, um jeden Tag wieder neu aufzustehen. Diese Nahrung bestand, nach dem Glauben der Azteken, aus der Lebensenergie von Menschen, die ihm geopfert wurden. Sie waren das einzige Mittel, das Überleben der Menschheit zu sichern, denn ohne diese Menschenopfer käme die Sonne zum Stillstand und die Welt müsse sterben. Deshalb wurden jährlich Tausende geopfert.

Auch der Kalender wurde durch die Religion bestimmt. Das Jahr war in 18 Monate mit je 20 Tagen und fünf Schalttagen eingeteilt. Jeder Monat war einer Göttin oder einem Gott geweiht. Wie die Christen glaubten auch die Azteken an ein Leben nach dem Tod.

Wie im Europa des 16. Jahrhunderts lebten die meisten Menschen als Bauern und Bäuerinnen. Daneben gab es die Gruppen der Handwerker, Kaufleute, Krieger, Beamten und Priester.

Ähnlich wie in Europa spielten die Frauen im öffentlichen Leben eine untergeordnete Rolle. Ihre Haupttätigkeit war auf den häuslichen Rahmen beschränkt.

Bis zum 15. Lebensjahr blieben die Kinder in den Familien. Danach galten sie als erwachsen. Die Mütter erzogen die Mädchen und die Väter die Jungen. Von klein auf nahmen die Kinder an den Arbeiten der Eltern teil. Die Jugendlichen konnten auch in öffentliche Schulen gehen, um sich weiterzubilden.

4 *Erklärt, warum die Azteken ihren Göttern Menschen opferten.*
5 *Diskutiert, wie diese Handlungsweise aus Sicht der damaligen Europäer und aus unserer heutigen Sicht beurteilt werden kann.*

Die erschreckende Maske wurde aus einem menschlichen Schädel gefertigt. Bei der Vollendung eines Bauwerks, z. B. eines Tempels, hinterlegten die Azteken derartige Masken als Opfergaben.

Dekorierter Schöpflöffel: Bei Opferhandlungen verbrannten die Azteken in solchen Schöpfkellen Weihrauch.

195

Begegnung zweier Welten

1 Begegnung zwischen dem Spanier Cortez und dem Azteken Montezuma in Tenochtitlán. Hinter Cortez steht die indianische Dolmetscherin. Mexikanische Darstellung auf einem Teppich, 1590.

1519:
Im Auftrag der spanischen Krone landet **Hernando Cortez** im heutigen Mexiko. Im Landesinnern entdeckte er das mächtige Reich der Azteken, das er mit seinen Truppen innerhalb von zwei Jahren völlig zerstörte.

Sachbuch-Tipp:
Ferdinand Anton, Die geheimnisvolle Welt der Azteken. Aus der Reihe „Abenteuer Kunst", München: Prestel Verlag 2002 30 Seiten, € 14,95

Ankunft der Götter

1519 landete der spanische Adlige Hernando Cortez mit 550 Männern, 16 Pferden und 11 Kanonen auf dem Festland Amerikas. Er wollte die Goldschätze erbeuten, von denen er gehört hatte. Die Spanier zogen von der Küste aus in das Binnenland von Mexiko.

Dort herrschte seit 1502 Montezuma als König der ▶ Azteken. Die Azteken lebten in ständiger Furcht vor Göttern und Dämonen. In ihren Sagen hieß es, eines Tages würde der Gott Quetzalcoatl von Osten her ins Land kommen. Weiße Boten würden seine Ankunft melden. Das Eindringen der Spanier wurde Montezuma mit den Worten gemeldet: „Weiße Männer sind an der Küste gelandet." Montezuma erschrak. Waren das die Boten des Gottes?

Montezuma sandte den Fremden eine Gesandtschaft mit reichen Geschenken. Die Gesandten baten Cortez, nicht weiter ins Land einzudringen. Der aber ließ sich durch die Bitten und Geschenke nicht aufhalten. Er marschierte mit seinen Männern nach Tenochtitlán, der Hauptstadt des Aztekenreiches. Montezuma hatte von seinen zurückgekehrten Gesandten gehört, dass die Spanier sich ganz in Eisen kleideten und von Hirschen auf dem Rücken getragen würden. Nur ihre Gesichter seien nicht bedeckt und die Haut weiß wie Kalk. Weiß wie das Gesicht Quetzalcoatls.

Montezuma begrüßte die Fremden. Die Begrüßungsrede hat Bernal Diaz del Castillo, ein spanischer Soldat, der dabei war, notiert:

Q1 … O unser Herr, mit Mühsal hast du es erreicht, … dass du in deiner Stadt angekommen bist, dass du auf deinem Stuhl Platz nehmen kannst, den ich für dich eine Weile gehütet habe.
Das haben uns die Häuptlinge überliefert, dass du kommen wirst, deine Stadt aufzusuchen. … Und jetzt ist es wahr geworden. Du bist zurückgekehrt. Mit Ermüdung hast du es erreicht. Sei nun wohl angekommen! Ruhe dich aus. Besuche deinen Palast. …

Montezuma führte die Spanier in seinen Palast und ließ ihnen wieder reiche Geschenke übergeben. Sie aber ließen sich das königliche Schatzhaus zeigen.
In dem aztekischen Bericht heißt es dann:

Q2 … Alles Gold rafften die Spanier zu einem Haufen. An die anderen Kostbarkeiten legten sie Feuer und alles verbrannte. Das Gold schmolzen sie zu Barren, von den wertvollsten grünen Edelsteinen nahmen sie nur die besten. … Das ganze Schatzhaus durchwühlten die Spanier, die drängten und fragten und griffen nach allem, was ihnen gefiel.

1 Erklärt, was Montezuma meinte, als er sagte: „Du bist in deiner Stadt angekommen."
2 Benennt das Ziel der Spanier und beurteilt ihr Verhalten aus der Sicht der Azteken.

Goldgierige Eroberer

2 Aztekischer Angriff auf die in einem Palast eingeschlossenen Spanier.
(Oben links spricht Montezuma beruhigende Worte zu den Azteken.) Mexikanische Darstellung aus dem 16. Jahrhundert.

Der Aufstand der Azteken

Als dann noch der aztekische Tempeldienst durch die Spanier gestört wurde und als ihre Götterbilder aus den Tempeln geworfen wurden, erhoben sich die Azteken. Nach blutigen Kämpfen mussten die Spanier fliehen. Sie verloren fast die gesamte Beute. Bei den Kämpfen wurde Montezuma getötet.

3 Stellt Vermutungen darüber an, warum sich die Stimmung der Azteken geändert hatte.

Cortez sammelte seine Leute nach der Flucht, zog Verstärkungen heran und bereitete einen neuen Angriff auf Tenochtitlán vor. Nachdem er sich mit anderen Indianerfürsten verbündet hatte, ließ er Tenochtitlán einschließen. Die Bewohner wurden ausgehungert. Die Belagerung dauerte 93 Tage. Die ehemals glänzende Stadt wurde völlig vernichtet. Man schätzt, dass im Kampf 300 000 Azteken starben.
Über das Ende der Stadt berichtet eine aztekische Chronik:

Q3 … Noch einmal fingen die Spanier an zu morden. Und viele Azteken starben. Die Flucht aus der Stadt begann. … Viele flohen über den See, andere auf den großen Dammstraßen. Auch da wurden viele getötet. … [Die Spanier] suchten einige Männer aus. Man trennte sie von den anderen. Das waren die stärksten und tapfersten Krieger, die männliche Herzen hatten. Aber auch Jüngere, die ihnen als Diener nützlich waren, suchten sie aus. Die Spanier zeichneten sie sofort. Mit heißen Eisen drückten sie ihnen Brandmale auf die Wangen. …

4 Vergleicht die Abbildungen 2 und 3.
5 Überlegt, ob sie parteiisch sind. Begründet eure Auffassung.

3 Spanischer Überfall auf Indianer.
Kupferstich von Theodor de Bry, 1596.

Die Sonnenpyramide der Ruinenstadt Teotihuacán, errichtet im 3. Jahrhundert, war die größte Pyramide der Azteken. Im Gegensatz zu den Pyramiden der Pharaonen in Ägypten war sie gestuft, über Treppen begehbar und diente nicht als Herrschergrab, sondern als eine Art künstlicher Berg. Auf dieser Plattform erhob sich eine Tempelanlage.

Aztekische Töpfer waren, so genannte Schwarz-auf-Orange-Keramik.

Montezuma wird als Gefangener in Eisen gelegt.

Das spanische Weltreich

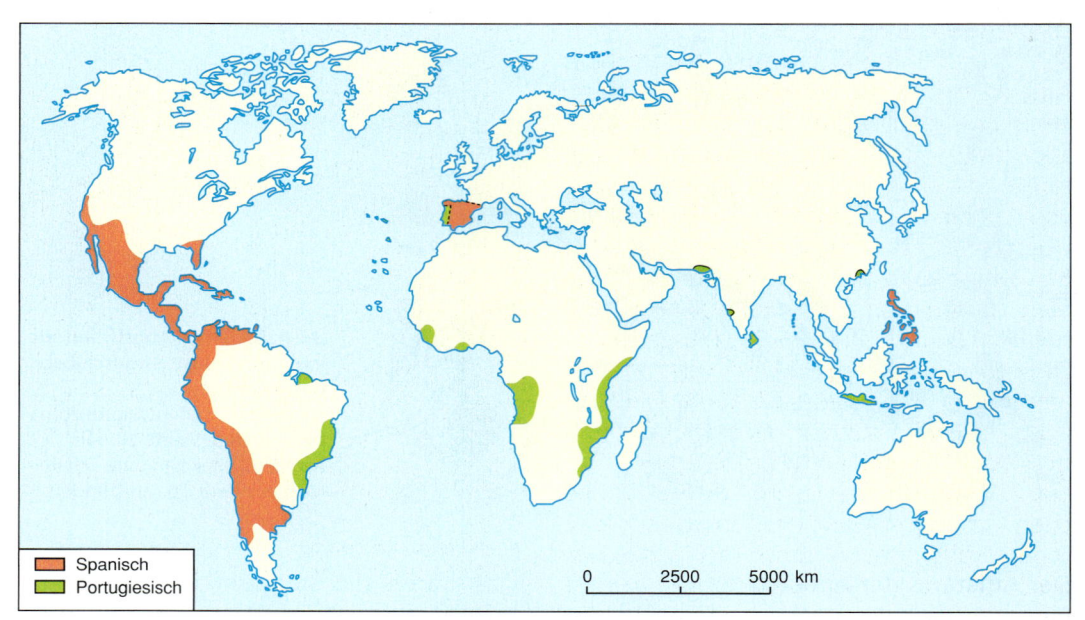

**Kolonien*/
▶ Kolonialismus:**
Die Eroberung zumeist überseeischer Gebiete durch militärisch überlegene Staaten (vor allem Europas) seit dem Ende des 15. Jahrhunderts bezeichnet man als Kolonialismus. Die Kolonialmächte errichteten in den unterworfenen Ländern Handelsstützpunkte und Siedlungskolonien. Sie verfolgten vor allem wirtschaftliche und militärische Ziele.

Die Inka – ein südamerikanisches Indianervolk
„Inka" war ursprünglich ein Herrschertitel. Die Inka eroberten von Peru aus im 15. Jahrhundert ein Reich, das von Kolumbien bis nach Chile reichte. Im Mittelpunkt ihrer Religion stand der Sonnenkult. Ihr Herrscher wurde als Sohn der Sonne und damit als Sohn Gottes verehrt. Die Kulturprodukte der Inka zeugen von hoher Kunstfertigkeit. So dienten Knotenschnüre als Schriftersatz.
Das Inkareich wurde 1531–34 von den Spaniern unter Francisco Pizarro nach blutigen Kämpfen erobert.

1 Spanische und portugiesische Kolonien um 1550.

Kolonialreiche entstehen

Die Eroberung Mexikos ist nur ein Beispiel aus der langen Reihe der Eroberungen. Meist spielten List, Grausamkeit und Habgier eine Rolle. So brachten Spanien und Portugal die Länder unter ihre Herrschaft, die von den Seefahrern entdeckt worden waren. Die unterworfenen Gebiete wurden Kolonien* genannt und vom Mutterland aus verwaltet. Am spanischen Königshof war man der Auffassung, dass das eroberte Land in Amerika kein Ausland sei, sondern als „las Indias" ein neues Land der Krone.
In allen spanischen Kolonien gründeten die Eroberer nach ihrer Ankunft Städte. Von den Städten aus wurde das umliegende Land verwaltet und beherrscht. Seine Bewohner sollten freie Untertanen der Krone sein. Da man sich Heiden aber nicht als Untertanen vorstellen konnte, sollten sie zum christlichen Glauben erzogen werden. Mit den spanischen Eroberern kamen daher auch Mönche und Priester. Sie führten in allen Gebieten den christlichen Glauben ein und bekämpften den Glauben der Indios als Götzendienst.

Der Mönch Peter von Gent schrieb 1529:
Q1 … In dieser Provinz Mexiko haben ich und ein anderer Mitbruder mehr als zweihunderttausend Menschen getauft. Jede Provinz, Ortschaft und Pfarrei hat ihre Kirche. Meine Aufgabe ist es, zu predigen und zu lehren. Während des Tages lehre ich Schreiben, Lesen und Singen. Nachts lese ich den christlichen Katechismus vor und predige. …

Die spanischen Beamten förderten die Missionierung. Sie verfolgten damit aber andere Ziele. Durch den christlichen Glauben sollten die „wilden Indios" an die spanische Lebensweise gewöhnt und zu gehorsamen Untertanen erzogen werden. Diese Umziehung wurde oft mit Gewalt gegen den Willen der Indios durchgeführt.

1 Nennt die heutigen Gebiete, die von Spaniern oder Portugiesen erobert waren. Begründet, warum diese Gebiete erobert wurden.
2 Begründet die Missionsziele aus der Sicht der Indios und der Spanier.

Kolumbus und die Folgen

Die Ausbeutung der Kolonien

Das Hauptziel der spanischen Herrschaft in Amerika war es, so viel wirtschaftlichen Gewinn wie möglich aus den Kolonien nach Spanien zu ziehen. Deshalb wurde die gesamte Wirtschaft, besonders der Handel, von Spanien aus gelenkt und kontrolliert. Überall, wo es Bodenschätze gab, wurden Bergwerke angelegt. Der König von Spanien bekam von allen gefundenen Edelmetallen (Gold, Silber) ein Fünftel als Steuer. Deswegen achteten die königlichen Beamten genau auf die Produktion. Die jährlichen Silberlieferungen nach Spanien stiegen von 17 500 Kilogramm im Jahr 1550 auf 270 000 Kilogramm im Jahr 1600. Reichen Gewinn erwirtschafteten die europäischen Eroberer auch in der Landwirtschaft. Nach der Eroberung wurden die Felder der Indios an die wenigen Eroberer verteilt. So entstanden große landwirtschaftliche Güter: Latifundien. Auf ihnen wurde vor allem angebaut, was man in Europa benötigte, also z. B. Zucker, Tabak, Baumwolle oder Mais. Die Plantagenbesitzer beschränkten sich meist auf die Anpflanzung eines Produkts. Bis heute sind diese Monokulturen charakteristisch für die Landwirtschaft Südamerikas.

Bartolomé de las Casas – Anwalt der Indios

Die Indios mussten unter den härtesten Bedingungen auf den Latifundien und in den Bergwerken Sklavenarbeit leisten. Der Dominikanermönch und spätere Bischof von Mexiko Bartolomé de las Casas (1484–1566) schrieb mehrere Berichte an den spanischen König, in denen er das Verhalten der Kolonialherren gegenüber den Indios anprangerte. In einem seiner Schreiben heißt es:

Q2 … Ein königlicher Beamter erhielt 300 Indios als Arbeitskräfte zugeteilt. Nach drei Monaten hatte er durch die Arbeiten in den Gruben 270 davon zu Tode gebracht, sodass ihm nur der zehnte Teil blieb. Danach gab man ihm wiederum dieselbe Zahl und noch mehr; doch er brachte sie wieder um und je mehr man ihm gab, desto mehr mordete er. … In drei oder vier Monaten starben in meinem Beisein mehr als 7000 Kinder, weil ihre Väter und Mütter in die Gruben geschickt wurden. …

Die Zahl der Indianer, die in den spanischen Kolonien lebten, wurde immer geringer. Neben der Behandlung durch die Spanier waren eingeschleppte Krankheiten wie Typhus, Pest und Masern die Ursachen für den Tod sehr vieler Indianer. Die Bemühungen des Bartolomé de las Casas hatten den Erfolg, dass neue Gesetze in Spanien erlassen wurden. Sie sollten die Indianer schützen. Aber die gut gemeinten Gesetze konnten in den Kolonien nicht durchgesetzt werden. Die Spanier in Amerika richteten sich nicht nach ihnen. Als Bartolomé de las Casas einsehen musste, dass auf diesem Weg den Indianern nicht zu helfen war, machte er den Vorschlag, schwarze Sklaven aus Afrika zu holen. So wollte er das Los der Indianer erleichtern.

2 Indianer werden bestraft. Illustration aus den Schriften des Bartolomé de las Casas.

3 *Beschreibt und besprecht anhand des Textes und der Abbildung 2 das Verhalten der Spanier gegenüber den Indianern.*

4 *Diskutiert über den Vorschlag des Bartolomé de las Casas.*

Potosi
Im heutigen Bolivien gelegene spanische Kolonialstadt nahe dem mit mehr als 30 000 Stollen durchlöcherten Cerro Rico (4830 m), im 16./17. Jahrhundert mit 150 000 Einwohnern eine der größten Städte der Erde. Hunderttausende von Indios starben bei der Arbeit im „Silberberg", dem damals bedeutendsten Silbervorkommen der Erde.

Nach einer Schätzung lebten in Mittelamerika:

1519:
11 000 000 Menschen

1540:
6 500 000 Menschen

1560:
4 400 000 Menschen

1597:
2 500 000 Menschen

Erläutert die Tabelle.

Die „Neue Welt" wird europäisch

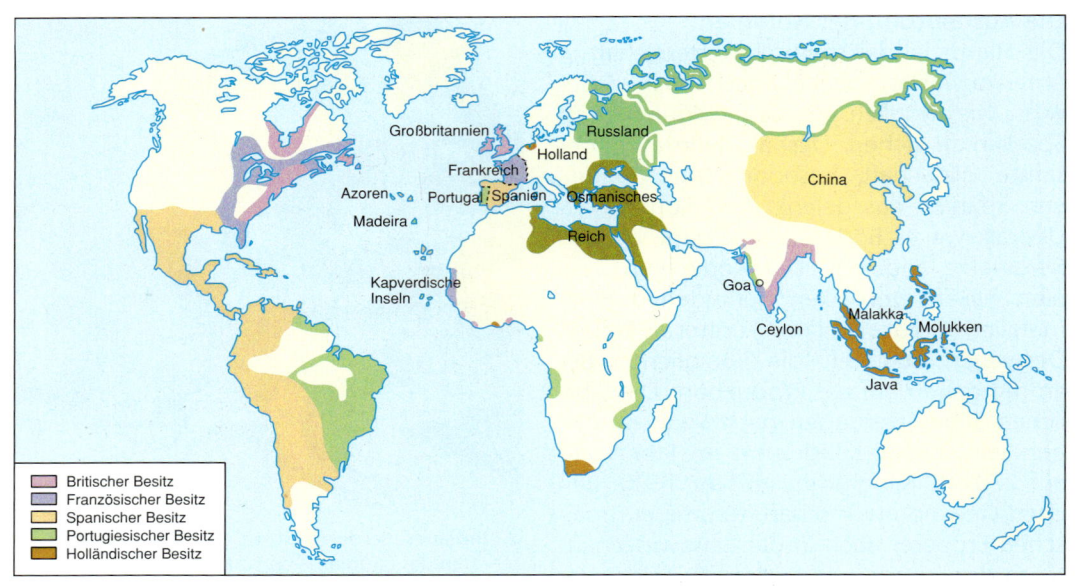

1 Die europäischen Kolonialreiche um 1760.

Legende:
- Britischer Besitz
- Französischer Besitz
- Spanischer Besitz
- Portugiesischer Besitz
- Holländischer Besitz

1588:
Mit dem Untergang der spanischen **Armada*** beginnt der Aufstieg Englands zur See- und Kolonialmacht.

Englische Kolonien in Nordamerika

Der Reichtum Spaniens verlockte auch andere europäische Staaten dazu, Kolonien zu gründen. Vor allem Frankreich, die Niederlande und England sahen darin eine Möglichkeit, in kurzer Zeit große Gewinne zu erzielen. Da Südamerika von Spanien und Portugal bereits in Besitz genommen war, wandten sich diese Staaten jetzt Nordamerika zu. Im Jahr 1590 schrieb z. B. Richard Hakluyt, ein englischer Geograf:

Q … England ist in den vergangenen einhundert Jahren dank einer besonderen Ware, der Wolle, zu größerem Reichtum aufgestiegen. … Und nun geschieht es, dass aufgrund der großen Anstrengung zur Ausdehnung des Wollhandels in Spanien und Westindien die Wolle aus England und die daraus gefertigte Kleidung an Wert verliert. Falls das englische Königreich nicht in die alte Bedeutungslosigkeit zurücksinken soll, dann muss es in Nordamerika eine Niederlassung gründen, um dort seine Wollwaren zu verkaufen. Diese Unternehmung mag den spanischen König davon abhalten, seine Macht über das ganze weite Festland von Amerika auszudehnen. … Mit unserer Niederlassung werden wir den Ruhm des Evangelismus verbreiten und aus England die wahre Religion mitbringen. …

Hakluyt fand mit seinem Aufruf in England viel Zustimmung. Schon lange forderten die großen Handelsgesellschaften, an der Ausbeutung der Kolonien teilnehmen zu können. Wichtigste Voraussetzung hierfür war die Beherrschung der Weltmeere. Im Jahr 1588 wurde die spanische Großflotte, die Armada*, vernichtend geschlagen. Damit war der Weg frei für die Gründung eines englischen Kolonialreiches. Zielstrebig wurden jetzt Kolonien gegründet in

- Nordamerika, wo mit Jamestown im Jahr 1607 die erste englische Niederlassung gegründet wurde;
- Indien, wo man Franzosen, Holländer und Portugiesen nach und nach verdrängte, um den Handel allein zu kontrollieren;
- Afrika, um am Gewinn bringenden Sklavenhandel teilnehmen zu können.

1 Nennt alle Argumente, die Hakluyt in seinem Aufruf anführt. Welches sind seiner Ansicht nach die wichtigsten?

2 Erläutert die Karte 1 mithilfe der Legende.

Stoffe und Schnaps gegen Sklaven und Gold

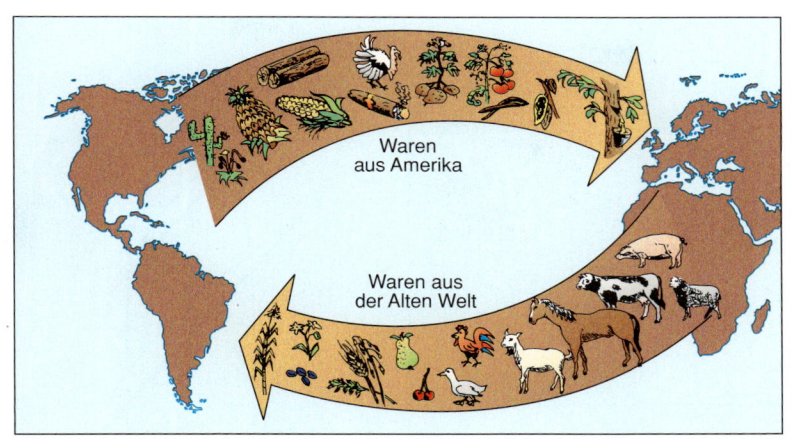

2 Austausch zwischen Amerika und Europa.

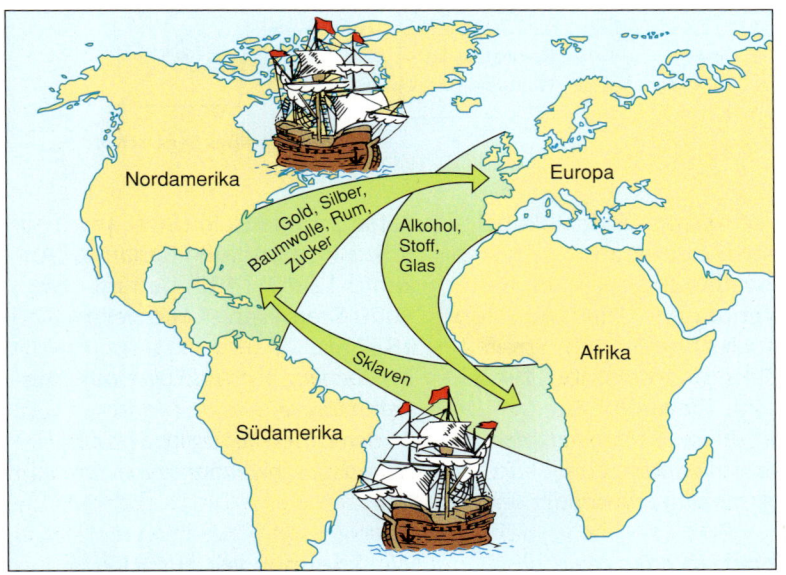

3 Warenströme des Dreieckshandels.

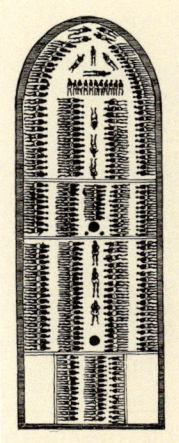

Laderaum eines Sklavenschiffes.

Geschätzte Sklaventransporte:

16. Jahrhundert:
900 000 Menschen

17. Jahrhundert:
2 750 000 Menschen

18. Jahrhundert:
7 000 000 Menschen

19. Jahrhundert:
4 000 000 Menschen

Lesetipp:
Bjarne Reuter,
Prinz Faisals Ring,
Düsseldorf: Sauerländer Verlag 2002
491 Seiten, € 18,–

Der Dreieckshandel im Atlantik

Die Abhängigkeit der Kolonien von ihren Mutterländern zeigte sich besonders in der Wirtschafts- und Handelspolitik. Die Kolonien waren ganz auf die Wünsche der europäischen Staaten ausgerichtet. Damit der heimischen Wirtschaft keine Konkurrenz entstand, wurde die Produktion von Eisenwaren, Stoffen, Glas, Büchern und Papier in vielen Kolonien verboten, selbst der Abbau von Eisenerzen wurde eingeschränkt. Rohstoffe und landwirtschaftliche Produkte mussten nach Europa geliefert werden. Das führte in den Kolonien zu Monokulturen und für die entsprechende Plantagenwirtschaft benötigte man viele Sklaven. Die Kaufleute entwickelten einen Dreieckshandel, der in allen Schritten in der Hand der Europäer war und vor allem den Engländern hohe Gewinne einbrachte.

3 Beschreibt anhand der Abbildung 3 die einzelnen Schritte des Dreieckshandels und die Gewinnmöglichkeiten.

4 Erläutert die Folgen des Sklavenhandels sowohl für Afrika wie für Amerika.

5 Listet auf, welche Waren durch die Entdecker in Europa bekannt wurden und welche in Amerika eingeführt wurden. Überlegt, wie sich der Alltag der Menschen in den beiden Kontinenten durch die neuen Güter veränderte.

Wie segelten die Eroberer?

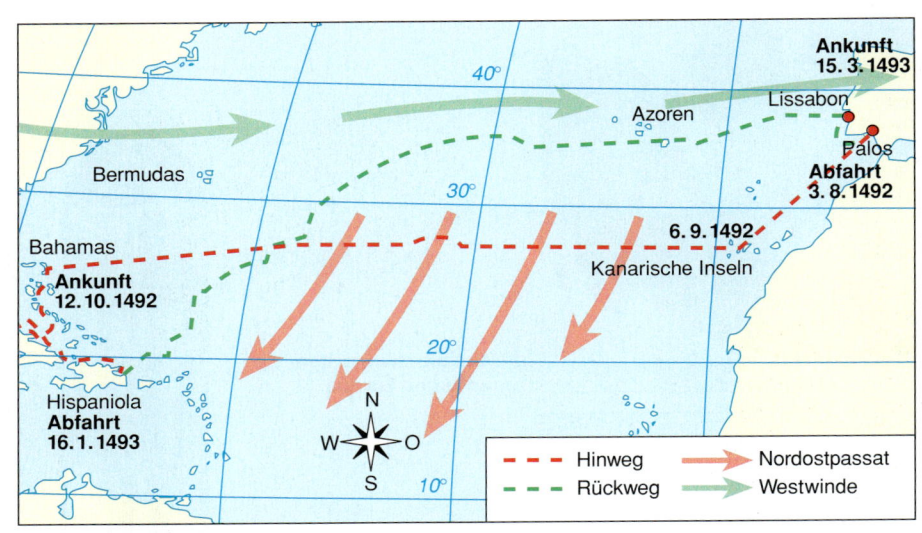

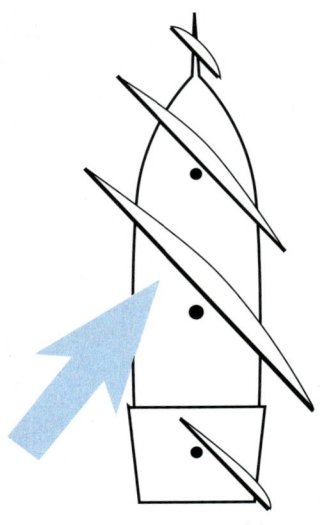

1 Die erste Atlantiküberquerung des Kolumbus.

2 Modell eines Segelschiffs.

Kolumbus und die Passatwinde
Segelschiffe wie die Santa Maria bewegen sich allein durch die Kraft des Windes. Sie ist kostenlos und kann sehr stark sein. Kein Mensch kann jedoch die Richtung beeinflussen, in die der Wind weht. Nur wenn der Wind bis zu einem bestimmten Winkel in das Segel einfällt, kann seine Kraft zur Fortbewegung des Schiffes benutzt werden. Wenn ein Schiff in eine bestimmte Richtung fahren soll, muss die Stellung der Segel der Windrichtung angepasst werden.

Auf der Hinreise segelte Kolumbus zunächst nach Südwesten, obwohl er nach Westen wollte. Er wusste, dass er auf der Höhe der Kanarischen Inseln mit einem stetigen Nordostwind rechnen konnte. Mithilfe dieses Windes wollte er direkt nach Westen segeln. Tatsächlich entdeckte er die bis dahin unbekannten Passatwinde. Die Passate sind das ganze Jahr über regelmäßig wehende Winde.

Auf der nördlichen Erdhalbkugel kommen sie immer aus Nordosten und sie wehen nur zwischen dem 30. Breitengrad und dem Äquator, also ausgerechnet in dem Streifen des Ozeans, den Kolumbus für seine Route ausgewählt hatte.

1 Erklärt anhand des Schiffsmodells, wie sich Windrichtung, Kurs und Segelstellung zueinander verhalten.
2 Zeigt auf einer Skizze (ähnlich dem Schiffsmodell), wie Kolumbus mithilfe des Nordost-Passats nach Amerika segelte.

Wie schnell war Kolumbus?
Kolumbus führte zwei Listen über die zurückgelegten Seemeilen. Am 10. September (zum Beispiel) errechnete Kolumbus eine zurückgelegte Gesamtstrecke von 189 Meilen, die er in seine private, geheime Liste eintrug. In die offizielle Liste trug er nur 144 Seemeilen ein. Wie schnell Kolumbus wirklich war, könnt ihr aber leicht errechnen. Die Entfernung zwischen den Kanarischen Inseln (Start am 6.9.1492) und den Bahamas (Ankunft: 12.10.1492) beträgt etwa 3000 Seemeilen (1 Seemeile = 1852 m).

3 Überlegt, warum Kolumbus zwei Listen führte.
4 Berechnet die tägliche Durchschnittsgeschwindigkeit in Kilometern.

Wie kommen wir zurück?
Lange überlegte Kolumbus, auf welcher Route seine Flotte wieder nach Hause segeln sollte. „Am sichersten wäre es", so dachte er zunächst, „wenn wir auf dem gleichen bekannten Weg zurückfahren." Doch dann entschloss sich Kolumbus für einen Umweg.
5 Erklärt mithilfe einer Skizze, wie Kolumbus hätte segeln müssen, wenn er den gleichen Weg zurückgefahren wäre.
6 Erklärt mithilfe der Karte, wie Kolumbus schließlich zurückkehren konnte.

Zusammenfassung

Die Wende zur Neuzeit
Das 15. Jahrhundert ist die Zeit, in der sich ein neues Denken durchsetzt. Bisher hatte man sich in naturwissenschaftlichen Fragen mit Antworten aus der Bibel zufrieden gegeben. Doch jetzt wollte man alles selbst nachprüfen. So wurde das 15. Jahrhundert zu einer Zeit zahlreicher Entdeckungen und Erfindungen.

Entdeckungen und Erfindungen
Eine der wichtigsten Erfindungen dieser Zeit war der Buchdruck durch Johannes Gutenberg. Erfunden wurden auch ein seetüchtiger Kompass, die mechanische Uhr, der Jakobsstab und hochseetaugliche Schiffe. Dies waren die Voraussetzungen für die europäische Entdeckung Amerikas durch Christoph Kolumbus im Jahr 1492.

Vernichtete Hochkulturen
In Mittel- und Südamerika gab es einige indianische Hochkulturen, z. B. bei den ▶Azteken in Mexiko und den Inkas in Peru. Diese Hochkulturen wurden zu Beginn des 16. Jahrhunderts von den Spaniern auf ihrer Suche nach Gold und Reichtümern zerstört.
Die Bemühungen des Bischofs Bartolomé de las Casas, die Unterdrückung und Ausbeutung der Indianer zu beseitigen, hatten zunächst nur geringen Erfolg.
Um das Leben der Indianer zu schonen, soll Bartolomé de las Casas vorgeschlagen haben, afrikanische Sklaven in die spanischen Kolonien zu holen. Zwischen 1550 und 1800 wurden vermutlich weit über 30 Millionen Menschen in die Sklaverei geführt.

Die „Neue Welt" wird europäisch
Dem Beispiel Spaniens und Portugals folgten bald noch weitere europäische Staaten wie Frankreich, die Niederlande und England. Ein Dreieckshandel, bei dem billige Waren nach Afrika befördert wurden, Sklaven von dort nach Amerika und von Amerika wiederum wertvolle Edelmetalle und Rohstoffe nach Europa, brachte den europäischen Staaten hohe Gewinne. Auch Handel und Wirtschaft in den Kolonien wurden ganz auf die Bedürfnisse der „Mutterländer" abgestimmt. Schon bald hielt auch die europäische Lebensweise Einzug in die Kolonien – die „Neue Welt" wurde europäisch.

1450
Johannes Gutenberg erfindet den Buchdruck.

1492
Christoph Kolumbus sucht einen westlichen Seeweg nach Indien und entdeckt Amerika.

1521
Cortez erobert Mexiko. Die Spanier errichten ihre Herrschaft in den Kolonien.

Seit 1550
Beginn des Dreieckshandels zwischen Europa, Afrika und Amerika.

8. Europa im Glaubensstreit

Was kommt nach dem Tod?

Das Leben der Menschen im Mittelalter war oft voller Ängste und Gefahren. Es gab immer wieder Hungersnöte und Seuchen. Die Kindersterblichkeit war sehr groß. Oft wurden Katastrophen und persönliche Schicksalsschläge als Strafe Gottes gedeutet. An vielen Orten traten Prediger auf und verkündeten das baldige Ende der Welt. Sie forderten die Menschen auf, Buße zu tun und schilderten bildhaft, welche Qualen die Sünder in der Hölle erwarteten. Die Kirche bot den Menschen aber zugleich auch Hilfe an und zeigte ihnen, was sie für ihr Seelenheil tun konnten. Diese wichtigen Botschaften wurden häufig in Bildern dargestellt, weil kaum jemand vom einfachen Volk lesen und schreiben konnte.

1 Beschreibt das Bild. Nennt die Ängste und die Hoffnungen der Menschen. Mit welchen Personen und mit welchen Sünden beschäftigen sich die Teufel?
2 Tragt zusammen, was sich heutige Menschen erhoffen und was sie fürchten.

Schauplatz: Das Seelenheil – ein Geschäft?

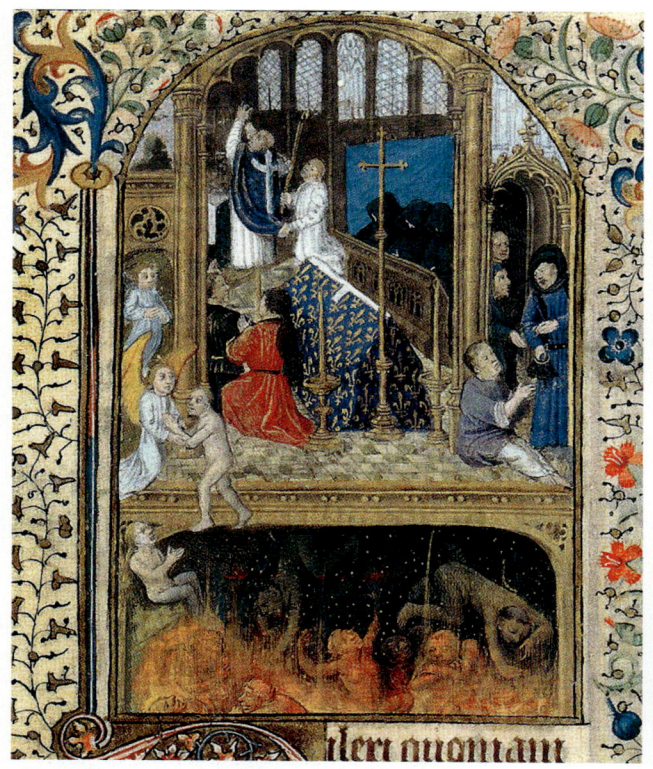

1 Die Wirkung von Gebeten und guten Werken. Buchmalerei.

1 Betrachtet die Abbildungen 1 und 2 und beschreibt, was jeweils dargestellt ist.
2 Stellt zusammen, wovor die Menschen Angst hatten und wovon sie Hilfe erwarteten.
3 Nennt heutige „Glücksbringer" (Talismane). Was haltet ihr davon?

Reliquie*:
Überreste oder Dinge, die von Heiligen stammen.

Ketzer*:
Das deutsche Wort Ketzer ist abgeleitet von „Katharer". So nannte sich eine Gruppe von Christen, die im 12. Jahrhundert in Westeuropa auftrat und in Gegensatz zur katholischen Kirche geriet. Nach und nach wurde es auf alle Kritiker der Amtskirche angewendet.

Reliquien*! Vom Grab der Heiligen Ursula! Nur 2 Taler!

Ablasszettel! Garantierter Sündenerlass! 1 Taler – für den Bau des Petersdoms!

Ablass, Reliquien – das ist alles nicht nötig. Führt lieber ein gottgefälliges Leben! Und die Kirche sollte arm sein, wie unser Herr Jesus!

Mein Vater geht mit anderen Pilgern bis nach Trier. Wir hatten im letzten Jahr eine ganz schlechte Ernte und mein Bruder ist gestorben. Meine Eltern glauben, dass dies alles Strafen Gottes sind. Da will mein Vater etwas für unser Seelenheil tun.

Meine Mutter hat einen Ablassbrief gekauft. Damit kann man sich von allen Sünden loskaufen. Wir finden Ablässe viel praktischer als eine Wallfahrt oder das ewige Beten. Wir haben sogar einen für meinen verstorbenen Opa gekauft, dessen Seele ist deshalb jetzt gewiss schon im Himmel. Der Mönch hat gesagt: „Wenn das Geld im Kasten klingt, die Seele in den Himmel springt."

2 Auf dem Platz vor der Wallfahrtskirche.

Schauplatz: Das Seelenheil – ein Geschäft?

3 Der Neubau des Petersdomes in Rom wurde mit den Einnahmen aus dem Ablasshandel finanziert. Zeitgenössische Darstellung.

4 Bischöfe führten auch kostspielige Kriege. 1288 erlitt der Erzbischof von Köln (schwarzes Kreuz auf silbernem Grund) eine schwere Niederlage. Buchmalerei, 15. Jahrhundert.

Rechtzeitige Vorsorge

Der Papst, viele Bischöfe, Kardinäle und Äbte waren nicht nur geistliche Würdenträger, sondern zugleich auch weltliche Fürsten. Für den Kaiser waren sie wichtige Partner. Für prächtige Bauwerke, ihren Hofstaat und für Soldaten, mit denen sie Kriege führten, benötigten sie viel Geld, das sie von ihren Abhängigen eintrieben. In einem amtlichen Bericht von 1522 hieß es:

Q1 … Wenn in einer Gemeinde ein Kind, eine Frau oder ein Mann stirbt, belasten sie (die Priester) die Erben für die Friedhöfe und Trauergottesdienste so hoch, dass es kaum in der armen Leute Vermögen steht …

Ein anderer Weg war das Ausschreiben von Ablässen: Nach der katholischen Lehre kann ein Christ die Vergebung der Sünden erlangen, wenn er in der Beichte seine Sünden bekennt, aufrichtige Reue zeigt und bereit ist, Buße zu tun. In der Zeit der frühen Christen war die auferlegte Buße oft sehr hart. Sie konnte zum Beispiel darin bestehen, eine beschwerliche Wallfahrt auf sich zu nehmen. Seit dem 11. Jahrhundert setzte sich allmählich der Brauch durch, an die Stelle dieser Buße eine Geldzahlung treten zu lassen. Wer zahlte, erhielt einen Ablassbrief, der ihm den Nachlass der Sündenstrafen bestätigte. Johann Tetzel, ein bekannter Dominikanermönch, pries den Ablass mit folgenden Worten:

Q2 … Du, Adliger, du, Kaufmann, du, Frau, du, Jungfrau, du, Braut, du, Jüngling, du, Greis! Wisse, dass ein jeder, der gebeichtet, bereut und Geld in den Kasten getan hat, eine volle Vergebung seiner Sünden haben wird. Habt ihr nicht die Stimmen eurer Verstorbenen gehört, die rufen: „Erbarmt euch, denn wir leiden unter harten Strafen und Foltern, von denen ihr uns gegen eine geringe Gabe loskaufen könnt." …

Der Mönch Savonarola wurde 1498 in Florenz als Ketzer* (= Irrlehrer) öffentlich verbrannt, weil er Forderungen wie diese aufgestellt hatte:

Q3 … Tuet Buße, denn das Himmelreich ist nahe! … Ihr Geistlichen, ihr Bischöfe der Kirche Christi, lasset die Besitztümer, welche ihr nicht mit Recht haben könnt, lasset euren Prunk, eure Gastmähler und Gelage. … Ihr Mönche, lasset euren Überfluss an Gewändern und Silbergeräten, lasset eure fetten Abteien und Besitztümer, befleißigt euch der Einfachheit … Meine Brüder, macht eure Kutten enger und aus grobem Stoff.

4 Stellt heraus, wie die Kirche versuchte Geld einzunehmen und wofür sie es verwendete.

5 Überlegt, wie die Verbrennung des Mönchs (Q3) vermutlich auf das einfache Volk gewirkt hat.

Schauplatz: Arbeitstechnik

1 Weltliche Freuden geistlicher Herren. Holzschnitt, um 1500.

Die Geistlichkeit und die weltlichen Genüsse

Das ausschweifende Leben der hohen Geistlichkeit verleitete auch viele Priester in den Gemeinden dazu, ihren Blick stärker auf das weltliche Leben zu richten. Mehr und mehr wurde ihnen vorgeworfen, keine Vorbilder für ein Gott gefälliges Leben zu liefern. In einem amtlichen Bericht aus dem Jahr 1522 hieß es:

Q … Es hat sich auch oftmals herausgestellt, dass die Priester nach solchem Trinken … ohne zu schlafen zum Altar gehen, um die göttlichen Ämter zu vollbringen.
Es ist auch jetzt allenthalben fast bei allen Priestern in den Städten und auf dem Lande üblich geworden, dass sie ohne Scheu ihre Geliebte und Kinder öffentlich bei sich haben, dieselben mit zu Hochzeiten und Trauerfeierlichkeiten und zum Wein in öffentliche Wirtshäuser führen.

2 „Des Teufels Dudelsack". Holzschnitt, 1525.

Arbeitstechnik: Karikaturen deuten

3 „Ich bin der Papst".
Holzschnitt, um 1500.

Im 16. Jahrhundert wurde Kritik an den herrschenden Verhältnissen vielfach in Zeichnungen geäußert. Durch die Entwicklung der Drucktechnik war ihre Verbreitung einfacher geworden. Die Zeichnung war vor allem deshalb das bevorzugte Ausdrucksmittel, weil die meisten Menschen nicht lesen und schreiben konnten.
Kritische Zeichnungen werden Karikaturen genannt. Sie zeigen Personen, Ereignisse oder Zustände in übertriebener, oft auch in verzerrter Darstellung. Manchmal sollen sie auch einen Missstand anprangern. In einer Karikatur wird die Meinung des Zeichners sichtbar.

Die folgenden Arbeitsschritte sollen helfen, Karikaturen zu deuten:

**1. Schritt:
Beobachtung**
- Betrachtet die Karikatur und notiert euren ersten Eindruck.

**2. Schritt:
Beschreibung**
- Beschreibt so genau wie möglich, was abgebildet ist (Personen, Tiere, Gegenstände) und wie es abgebildet ist (z. B. Mimik, Gestik).
- Was geschieht? Wird eine Handlung deutlich? Gehören Texte zum Bild?

**3. Schritt:
Deutung**
- Welche Bedeutung haben die abgebildeten Personen, Tiere oder Gegenstände? Welche Bedeutung hat die Handlung?

**4. Schritt:
Einordnung**
- Auf welche Situation oder Ereignisse beziehen sich die Aussagen der Karikatur?
- Wird eine Meinung oder Einstellung deutlich, die der Karikaturist zum Thema vertritt?

**5. Schritt:
Wertung**
- Wie seht ihr das Problem? Ist etwas Wahres am Dargestellten oder werden Unwahrheiten verbreitet?

So geht es weiter ...

Martin Luther und der Ablasshandel	210
Die Wittenberger Thesen	211
Luther wird angeklagt	212
Junker Jörg übersetzt die Bibel	213
Von der Reformation zum Bauernkrieg	214
Bauern greifen zu den Waffen	216
Die Niederlage der Bauern	217
Glaubensspaltung in Europa	218
Die katholische Kirche ergreift Gegenmaßnahmen.	220
Die Jesuiten als Vorkämpfer der Gegenreformation	221
Der Dreißigjährige Krieg	222
Leiden des Krieges	223
Kriege in ganz Europa	224
Das Ende des Krieges und der Westfälische Friede	225
Türken vor Wien!	226

Über Berührungen des Deutschen Reiches mit den islamischen Osmanen ...

Menschen kommen, Menschen gehen	228

Über Menschen, die wegen ihres Glaubens zu Flüchtlingen werden ...

Martin Luther und der Ablasshandel

| 1000 | 1100 | 1200 | 1300 | 1400 | 1500 | 1600 | 1700 | 1800 | 1900 |

Johann Tetzel (1465–1519). Kupferstich.

Martin Luther (1483–1546). Kupferstich.

Vergleicht die Abbildungen. Erklärt, warum Tetzel den Geldkasten in der Hand hält, Luther die Bibel.

1 Die Seele zwischen Himmel und Hölle. Ausschnitt aus dem Gemälde „Der Sterbende" von Lucas Cranach d. Ä., 1518.

Martin Luther – Mönch und Theologe

Nicht alle Geistlichen waren mit den Reden Tetzels (Seite 207) einverstanden. Zu den Gegnern Tetzels gehörte auch der Mönch und Theologieprofessor Martin Luther. Luther war im Jahr 1505 in das Kloster der Augustinermönche in Erfurt eingetreten. Immer wieder stellte er sich hier die Frage: Wird Gott mir Sünder gnädig sein? Gott, so hatte Luther als Kind gelernt, ist ein strenger und zorniger Richter über alle Sünder. Vor diesem Richter-Gott hatte er Angst.

Q1 … Jedes Mal beim Verlassen unserer Klosterkirche blickte ich auf ein Bild, das Gott als den Richter über die Menschen zeigte. Einmal dachte ich voll Schrecken daran, dass ich heimlich über Bruder Albertus gelacht hatte, der wieder während des Morgengebetes eingenickt war. In meiner Zelle kniete ich daraufhin nieder und bat Gott wegen dieser Sünde um Vergebung. Häufig geißelte ich mich, bis ich blutete, um Gott zu zeigen, wie ernst ich es meinte. Immer wieder tauchte das Bild über unserer Kirchentür auf und ich fragte mich voller Angst: Stünde ich jetzt vor Gottes Gericht, welche Strafe hätte ich wohl zu erwarten? …

1 Beschreibt Abbildung 1. Erklärt, warum Bilder wie dieses Luther Angst einflößten.

Luther verurteilt den Ablassmissbrauch

Dem Einfluss, den Tetzels Predigten ausübten, begegnete Luther in Wittenberg. Hier hatte er 1512 eine Bibelprofessur an der Universität übernommen:

Q2 … 1517 kamen etliche mit den gekauften Ablassbriefen zu Martin nach Wittenberg und beichteten. Als sie dabei aber sagten, dass sie weder von Ehebruch, Wucher noch unrechtem Gut und dergleichen Sünde und Bosheit ablassen wollten, da sprach sie Martin Luther nicht frei von ihren Sünden. … Da beriefen sie sich auf die Ablassbriefe. Diese wollte Luther nicht anerkennen. Er berief sich auf die Aussagen der Bibel: Wenn ihr eure Sünden nicht bereut und Buße tut, werdet ihr alle umkommen. …

2 Seht euch die Abbildungen 2 und 3 an. Erklärt zunächst die Darstellungen und überlegt dann, warum der Künstler beide Bilder nebeneinander stellte.

210

Die Wittenberger Thesen

2 Holzschnitt von Lucas Cranach zum Ablasshandel aus dem Jahr 1521. Der Text lautet: „Christus hat alle Geldwechsler aus dem Tempel getrieben und gesagt: Macht euch davon. Aus meines Vaters Haus sollt ihr kein Kaufhaus machen. Dein Geld sei mit dir verdammt."

3 Holzschnitt von Lucas Cranach zum Ablasshandel aus dem Jahr 1521. Der Text lautet: „Hier sitzt der Feind Christi, der Ablässe verkauft. Er befiehlt, seiner Stimme mehr zu gehorchen als der Stimme Gottes."

Die Wittenberger Thesen
Am 31. Oktober 1517 wandte sich Luther in einem Brief mit 95 Thesen zu christlichem Glauben und kirchlicher Lehre an Erzbischof Albrecht II. von Magdeburg gegen dessen Ablasshandel:

Q3 … 21. Es irren die Ablassprediger, die da sagen, dass durch des Papstes Ablässe der Mensch von aller Sündenstrafe losgesprochen und erlöst werde. …
27. Eine falsche Lehre predigt, wer sagt: Sobald das Geld im Kasten klingt, die Seele aus dem Fegfeuer springt. …
32. Wer glaubt, durch Ablassbriefe das ewige Heil erlangen zu können, wird auf ewig verdammt werden samt seinen Lehrmeistern …
36. Jeder Christ, der wahrhaft Reue empfindet, hat einen Anspruch auf vollkommen Erlass der Schuld auch ohne Ablassbrief. …
43. Man soll die Christen lehren, dass, wer den Armen gibt und dem Bedürftigen leiht, besser tut, als wer Ablassbriefe kauft. …

3 *Stellt eine Liste auf. Tragt in die linke Spalte ein, was Luther verurteilt, in die rechte, was er fordert.*

Luther wollte mit seinen Thesen zunächst keine neue Glaubenslehre aufstellen, sondern nur Missstände aufdecken. Erst in den nun folgenden Streitgesprächen mit anderen Theologen zeigte sich, dass Luther nicht nur den Ablasshandel verwarf. Als man ihn aufforderte, die Autorität des Papstes in Glaubensdingen bedingungslos anzuerkennen, erwiderte er, Papst und Konzilien hätten schon mehrfach geirrt. Für den Gläubigen verpflichtend sei allein das Wort Christi in der Heiligen Schrift. Der Papst könne keine endgültigen Entscheidungen in Glaubensfragen treffen.

Luthers Aussagen verbreiteten sich innerhalb kürzester Zeit in ganz Deutschland. Das war möglich, weil in vielen Orten neue Druckereien entstanden, die Luthers Schriften immer wieder nachdruckten.

Die Legende vom Thesenanschlag:
Es ist überliefert, Luther habe seine 95 Thesen an der Wittenberger Schlosskirche öffentlich angeschlagen. Öffentliche Bekanntmachungen an Kirchentüren anzuschlagen war im Mittelalter nicht unüblich, da ihnen dort ein Höchstmaß an Aufmerksamkeit sicher war – schließlich musste jeder wenigstens einmal in der Woche in die Kirche gehen. Luther aber hatte seine 95 Thesen zunächst als vertraulichen Brief an Erzbischof Albrecht von Magdeburg verfasst. Er hat sie also gewiss nicht eigenhändig an der Tür der Schlosskirche in Wittenberg, also quasi am „schwarzen Brett" der Universität, angeschlagen. Erst als er von den angeschriebenen Bischöfen keine Antwort erhielt, machte er die Thesen einigen Gleichgesinnten zugänglich. Im Zuge des schnell ausbrechenden Glaubensstreits sind später freilich auch Flugblätter mit den berühmten Thesen verbreitet und an Kirchentüren angeschlagen worden.

Luther wird angeklagt

1 Martin Luther vor dem Reichstag in Worms. Der Text auf dem unteren Bildrand lautet: Hier stehe ich, ich kann nicht anders, Gott helfe mir. Amen. Holzschnitt, 1557.

Reichsacht*:
Bei schweren Verbrechen konnten der König oder ein königlicher Richter den Täter ächten. Dieser war damit aus der Gemeinschaft ausgestoßen und vogelfrei. Jeder hatte das Recht, ihn zu töten. Der Geächtete verlor seinen Besitz und wer ihn aufnahm, verfiel selbst der Reichsacht.

Luther gegen Kaiser und Papst

Gegen die Schriften Luthers wandte sich Papst Leo X. In einem Schreiben forderte er Luther auf, innerhalb von 60 Tagen seine Lehre zu widerrufen. Andernfalls werde über ihn der ▶Kirchenbann verhängt. Luther meinte dazu:

> … Was mich angeht, so sind die Würfel gefallen. Ich will nie und nimmer Versöhnung oder Gemeinschaft mit ihnen. Mögen sie meine Schriften verdammen und verbrennen, ich meinerseits werde das päpstliche Recht öffentlich verbrennen. …

Am 10. Dezember 1520 versammelten sich vor der Stadtmauer in Wittenberg Studenten und Professoren, unter ihnen auch Luther, um einen brennenden Scheiterhaufen. Sie verbrannten Bücher über das katholische Kirchenrecht und das Schreiben, in dem der Papst Luther mit dem Kirchenbann gedroht hatte.

Der Papst verhängte daraufhin 1521 über Luther den Bann. Kaiser Karl V. war verpflichtet, anschließend über Luther die Reichsacht* zu verhängen. Auf Bitten seines Kurfürsten, Friedrichs des Weisen von Sachsen, erhielt Martin Luther jedoch die Möglichkeit, sich vor dem Reichstag in Worms zu verteidigen.

„Hier stehe ich, ich kann nicht anders"

Die Reise nach Worms wurde für Luther zum Triumphzug. Überall winkten und jubelten ihm die Menschen zu. Am 18. April 1521 stand Luther schließlich vor dem Kaiser. Vor fast einhundert Fürsten des Reiches und weiteren einhundert Zuhörern ließ der Kaiser Luther auffordern, seine Schriften sofort zu widerrufen. Dieser bat um Bedenkzeit. Einen Tag später hielt er vor dem Kaiser eine Rede, in der er sich zu seinen Lehren bekannte und den Widerruf verweigerte. Unmittelbar nach dem Reichstag verhängte der Kaiser die Reichsacht über Luther (Wormser Edikt vom 8.5.1521). Zudem wurde es ihm verboten, seine Lehren weiterhin öffentlich zu vertreten und zu verbreiten.

1 *Stellt Vermutungen an, woher Luther den Mut nahm, in Worms nicht zu widerrufen.*

Junker Jörg übersetzt die Bibel

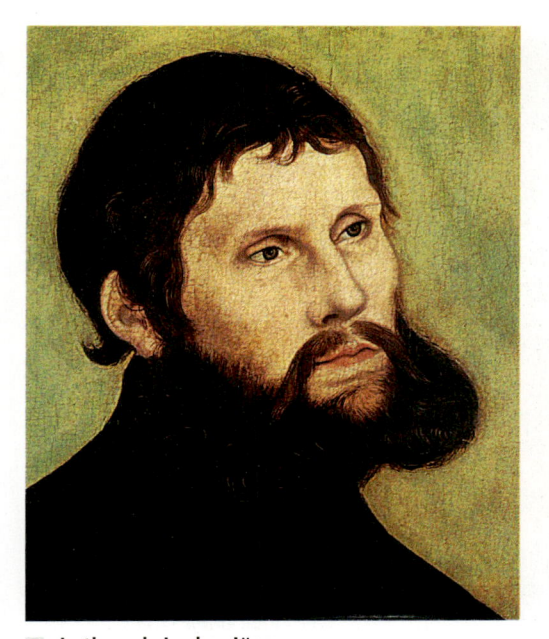

2 Luther als Junker Jörg.
Gemälde von Lucas Cranach, 1521.

3 Luthers Arbeitsstube auf der Wartburg.
Foto.

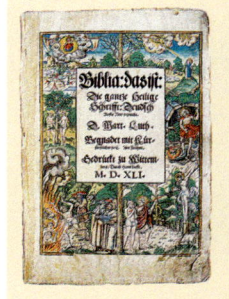

Titelblatt der Bibelübersetzung von Martin Luther, gedruckt von Hans Lufft in Wittenberg, 1541.

Die Entführung Luthers
Das kaiserliche Gebot hatte Luther noch 21 Tage freies Geleit für seine Rückkehr zugesichert. So gelangte er im Mai 1521 nach Möhra zu seinen Verwandten in Thüringen. Dort wurde er im Wald nahe Altenstein, auf Anweisung des sächsischen Kurfürsten Friedrich des Weisen, zum Schein entführt und auf die Wartburg gebracht. Der Kurfürst wollte dadurch das Leben Luthers vor dem Papst und dem Kaiser schützen. Kurz vor Mitternacht stand Luther mit seinen „Entführern" vor der Zugbrücke der Wartburg. Luther erhielt die Weisung, dass er ein Ritter werden müsse und im Rittergefängnis der Burg zu verweilen habe.

„Junker Jörg" übersetzt die Bibel
Luther lebte nun mehrere Monate unerkannt auf der Wartburg und wurde „Junker Jörg" genannt. Er hatte die Kutte abgelegt, trug volles Haupthaar, einen Bart und einen Lederwams. Seinen Aufenthalt nutzte er, um einen Teil der Bibel, das Neue Testament, aus dem Lateinischen in die deutsche Sprache zu übersetzen. Die Bibelübersetzung und die von Luther neu gedichteten Kirchenlieder sollten den ▶evangelischen* Glauben allgemein verständlich machen. Doch noch gab es keine einheitliche deutsche Sprache, sondern nur verschiedene Mundarten. Luther gelang es, für die Übersetzung eine Sprache zu finden, die alle verstanden und die sehr anschaulich war, da er – wie er sagte – „dem Volk aufs Maul schaute". Mithilfe des Buchdrucks wurde die Luther-Bibel zum meistgelesenen Buch in Deutschland. Die Bibelübersetzung und Luthers Kirchenlieder wurden entscheidend für die Entwicklung einer einheitlichen, neuhochdeutschen Sprache.

Die Ausbreitung der Lehre Luthers ließ sich nicht mehr aufhalten. Laienprediger zogen umher und verkündeten die neue Lehre in deutscher Sprache. In vielen Kirchen wurden die bisherigen Priester verjagt. Auch Landesfürsten und zahlreiche Reichsstädte förderten die ▶Reformation* und erließen neue Kirchenordnungen für ihre Territorien. In der weiteren Entwicklung entstand so – gegen den ursprünglichen Willen Luthers – eine neue evangelische Kirche.

▶ **evangelisch*/ Evangelium*:**
Für Luthers Anhänger waren nicht die Entscheidungen des Papstes und der Konzilien verbindlich. Vielmehr galt ihnen allein das Wort Christi als verpflichtend, wie es sich in den ersten vier Büchern des Neuen Testaments, dem Evangelium, findet. Die Anhänger Luthers bezeichnete man daher als „evangelisch".

▶ **Reformation*:**
Die von Martin Luther ausgelöste kritische Auseinandersetzung mit der katholischen Kirche.

Von der Reformation zum Bauernkrieg

Güter:
Große landwirtschaftliche Betriebe, die Güter, entstanden im Norden und Osten Deutschlands ab dem 16. Jahrhundert besonders dort, wo durch Seuchen und Abwanderung im 15. und 16. Jahrhundert die Zahl der hörigen Bauern gesunken war. Die adligen Grundbesitzer intensivierten daraufhin die eigene Landwirtschaft, um ihre Verluste auszugleichen. Die „Grundherrenwirtschaft" wurde zur „Gutswirtschaft", in der sich die rechtliche Stellung der abhängigen Bauern drastisch verschlechterte.

„Als Adam grub und Eva spann, wo war denn da der Edelmann?" Holzschnitt zu einem Bauernlied, um 1525.

1 **Bauern beim Frondienst in der Scheuer (Scheune) eines Gutsherrn.** Kalenderbild für den Monat August von Hans Wertinger, um 1525.

Unruhe auf dem Land und in den Städten

Immer breitere Kreise in der Bevölkerung schlossen sich zwischen 1521 und 1524 der reformatorischen Bewegung an. In den Reichsstädten waren es oft als Erste die ärmeren Handwerker, die die Entmachtung und Umgestaltung der Kirche verlangten. Häufig stellten sie noch weitergehende Forderungen: Der Zehnt und die Wucherzinsen sollten abgeschafft werden; auch müsse man die Macht der reichen Bürger, die in den Stadträten den Ton angaben, einschränken.

Zudem fühlten sich die Bauern durch den Erfolg der Reformation ermutigt, für bessere Lebensbedingungen zu kämpfen. Im Deutschen Reich lebten zur Zeit Luthers etwa 16 Millionen Menschen. Mehr als 12 Millionen davon waren Bauern. Ihre wirtschaftliche und rechtliche Situation hatte sich im 15. und 16. Jahrhundert drastisch verschlechtert. Bereits 1520 hatte Luther eine Schrift veröffentlicht mit dem Titel „Von der Freiheit eines Christenmenschen". Der Christ – so hatte Luther geschrieben – ist im Glauben nur an das Wort Gottes gebunden, sonst aber ein freier Herr und niemandem untertan. Die unterdrückten Bauern bezogen diese religiöse Aussage auf ihr eigenes Leben. Nicht nur die Kirche musste reformiert werden, auch ihr eigenes Leben sollte jetzt von Zwang und Willkür befreit werden.

Die Lage der Bauern

In einem Bericht aus dem Jahr 1520 heißt es über die Lage der Bauern:

Q1 … Landleute heißen die, die das Land von Dorf zu Dorf und Hof zu Hof bewohnen und bebauen. Sie führen ein elendes und hartes Leben. Jeder von ihnen lebt demütig für sich, von anderen getrennt, mit seiner Familie und seinem Vieh. Ihre Wohnungen sind aus Lehm und Holz errichtete und mit Stroh bedeckte Hütten, die nur wenig über dem Erdboden hervorragen.

Hausbrot, Haferbrei, gekochtes Gemüse sind ihre Speisen, Wasser und geronnene Milch ihre Getränke, ein leinener Kittel, ein Paar Stiefel, ein farbiger Hut ihre Kleidung. Die Leute stecken alle Zeit in Arbeit, Unruhe und Dreck. In die benachbarten Städte schleppen sie zum Verkauf, was sie von ihren Feldern und ihrem Vieh gewinnen. Sie selbst kaufen sich dort, was sie eben brauchen. … Den Herren müssen die Bau-

Von der Reformation zum Bauernkrieg

2 Aufrührerische Bauern umringen einen Ritter.

ern oftmals im Jahr dienen: Das Feld beackern, säen, ernten und die Frucht in die Scheuern bringen, Holz fällen, Häuser bauen, Gräben ausheben. Es gibt nichts, wovon die Herren nicht behaupten, dass das geknechtete und arme Volk es ihnen nicht schulde. Die Leute können auch nicht wagen, einen Befehl nicht auszuführen, da sie dann schwer bestraft werden. ...

1 *Beschreibt Tätigkeiten und Haltung der Bauern und des Grundherrn auf Abbildung 1. Überlegt gemeinsam, mit welchen Bedingungen die Bauern wohl besonders unzufrieden waren.*

„Gott will's nicht länger haben!"

Immer wieder kam es im 15. Jahrhundert zu Bauernaufständen, vor allem im Südwesten Deutschlands. Eine Fahne mit dem Bundschuh*, der mit langen Riemen geschnürt wurde, war das gemeinsame Zeichen der Bauern. Den Fürsten und Herren war es immer wieder gelungen, die örtlich begrenzten Aufstände niederzuschlagen. Dennoch warnte Luther die Fürsten vor der Unzufriedenheit der Bauern. In einem Brief Luthers heißt es:

Q2 ... Gott will's nicht länger haben! – Es ist nicht mehr dieselbe Welt wie früher, da ihr die Bauern wie das Wild jagen und treiben konntet. Darum lasst ab von eurem Frevel und eurer Gewalttat. Bemüht euch, gerecht zu handeln und lasst Gottes Wort seinen Lauf nehmen. ...

Doch die Fürsten hörten nicht auf Luther. Sie waren völlig überrascht, als die Aufstände im Sommer 1524 begannen und sich über weite Teile des Deutschen Reiches ausdehnten.

2 *Arbeitet aus Q2 heraus, wie Luther das Verhalten von Fürsten und Herren beurteilt.*
3 *Seht euch Abbildung 2 an. Überlegt, welches Gespräch zwischen den Bauern und dem Ritter stattgefunden haben könnte.*

Der Sturm bricht los

Der offene Aufruhr der Bauern begann 1524 im Südwesten Deutschlands. Seit der Jahreswende 1525 dehnten sich die Aufstände wie ein Flächenbrand über das Deutsche Reich aus. Das war eine neue Größenordnung. Frühere Erhebungen waren meist örtlich begrenzt geblieben. Daher wollten die Herren Zeit gewinnen und forderten die Bauern auf, ihre Klagen schriftlich einzureichen.

4 *Informiert euch über die Geschichte eines Gutshofes in der näheren Umgebung und notiert euch Stichpunkte für ein Referat über das Leben der Bauern.*

---

*Der **Bundschuh*** *war die Fußbekleidung des gemeinen Mannes, während die Adligen Schnallenschuhe oder Stiefel trugen. Für die Bauern wurde der Bundschuh zu einem Symbol für ihren Kampf gegen das Unrecht.*

Bauernlegen
Begriff für den Einzug abhängiger Bauernstellen durch den Gutsherrn zur Vergrößerung des Gutsbesitzes. Bezeichnet auch den Aufkauf von Bauernhöfen durch Gutsherren, wenn dies unter Anwendung von Zwang geschah.

Bauern greifen zu den Waffen

Leibeigenschaft:
Mit der Entwicklung der Gutswirtschaft entstand auch die Leibeigenschaft. Bereits um 1500 hatten schon viele hörige, gutsuntertänige Bauern einen der Leibeigenschaft nahe kommenden Status. Die Leibeigenen waren ohne Besitz an Hof und Land ihren Herren zu Diensten verpflichtet und durch das so genannte Schollenband daran gehindert, wegzuziehen.

Waffen und Arbeitsgeräte, mit denen die Bauern kämpften:

Morgenstern

Sichel

Forke

1 Aufständische Bauern vor dem Kloster Weißenau: Der Abt und die Mönche fliehen. Federzeichnung von Jakob Murer, 1525/26.

Die zwölf Artikel der Bauernschaft

Die Bauern gaben über 300 Klageschriften ab. Die wichtigsten Forderungen fasste der Memminger Kürschnergeselle Sebastian Lotzer im Februar 1525 in „12 Artikeln" zusammen:

Q1 … 1 Zum Ersten ist unser demütig Bitte und Begehr, dass in Zukunft jede Gemeinde ihren Pfarrer selbst wählen und auch wieder absetzen kann. …
2 Den Kornzehnten wollen wir gern geben. … Da man ihn Gott und den Seinen geben soll, gebührt er einem Pfarrer, so er das Wort Gottes klar verkündet. Was überbleibt, soll man teilen mit armen Bedürftigen, wenn solche im Dorf vorhanden sind. Den kleinen Zehnt (= Viehzehnt) wollen wir nicht geben, denn Gott der Herr hat das Vieh frei dem Menschen geschaffen.
3 Zum Dritten ist es bisher Brauch gewesen, uns als Leibeigene zu halten, was zum Erbarmen ist. … Es ergibt sich aus der Hl. Schrift, dass wir frei sind, und wir wollen es sein. Nicht dass wir völlig frei sein und keine Obrigkeit haben wollen; das lehrt uns Gott nicht. …
5 Zum Fünften sind wir auch beschwert im Hinblick auf die Holznutzung. Denn unsere Herrschaften haben sich die Wälder alle allein zugeeignet. Unsere Meinung ist: Was es an Waldungen gibt, mögen sie nun Geistlichen oder Weltlichen gehören, das soll, wenn jene sie nicht gekauft haben, der ganzen Gemeinde wieder gehören.
Die weiteren Forderungen sind:
6 Die Frondienste müssen verringert werden.
7 Der Herr darf von den Bauern keine willkürlichen Dienste verlangen.
8 Zu hohe Pachtzinsen müssen ermäßigt werden.
9 Gestraft wird nach altem überliefertem Recht.
10 Auch die Allmende darf von allen genutzt werden.
11 Witwen und Waisen darf der Grundherr nichts von ihrem Erbe nehmen.
12 Sollte eine unserer Forderungen der Hl. Schrift widersprechen, wollen wir sie sofort fallen lassen. …

1 Vor allem der dritte und der letzte Artikel in Q1 zeigen den Einfluss Luthers. Erklärt diese Behauptung.

Die Bauern ziehen in den Krieg

Die Bauern merkten schnell, dass die adligen Herren an ernsthaften Verhandlungen nicht interessiert waren. Sie griffen deshalb zu den Waffen. In Schwaben, im Elsass, in Franken und in Thüringen kam es zu blutigen Aufständen.

Die Niederlage der Bauern

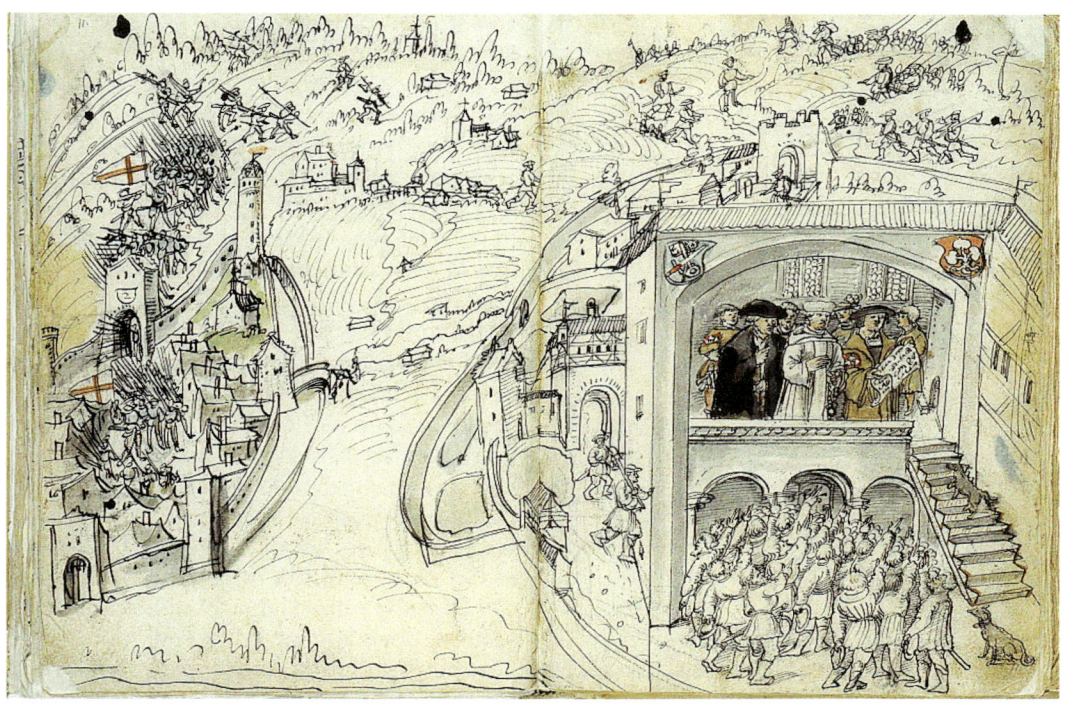

2 Die Niederlage der Bauern. Sie huldigen erneut dem Abt, ihrem Grundherrn. Federzeichnung von Jakob Murer, 1525/26.

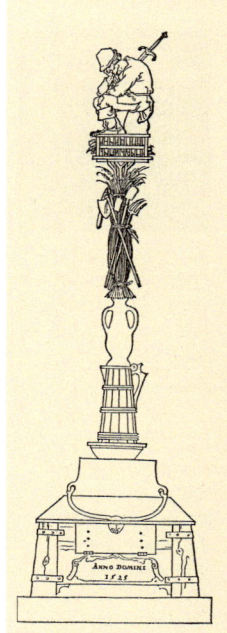

Bauernkriegssäule, die Albrecht Dürer 1525 entwarf und mit der er die Niederlage der Bauern beklagte.

Luther unterstützt die Herren

Auf ihrer Seite – so glaubten die Bauern – standen das Recht und Martin Luther mit seiner neuen Lehre. Doch als dieser sich im April 1525 schließlich in einer „Vermahnung zum Frieden" zu den „12 Artikeln" äußerte, waren die Bauern erstaunt:

Q2 … Die 12 Artikel handeln alle von weltlichen, zeitlichen Dingen. Ihr sagt, dass ihr nicht länger Unrecht leiden wollt. Das Evangelium handelt nicht von diesen weltlichen Dingen. Ihr Bauern habt gegen euch die Heilige Schrift und die Erfahrung, dass ein Aufruhr noch nie ein gutes Ende genommen hat. Denkt an das Wort der Bibel (Matth. 26, 52): Wer das Schwert nimmt, soll durch das Schwert umkommen. …

2 Vergleicht die Stellungnahmen Luthers auf Seite 215 und auf dieser Seite miteinander. – Sucht eine Erklärung für die unterschiedlichen Aussagen.

Die Folgen des Krieges

Etwa 70 000 Bauern waren in den Kämpfen gefallen oder auf der Flucht umgekommen. Die Überlebenden mussten an die Herren eine Entschädigung zahlen, ihre Anführer wurden hingerichtet. Noch Jahre nach dem Bauernkrieg trieben die Herren die Strafgelder ein. Aus Sorge vor neuen Aufständen ließen sie Forderungen untersuchen und die schlimmsten Missstände abstellen. Schiedsgerichte sollten die Streitigkeiten zwischen Herren und Bauern schlichten. Auf dem Reichstag in Speyer 1526 wurden sie ermahnt, die Bauern so zu behandeln, wie es mit „Gewissen, göttlichem Recht und Billigkeit" zu vereinbaren sei. Doch die Geringschätzung des Bauernstands wurde durch den erfolglosen Aufstand noch verstärkt.

3 Beschreibt die Vorgänge auf den Abbildungen dieser Doppelseite aus der Sicht eines Bauern und aus der Sicht des Abtes.

Glaubensspaltung in Europa

Kurfürst Johann Friedrich von Sachsen (1532–1547) mit den Reformatoren. Gemälde, 1535.

Protestanten*:
Seit dem Reichstag zu Speyer im Jahr 1526 wurden die Anhänger Luthers auch als Protestanten bezeichnet. Unter dem Vorsitz des Kaisers wurde in Speyer beschlossen, gegen die Reformation energisch vorzugehen. Dagegen „protestierten" fünf Landesherren und 14 Reichsstädte.

▶ **Konfession*:**
Glaubensbekenntnis bzw. Gruppe von Christen mit gemeinsamem Glaubensbekenntnis.

1555:
Augsburger Religionsfriede.

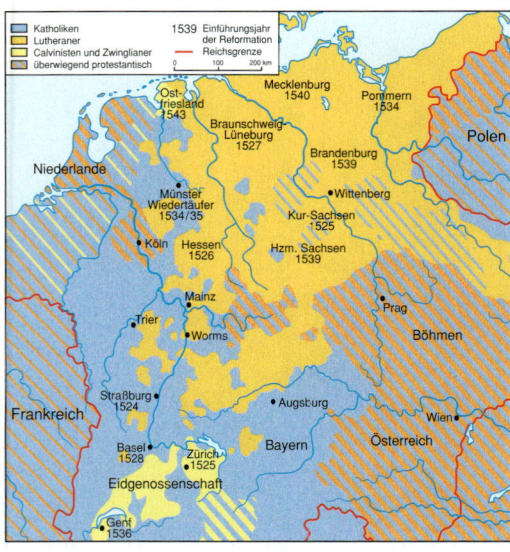

1 Die Konfessionen in Deutschland und Mitteleuropa 1555.

Evangelische Landeskirchen entstehen

An seinen Landesherrn, Kurfürst Friedrich von Sachsen, schrieb Luther 1525:

Q ... Die Pfarreien liegen überall elend; da gibt niemand, da bezahlt niemand. So achtet der gemeine Mann weder Predigt noch Pfarrer. Wenn hier nicht eine tapfere Ordnung und staatliche Erhaltung der Pfarrer und Predigtstühle vorgenommen wird, gibt es in kurzer Zeit weder Pfarrhöfe noch Schulen und das Wort Gottes wird zugrunde gehen. ...

Viele Landesherren, die den neuen Glauben angenommen hatten, folgten Luthers Aufforderung, sich um die evangelischen Gemeinden zu kümmern. Als „Notbischöfe" übernahmen sie kirchliche Aufgaben und konnten so ihren Besitz und ihre Macht erweitern. Sie wollten zur Erneuerung der Landeskirchen beitragen und strebten folgende Ziele an: die Neugestaltung des Gottesdienstes, die Versorgung der Pfarreien mit ausgebildeten Pfarrern und die Verbesserung des Schulwesens.

1 Stellt die Gründe zusammen, warum Luther die Landesherren auffordert, sich um die Pfarreien zu kümmern.

Der Kaiser in Bedrängnis

Kaiser Karl V. hatte 1521 in Worms geschworen, die Einheit der Kirche zu erhalten und gegen Luther und seine Lehre vorzugehen. Doch der Kaiser war den deutschen Fürsten verpflichtet: Vor seiner Wahl im Jahr 1519 hatte er ihnen versprochen, sie in allen wichtigen Fragen anzuhören. Zudem führte Karl, der zugleich auch König von Spanien war, viele Kriege, für die er die Unterstützung der Fürsten brauchte. Als er auf dem Augsburger Reichstag von 1530 von den protestantischen* Landesherren die Rückkehr zum katholischen Glauben forderte, fügten sie sich seinem Befehl nicht.

Um in den Auseinandersetzungen eine gemeinsame Position vertreten zu können, legten sie ihre neuen Glaubensgrundsätze in der so genannten Augsburger ▶ Konfession* fest. Darüber hinaus bildeten die protestantischen Fürsten zur Verteidigung ihres Glaubens und ihrer Fürstenrechte 1531 ein militärisches Bündnis, den Schmalkaldischen Bund.

Der Augsburger Religionsfriede

Obwohl Karl V. die Truppen des Schmalkaldischen Bundes im Jahr 1545 vernichtend schlug, konnte er sein Ziel, die Protestanten wieder in die katholische Kirche einzugliedern, nicht durchsetzen. Der Bruder des Kaisers, Ferdinand, erreichte schließlich die Einigung der streitenden Parteien, die 1555 auf einem Reichstag in Augsburg bestätigt wurde:

– Das katholische und das lutherische Bekenntnis sind gleichberechtigt.
– Die Reichsstädte und Landesherren (Fürsten, Grafen und Städte) konnten wählen, ob sie den katholischen oder den lutherischen Glauben annehmen wollten.
– Die Untertanen mussten den Glauben ihres Landesherrn annehmen oder auswandern.

2 Erklärt die Bestimmungen des Augsburger Religionsfriedens. Erläutert, welche Schwierigkeiten dem Einzelnen durch die Augsburger Regelung entstehen konnten.

Glaubensspaltung in Europa

2 Taufgottesdienst in einer calvinistischen Kirche in Lyon. Gemälde, 1564.

Der Reformator Zwingli. Gemälde.

Der Reformator Calvin. Gemälde.

Die Reformen Ulrich Zwinglis in Zürich

Die Schriften Luthers wurden in mehrere Sprachen übersetzt und in vielen Ländern verbreitet. In der Schweiz führte der Züricher Pfarrer Ulrich Zwingli (1484–1531) den Protestantismus ein.

Zwingli übernahm viele Gedanken Luthers: Auch er ließ nur die Heilige Schrift gelten und lehnte die Berufung auf den Papst oder die kirchliche Überlieferung ab. Die kirchlichen Bräuche verwarf er, insbesondere Wallfahrten, Heiligen- und Reliquienverehrungen. Heftig verlangte er eine Entfernung aller Bilder aus den Kirchen, da sie zum Götzendienst anleiten würden. In Zürich setzte Zwingli die Entfernung sämtlicher Bilder aus den Kirchen durch. Das Leben der Stadt wurde an den Geboten der Bibel ausgerichtet, der Lebenswandel der Bürger vom Rat der Stadt überwacht.

Calvin und der Genfer Gottesstaat

Als der dritte große Reformator gilt der Franzose Johannes Calvin (1509–1564). Seine Anhänger gründeten gemeinsam mit den Anhängern Zwinglis die reformierte Kirche. Da die französische Regierung keine Protestanten duldete, ging Calvin nach Genf. Ab 1541 sorgte er im Einvernehmen mit dem Genfer Stadtrat für eine besonders strenge Ordnung. Verboten waren zum Beispiel Vergnügungen wie Wirtshausbesuche und Tanzveranstaltungen, Würfel- und Kartenspiele. Zudem war Schmuck verpönt; auch das Kräuseln von Haaren bei den Frauen sowie lang gescheiteltes Haar bei den Männern. Ein Sittengericht überwachte die Einhaltung der Ordnung. Verstöße wurden hart bestraft.

3 Erläutert, worin sich der Innenraum einer calvinistischen Kirche von dem einer katholischen Kirche unterscheidet.

Die Ausbreitung des Calvinismus

Der Calvinismus fand viele Anhänger in Europa: In Schottland und England nannten sich seine Anhänger Puritaner, in Frankreich wurden sie Hugenotten genannt, ein Wort, das zunächst Verachtung ausdrückte.
Die französischen Könige fürchteten, durch die Einführung des Calvinismus werde die Einheit Frankreichs gefährdet. Die Hugenotten wurden daher blutig verfolgt. Trauriger Höhepunkt war die so genannte Pariser Bluthochzeit: Während der Hochzeit des späteren französischen Königs Heinrich IV. am 24. August 1572 in Paris wurden fast 20 000 Hugenotten ermordet. Erst 1598 verlieh der König mit dem Edikt von Nantes, das fast 100 Jahre in Kraft blieb, den Hugenotten das Recht zur Ausübung ihres Glaubens. Dennoch durften die Hugenotten in Paris keine Gottesdienste abhalten.

1531:
Religiöse Kämpfe in der Schweiz zwischen Zwinglianern und Katholiken. Der Friedensschluss sichert allen Kantonen die freie Wahl ihrer Religion zu.

24. August 1572:
In Paris werden fast 20 000 Hugenotten bei der so genannten Pariser Bluthochzeit ermordet.

Die katholische Kirche ergreift Gegenmaßnahmen

Gegenreformation*:
Bezeichnung für die Maßnahmen der katholischen Kirche, die das Zurückdrängen der Reformation zum Ziel hatte. Die Bezeichnung ist erst später von der Geschichts- und Religionswissenschaft eingeführt worden.

Konzil:
Versammlung hochrangiger Geistlicher. Die ersten Konzile fanden schon im 2. Jahrhundert statt und wurden vom Papst einberufen und geleitet.

Irrlehren*:
Als Irrlehren wurden alle religiösen Haltungen bezeichnet, die die Lehre der katholischen Kirche kritisierten. Schon seit dem 13. Jahrhundert verfolgte die Kirche „Irrlehrer". Vor kirchlichen Gerichten, den Inquisitionsgerichten (von inquisitio = Befragung), wurden „Irrlehrer" meist zum Tode verurteilt.

1 Das Konzil von Trient. Gemälde aus dem Frauenkloster St. Klara in Stans (Schweiz).
Die Konzilsväter (Bischöfe, Äbte, Kardinäle) bilden ein Halbrund. Hinter dem Kreuz sitzen auf erhöhten Bankreihen die Vertreter des Papstes. Über allen: Gottvater, der Heilige Geist in der Gestalt einer Taube und Jesus Christus.

Das Konzil von Trient

Die Erfolge der Reformation veranlassten die katholische Kirche zu Gegenmaßnahmen. Der Papst berief deshalb 1545 eine große Kirchenversammlung, ein Konzil, nach Trient ein. Die Fürsten der evangelischen Länder, die Bischöfe ihrer Landeskirchen waren, hatten die Teilnahme abgelehnt. Sie weigerten sich anzuerkennen, dass der Papst die höchste Gewalt in der Kirche behalten sollte.
Zu Beginn des Konzils ließ der Papst durch seinen Gesandten eine Botschaft verlesen:
Q1 … Es werden, um es kurz und bündig zu sagen, für das Konzil folgende Aufgaben gestellt: die Ausrottung der kirchlichen Irrlehren*, die Reform der kirchlichen Disziplin und Sitten, schließlich der ewige Friede der ganzen Kirche. …

1 Sagt mit euren Worten, welche Aufgabe das Konzil nach Meinung des Papstes hatte.

Das Konzil dauerte mit Unterbrechungen 18 Jahre und traf eine Vielzahl von wichtigen, bis heute gültigen Entscheidungen.

Einige Beschlüsse des Konzils legten fest:
– Nur der Papst ist berufen, die Kirche zu leiten; Beschlüsse eines Konzils sind nur gültig, wenn sie der Papst verkündet und bestätigt.
– Nur die Kirche besitzt das Recht, die Bibel auszulegen. Sie bestimmt, was unter dem rechten Glauben zu verstehen ist.
– Nicht nur durch den Glauben, sondern auch durch gute Werke kann ein Mensch sich die Gnade Gottes verdienen.
– Der Missbrauch des Ablasses wird verboten.
– Die Geistlichen haben ein Leben zu führen, wie es die Kirche vorschreibt. Sie müssen über eine ordentliche Ausbildung verfügen.
– Ein Bischof darf nur ein Bistum innehaben. Die Bischöfe müssen innerhalb der Grenzen dieses Bistums wohnen.

2 Ordnet die Beschlüsse des Konzils den folgenden Stichpunkten zu. Welche Beschlüsse betrafen
– die Stellung des Papstes,
– die Glaubenslehre,
– die Reform der Kirche?

Die Jesuiten als Vorkämpfer der Gegenreformation*

2 Papst Paul III. bestätigt den Orden der Gesellschaft Jesu (Jesuiten). Ignatius von Loyola kniet vor dem Papst und nimmt die päpstliche Bulle in Empfang. Gemälde, 1540.

Zitadelle*:
Festung innerhalb einer Stadt.

„Hexen" werden verfolgt
In den Wirren um den „richtigen" christlichen Glauben kam es seit Mitte des 16. Jahrhunderts verstärkt zu Verfolgungen so genannter „Hexen". Christen beider Konfessionen beteiligten sich daran. Betroffen vom Vorwurf der Hexerei waren meist ältere Frauen. Oft unterstellte man ihnen, Katastrophen wie Krankheiten oder Missernten ausgelöst zu haben. Verdächtige wurden einer „Befragung" vor einem kirchlichen Gericht unterzogen. In der Regel erpresste man dort unter schwerer Folter das Geständnis, „mit dem Teufel im Bunde" zu sein. Der Tod durch Verbrennen war meist die Strafe. Die Hexenverfolgungen forderten – neueren Schätzungen zufolge – bis zum Ende des 18. Jahrhunderts allein in Deutschland etwa 20 000 Todesopfer.

Die Jesuiten als „Soldaten Christi"
Um die Verwirklichung der Beschlüsse des Konzils von Trient bemühte sich besonders der Jesuitenorden. Die Jesuiten gelobten dem Papst und der katholischen Kirche unbedingten Gehorsam. Gründer des Ordens war der spanische Adlige und Offizier Ignatius von Loyola (1491–1556). Ignatius gab 1545 folgende Ratschläge, mit deren Hilfe die Reformation zurückgedrängt werden sollte:

Q2 … Die Protestanten verstehen es, ihre falsche Lehre mundgerecht zu machen, indem sie ihre Lehren in den Schulen verkünden und kleine Heftchen unter das Volk bringen, die leicht zu verstehen sind. Somit wäre die Errichtung von Schulen vor allem dort, wo mit vielen Schülern gerechnet werden kann, das beste Mittel, um der katholischen Kirche zu Hilfe zu kommen.
Wir müssen außerdem jegliche Habsucht unterlassen. Dann können wir den stärksten Angriffsgrund der Reformatoren entkräften, nämlich ihren Hinweis auf das unfromme Leben der Geistlichen. …

Die Jesuiten gründeten Universitäten und Schulen, vorwiegend in der Nähe von Fürstenhöfen. Diese Gründungen dienten dem Ziel, das öffentliche Leben mit katholischem Geist zu durchdringen. Wie erfolgreich das Wirken der Jesuiten war, zeigt ein Brief des Statthalters in den Niederlanden an den spanischen König im Jahr 1580:

Q3 … Eure Majestät haben den Wunsch geäußert, dass ich in Maastricht eine Zitadelle* bauen lassen soll. Ich war der Meinung, dass eine Jesuitenschule viel geeigneter sei zur Verteidigung der Einwohner gegen die Feinde des Altars und des Thrones. Deshalb habe ich so eine Schule bauen lassen. …

3 Erklärt, durch welche Maßnahmen die Jesuiten die Reformation zurückdrängen wollten.

4 Diskutiert, warum eine Jesuitenschule zur Verteidigung der Einwohner besser geeignet sein sollte als eine Zitadelle.

Der Dreißigjährige Krieg

1608/09:
Gründung der Union der protestantischen Fürsten und der katholischen Liga.

Lesetipp:
Tilman Röhrig,
In 300 Jahren vielleicht, Würzburg: Arena Verlag,
9. Auflage 1999
152 Seiten, € 5,50
Eine Schilderung der Nöte des Dreißigjährigen Krieges

1618–1648:
Der Dreißigjährige Krieg wütet auf dem Gebiet des Deutschen Reiches.

1619–1637:
Kaiser Ferdinand II.

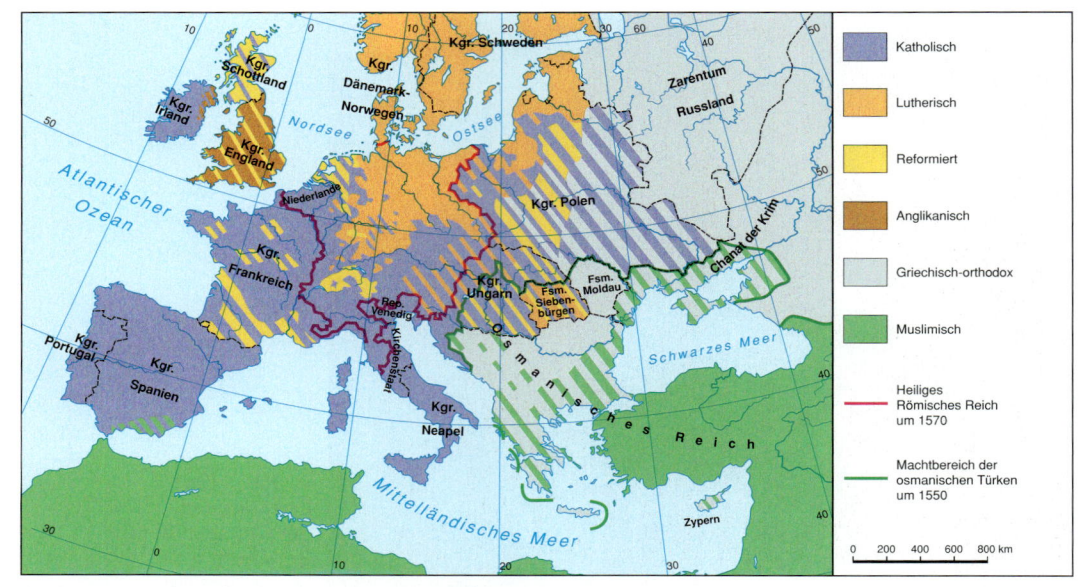

1 Staaten und Konfessionen in Europa um 1570.

Augsburg bringt keinen Frieden

Im Frieden von Augsburg wurden 1555 Lutheraner und Katholiken als gleichberechtigt anerkannt. Doch das Misstrauen blieb auf beiden Seiten bestehen. Vor allem die in Europa vorherrschenden katholischen Habsburger versuchten, die protestantischen Gebiete ihres Reiches wieder zu katholisieren. Typisch für die Stimmung waren die Vorgänge in Donauwörth im Jahr 1607. In einem Bericht aus heutiger Zeit heißt es über die Vorgänge:

M … Donauwörth war eine freie Reichsstadt mit etwa 4000 Einwohnern, von denen sich nur noch wenige zum katholischen Glauben bekannten. Als im April 1607 die kleine katholische Gemeinde am Fronleichnamsfest in feierlicher Prozession durch die Straßen der Stadt zog, wurde sie von den protestantischen Bürgern behindert. Der Kaiser verhängte daraufhin die Reichsacht über die Stadt. Er beauftragte den bayerischen Herzog Maximilian mit der Durchführung. Die Stadt wurde erobert, die evangelischen Bürger gezwungen, katholisch zu werden oder auszuwandern. Die protestantische Pfarrkirche erhielten die Jesuiten. …

1 Stellt dar, wie der Kaiser die Verhängung der Reichsacht begründet hat. Nehmt Stellung zu dieser Maßnahme aus der Sicht eines protestantischen Bürgers von Donauwörth.

Katholische Liga – protestantische Union

Protestanten in ganz Deutschland fühlten sich bedroht. Die evangelischen Fürsten schlossen sich daher 1608 zu einem Bündnis, der Union, zusammen. Nur ein Jahr später bildeten die katholischen Fürsten, Bischöfe und Äbte ein Gegenbündnis, die Liga. Der Streit um Glaubensfragen war zu einem Machtkampf zwischen dem katholischen Kaiser und den evangelischen Landesfürsten geworden. Es ging weniger um den rechten Glauben als darum, ob der Kaiser oder die Fürsten in Deutschland die Politik bestimmten. Auch die europäischen Könige ergriffen Partei: Das katholische Frankreich unterstützte aus Furcht vor der Macht des Kaisers die Union, Spanien unterstützte die Liga aus Feindschaft gegen Frankreich.

2 Fertigt in den nächsten Wochen eine Wandzeitung an unter dem Thema: Religionskriege heute. Stellt dar, bei welchen Kriegen religiöse Fragen eine Rolle spielen.

Leiden des Krieges

2 Überfall auf ein Dorf. Stich, 1633.

Kriege überziehen das Land

1618 kam es zum Krieg zwischen katholischer Liga und protestantischer Union, als in Böhmen mit seiner Hauptstadt Prag der katholische König, der Habsburger Ferdinand II., von den Adligen abgesetzt wurde. Zu seinem Nachfolger wurde Kurfürst Friedrich von der Pfalz, der Führer der protestantischen Union, gewählt. Ferdinand II., der auch deutscher Kaiser war, bangte um sein Ansehen und seine Macht. Er gab die Parole aus: „Ich will lieber ein verwüstetes als ein verdammtes Land."

Aus dem Kampf um die Vorherrschaft in Böhmen wurde ein Krieg, der dreißig Jahre andauerte: Nachdem 1620 die Armee Friedrichs von der Pfalz geschlagen worden war, griffen zunächst der dänische König, später auch der schwedische König auf der Seite der Protestanten in das Kriegsgeschehen ein. Schließlich unterstützte das katholische Frankreich die protestantischen Schweden. Frankreichs Ziel war es, Kaiser Ferdinand so zu schwächen, dass der französische König zum mächtigsten Herrscher Europas aufsteigen konnte.

3 *Man unterscheidet Anlass (Randspalte) und Ursache eines Krieges. Nehmt in dem dargestellten Fall eine Zuordnung vor.*

Krieg als Geschäft: Die Söldnerheere

Die am Krieg beteiligten Soldaten kamen aus allen Teilen Europas. Von einzelnen Feldherren wurden sie als Söldner angeworben und für viel Geld und große Vollmachten sowohl an protestantische als auch an katholische Fürsten oder Könige vermietet. Für den Sold, die Verpflegung und das Quartier der Truppen musste das Land aufkommen, in dem die Truppen lagen. Während der Feldzüge durften die Söldner zur eigenen Versorgung plündern. Fast 30 Jahre zogen sie durch Deutschland, mordeten und steckten Dörfer und Städte in Brand. Dabei machten sie keinen Unterschied zwischen Freund und Feind. „Nehmen wir's nicht, so nimmt's der Feind" war ihre Devise.

Durch die niedergebrannten Felder waren viele Bauernfamilien dem Hungertod preisgegeben. Die Versorgung der Städte brach zusammen, Seuchen breiteten sich aus. Man schätzt heute, dass etwa 40 Prozent der Dorfbewohner dem Krieg zum Opfer gefallen sind. In einigen Gebieten des Reiches, z. B. in Mecklenburg, ging die Bevölkerungszahl sogar um 70 Prozent zurück.

4 *Beschreibt mithilfe der Abbildung 2 und des Textes die Folgen des Krieges.*

Der Anlass des Krieges: Nachdem Ferdinand II. dem protestantischen böhmischen Adel das Recht auf freie Religionsausübung verweigert hatte, drangen im Mai 1618 Adlige in die königliche Prager Burg ein. Es kam zum Streit mit den Vertretern des Königs, in dessen Verlauf zwei hohe Beamte und deren Sekretär von den aufgebrachten Protestanten aus dem Fenster geworfen wurden. Nach einem Sturz aus 17 Metern Höhe landeten sie zwar unversehrt auf einem Misthaufen, doch war nach dem „Prager Fenstersturz" das Verhältnis zwischen Adel und König zerstört.

Werbetrommler lockten die Armen in die Söldnerarmeen.

Musketier mit Muskete und Stützgabel.

Kriege in ganz Europa

1559–1648:
Niederländischer
Freiheitskampf.

Die vier Phasen des
Dreißigjährigen
Krieges:

1618–1623:
Böhmisch-Pfälzischer
Krieg

1625–1629:
Niedersächsisch-
Dänischer Krieg

1630–1635:
Schwedischer Krieg

1635–1648:
Schwedisch-Französischer Krieg

1642–1649:
Englischer Bürgerkrieg.

1 Zeitgenössische Darstellung der Schlacht im Ärmelkanal, bei der die englische Flotte die Spanische Armada besiegte.

Ein gesamteuropäischer Krieg

Aus unterschiedlichen Gründen hatten in den Krieg, der auf dem Gebiet des Deutschen Reiches tobte, auch die Nachbarländer eingegriffen. Schweden, Dänen, Franzosen und Engländer waren ebenso beteiligt wie alle Nationalitäten des Habsburgerreiches. Dazu gehörten unter anderem Spanier, Slowenen, Kroaten und Ungarn. Die auf allen Seiten eingesetzten Söldnerheere rekrutierten sich aus weiteren Nationen wie Polen, Russland, Portugal und Italien. Zudem waren vor allem die italienischen Handelsstädte, allen voran Venedig, an der Abwicklung von Waffen-, Truppen- und Versorgungsnachschub beteiligt. Sowohl politisch als auch wirtschaftlich betraf der Krieg also ganz Europa.

Kriege in England und den Niederlanden

Zeitlich parallel zu den Ereignissen des Dreißigjährigen Krieges in Mitteleuropa brach 1642 in England ein Bürgerkrieg aus, der bis 1649 andauerte. Er entstand aus einem Machtkampf zwischen dem katholischen König und dem Parlament, in dem die Protestanten, die Puritaner, die Mehrheit bildeten (Seite 251).
Schon im Vorfeld des Dreißigjährigen Krieges hatte es kriegerische Auseinandersetzungen in Europa gegeben, bei denen die Glaubensfrage zumindest vordergründig eine Rolle spielte: Die vor allem in ihrem nördlichen Teil protestantischen Niederlande gehörten durch das Erbrecht zum Herrschaftsbereich des katholischen Spanien. Bereits seit 1559 standen die nördlichen Niederlande, eine der technisch und wirtschaftlich fortschrittlichsten Regionen Europas, im bewaffneten Aufstand gegen Spanien. Auch hier unterstützten England und Frankreich trotz unterschiedlicher Konfessionen die Niederlande. Frankreich unterstützte die niederländische Revolte, weil es im Bestreben um die Vormacht in Europa an jeder Schwächung seiner Nachbarn und insbesondere des Hauses Habsburg in Spanien interessiert war. Für England wiederum war Spanien der direkte Konkurrent auf den Weltmeeren (Seite 200). Tatsächlich gelang es im Zuge des Konflikts um die Niederlande der englischen Flotte 1588, die spanische Armada im Ärmelkanal vernichtend zu schlagen. Damit wurde der Niedergang Spaniens als europäische Großmacht eingeleitet und England stieg zur führenden Seemacht auf.

1 Erstellt eine Liste, aus welchen Gründen in Europa Krieg geführt wurde.
2 Überlegt, welche Wirkung die europaweiten Kämpfe auf die dort lebenden Menschen gehabt haben mussten.

Das Ende des Krieges und der Westfälische Friede

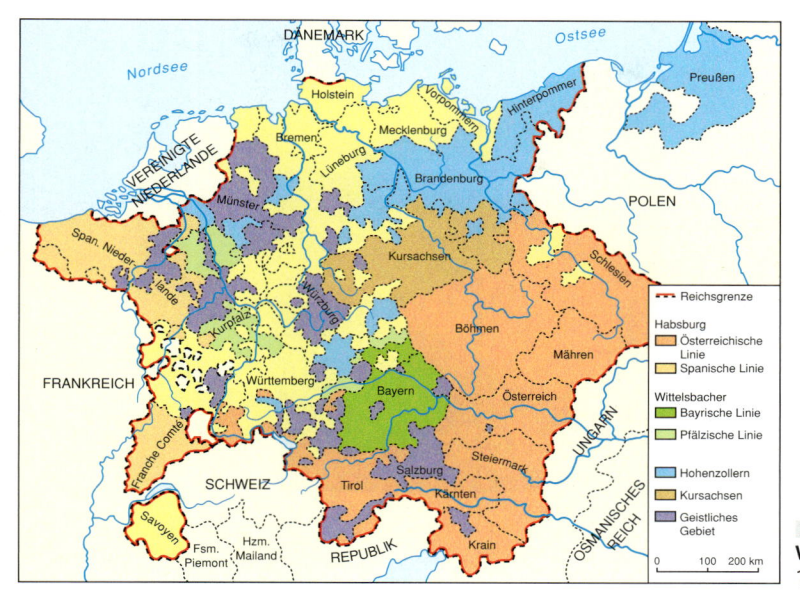

2 Deutschland nach dem Westfälischen Frieden 1648.

Der ▶Westfälische Friede

Der Krieg im Deutschen Reich dauerte schon 25 Jahre, als die beteiligten europäischen Mächte sich endlich zu Friedensverhandlungen entschlossen. Doch erst fünf Jahre später, am 25. Oktober 1648, wurde der Friedensvertrag in den westfälischen Städten Münster und Osnabrück unterzeichnet. Dieser Friede hatte für das Deutsche Reich tief greifende Folgen:

Religiöse Bestimmungen
- Der Augsburger Religionsfriede von 1555 wurde erweitert: Katholiken, Lutheraner und Calvinisten waren gleichberechtigt.
- Der Landesherr bestimmte in seinem Land die Religion.

Politische Bestimmungen
- Die Rechte des Kaisers wurden stark eingeschränkt. Wollte er im Reich neue Gesetze erlassen oder Steuern erheben, brauchte er die Zustimmung der Fürsten.
- Die Fürsten wurden politisch völlig selbstständig. Damit zerfiel das Deutsche Reich in 300 Einzelstaaten. Die europäische Politik wurde fortan von den Nachbarn des Deutschen Reiches bestimmt.

Gebietsveränderungen
- Schweden erhielt Küstengebiete an der Nordsee und an der Ostsee.
- Frankreich erhielt Gebiete im Elsass sowie Breisach und Philippsburg auf dem rechten Rheinufer.
- Bayern erhielt die Oberpfalz. Die Schweiz und die Vereinigten Niederlande schieden aus dem Reichsverband aus.

Der Westfälische Friede beendete die Glaubenskämpfe in Europa dauerhaft. Die Konfessionsfrage war von jetzt an eine innere Angelegenheit der jeweiligen Landesfürsten. Sowohl der Kaiser als auch der Papst hatten erheblich an politischem Einfluss verloren. Die Reichsfürsten und ihre Territorien hingegen gewannen an politischer Macht deutlich hinzu. Sie erhielten weitgehende staatliche Unabhängigkeit (Souveränität).

3 Beurteilt die Ergebnisse des Westfälischen Friedens aus der Sicht des Kaisers, der deutschen Fürsten und der Bevölkerung.

4 Vermutet, wie Katholiken und Protestanten über den Friedensvertrag dachten.

5 Zeigt anhand der Karte, welche Gebiete dem Deutschen Reich verloren gingen.

6 Diskutiert folgende Sätze:
- Der Dreißigjährige Krieg war ein Religionskrieg zwischen Protestanten und Katholiken.
- Der Dreißigjährige Krieg war ein Kampf um die Vorherrschaft in Europa.

Kinderlieder aus dem Dreißigjährigen Krieg:

*Maikäfer, flieg!
Dein Vater ist im Krieg.
Mutter ist im Pommerland,
Pommerland ist abgebrannt.
Maikäfer, flieg!*
(norddeutsch)

*Der Schwed is komme,
Hat alles mitgenomme,
Hat d'Fenster eingschlage
Und's Blei davontrage,
Hat Kugle draus gosse
und d'Bauer tot gschosse.
Bet, Kindle, bet,
Jetzund kommt der Schwed.*
(badisch)

1648:
Der Westfälische Friede beendet den Dreißigjährigen Krieg.

Türken vor Wien!

1 Franz Geffels, Die Entsatzschlacht von Wien, 1688.

Osmanisches Reich*:
Auf den Volksstamm der Türken zurückgehendes Reich, das im Jahr 1300 gegründet wurde und bis 1922 Bestand hatte. Namensgeber war der erste Herrscher, Emir Osman I. Seit dem 14. Jahrhundert war „Sultan" der offizielle Titel des Herrschers.

Heiliger Krieg*:
Der Koran fordert den Kampf für Allah. Es heißt dort: „Zieht aus, leicht und schwer, und eifert mit Gut und Blut in Allahs Weg. Wenn ihr dies nicht tut, werdet ihr bestraft und ein anderes Volk wird von Allah an eure Stelle gesetzt."

Türkische Eroberer

Der Maler Franz Geffels hielt 1688 in seinem Gemälde einen denkwürdigen Augenblick fest: Der polnische König Johann III. erstürmt das Zelt des osmanischen Feldherrn Kara Mustafa. Ein christliches Heer unter der Führung Johanns III. hatte die Osmanen in der Schlacht am Kahlenberg bei Wien 1683 besiegt und dadurch die Einnahme der Stadt verhindert. Wie aber waren die Osmanen vor die Tore Wiens gekommen?

Das Osmanische Reich* geht auf den Volksstamm der Türken zurück. Als Nachbar des Oströmischen Reiches hatten die Türken sich im 13. Jahrhundert in Anatolien angesiedelt und den islamischen Glauben angenommen. Im Zeichen des vom Koran geforderten Heiligen Krieges* gelang es ihnen, in kurzer Zeit ihren Einflussbereich erheblich zu vergrößern.

Schon im 15. Jahrhundert stellten die Osmanen die stärkste Macht in der islamischen Welt. Mithilfe eines gut bewaffneten, disziplinierten Heeres hatten sie ihr Herrschaftsgebiet immer weiter ausdehnen können. Das Heer untergliederte sich in Kavallerie (= berittene Truppe), Infanterie (= Fußsoldaten), Marine und eine gefürchtete Elitetruppe, die Janitscharen. Das waren christlich geborene, aber gezielt zu Muslimen umerzogene Berufssoldaten, die ausschließlich dem Sultan zu Treue verpflichtet waren. Den Janitscharen waren Kontakte zur Zivilbevölkerung ebenso verboten wie die Heirat. Zu den militärischen Erfolgen der Osmanen trugen sie entscheidend bei.

Osmanen und „Ungläubige"

Die Osmanen stellten es der Bevölkerung in den besiegten Gebieten frei, zum Islam überzutreten oder den eigenen Glauben beizubehalten. Während aber die muslimische Bevölkerung nur wenig Steuern zu zahlen hatte und auch keine Frondienste leisten musste, wurde „Ungläubigen" wie Christen und Juden eine hohe Kopfsteuer abverlangt. Traten Christen und Juden jedoch zum Islam über und waren sie bereit, Türkisch zu lernen, so stand ihnen auch die Beamtenlaufbahn offen: Wer Leistung brachte, wurde belohnt, nicht die Herkunft war entscheidend für gesellschaftliches Ansehen. Auch der aus einer armen christlichen Bauernfamilie stammende Mann konnte in Heer oder Verwaltung zu Ansehen gelangen.

1 Nennt die Gründe, die die Türken veranlassten, fremde Länder zu erobern.
2 Erklärt, wie die Eroberer mit Andersgläubigen umgingen. Vermutet, welche Vorteile die Eroberer darin sahen.
3 Überlegt, wie ein abhängiger Bauer auf die Eroberung durch die Osmanen reagiert haben könnte.

Türken vor Wien!

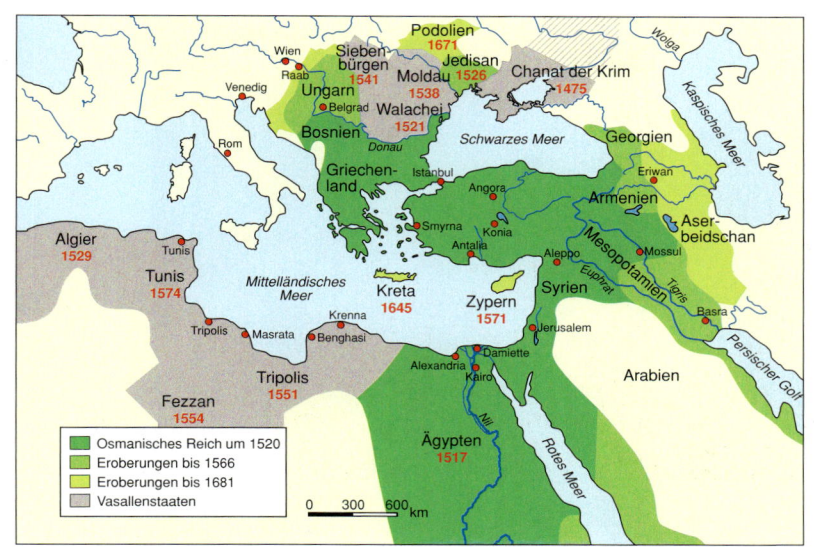

2 Das Osmanische Reich 1683.

Das Habsburgerreich in Gefahr

1453 eroberten die Türken Konstantinopel (das heutige Istanbul), die Hauptstadt des Oströmischen Reiches, die sie zur eigenen Hauptstadt mit prächtigen Moscheen, Palästen und Bibliotheken machten. Weitere Eroberungen auf dem Balkan und im Mittelmeerraum folgten, sodass nicht nur der Landweg nach Indien von den Osmanen kontrolliert wurde, sondern bald auch der gesamte Schwarzmeer- und Mittelmeerhandel.

Zu Beginn des 16. Jahrhunderts waren die Osmanen den Grenzen des Deutschen Reiches immer näher gekommen. 1529 belagerte ein 15 000 Mann starkes Heer unter der Führung Sultan Suleimans II. (1494-1566) Wien, die Hauptstadt des Deutschen Reiches; Reitertruppen verwüsteten die Vororte. Die Habsburger Karl V., Kaiser des Deutschen Reiches, und sein Bruder Ferdinand I., Erzherzog von Österreich, sahen das Deutsche Reich schwer bedroht.

Doch als nach mehrwöchiger Belagerung im Oktober ungewöhnlich früh und heftig der Winter einsetzte, trat Suleiman mit seinen Truppen den Rückzug an. Großwesir Ibrahim, der bedeutendste Heerführer im Dienst des Sultans, ließ Erzherzog Ferdinand mitteilen:

Q … Der Sultan lässt wissen, dass, wenn er will, wir nicht nur Ferdinand, sondern auch die Freunde Ferdinands in Staub, ihre Berge mit den Hufen unserer Rosse in Ebenen verwandeln werden …

Nach den Erfahrungen von 1529 war den Machthabern im Deutschen Reich bewusst, dass die starken Osmanen eine andauernde Gefahr darstellten. Damit die Erinnerung an die Belagerung nicht verblasste, ergriff die katholische Kirche Propagandamaßnahmen: In so genannten Türkenpredigten und Türkengebeten wurden die Osmanen als besonders grausam gebrandmarkt, um in der Bevölkerung Ängste wach zu halten oder erst zu schüren und die Bedeutung des Kampfes gegen die Osmanen zu unterstreichen. Als es 1683 zu einem zweiten Angriff der Türken auf Wien kam, gelang es dem durch den Papst vermittelten militärischen Bündnis, die Osmanen zu besiegen. Das Blatt hatte sich endgültig gewendet: Die Angreifer zogen sich zurück und mussten sich in den folgenden Jahren gegen Angriffe von Westen zur Wehr setzen.

4 Erklärt, was eine Einnahme Wiens bedeutet hätte:
– für die Habsburger Herrscherfamilie,
– für die katholische Kirche.

1438–1806:
Fast ununterbrochene Herrschaft der Habsburger im Deutschen Reich; in Österreich behielten die Habsburger die Krone bis 1918.

1453:
Eroberung Konstantinopels durch die Osmanen, das Ende des Oströmischen Reiches.

1526:
Sieg der Osmanen über die Ungarn.

1529 und 1683:
erfolglose Belagerungen Wiens durch die Türken.

1922/23:
Exil des letzten türkischen Sultans und Ausrufung der Republik unter Kemal Atatürk.

Bild eines Türken aus der Sicht der feindlichen Propaganda. Anonyme Radierung, 16. Jahrhundert.

Menschen kommen, Menschen gehen

Aus einem Kirchenbuch der reformierten Gemeinde zu Otterberg, um 1770:
Folgende Gemeindemitglieder sind ins ferne Amerika ausgewandert:
1. Fortunet, David und Ehefrau Elisabeth, geb. Britzius
2. Lambert, Johann, nebst Frau und Kindern
3. Kunz, Adam
4. Cherdron, Abraham
5. Massa, Anna Margaretha

Auswanderung heute:
Auch in unserer Zeit müssen Menschen aus ihrer Heimat fliehen. Oft vermischen sich ganz unterschiedliche Gründe für die Auswanderungen. Internationale Organisationen wie das Flüchtlingskommissariat der Vereinten Nationen (UNHCR, http://www.unhcr.de), Pro Asyl (http://www.proasyl.de) oder amnesty international (http://www.amnesty.de) kümmern sich um Flüchtlinge in Krisenregionen. Informiert euch im Internet darüber, welche Arbeit Hilfsorganisationen leisten, welche Ziele sie verfolgen und wie sie konkrete Fälle darstellen.

1 Kurfürst Friedrich III. begrüßt bei Roxheim protestantische französische Glaubensflüchtlinge und siedelt sie um 1562 in Frankenthal an.
Nach einem zerstörten Wandgemälde aus dem 19. Jahrhundert

Rettung im Ausland?

Menschen, die wegen ihres Glaubens verfolgt wurden, blieb oft nichts anderes übrig, als ihre Heimat zu verlassen. Dafür gibt es in der Geschichte viele Beispiele. So verließen viele Hugenotten im 16. Jahrhundert Frankreich. Erst 1598 verlieh ihnen der König im Edikt von Nantes das Recht zur Ausübung ihrer Religion, wenngleich sie in Paris auch nach dieser Verordnung keine eigenen Gottesdienste abhalten durften.

Unter anderem in der grenznahen Pfalz fanden die Hugenotten im 16. Jahrhundert Zuflucht. Denn Kurfürst Friedrich III. war schon früh zum Protestantismus übergetreten. Einige Klöster, die während der Reformation verlassen worden waren, zum Beispiel Frankenthal oder Ottersberg (bei Kaiserslautern), überließ er den Flüchtlingen.

1 Stellt mögliche Motive des Kurfürsten für die Aufnahme von Glaubensflüchtlingen heraus.

Etwa zweihundert Jahre später, um 1740, berichtete ein Ottersberger Chronist:

Q … Die Stadt verfügt über eine so genannte „Konvertitenkasse". Daraus erhielt jeder, der zum katholischen Glauben übertrat, 5 Goldgulden. Strafgefangenen überließ man die Hälfte der Strafe, wenn sie katholisch wurden. Neugeborene mussten innerhalb von 24 Stunden getauft werden, obwohl es evangelische Sitte war, Kinder erst dann zu taufen, wenn die Mutter dabei sein konnte. Evangelischen Kindern wurde ein katholischer Vormund aufgezwungen und elternlose wurden in ein katholisches Kinderheim eingewiesen. Gründonnerstag und Karfreitag durften die Glocken nicht geläutet werden, weil sie „nach Rom geflogen waren und erst zu Ostern wiederkamen."

2 Überlegt, welche Absichten vermutlich hinter den in Q beschriebenen Maßnahmen von 1740 stecken.
3 Zwischen der Situation auf dem Gemälde und Q lag der Dreißigjährige Krieg. Stellt Vermutungen über mögliche Ursachen für die Veränderungen an und diskutiert darüber.

Zusammenfassung

Die Reformation
Inmitten des geistigen Umbruchs, der das Ende des Mittelalters einleitete, wurde der Ruf nach Reformen in der Kirche immer stärker. Im 14. und 15. Jahrhundert gelang es der katholischen Kirche noch, ihre Kritiker und die von ihnen geistig geprägten Glaubensgemeinschaften zu unterdrücken.
Auch Martin Luther ging es bei seinen Wittenberger Thesen zunächst um Reformen innerhalb der katholischen Kirche. Deren Reformunwilligkeit und -unfähigkeit spitzte den Konflikt rasch zu. Luthers Ideen fanden – durch den Buchdruck rasch verbreitet – großen Zuspruch unter der Bevölkerung. Für viele Fürsten war die Reformation auch ein Mittel, um ihre politische Unabhängigkeit zu festigen. Sie unterstützten Luther, als der Kaiser die Reichsacht über Luther verhängte. Der habsburgische Kaiser Karl V. bekämpfte die Reformation. Ihm ging es in erster Linie um die Einheit seines Reiches.

Der Aufstand der Bauern
Die Gedanken der Reformation fanden ihre besondere Anhängerschaft unter den Bauern, die unter Leibeigenschaft und Abgaben litten. Sie beriefen sich auf die Bibel und forderten einschneidende Verbesserungen ihrer Lage von den Fürsten und Grundherren. Die Bauern fassten ihre Forderungen in zwölf Artikeln zusammen. Was ihnen friedlich nicht gewährt wurde, versuchten sie, mit gewaltsamen Mitteln zu erreichen.

Gegenreformation und Dreißigjähriger Krieg
Der Augsburger Religionsfriede von 1555, der neben der katholischen auch die protestantische ▶Konfession anerkannte, sollte einen Ausgleich im Sinne der fürstlichen Interessen schaffen. Die Fürsten konnten in der Folgezeit die Religion ihres Landes bestimmen. Sie organisierten sich in unterschiedlichen Lagern, der evangelischen Union und der katholischen Liga. Der Streit um die böhmische Krone wurde zum Ausgangspunkt des Dreißigjährigen Krieges. Unter ungeheuren Verlusten der Bevölkerung kämpften die Truppen der europäischen Mächte auf deutschem Boden. Der Krieg führte zur Verwüstung Deutschlands und zur weiteren staatlichen Zersplitterung des Deutschen Reiches. Der ▶Westfälische Friede beendet den Dreißigjährigen Krieg.

1517 
Den Handel mit Ablassbriefen kritisierte Martin Luther scharf.

1521 
Der Kaiser verhängt die Reichsacht über Luther (Wormser Edikt).

1524–1525 
Der Bauernkrieg erfasst weite Teile des Deutschen Reiches.

1618–1648 
Dreißigjähriger Krieg.

9. Europa zur Zeit des Absolutismus

1 Beschreibt das Schloss Versailles und zeichnet einen vereinfachten Grundriss (Vogelperspektive). Tragt darin folgende Begriffe ein: Hauptflügel, Seitenflügel, Schlosshof, Mauer, Zaun (Mehrfacheintragungen möglich).

2 Beschreibt die kleinen Bilder und notiert Fragen, die sich für euch beim Betrachten der Bilder ergeben.

Zwischen 1661 und 1689 ließ sich der französische König Ludwig XIV. in Versailles bei Paris einen prächtigen Herrschaftssitz – eine Residenz – errichten. Sein Schloss und seine als Absolutismus bezeichnete Regierungsform wurden zum Vorbild für die Fürsten und Könige aus ganz Europa.

Glanzvolles Leben bei Hofe

1 Das „Wäldchen von Versailles". Gemälde von J. B. Martin, o. J.

2 Saal im Schloss Versailles. Foto, 1998.

Ein Schlafzimmer im Zentrum

Versailles war ursprünglich eine morastige Einöde, in der die Familie des Königs ein Jagdschlösschen besaß. In dem Zeitraum von 27 Jahren ließ Ludwig XIV. den Ort in eine prunkvolle Residenz* verwandeln. Nahezu 36 000 Arbeiter waren daran beteiligt. Die Residenz umfasste nicht nur ein prächtiges Schloss mit fast 2000 Räumen, riesigen Sälen und Fluren, sondern auch eine Parkanlage mit etwa 1400 Brunnen und einem künstlichen See.

Prinzessin Lieselotte von der Pfalz, die mit einem Bruder des Königs verheiratet war, schrieb in einem Brief:

Q … Es herrscht hier in Versailles eine Pracht, die du dir nicht vorstellen kannst. An Marmor und Gold wurde nicht gespart. Edelsteine, Spiegel, Edelhölzer, Teppiche wohin du schaust. Köstliche Gemälde und Statuen an den Wänden. Und erst die Springbrunnen, Wasserkünste und Pavillons in dem riesigen Park. Denke dir nur, alle Alleen, Wege und Wasserläufe sind auf das Schlafzimmer des Königs, das im Zentrum des Schlosses liegt, ausgerichtet.

Residenz*:
Wohn- und Amtssitz eines Staatsoberhaupts.

Versailles – Vorbild für den Schlossbau in Europa

Das Leben am französischen Königshof war von aufwändigen Veranstaltungen und Festlichkeiten geprägt. Erlesene Speisen und kostbare Garderobe gehörten zum Alltag. Könige und Fürsten in ganz Europa waren beeindruckt und versuchten, aus ihrem Wohnsitz ein „kleines Versailles" zu machen und den prunkvollen französischen Stil nachzuahmen.

Champagner und Austern zum Frühstück, Maskenbälle, Theatervorstellungen, Jagden und Feuerwerke, teure Möbel, Kutschen, Kleider und Frisuren – wer konnte sich diesen Luxus leisten? Welche Stellung hatte der König im Staat? Woher kam das Geld für eine solche Pracht? Diese Fragen sollen die folgenden Seiten beantworten.

1 *Beschreibt in Gruppen die Abbildungen 1 bis 5. Verfasst anschließend zu einzelnen Bildern einen Bericht im Stil eines heutigen Zeitungsreporters. Welches Bild passt nicht hierher? Begründet eure Meinung.*

2 *Vergleicht die Darstellungen mit Vergnügungen reicher Leute von heute. Was ist anders, was ähnlich? Sammelt Bilder aus Illustrierten und fertigt eine Wandzeitung.*

Glanzvolles Leben bei Hofe

Den Kunststil des 17. Jahrhunderts, der sich durch Bewegtheit, kurvige Schwünge sowie Schmuck- und Figurenreichtum auszeichnet, nennt man **Barock**.

Was ihr noch tun könnt:
Musik der Zeit anhören: Händel („Wasser- oder Feuerwerksmusik"), Bach („Brandenburgische Konzerte"), Vivaldi („Die vier Jahreszeiten") oder Mozart („Eine kleine Nachtmusik").

3 Barockfeuerwerk anlässlich der Hochzeit des sächsischen Kurprinzen 1719.
Kupferstich von Johann August Corvinus.

4 Maskenball im Bonner Hoftheater.
Gemälde von François Rousseau, 1754.

5 Statue einer Bettlerin
(Elfenbein und Holz). Von Simon Troger, etwa 1750.

Arbeitstechnik: Kunstwerke als Quellen nutzen

1701 erhielt der Maler Hyacinthe Rigaud den Auftrag, ein Porträt Ludwigs XIV. anzufertigen. Der König war damals 63 Jahre alt und hatte in Europa eine führende Stellung errungen. Das lebensgroße Bild (279×190 cm) sollte weniger die Persönlichkeit Ludwigs darstellen, sondern der Demonstration königlicher Macht dienen. Das Bild hat zahlreiche Nachahmungen gefunden.

Hinweise auf einige Bilddetails:

Allongeperücke
(allonge = verlängert)

Spitzenkragen

Orden des Hl. Geistes

Thron

Mantel aus Hermelinpelz (innen) und Brokat mit goldenen Lilien (Wappen des Königshauses)

Schwert Karls des Großen

Zepter

Spitzenwäsche

Krone

Seidenstrümpfe

Schuhe mit Absatz

1 **König Ludwig XIV.** Gemälde von Hyacinthe Rigaud, 1701.

Arbeitstechnik: Kunstwerke als Quellen nutzen

Neben Texten vermitteln uns auch Bilder Vorstellungen über die Vergangenheit. An Wand- oder Deckengemälden, Karikaturen, Skulpturen oder Kirchenfenstern können wir häufig erkennen, wie die Menschen früher gelebt haben oder was ihnen wichtig war. Bilder, die für die Öffentlichkeit gedacht waren, sollen oft aber auch ganz bestimmte Eigenschaften des Dargestellten vermitteln. Denn Künstler zeigen die Dinge nicht einfach so, wie sie sie sehen, sondern setzen ihre Motive „in Szene". Das bedeutet, dass sie bestimmte Details betonen und auf andere verzichten.

Die folgenden Schritte helfen dir, Bilder auszuwerten:

1. Schritt: Dem Bild begegnen
- Welchen ersten Eindruck macht das Bild als Ganzes auf mich?
- Welche Einzelheiten fallen mir besonders auf, welche sprechen mich besonders an? Was finde ich schön, abstoßend, lächerlich …?

2. Schritt: Das Bild betrachten
- Welche Daten des Bildes sind bekannt (Name des Künstlers, Bildtitel, Entstehungszeit)?
- Was ist dargestellt (Thema)?
- Wie ist das Bild aufgebaut (Vorder-, Mittel-, Hintergrund)?
- Wie ist das Motiv dargestellt (Anordnung der Personen und Dinge, Einsatz von Licht und Schatten, Verwendung der Farben und Linien, naturnahe oder verzerrende Darstellung …)?
- Welcher Platz wird dem Betrachter zugewiesen (z. B.: Sieht er auf das Dargestellte hinab, schaut er hinauf …?)
- Wie wirken die eingesetzten Gestaltungsmittel (starr, ruhig, bewegt, kalt, freundlich, düster …)?

3. Schritt: Das Bild deuten
- Zu welchem Zweck wurde das Bild geschaffen?
- Vor welchem gesellschaftlichen oder geschichtlichen Hintergrund wurde das Bild geschaffen (weitere Informationen über die Entstehungszeit)?
- Warum hat der Künstler das Motiv in dieser Weise dargestellt?
- Welche Fragen ergeben sich aus der Auseinandersetzung mit dem Bild?

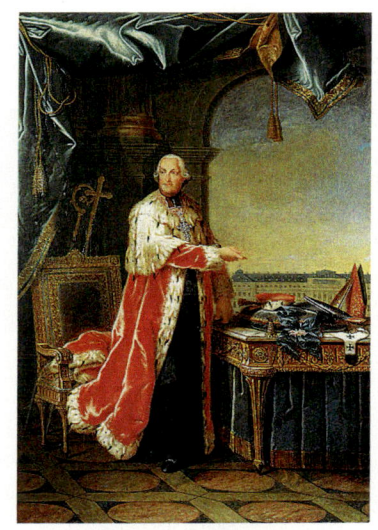

2 Klemens Wenzeslaus von Sachsen, der letzte Kurfürst von Trier (1768–1801). Gemälde von 1790.

1 Bearbeitet das Bildnis Ludwigs XIV. mithilfe der dargestellten Methode. Vergleicht es anschließend mit Abbildung 2.

So geht es weiter …

Ludwig XIV.: „Der Staat, das bin ich!"	236
Der König und seine Untertanen	238
Merkantilismus – die neue Wirtschaftspolitik	240

Preußens Aufstieg zur Großmacht — **242**

Friedrich Wilhelm I. – der „Soldatenkönig"	244
Preußen wird Militärstaat	245

Das Zeitalter der Aufklärung — **246**

Über die Forderung von Philosophen, „vernünftig" zu handeln …

Aufgeklärter Absolutismus in Preußen — **248**

Wie der preußische König versuchte, den Absolutismus mit den Gedanken der Aufklärung zu verbinden …

Anfänge des Parlaments in England — **250**

Machtkampf zwischen König und Parlament	251
Wird England Republik?	252

Wissen ist Macht! — **254**

Ein Spiel, mit dem ihr euer Wissen unter Beweis stellen könnt …

Ludwig XIV.: "Der Staat, das bin ich!"

1300 1350 1400 1450 1500 1550 1600 1650 1700 1750 1800 1850 1900 1950 2000

Medaille Ludwigs XIV. von 1674.

1643–1715: Herrschaft des französischen Königs Ludwig XIV.

▶ **Untertan*:**
Bezeichnung für eine Person, die der Herrschaft eines anderen unterworfen ist. Seit der Zeit des Absolutismus bezeichnete man die Staatsangehörigen, die von einem Monarchen regiert wurden, als Untertanen.

▶ **Absolutismus*:**
Bezeichnung für die Epoche vom 17. bis 18. Jahrhundert, in der Ludwig XIV. und seine Regierungsform in Europa als Vorbild galten. Der Monarch besaß die uneingeschränkte Herrschaftsgewalt. Er regierte losgelöst von den Gesetzen und forderte von allen Untertanen unbedingten Gehorsam.

1 Ludwig XIV. und seine Familie in den Gestalten antiker Götter. Gemälde von Jean Nocret, um 1670.

Ludwig XIV. übernimmt die Regierungsgeschäfte

Dreißig Jahre lang hatte der Krieg getobt. Städte und Dörfer waren zerstört, Millionen Menschen umgekommen. Als endlich 1648 Frieden geschlossen wurde, teilte man Deutschland in mehr als 300 Fürstentümer auf. Die Macht des Kaisers war geschwächt. Während das Deutsche Reich in Ohnmacht versank, wurde Frankreich immer mächtiger. Hier war 1643, im Alter von fünf Jahren, Ludwig XIV. auf den Thron gekommen. Solange er noch ein Kind war, führte für ihn Kardinal Mazarin die Regierungsgeschäfte. Der Kardinal starb am 9. März 1661. Bereits am folgenden Morgen, um 7 Uhr früh, rief Ludwig XIV. den Staatsrat zusammen. Nichts, so erklärte er den Ministern, dürfe künftig ohne seinen Willen geschehen. Er allein werde von jetzt an die Befehle erteilen. Sache der Minister und Beamten sei es, diese auszuführen.

Zehn Jahre später schrieb Ludwig XIV. von sich selbst:

Q1 … Ich entschloss mich, keinen „Ersten Minister" mehr in meinen Dienst zu nehmen. Denn nichts ist unwürdiger, als wenn man auf der einen Seite alle Funktionen, auf der anderen Seite nur den leeren Titel eines Königs bemerkt.
Ich wollte die oberste Leitung ganz allein in meiner Hand zusammenfassen. … Ich bin über alles unterrichtet, höre auch meine geringsten ▶ Untertanen* an, weiß jederzeit über Stärke und Ausbildungszustand meiner Truppen und über den Zustand meiner Festungen Bescheid. Ich gebe unverzüglich meine Befehle zu ihrer Versorgung, verhandle unmittelbar mit den fremden Gesandten, empfange und lese die Nachrichten und entwerfe teilweise selbst die Antworten, während ich für die übrigen meinen Sekretären das Wesentliche angebe. Ich regle Einnahmen und Ausgaben des Staates und lasse mir von denen, die ich mit wichtigen Ämtern betraue, persönlich Rechenschaft geben. …

1 Tragt in eine Tabelle die verschiedenen Aufgabenbereiche ein, um die sich der König selbst kümmert.
2 Schreibt dazu aus Q1 jenen Satz heraus, in dem der König zum Ausdruck bringt, dass er allein regieren möchte.

Ludwig XIV.: „Der Staat, das bin ich!"

Ludwig XIV. – Sonnenkönig und absoluter Herrscher

„Der Staat – das bin ich." Diese Aussage entsprach der Denkweise Ludwigs und seiner Vorstellung von der absoluten Herrschaft (▶ Absolutismus*) des Königs über sein Reich und seine Untertanen. Als Herrscher beanspruchte er ▶ Souveränität*; seine Entscheidungen meinte er nur vor Gott rechtfertigen zu müssen. Sichtbaren Ausdruck fand diese herausragende Stellung in dem von ihm ausgewählten Symbol der Sonne. Er selbst schrieb dazu:

Q2 … Die Sonne ist
- durch ihre Einzigartigkeit,
- durch den Glanz, der sie umgibt,
- durch das Licht, das sie den anderen wie ein Hofstaat umgebenden Sternen mitteilt,
- durch das Gute, das sie überall bewirkt, indem sie unaufhörlich Leben, Freude und Tätigkeit weckt, sicher das lebendigste und schönste Sinnbild eines großen Herrschers.

2 Der König wird angekleidet.
Farblithographie von Maurice Leloir, 19. Jahrhundert.

3 Stellt anhand der Abbildungen und Q1 Vermutungen an über das Verhältnis des Königs zu seinen Untertanen.

4 Der französische Bischof Bossuet (1627–1704) sagte: „Oh Könige, ihr seid Göttern gleich!" Was sollte damit zum Ausdruck gebracht werden?

Der König bei Hofe

Das Selbstverständnis Ludwigs XIV. als Mittelpunkt seines Reiches fand seinen Ausdruck im höfischen Leben: Nicht nur bildete Versailles das Zentrum Frankreichs und das Schlafzimmer des Königs den Mittelpunkt der Residenz, auch herrschte bei Hofe eine strenge Etikette*, die jedem Höfling den Tagesablauf vorschrieb und die zentrale Bedeutung des Königs unterstrich.
Ein Herzog erinnerte sich um 1750 an die tägliche Ankleidezeremonie:

Q3 … Um 8 Uhr früh weckte der erste Kammerdiener den König. Der König nahm Weihwasser und sprach ein Gebet. Inzwischen waren die Prinzen … und danach einige Vertreter des höchsten Adels eingetreten … Es kamen die vier Minister, die Vorleser, die Apotheker, Ärzte, Silberbewahrer, einige Offiziere und Kammerdiener. Nachdem der König eine kleine Perücke aufgesetzt hatte, erschienen die Kammerherren. Sofort traten die Kirchenfürsten, Gesandten, Marschälle und andere Würdenträger ein, denen … der breite Schwarm der Höflinge folgte. Der König zog sein Nachthemd aus und übergab die Reliquien, die er während der Nacht auf dem bloßen Leibe trug, dem Kammerdiener. Er verlangte sein Taghemd. Dies war der Höhepunkt der Zeremonie. Das Recht, dem König sein Hemd zu reichen, stand dem Bruder des Königs zu; wenn er abwesend war, den Söhnen und Enkeln des Königs. War der König angezogen, betrat er das anliegende Gemach. Dort hielt er Rat mit den Ministern.

5 Beschreibt Abbildung 2. Beachtet dabei die Haltung der einzelnen Personen.

▶ *Souveränität*:
Die höchste staatliche Herrschaftsmacht und Entscheidungsgewalt, die sowohl von einer einzelnen Person als auch – wie in der Demokratie – von mehreren Personen ausgeübt werden kann.

Etikette:
Regeln, die beim Umgang mit anderen Menschen einzuhalten sind, besonders gegenüber Höhergestellten.

Drangvolle Enge am Hof:
Versailles beherbergte nahezu 20 000 Menschen. Dabei war das Schloss höchst unpraktisch eingerichtet, sodass schlechte hygienische Bedingungen herrschten. Denn nur wenige Räume waren beheizbar und es fehlten Bäder und Toiletten. Doch wer in Frankreich etwas werden wollte, musste sich in die Nähe des Königs begeben und alles tun, um ihm aufzufallen.

237

Der König und seine Untertanen

▶ **Stände***:
Gesellschaftliche Gruppen, die sich voneinander durch Herkunft, Beruf und eigene Rechte abgrenzen. Im Mittelalter unterschied man drei Stände: erster Stand: Geistlichkeit, zweiter Stand: Adel, ▶ dritter Stand: Bürger und Bauern.

Privilegien*:
Sonderrechte, Vorrechte.

„König von Gottes Gnaden"*
(▶ **Gottesgnadentum**):
Auffassung, dass der König den Willen Gottes vertrete. Unterstützt wurde die Vorstellung von der katholischen Kirche. So schrieb der Bischof Jacques Bossuet (1627–1704): Der König muss über seine Befehle niemandem Rechenschaft geben … Nur Gott kann über seine Maßnahmen urteilen."

1 Der Bauernstand trägt die ersten zwei Stände. Tauben und Kaninchen, die der Bauer nicht erlegen durfte, verursachen Ernteschäden. Kolorierte Radierung, 1789.

Die ständische Gesellschaft
Die französische Gesellschaft, über die Ludwig uneingeschränkt herrschen wollte, war seit Jahrhunderten in ▶ Stände* eingeteilt. Die höheren Geistlichen gehörten zum ersten, der Adel zum zweiten Stand. Als Angehörige der ersten beiden Stände genossen sie bestimmte Privilegien*. Sie mussten z. B. keine Steuern bezahlen und erhielten von den Bauern Abgaben und Dienste. Fast alle Steuern, die der König einnahm, wurden vom dritten Stand bezahlt. Hierzu zählten Kaufleute, Anwälte oder Bankiers, die in den Städten lebten, und die Landbevölkerung, leibeigene Bauern und Tagelöhner, die die Mehrheit der Bevölkerung stellten.
1 Entwerft mithilfe des Textes und der Abbildung 1 ein Schaubild zum Aufbau der Ständeordnung im Absolutismus.

Aus Adligen werden Höflinge
Als Ludwig XIV. im Jahr 1661 die Regierung übernahm, gab es in Frankreich viele Adlige, Klöster, Bischöfe und Städte, die alle selbst regieren wollten. Alte Rechte gestatteten es ihnen, in ihren Territorien zu herrschen und unabhängig vom König zu entscheiden. „Ich aber wollte", so schrieb Ludwig XIV., „die oberste Leitung ganz allein in meinen Händen halten." Der König verlangte, dass sich die Adligen künftig an seinem Hof in Versailles aufhielten. Das aufwändige Leben am Hof, die Feste und der Zwang, sich gemäß der höfischen Mode zu kleiden, waren sehr kostspielig. Viele Adlige gerieten daher in finanzielle Schwierigkeiten und Ludwig nutzte dies aus. Er gewährte den Adligen, die in seiner Gunst standen, gut bezahlte Ämter, die politisch keine Bedeutung hatten. Wichtig für die Regierung des Landes und für die Durchführung der königlichen Befehle waren nur die oberen Beamten, die der König einsetzte (▶ Bürokratie). Sie waren Ludwig zu absolutem Gehorsam verpflichtet und jederzeit absetzbar. In ganz Frankreich überwachten sie die Steuereinziehungen und den Straßenbau, sie kontrollierten die Zölle und führten bei Gericht den Vorsitz. Über alle besonderen Vorkommnisse erstatteten sie dem König sofort Bericht und warteten auf seine Anordnungen.
2 Erklärt, wie sich unter Ludwig XIV. der Einfluss und die Stellung des Adels veränderte.

„Ein König, ein Glaube, ein Gesetz"
Ludwig hielt sich für einen „König von Gottes Gnaden"*. Er glaubte, dass er seine Regierungsweise nur vor Gott zu rechtfertigen habe und dass seine Anordnungen dem göttlichen Willen entsprächen. Die katholische Kirche, der Ludwig angehörte, unterstützte die Auffassung des Königs. Doch viele Untertanen gehörten zu den Hugenotten, den Anhängern der Reformation in Frankreich. Im Edikt von Nantes war den Hugenotten im Jahr 1598 die freie Ausübung ihrer Religion gewährt worden. Ludwig XIV. erneuerte dagegen den alten Grundsatz der französischen Könige: „Ein König, ein Glaube, ein Gesetz". Im Jahre 1685 verbot er den Protestantismus und ließ alle Kirchen der Reformierten niederreißen. Den Hugenot-

Der König und seine Untertanen

2 Die Stützen der absolutistischen Macht.

ten wurde es zudem verboten, auszuwandern oder Besitz aus Frankreich zu entfernen. Viele Hugenotten traten nun aus Angst um ihr Leben zum katholischen Glauben über oder sie flohen trotz des königlichen Verbots ins Ausland, z. B. nach Brandenburg-Preußen.
Die katholische Kirche aber räumte dem König bestimmte Rechte ein. Ludwig XIV. ernannte fortan die Bischöfe und hatte die Aufsicht über das Kirchenvermögen.

3 Erklärt die Bedeutung des Grundsatzes: „Ein König, ein Glaube, ein Gesetz".

Ludwig XIV. und sein ▶stehendes Heer*

Ludwig XIV. brauchte eine schlagkräftige Armee, um seine Herrschaft gegen aufständische Untertanen durchzusetzen. Vor allem aber wollte er Frankreich zum mächtigsten Staat Europas machen. Mit Energie betrieb dieser König daher den Aufbau eines so genannten stehenden Heeres, das auch in Friedenszeiten einsatzbereit unter Waffen stand. Immer mehr Soldaten wurden für längere Zeit angeworben, mit neuen Waffen und gleichen Uniformen ausgerüstet. Frankreich hatte 1664 etwa 45 000, bis 1703 schon fast 400 000 Mann täglich einsatzbereit und war damit die stärkste Militärmacht Europas geworden. In mehr als der Hälfte seiner Regierungszeit führte Ludwig deshalb Kriege gegen verschiedene Nachbarstaaten, die etwa 1 200 000 Menschen das Leben gekostet haben.

4 Zahlreiche militärische Bezeichnungen wurden im 17. und 18. Jahrhundert von anderen europäischen Armeen übernommen (Randspalte). Informiert euch über Begriffe, die ihr nicht kennt, in einem Lexikon.

Wer soll das bezahlen?

Die häufig geführten Kriege und der Unterhalt der Armee kosteten fast die Hälfte des gesamten Staatshaushalts. Hinzu kamen riesige Summen für die Hofhaltung und für den Bau des Schlosses in Versailles. Das Ziel des Königs war es daher, die Staatseinnahmen immer weiter zu erhöhen, doch das Land verarmte immer mehr. In einem Bericht an den König im Jahr 1678 heißt es:

Q … Von allen Seiten kommt man zu mir mit der Bitte dem Könige vorzustellen, wie man ganz außerstande ist, die Abgaben zu bezahlen. Es ist sicher und ich spreche davon, weil ich es genau weiß, dass der größte Teil der Einwohner unserer Provinz während des Winters nur von Eichel- und Wurzelbrot gelebt hat und dass man sie jetzt das Gras der Wiesen und die Rinde der Bäume essen sieht. …

5 Spielt folgende Szene: Der König und der Finanzminister beraten, wie sie die Staatseinnahmen erhöhen können.

▶ **stehendes Heer*:** Im Mittelalter wurden Heere nur für einen Krieg aufgestellt. Die Söldner und die Landsknechte wurden nach Kriegsende wieder entlassen. Seit dem 17. Jahrhundert schufen die absolutistischen Herrscher jedoch Armeen, die auch in Friedenszeiten einsatzbereit unter Waffen standen.

Militärische Bezeichnungen aus dem absolutistischen Frankreich:
*Infanterie
Artillerie
Kavallerie
Leutnant
Munition
General
Proviant*

Merkantilismus – die neue Wirtschaftspolitik

▶ **Merkantilismus*:**
Staatlich gelenkte Wirtschaftsform des Absolutismus. Durch intensiven Handel sollte möglichst viel Geld in das Land kommen, möglichst wenig Geld das Land verlassen. Die Regierung erhöhte daher die Ausfuhr von Fertigwaren und erschwerte die Einfuhr ausländischer Güter durch hohe Zölle.

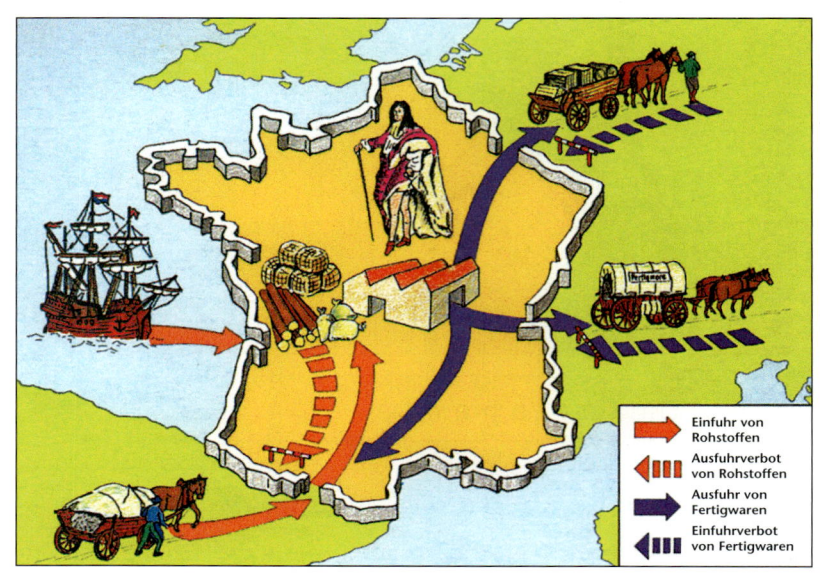

▶ **Manufaktur*:**
größerer Handwerksbetrieb, in dem ein Produkt in einzelnen Arbeitsvorgängen hergestellt wird. Das bedeutet, dass die Arbeiter sich jeweils auf einen Arbeitsvorgang spezialisieren. Dadurch kommt es zu einer Steigerung der Produktion.

1 Die Wirtschaftsform des Merkantilismus*.

Der König braucht Geld

Q1 Der französische Staatshaushalt 1678:
Einnahmen: 99,5 Mio. Livres
Ausgaben: 98,0 Mio. Livres für das Heer
29,0 Mio. Livres für den Hof
2,5 Mio. Livres für Sonstiges
Entwicklung der Schulden
1680 ca. 47 Mio. Livres
1715 ca. 3 500 Mio. Livres

Nur wenige Jahre nach dem Regierungsantritt Ludwigs XIV. war der französische Staat bereits restlos verschuldet. Colbert, der Finanzminister des Königs, erkannte, dass die normalen Steuereinnahmen niemals ausreichen würden, um die hohen Ausgaben des Königs zu decken. Um den immer neuen Geldforderungen nachkommen zu können, entwickelte er daher ein neues Wirtschaftssystem, den Merkantilismus. Schon diese Bezeichnung lässt deutlich erkennen, dass Colbert in der Förderung des Handels und Gewerbes seine Hauptaufgabe sah.

Colbert und die neue Wirtschaftspolitik

Um möglichst viel Geld hereinzubekommen, schlug Colbert folgendes Verfahren vor: Frankreich importiert billige Rohstoffe; diese werden von französischen Handwerkern zu Fertigwaren verarbeitet und anschließend ins Ausland verkauft. Um den Handel innerhalb Frankreichs zu erleichtern, wurden Maße, Gewichte und das Münzwesen vereinheitlicht. Außerdem ließ er zahlreiche Straßen und Kanäle bauen.
Da die kleinen Handwerksbetriebe nicht in der Lage waren, Fertigwaren in höherer Stückzahl zu produzieren, förderte Colbert den Aufbau von ▶Manufakturen*. Das waren größere Betriebe, in denen die Arbeit zwar von Hand geschah, die gesamte Herstellung aber in einzelne Arbeitsvorgänge zerlegt wurde.

1 Tragt mithilfe von Abbildung 1 in eine Liste ein:
– alles, was von Colbert gefördert wurde (linke Spalte),
– alles, was von Colbert verboten wurde (rechte Spalte).
Erläutert die einzelnen Maßnahmen.

In einer Stecknadelmanufaktur

Über die Arbeit in einer Stecknadelmanufaktur schrieb Adam Smith, der schottische Wirtschaftsfachmann, etwa 100 Jahre später:

Merkantilismus – die neue Wirtschaftspolitik

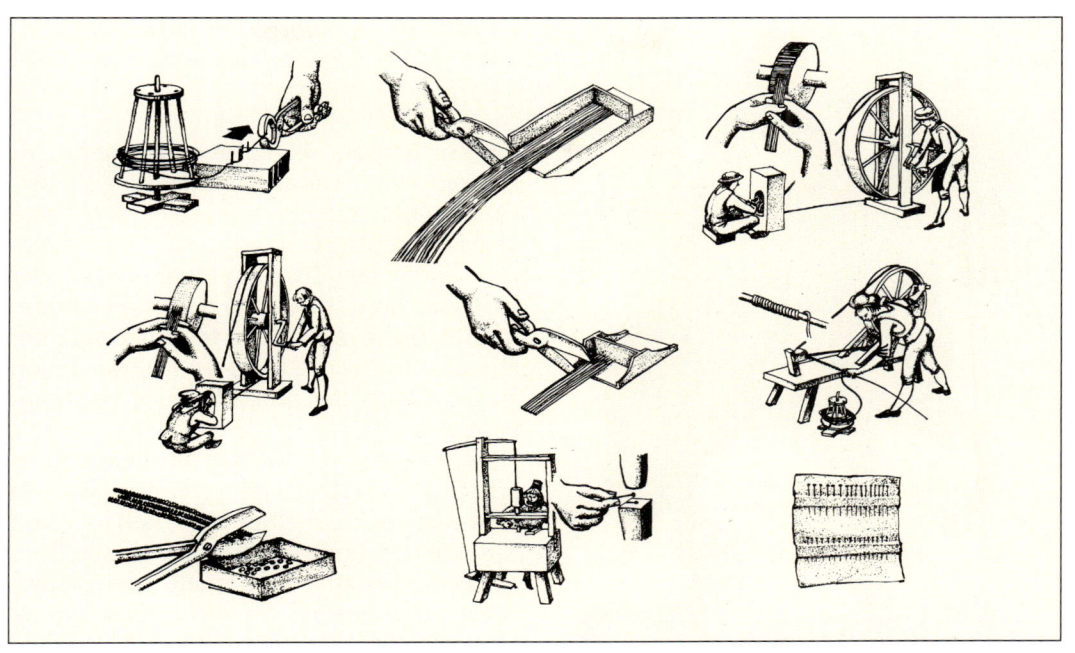

2 Wichtige Arbeiten in einer Stecknadelmanufaktur.

Q2 … Einer zieht den Draht, ein anderer richtet ihn ein, ein Dritter schrotet ihn ab, ein Vierter spitzt ihn zu, ein Fünfter schleift ihn am oberen Ende, damit der Kopf angesetzt wird … so wird das wenig wichtige Geschäft der Stecknadelfabrikation in ungefähr 18 verschiedene Verrichtungen verteilt. … Ich habe eine kleine Fabrik dieser Art gesehen, wo nur zehn Menschen beschäftigt waren und manche daher zwei oder drei verschiedene Verrichtungen zu erfüllen hatten. Obgleich nun diese Menschen sehr arm und darum nur leidlich mit den nötigen Maschinen versehen waren, so konnten sie doch, wenn sie tüchtig daranhielten, zusammen zwölf Pfund Stecknadeln täglich liefern. …

2 Ein Pfund Stecknadeln enthielt über 4000 Nadeln mittlerer Größe. Rechnet aus, wie viele Nadeln jeder Mitarbeiter nach Q2 an einem Tag herstellen konnte.
3 Beschreibt mithilfe von Q2 die Arbeitsvorgänge auf Abbildung 2. Erklärt die Vorteile dieser Arbeitsweise gegenüber einem herkömmlichen Handwerksbetrieb.

Das Urteil der Nachbarn
Colbert hatte mit seiner Wirtschaftspolitik Erfolg. Die Einnahmen des Staates verdoppelten sich in kurzer Zeit. Voller Bewunderung schrieb der Botschafter Venedigs:

Q3 … Colbert unterlässt nichts, um die Industrien anderer Länder in Frankreich heimisch zu machen. Er versucht auf englische Art, die französischen Häute zu gerben, damit sie die englischen Felle ersetzen. Holland hat man die Art der Tuchmacherei entlehnt wie auch den Käse, die Butter und andere Besonderheiten. Deutschland hat man die Hutmacherei und die Fabrikation des Weißblechs und viele andere industrielle Arbeiten abgesehen, Italien die Spitzen und Spiegel. Das Beste, was man in allen Weltteilen hat, stellt man jetzt in Frankreich her und so groß ist die Beliebtheit dieser Erzeugnisse, dass von allen Seiten die Bestellungen einlaufen. …

4 Stellt die Folgen zusammen, die der französische Merkantilismus für die übrigen Staaten Europas haben musste.

Jean-Baptiste Colbert (1619–1683), Finanzminister Ludwigs XIV. und Vertreter des Merkantilismus.

Lesetipp:
Alexandre Dumas, Die drei Musketiere, Würzburg: Arena Verlag 2000 € 8,90

Preußens Aufstieg zur Großmacht

Kurfürst*:
Wahlfürst (von küren = wählen).
Die Fürsten, die im Deutschen Reich den König wählen durften.

Friedrich Wilhelm, „der große Kurfürst", herrschte von 1640 bis 1688 in Brandenburg-Preußen.

1644:
Kurfürst Friedrich Wilhelm beginnt mit dem Aufbau eines stehenden Heeres, das zum ersten Mal nicht auf den Kaiser, sondern nur auf den brandenburgischen Landesherrn vereidigt wird.

1 Friedrich Wilhelm, der große Kurfürst.
Verkleinerte Nachbildung des Reiterdenkmals von Andreas Schlüter. Foto.

1 Sucht die genannten Gebiete auf der Karte. Achtet dabei auf den Verlauf der Reichsgrenze.

Ein Kurfürst als absoluter Herrscher

Die einzelnen Landesteile lagen weit zerstreut auseinander. Jedes Gebiet hatte seine eigene Rechtsprechung und Verwaltung. Ein Gefühl der Zusammengehörigkeit der kurfürstlichen Untertanen untereinander gab es nicht. Dies änderte sich erst unter Friedrich Wilhelm (1640–1688), der schon zu Lebzeiten „der große Kurfürst" genannt wurde.

Friedrich Wilhelm war ein absoluter Herrscher. Alle kurfürstlichen Lande sollten ab jetzt nur noch ein Oberhaupt haben – und das konnte nur der Kurfürst selber sein. Als Erstes schaffte er deshalb die Sonderrechte des Adels ab, vor allem das Recht der Steuerbewilligung. Adlige, die sich dagegen wehrten, ließ er zum Tod verurteilen. Vereinheitlicht wurde auch die Verwaltung seines Herrschaftsgebiets. Alle wichtigen Anordnungen wurden von ihm selbst getroffen.

Weiteres Ziel seiner Politik war es, diesen Staat in Europa „gewaltig" und stark zu machen. Dazu diente das stehende Heer mit fast 30 000 Berufssoldaten aus allen Landesteilen.

„Menschen sind der größte Reichtum" – Preußen als Einwanderungsland

Brandenburg-Preußen war nach dem Dreißigjährigen Krieg ein ausgeblutetes und entvölkertes Land. Frankreich dagegen stand auf dem Höhepunkt seiner politischen und wirtschaftlichen Machtentfaltung, als Ludwig XIV. im Jahr 1685 mit der Aufhebung des Edikts von Nantes den Protestantismus verbot. Viele Hugenotten flohen nun trotz des königlichen Verbots ins Ausland und etwa 20 000 kamen nach Brandenburg-Preußen, unter ihnen tüchtige Handwerker, Händler sowie Wissenschaftler. Gemessen an der damaligen Bevölkerung war dies eine riesige Zahl und schon zu Beginn des 18. Jahrhunderts war jeder dritte Ber-

Die Hohenzollern in Brandenburg

Es war der 18. April des Jahres 1417. An diesem Tag belehnte Kaiser Sigismund auf dem Konzil zu Konstanz den Nürnberger Burggrafen Friedrich VI. aus dem Geschlecht der Hohenzollern feierlich mit der Mark Brandenburg und dem Kurfürstentitel. „Friedrich I., Markgraf und Kurfürst* von Brandenburg", so nannte der Burggraf sich jetzt stolz. Mit der Belehnung Friedrichs begann die fünfhundertjährige Herrschaft des Hauses Hohenzollern in der Mark Brandenburg, die erst 1918 durch die Novemberrevolution beendet wurde. Unter Friedrichs Nachfolgern konnte das Herrschaftsgebiet durch geschickte Heiratspolitik, durch Kauf und Eroberungen immer mehr erweitert werden. 1618 (endgültig ab 1647) kamen schließlich im Westen noch Kleve, Mark und Ravensberg hinzu sowie 1618 (endgültig ab 1641) im Osten das Herzogtum Preußen als polnisches Lehen.

Preußens Aufstieg zur Großmacht

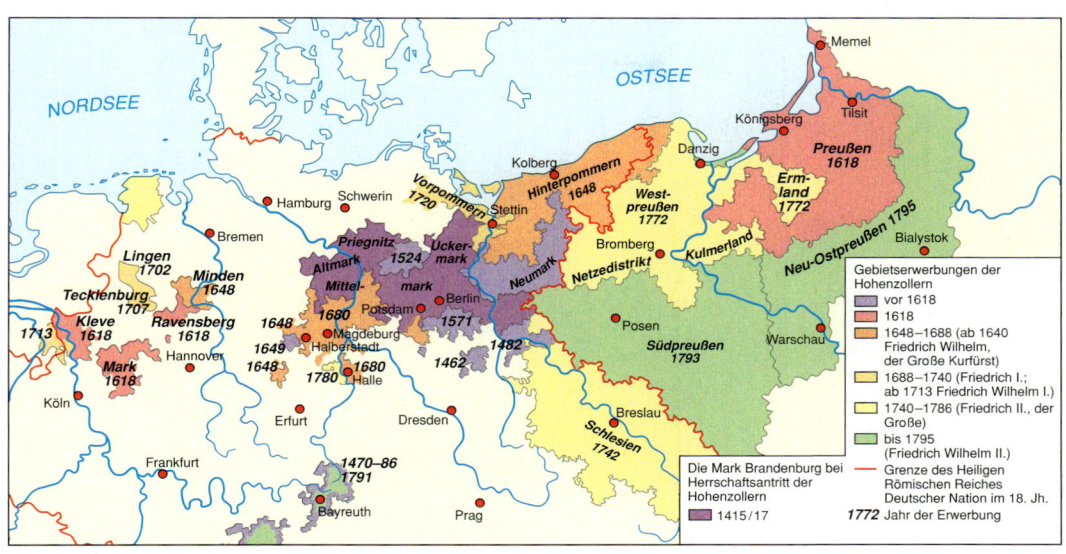

2 Die Entwicklung Brandenburg-Preußens von 1415–1795.

liner ein Franzose. Sie waren der Einladung des Kurfürsten Friedrich Wilhelm gefolgt, der am 29. Oktober 1685 das Edikt von Potsdam erließ, „um unseren bedrängten Glaubensgenossen eine sichere und freie Zukunft zu offerieren".
Durch die Gewährung zahlreicher Privilegien und finanzielle Unterstützung lockte der Kurfürst die Hugenotten ins Land und die Einwanderer dankten es ihrer neuen Heimat in vielfältiger Weise: Handel, Handwerk und landwirtschaftliche Anbaumethoden wurden verbessert. Durch den Fleiß der Hugenotten kam es zur Gründung zahlreicher neuer Textilbetriebe, von Glas- und Luxusindustrien. Neue Sprach-, Ess- und Lebensgewohnheiten verfeinerten die noch ziemlich rauen Sitten. Der Export kam in Schwung, sodass neues Geld ins Land und in die Kasse des Landesfürsten floss.

2 In seinem Testament schrieb der Kurfürst: „Menschen halte ich für den größten Reichtum." – Erklärt diese Aussage.

Kurfürst Friedrich III. wird König in Preußen

Nachfolger des Großen Kurfürsten wurde sein Sohn Friedrich III. (1688–1713). An der weiteren Ausdehnung seines Herrschaftsgebiets war er nicht besonders interessiert. Sein ganzes Streben ging vielmehr dahin, den französischen König Ludwig XIV. nachzuahmen. Im Jahr 1701 ließ er sich als Friedrich I. in Königsberg zum „König in Preußen" krönen. Der Name „Preußen" setzte sich bald als Bezeichnung für das gesamte Herrschaftsgebiet durch und verdrängte den Namen „Brandenburg". Einen Namen machte sich Friedrich durch den Bau des Schlosses Charlottenburg und die Gründung der Universität Halle im Jahr 1694. Als der König 1713 starb, hinterließ er seinem Sohn einen völlig verschuldeten Staat, aber auch einen unschätzbaren Wert: die preußische Königskrone.

1417–1918: Herrschaft der Hohenzollern in Brandenburg-Preußen.

Friedrich Wilhelm I. – der „Soldatenkönig"

1 Geselligkeit am Hof König Friedrich Wilhelms I.: Das Tabakskollegium.
Der König mit seinen Beratern beim „abendlichen Stammtisch", wo es derb zuging. – Rechts neben dem König sitzt der Kronprinz, der spätere König Friedrich II. Gemälde, 1737/38.

Friedrich Wilhelm I., Sohn König Friedrichs I., herrschte von 1713 bis 1740 als König in Preußen.

Der König löst den Hofstaat auf

Mit eiserner Strenge brachte König Friedrich Wilhelm I. (1713–1740) den Staatshaushalt wieder in Ordnung. Kaum war sein Vater zu Grabe getragen, verkaufte Friedrich Wilhelm dessen Krönungsmantel. Jeder einzelne Diamantenknopf hatte damals 30 000 Dukaten gekostet. Über die weiteren Sparmaßnahmen heißt es in einer Darstellung:

M1 … Der größte Teil des Hofstaates wurde aufgelöst; die kostbaren Weine des Hofkellers wurden versteigert. Die zahlreichen Lustschlösser ließ der König vermieten oder in Dienstwohnungen oder Lazarette verwandeln. Das kostbare Silber- und Goldgerät aus den Schlössern – über 7000 Zentner, sagt man – wurde nach Berlin gebracht und für die Münzprägung benutzt. Der Erlös aus all diesen schönen Dingen trug dazu bei, die Schulden zu bezahlen oder militärische Ausgaben zu bestreiten. …

Der König war nicht nur ein sparsamer, er war auch ein sehr strenger Herrscher. Das bekamen vor allem auch seine Beamten zu spüren. Sie waren zu unbedingtem Gehorsam verpflichtet. Selbstloser Einsatz und Sparsamkeit wurden von ihnen verlangt, die selber nur einen geringen Lohn erhielten bei einem zwölfstündigen Arbeitstag.

Was er unter Sparsamkeit und Strenge verstand, lebte der König seinen Untertanen vor. Er selber überwachte das Familienleben; für jedes kleine Vergnügen musste man zunächst bei ihm die Erlaubnis einholen. Die Kinder durften ihre Mutter nur in seinem Beisein sehen. Seine Tochter Wilhelmine (1709–1758) schrieb:

Q … Wir führten das traurigste Leben von der Welt. Früh, so wie es sieben schlug, weckte uns die Übung von dem Regimente des Königs auf. Sie fand vor unseren Fenstern, die zu ebenem Boden waren, statt. Das ging unaufhörlich: Piff, puff, und den ganzen Morgen hörte das Schießen nicht auf. Um zehn Uhr gingen wir zu meiner Mutter und begaben uns mit ihr in die Zimmer neben denen des Königs, wo wir den ganzen Morgen verseufzen mussten. Endlich kam die Tafelstunde. Das Essen bestand aus sechs kleinen, übel zubereiteten Schüsseln, die für vierundzwanzig Personen hinreichen mussten, sodass die meisten vom Geruche satt werden mussten. Am ganzen Tisch sprach man von nichts als von Sparsamkeit und Soldaten. …

1 Diskutiert, wie diese Lebensweise der königlichen Familie zu bewerten ist.

Preußen wird Militärstaat

Zwangsdienst im preußischen Heer

König Wilhelm I. regierte insgesamt 27 Jahre. In dieser Zeit vergrößerte er das Heer von 38 000 Mann auf über 82 000 Soldaten. Von den Staatseinnahmen gingen über 50 Prozent an das Militär. Die Vorliebe des Königs für das Heer war im ganzen Land so bekannt, dass man ihn nur noch den „Soldatenkönig" nannte. Die Ausbildung war außerordentlich hart. Der tägliche, oft stundenlange Drill auf dem Exerzierplatz gehörte zum Alltag der Soldaten, die als Erste auch den militärischen Gleichschritt einübten. Da es nicht genügend Freiwillige gab, führte der König die Zwangsrekrutierung ein. Jeder Soldat musste eine zweijährige Dienstzeit ableisten und außerdem noch 18 Jahre lang jährlich zwei Monate zum Militärdienst.

2 Erläutert anhand der Tabelle die Entwicklung Preußens zum Militärstaat.

Die Flucht des Kronprinzen

Der König wollte mit aller Gewalt aus seinem Sohn auch einen „tüchtigen Soldaten und einen sparsamen Haushalter" machen. Doch der Kronprinz verachtete den Militärdienst und fürchtete das strenge Regiment seines Vaters. Im Jahr 1730 flüchtete er nach England zusammen mit seinem Freund, dem Leutnant Hans Hermann von Katte. Sie wurden unterwegs gefangen genommen und vor ein Kriegsgericht gestellt. Die Richter weigerten sich, den Thronfolger zu verurteilen, verhängten aber über den Leutnant eine lebenslängliche Freiheitsstrafe. Der König selbst änderte sie in ein Todesurteil und zwang seinen Sohn, der Hinrichtung seines Freundes zuzusehen.

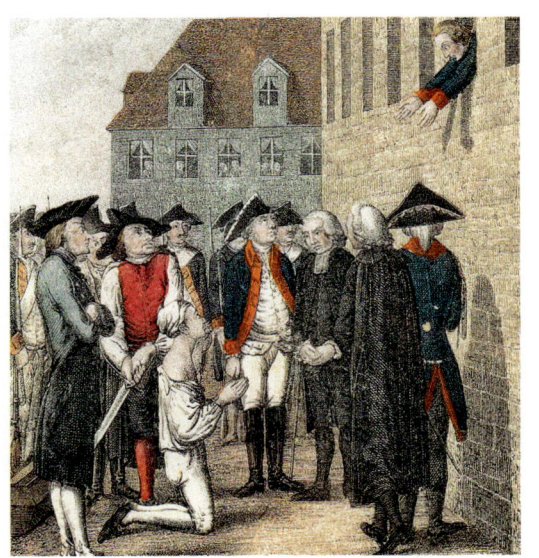

3 Kronprinz Friedrich muss der Hinrichtung seines Freundes zusehen. Kupferstich, um 1740.

3 Seht euch Abbildung 3 an und besprecht das Verhalten des Königs.

Das Vermächtnis des Königs

Friedrich Wilhelm I. starb am 31. Mai 1740 im Stadtschloss zu Potsdam. Über seine Regierungszeit heißt es in einer heutigen Darstellung:

M2 … Bescheidenheit und Selbstlosigkeit, Härte bei der Erfüllung der Pflicht sind als preußische Tugenden verstanden worden und wohl nicht das schlechteste Vermächtnis eines Königs. Wo gibt es heute einen Staat, der schuldenfrei wirtschaftet oder sogar Überschüsse erzielt. …

4 Hinterfragt die Aussage in M2. Wie würde eure Beurteilung aussehen?

Das Heer in Brandenburg-Preußen			Heeresstärken in Europa 1740		Soldaten je 1000 Einwohner 1740	
Jahr	Bevölkerung	Heer	Frankreich	200 000	Frankreich	10
1660	(keine Angaben)	8 000	Preußen	82 000	Preußen	37
1688	1,50 Mio.	30 000	England	36 000	England	5
1740	2,24 Mio.	82 000	Österreich	110 000	Österreich	8
1786	5,43 Mio.	188 000	Russland	170 000	Russland	9
			Sachsen	26 000	Sachsen	15

2 Militär in Brandenburg-Preußen und in Europa.

Auszug aus einer Chronik zur Geschichte Brandenburgs

3. Juli 1713:
Mit Erstaunen beobachtet die Bevölkerung Potsdams den Einzug der 600 Soldaten der „Roten Grenadiere", der Leibwache des Königs, in ihre Stadt. Durch den beginnenden Ausbau Potsdams als Garnisonsstadt steigt die Einwohnerzahl von 1500 (1713) auf über 11 000 (1738).

1718:
Direktor und Landrat der Uckermark beschweren sich über anhaltende gewaltsame Rekrutierungen für das preußische Heer durch die Werber Friedrich Wilhelms I. Die Bauern würden bei der Einbringung der Ernte stark behindert, die nächste Saat sei durch Arbeitskräftemangel gefährdet.

1722:
In der Garnisonsstadt Potsdam wird ein Waisenhaus für die zahlreichen Militärwaisen und Soldatenkinder gegründet. Es dient auch als Rekrutierungsanstalt für das Heer und die Potsdamer Gewehrmanufaktur, in der zeitweilig 50 Kinder täglich bis zu zehn Stunden arbeiten müssen.

Das Zeitalter der Aufklärung

Lesetipp:
Arnulf Zitelmann, „Jedes Sandkorn ist ein Buchstabe", Weinheim: Beltz & Gelberg 2002
344 Seiten, € 19,90
Das Buch erzählt die Lebensgeschichte von Georg Christoph Lichtenberg, einem der bedeutendsten Naturwissenschaftler der Aufklärung.

1 Vortrag eines Gelehrten im Salon der Madame Geoffrin in Paris. Gemälde von G. Lemmonier, um 1745.

▶**Aufklärung*:**
Reformbewegung, die im 18. Jahrhundert in fast allen Lebensbereichen zu neuen Ideen und Denkweisen führte. In der Politik richteten sich die Aufklärer gegen die uneingeschränkte Macht des Königs. Die Aufklärer traten ein für Meinungsfreiheit, für Offenheit gegenüber anderen Meinungen und ein von Vernunft geprägtes Handeln.

Der Mensch: Bürger oder Untertan?
Der Hofprediger Ludwigs XIV. hatte 1682 geschrieben:

Q1 … Die Menschen werden allesamt als Untertanen geboren. Der Fürst blickt von einem höheren Standpunkt aus. Man darf darauf vertrauen, dass er weiter sieht als wir. Deshalb muss man ihm ohne Murren gehorchen. Derjenige, der dem Fürsten den Gehorsam verweigert, wird als Feind der menschlichen Gesellschaft zum Tod verurteilt.

War diese Auffassung wirklich richtig? Wurden alle Menschen als Untertanen geboren? Waren sie nur dazu da, um einem König zu dienen und zu gehorchen? Je mehr sich der Absolutismus in Frankreich und Europa durchsetzte, desto lauter wurde die Kritik an dieser Herrschaftsform. Es waren vor allem französische Dichter, Philosophen und Schriftsteller, die sich zu Beginn des 18. Jahrhunderts hiergegen zur Wehr setzten. Das Zeitalter der ▶Aufklärung* begann. So schrieb der französische Philosoph Diderot:

Q2 … Kein Mensch hat von der Natur das Recht erhalten, über andere zu herrschen. Die Freiheit ist ein Geschenk des Himmels und jedes Mitglied des Menschengeschlechtes hat das Recht, sie zu genießen, sobald es Vernunft besitzt.

„Alle Menschen", so betonten auch andere aufgeklärte Gelehrte, „sind von Natur aus frei und gleich." Es ist höchste Zeit, dass jeder Bürger, jeder Bauer seine alten Rechte zurückgewinnt.

1 Vergleicht die Äußerungen des Hofpredigers (Q1) mit der Äußerung Diderots (Q2).

▶ Gewaltenteilung statt Alleinherrschaft
Die Freiheit des Menschen ist immer dann bedroht, wenn zu viel Macht in der Hand eines Einzelnen vereint ist. Der Philosoph Montesquieu schlug deshalb vor, die Macht im Staat aufzuteilen:

Q3 … In jedem Staat gibt es drei Arten von Gewalten: die gesetzgebende, die ausführende und die richterliche Gewalt.
Um den Missbrauch der Gewalt unmöglich zu machen, müssen die Dinge so geordnet sein, dass die eine Gewalt die andere im Zaum hält.
Wenn die gesetzgebende Gewalt mit der ausführenden in einer Person vereinigt ist, dann gibt es keine Freiheit. Man muss dann nämlich befürchten, dass ein Herrscher tyrannische Gesetze gibt, um sie als Tyrann auch auszuführen.
Es gibt keine Freiheit, wenn die richterliche Gewalt nicht von der gesetzgebenden und von der ausführenden Gewalt getrennt ist: Wenn die richterliche Gewalt mit der gesetzgebenden vereinigt wäre, so würde die

Das Zeitalter der Aufklärung

2 Charles Montesquieu, französischer Staatsphilosoph. Kupferstich, um 1800.

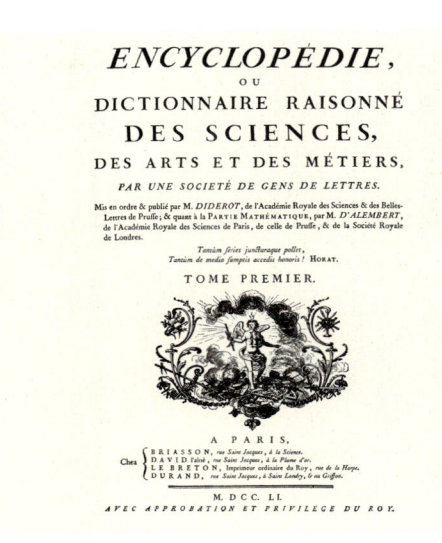

3 Titelbild der von Diderot herausgegebenen Enzyklopädie*. Um 1751.

Enzyklopädie*:
Nachschlagewerk, das französische Gelehrte im 18. Jahrhundert herausgaben. Das gesammelte Wissen der Menschheit sollte hier umfassend dargestellt werden. Viele führende Wissenschaftler arbeiteten an der Enzyklopädie mit, die zu einem Standardwerk der Aufklärung wurde.

Gewalt über Leben und Freiheit der Bürger willkürlich sein; denn der Richter wäre zugleich Gesetzgeber.
Wäre die richterliche Gewalt mit der ausführenden Gewalt verbunden, dann könnte der Richter die Macht eines Unterdrückers besitzen. ...

2 *Erklärt mithilfe von Q3 die Grafik in der Randspalte. Überlegt, worin das Neue gegenüber dem Absolutismus liegt.*

Beweise statt Glauben

Die Aufklärer stellten die Macht des Königtums ebenso infrage wie den Anspruch der Kirche, Entwicklungen im Bereich der Wissenschaft oder im Erziehungswesen bestimmen zu können. Nicht der Glaube und ungeprüfte Überzeugungen, sondern die Vernunft und der Beweis sollten die Grundlage aller Erkenntnisse sein. Der deutsche Philosoph Immanuel Kant (1724–1804) beschrieb Aufklärung folgendermaßen:

Q4 ... Aufklärung ist der Ausgang des Menschen aus seiner selbst verschuldeten Unmündigkeit. Selbst verschuldet ist diese Unmündigkeit, wenn die Ursache derselben nicht am Mangel des Verstandes, sondern am Mangel des Mutes liegt. ... Habe den Mut, dich deines Verstandes zu bedienen. ...

Die neuen Ideen der Aufklärung fanden schnell Anklang. In Frankreich, vor allem in Paris, trafen sich wohlhabende Bürger und Bürgerinnen in Salons und hörten dort Vorträge von Gelehrten. Zugleich entstanden zahlreiche Akademien, an denen Wissenschaftler gemeinsam forschten und experimentierten. Um exakter messen und beobachten zu können, erfanden sie neue Instrumente, wie z. B. das Mikroskop. Die Forschungsergebnisse wurden in Enzyklopädien* zusammengefasst, um sie allen Menschen zugänglich zu machen (siehe Abbildung 3). Die Aufklärer wollten die Menschen durch Bildung und Erziehung dazu anleiten, die Vernunft richtig zu gebrauchen. Sie waren außerdem der Überzeugung, dass jeder Mensch das Recht auf Bildung habe und forderten daher die Einführung der Schulpflicht.

3 *Überlegt euch Beispiele für vernünftiges und unvernünftiges Handeln. Begründet eure Meinung.*

4 *Wie kann man sich den „Mangel an Mut" der Menschen erklären? Könnte er auch heute noch vorkommen?*

Die Staatsordnung des Absolutismus.

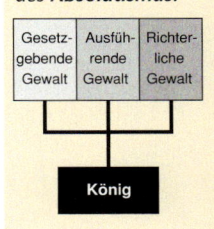

Gesetzgebende Gewalt	Ausführende Gewalt	Richterliche Gewalt

König

Die ▶ Gewaltenteilung nach Montesquieu.

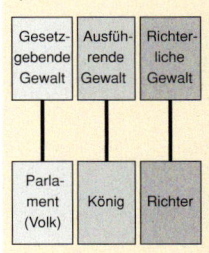

Gesetzgebende Gewalt	Ausführende Gewalt	Richterliche Gewalt
Parlament (Volk)	König	Richter

247

Aufgeklärter Absolutismus in Preußen

1 Friedrich II. mit dem französischen Aufklärer Voltaire im Schloss Sanssouci in Potsdam. Ausschnitt aus einem Gemälde von Christian Peter Jonas Haas, um 1790.

1740–1786: Friedrich II., der Große, herrscht als König „in", seit 1772 als König „von" Preußen.

Die Fürsten sollen zum Wohl des Volkes arbeiten

Nach dem Tod des Soldatenkönigs wurde sein Sohn als Friedrich II. am 31. Mai 1740 zum König gekrönt. Der junge Königssohn war seinen Zeitgenossen nur bekannt als ein Mann, der die Musik liebte und selbst Flöte spielte, sich für die Wissenschaften und Künste interessierte, alles Soldatische aber verachtete.
Friedrich hatte schon 1739 geschrieben:

Q1 … Der Fürst von echter Art ist nicht da zum Genießen, sondern zum Arbeiten. Das erste Gefühl, das er haben muss, ist das der Vaterlandsliebe, und das einzige Ziel, auf das er seinen Willen zu richten hat, … ist: für das Wohl seines Staates Großes und Heilsames zu leisten. … Die Gerechtigkeit muss die Hauptsorge eines Fürsten sein, das Wohl seines Volkes muss jedem anderen Interesse vorangehen. Der Herrscher, weit entfernt, der unbeschränkte Herr seines Volkes zu sein, ist selbst nichts anders als sein erster Diener. …

1 Vergleicht die Aussage Friedrichs II. über die Stellung eines Herrschers mit der Auffassung Ludwigs XIV. (Seite 236 f.). Worin seht ihr die wichtigsten Unterschiede?

„Ohne Ansehen der Person"

Eine der ersten Regierungsmaßnahmen Friedrichs II. bestand darin, die Folter abzuschaffen, mit der man bisher fast jedes Geständnis erzwingen konnte. Noch wichtiger aber wurde seine Forderung nach einer Trennung der Gewalten in der Rechtsprechung. So schrieb er 1752:

Q2 … Ich habe mich entschlossen, niemals in den Lauf des gerichtlichen Verfahrens einzugreifen, denn in den Gerichtshöfen sollen die Gesetze sprechen und der Herrscher schweigen. …

Nur ein einziges Mal verstieß Friedrich II. gegen diesen Entschluss. Anlass war der „Fall Müller Arnold". Der Landrat von Gerstorf hatte 1779 dem Müller Arnold das Wasser abgegraben, durch das die Mühle angetrieben wurde. Der Müller weigerte sich daraufhin, noch länger die Pacht an den Landrat zu bezahlen. Ein Gericht verurteilte ihn deshalb zur Prügelstrafe. Außerdem wurde er ins Gefängnis geworfen und von seiner Mühle vertrieben. Der König setzte die Richter ab und ließ sie ins Gefängnis werfen.
In der Zeitung vom 14. Dezember 1779 veröffentlichte er folgenden Text, der sich in ganz Europa wie ein Lauffeuer verbreitete:

Aufgeklärter Absolutismus in Preußen

2 Ein Kind will seinen Ball zurückhaben, der unter den Schreibtisch des Königs gerollt ist.
Kupferstich aus der Regierungszeit Friedrichs II.

3 In seinem Hut bietet ein Offizier dem erschöpften König Wasser zum Trinken an.
Kupferstich aus der Regierungszeit Friedrichs II.

Q3 … Die Richter müssen nun wissen, dass der geringste Bauer, ja was noch mehr ist, der Bettler, ebenso wohl ein Mensch ist wie seine Majestät. Vor der Justiz sind alle Leute gleich, es mag ein Prinz sein, der gegen einen Bauern klagt oder umgekehrt. Bei solchen Gelegenheiten muss nach der Gerechtigkeit verfahren werden, ohne Ansehen der Person. …

In den folgenden Tagen zogen Tausende von Bauern nach Berlin vor das Schloss, mit Bittbriefen in den Händen und dem Ruf: „Es lebe der König, der dem armen Bauern hilft."
2 Der Adel Berlins ergriff Partei für das Vorgehen des Landrats und die Richter. Überlegt, wie sie ihre Haltung begründet haben könnten. Was würdet ihr ihnen antworten?
3 Kupferstiche mit Anekdoten aus dem Leben Friedrichs II. waren im Volk weit verbreitet. Zeigt anhand der Abbildungen 2 und 3, wie Friedrich II. als Herrscher dargestellt wird. Warum waren solche Bilder wohl beliebt?

Alle Religionen tolerieren

Als aufgeklärter Herrscher trat der preußische König auch dafür ein, tolerant gegenüber allen Religionen zu sein. Auf die Anfrage, ob auch ein Katholik das Bürgerrecht erwerben dürfe, schrieb er:

Q4 … Alle Religionen sind gleich und gut, wenn nur die Leute, die sie bekennen, ehrliche Leute sind. Und wenn Türken und Heiden kämen und wollten sich in diesem Land niederlassen, so wollen wir ihnen Moscheen und Kirchen bauen. Ein jeder kann bei mir glauben, was er will, wenn er nur ehrlich ist. …

Die Reformen und Anordnungen des Königs riefen immer wieder Erstaunen hervor. In einer heutigen Darstellung heißt es:
M … Der Preußenkönig hob die Zensur für den nicht politischen Teil der Presse auf, er schaffte die Folter bei Verhören ab und untersagte die Prügelstrafe in den Kadettenanstalten; er kurbelte die Wirtschaft an und befahl den Bau einer Oper in Berlin und förderte in seinem Land Kunst und Wissenschaft. … Die Sonne der Aufklärung ging nicht mehr in Paris, sondern in Berlin auf. …

Deutschland, ja ganz Europa blickte nach Sanssouci. Dichterlesungen wurden gehalten, Konzerte veranstaltet. Die Tafelrunde des Königs, an der gebildete Männer zum Meinungsaustausch eingeladen wurden, war in ganz Europa berühmt.

249

Anfänge des Parlaments in England

Magna Charta Libertatum (1215):*
Die „Große Urkunde der Freiheiten" garantierte das Eigentum und die Rechte des englischen Adels und der Geistlichkeit. Sie sollte Kirche und Adel vor Übergriffen des Königs schützen.

▶ *Parlament* (lateinisch = Unterredung, Verhandlung)*:
Seit dem Mittelalter übernahmen Ständevertretungen die Aufgabe, den Herrscher zu beraten. Aus solch einer Versammlung entwickelte sich das älteste Parlament – das englische. Es bestand aus zwei Häusern. Im Oberhaus saßen vor allem die vom König berufenen Angehörigen des Hochadels, im Unterhaus die gewählten Vertreter des niederen Adels und der Städte. Die wichtigsten Aufgaben des Parlaments waren die Gesetzgebung und die Bewilligung von Steuern.

Repräsentanten:*
Gewählte Vertreter des Volkes, die in seinem Auftrag die politische Macht durch das Parlament ausüben.

1 **Die Eröffnung des Parlaments im Oberhaus, 1523.** In der Mitte thront der König, vor ihm sitzen in der Mitte die Richter, außerdem sieht man zwei Schreiber, kniend. Auf der linken Seite sitzen die Bischöfe und Äbte (= geistliche Lords), auf der rechten die Angehörigen des Hochadels.

Magna Charta Libertatum

Auch in England versuchten die Könige im 17. Jahrhundert, den Absolutismus durchzusetzen, stießen hier aber auf entschiedenen Widerstand des Volkes. In der Magna Charta Libertatum* von 1215 hatte der König politische Zugeständnisse machen müssen.

Q1 Aus der Magna Charta von 1215:

… Es soll kein Schildgeld oder Hilfsgeld in unserem Königreich ohne Genehmigung durch den Gemeinen Rat des Königreichs auferlegt werden. Und zur Tagung des Gemeinen Rates … werden wir die Erzbischöfe, Bischöfe, Äbte, Grafen und größeren Barone … auf einen bestimmten Tag … an einem bestimmten Ort aufbieten lassen. Kein freier Mann soll verhaftet oder eingekerkert, um seinen Besitz gebracht, geächtet oder verbannt werden …, es sei denn auf Grund eines gesetzlichen Urteils seiner Standesgenossen oder gemäß dem Gesetz des Landes …

1 Ein Baron will die Bewohner seines Herrschaftsbereichs über die Magna Charta informieren. Verfasst eine Ansprache, mit der er den Bewohnern einer englischen Kleinstadt um 1215 das Wesentliche mitteilt.

Waren in dem „Gemeinen Rat" – seit 1259 als ▶ Parlament* bezeichnet – ursprünglich nur Hochadel und hohe Geistlichkeit vertreten, so erweiterte sich diese Ständeversammlung seit 1295 um die Verteter des Landadels und der Freien aus Grafschaften und Städten. Im Laufe des 14. Jahrhunderts teilte sich das Parlament in das House of Lords (Oberhaus) mit den Angehörigen des Hochadels (einschließlich Klerus) und dem House of Commons mit den gewählten Repräsentanten* des Landadels und des Bürgertums. Vom König einberufen, besaß das Parlament seit 1314 das ausschließliche Steuerbewilligungsrecht und war maßgeblich an der Gesetzgebung beteiligt. Hatten es im 16. Jahrhundert die Herrscher aus der Dynastie der Tudors (Heinrich VIII. und Elisabeth I.) verstanden, nicht gegen, sondern mit dem Parlament zu regieren („crown in parliament"), so änderte sich mit dem Herrschaftsantritt der Stuartkönige, die seit 1603 Schottland und England regierten, das Verhältnis zwischen Krone und Parlament grundlegend.

Machtkampf zwischen König und Parlament

2 Die Hinrichtung Karls I. 1649 auf Beschluss des Parlaments. Zeitgenössischer Stich.

1642–1648: Bloody Revolution.

König Jakob I. (1603–1625).

König Karl I. (1625–1649).

Puritaner*: Anhänger des Calvinismus in England.

Absolutismus auch in England?

Der Konflikt zwischen König und Parlament entzündete sich, als Jakob I. (1566–1625), seit 1603 König von England und Schottland, dem Parlament seine Regierungsweise erläuterte:

Aus der Erklärung König Jakobs I.:

Q2 … Gott hat Gewalt zu schaffen und zu zerstören, Leben und Tod zu geben. Ihm gehorchen Seele und Leib. Dieselbe Gewalt besitzen die Könige. Sie schaffen und vernichten ihre Untertanen, gebieten über Leben und Tod, richten in allen Sachen, selber niemand verantwortlich denn allein Gott. Sie können mit ihren Untertanen handeln wie mit Schachfiguren, das Volk wie eine Münze erhöhen oder herabsetzen …

Diese absolutistischen Vorstellungen des Königs riefen vor allem den Widerstand des Unterhauses hervor, in dem viele Puritaner* vertreten waren. Sie wollte der König in die Anglikanische Hochkirche, deren Oberhaupt er war, eingliedern. Viele von ihnen verließen England, um sich in den nordamerikanischen Kolonien eine neue Heimat zu suchen (Seite 262). Offene Unruhen brachen aus, als Karl I. 1625 König wurde. Rücksichtslos griff er in alte Rechte des Parlaments ein. Als dieses auf seine verbrieften Rechte nicht verzichten wollte, löste es der König 1629 auf. Erst elf Jahre später, als in Schottland ein Aufstand ausbrach und der König Geld brauchte, um ein Heer aufzustellen, berief er es erneut ein. Doch das Parlament bestand darauf, dass das königliche Heer von Männern seines Vertrauens geführt werde, während der König selbst den Oberbefehl forderte. Um das Parlament einzuschüchtern klagte der König fünf Abgeordnete, die durch ihren Widerstand besonders hervorgetreten waren, des Hochverrats an und wollte ihnen den Prozess machen. Dies war nun für die Parlamentarier das Signal zum Kampf gegen den König. 1642 brach die Bloody Revolution, der Bürgerkrieg, aus. Erst 1648 gelang es dem Heer des Parlaments unter Führung Oliver Cromwells, eines Landadligen, die königlichen Truppen endgültig zu besiegen. Karl I. wurde gefangen genommen, vor einem Gericht wegen Hochverrats zum Tode verurteilt und am 30. Januar 1649 öffentlich hingerichtet.

2 *Stellt anhand von Q2 fest, welche Stellung Jakob I. beanspruchte.*

3 *Versetzt euch in die Rolle der Zuschauer bei der Hinrichtung Karls I. (Abbildung 2). Wie werden sie dieses Ereignis empfunden haben? Diskutiert darüber, was die Hinrichtung des Königs für die Herrschaftsform des Absolutismus bedeutete.*

Wird England Republik?

1649–1658:
Cromwell herrscht als Diktator in England.

1 Oliver Cromwell wird am 20. April 1653 zum Lord-Protector ausgerufen. Kolorierte Kreidelithografie von Theodor Hosemann, 1855.

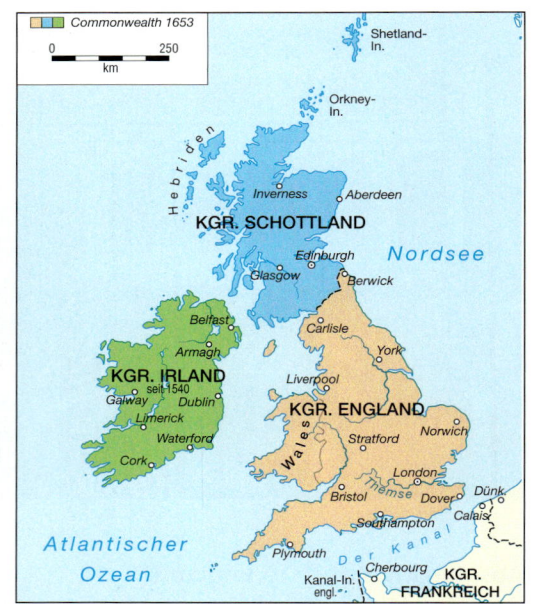

2 Oliver Cromwell vereinigt die Königreiche England, Schottland und Irland 1653 zu einem Commonwealth.

Commonwealth*
(englisch = Gemeinwohl): Name der englischen Republik 1653–1660.

Militärdiktatur*:
Herrschaft eines Einzelnen mithilfe der Armee.

Gottesstaat*:
Staat, in dem das öffentliche und private Leben von der Religion geprägt ist.

Cromwells Diktatur

Mit der Hinrichtung Karls I. 1649 war auch die Monarchie beseitigt. Das Parlament erklärte England nun zur ▶Republik. Die staatliche Macht lag beim Unterhaus, das die Regierungsgeschäfte Oliver Cromwell, dem siegreichen Feldherrn der Revolution, übertrug. Der jungen Republik drohten aber viele Gefahren; vor allem in Irland und Schottland brachen Aufstände aus, die Cromwell in zwei Feldzügen 1649–1651 brutal niederschlug. Insbesondere das katholische Irland wurde von seiner Armee rücksichtslos verwüstet, mehr als 40 000 Iren wanderten nach Amerika aus. Damit war zugleich auch eine der Wurzeln für den bis heute andauernden Konflikt in Nordirland gelegt. Aber Cromwell war es damit gelungen, die Einheit Großbritanniens wiederherzustellen: 1653 wurden England, Schottland und Irland zum Commonwealth* zusammengeschlossen.

Die militärischen Erfolge und der Rückhalt seiner Armee stärkten auch die Position Cromwells, der seine Macht nun zum Staatsstreich nutzte: Seine Soldaten drangen mit Waffengewalt in das Parlament ein, vertrieben die Abgeordneten und riefen Cromwell zum Lord-Protector auf Lebenszeit aus. Aus der Republik war eine Militärdiktatur* geworden und Cromwell versuchte nun, seine politischen und vor allem auch religiösen Vorstellungen durchzusetzen. Als überzeugter Puritaner wollte er England in einen calvinistischen Gottesstaat* umgestalten, so waren z. B. die Sonntage von jeder Arbeit und Veranstaltung freizuhalten und die Engländer mussten regelmäßig die Bibel lesen. Wer sich dagegen wehrte, wurde eingekerkert, über 12 000 politische Gefangene saßen bei Cromwells Tod 1658 im Gefängnis. Zugleich aber stieg England unter seiner Herrschaft zur größten See- und Handelsmacht auf. Trotz außenpolitischer Erfolge gärte es in der Bevölkerung. Deshalb beschloss nach Cromwells Tod das neu gewählte Parlament, die Monarchie wieder einzuführen.

1 Schildert den Staatsstreich Cromwells aus der Sicht der Abgeordneten.

Wird England Republik?

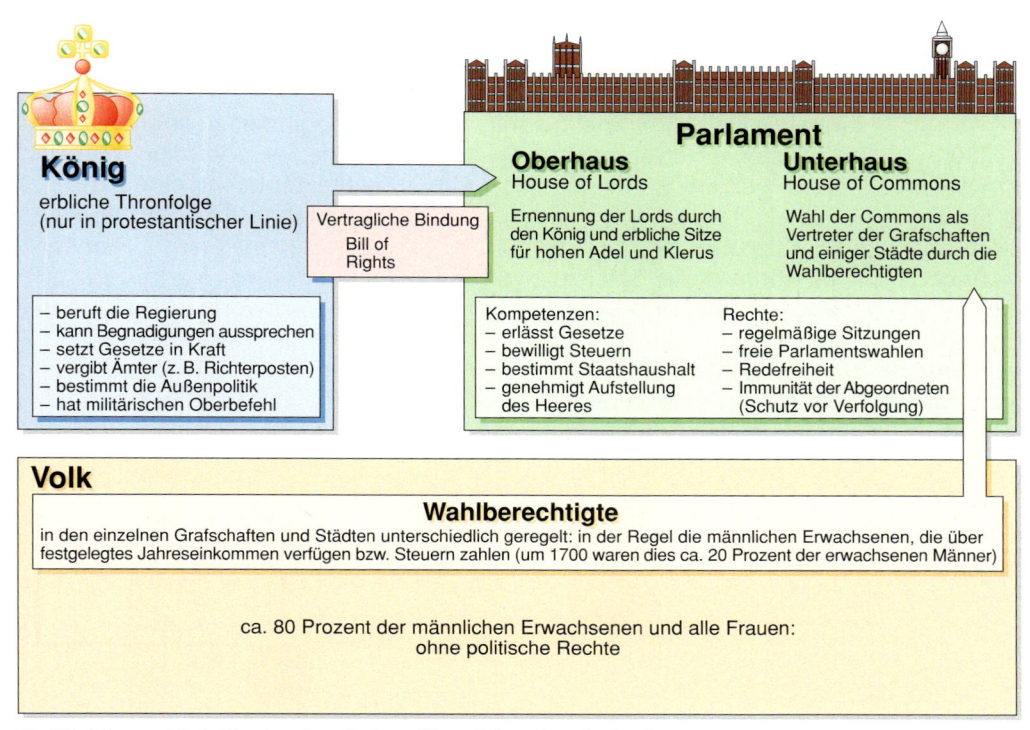

König
erbliche Thronfolge
(nur in protestantischer Linie)

- beruft die Regierung
- kann Begnadigungen aussprechen
- setzt Gesetze in Kraft
- vergibt Ämter (z. B. Richterposten)
- bestimmt die Außenpolitik
- hat militärischen Oberbefehl

Vertragliche Bindung
Bill of Rights

Parlament

Oberhaus – House of Lords
Ernennung der Lords durch den König und erbliche Sitze für hohen Adel und Klerus

Unterhaus – House of Commons
Wahl der Commons als Vertreter der Grafschaften und einiger Städte durch die Wahlberechtigten

Kompetenzen:
- erlässt Gesetze
- bewilligt Steuern
- bestimmt Staatshaushalt
- genehmigt Aufstellung des Heeres

Rechte:
- regelmäßige Sitzungen
- freie Parlamentswahlen
- Redefreiheit
- Immunität der Abgeordneten (Schutz vor Verfolgung)

Volk

Wahlberechtigte
in den einzelnen Grafschaften und Städten unterschiedlich geregelt: in der Regel die männlichen Erwachsenen, die über festgelegtes Jahreseinkommen verfügen bzw. Steuern zahlen (um 1700 waren dies ca. 20 Prozent der erwachsenen Männer)

ca. 80 Prozent der männlichen Erwachsenen und alle Frauen: ohne politische Rechte

3 Die Monarchie in England nach der „Glorreichen Revolution".

England auf dem Weg zur parlamentarischen Monarchie*

Zwei Jahre später trat Karl II. die Herrschaft über England an. Obwohl der neue König versprochen hatte, die alten Rechte des Parlaments zu achten, zeigten sich schon bald die bekannten Gegensätze zwischen Krone und Parlament. Der Konflikt verschärfte sich, als Karls Thronfolger, Jakob II. (1663–1701), die Macht übernahm. Wieder brachen überall im Land Unruhen aus. Um endlich wieder Frieden zu bekommen, wurde die Königskrone Wilhelm III. von Oranien (1650–1702) angeboten, der mit Maria, der ältesten Tochter des Königs, verheiratet war. Als Wilhelm mit einem großen Heer in England erschien, floh Jakob II. nach Schottland. Da der Machtwechsel unblutig verlief, nannte man ihn in England die „Glorreiche Revolution". Mit seiner Flucht – so das Parlament – habe der König auf den Thron verzichtet.

Vor ihrer Krönung bestätigten Maria und Wilhelm dem Parlament alle seine Rechte:

Q … Steuern für die Krone ohne Erlaubnis des Parlaments für längere Zeit oder in anderer Weise als erlaubt und bewilligt zu erheben, ist gesetzwidrig.
Es ist gegen das Gesetz, es sei denn mit Zustimmung des Parlaments, eine stehende Armee im Königreich in Friedenszeiten aufzustellen oder zu halten.
Die Wahl von Parlamentsmitgliedern soll frei sein. Die Freiheit der Rede und der Debatten und Verhandlungen im Parlament darf von keinem Gerichtshof infrage gestellt werden …

Mit dieser ▶ „Bill of Rights"* wurde in England der König an das vom Parlament geschaffene Gesetz gebunden und somit der Weg zur parlamentarischen Demokratie beschritten.

2 Erläutert mithilfe von Q und des Schaubildes 3, welche Rechte das Parlament und welche der König besaß.

1688:
Glorious Revolution.

***Parlamentarische Monarchie*:** Staatsform, in der die politische Macht des Königs (Monarchen) durch das Parlament beschränkt ist. Der König übt nur mehr repräsentative Aufgaben aus, d. h. er vertritt den Staat nach außen.

1689:
▶ Bill of Rights*. Bestätigung der Rechte des Parlaments.

Wissen ist Macht!

Wer wird Hofmeister?

Wir befinden uns im Jahr 1780. Ferdinand, ein Fürstensohn, ist auf einer Reise nach Potsdam. Bevor er die Nachfolge seines Vaters antritt, soll er sich über Neuerungen und politische Ereignisse seiner Zeit genau informieren. Und so stellt er unermüdlich Fragen. Wer von euch – so verspricht er – mir alle meine Fragen beantworten kann, wird später einmal bei mir Hofmeister. – Hättet ihr eine Chance gehabt?

Spielanleitung

- Ihr könnt dieses Spiel zu zweit, aber auch zu dritt oder viert spielen.
- Ihr braucht einen Würfel und für jeden der zwei bis vier Mitspieler einen Spielstein.
- Um beginnen zu können, müsst ihr eine Sechs würfeln. Manche Spielfelder haben eine Zahl. Kommt ihr auf ein solches Feld, müsst ihr eine Frage beantworten.
- Ob die Antwort richtig ist, entscheidet im Zweifelsfall eure Lehrerin oder euer Lehrer (richtig = ✓, falsch = f).

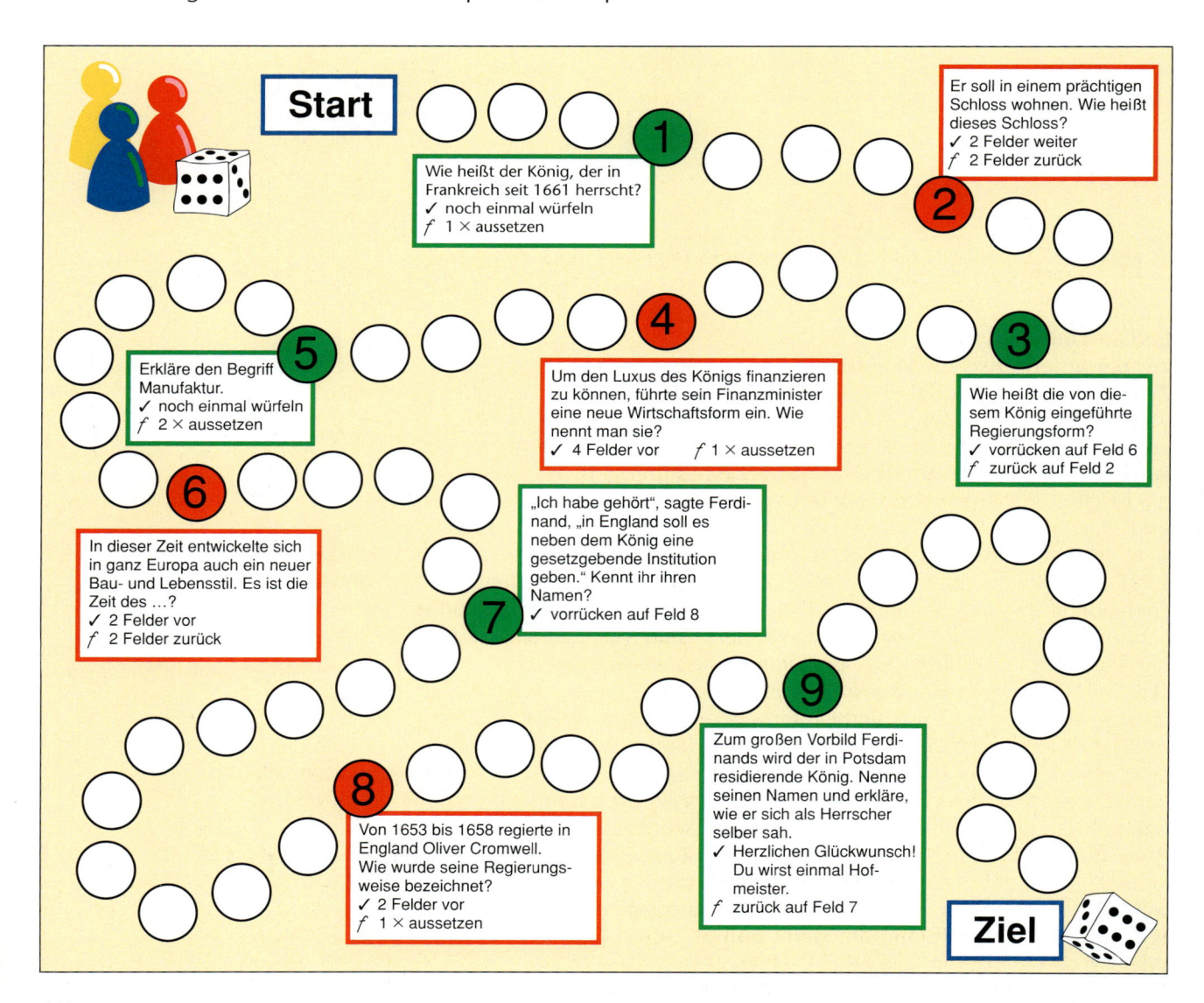

Start

1 Wie heißt der König, der in Frankreich seit 1661 herrscht?
✓ noch einmal würfeln
f 1 × aussetzen

2 Er soll in einem prächtigen Schloss wohnen. Wie heißt dieses Schloss?
✓ 2 Felder weiter
f 2 Felder zurück

3 Wie heißt die von diesem König eingeführte Regierungsform?
✓ vorrücken auf Feld 6
f zurück auf Feld 2

4 Um den Luxus des Königs finanzieren zu können, führte sein Finanzminister eine neue Wirtschaftsform ein. Wie nennt man sie?
✓ 4 Felder vor f 1 × aussetzen

5 Erkläre den Begriff Manufaktur.
✓ noch einmal würfeln
f 2 × aussetzen

6 In dieser Zeit entwickelte sich in ganz Europa auch ein neuer Bau- und Lebensstil. Es ist die Zeit des …?
✓ 2 Felder vor
f 2 Felder zurück

7 „Ich habe gehört", sagte Ferdinand, „in England soll es neben dem König eine gesetzgebende Institution geben." Kennt ihr ihren Namen?
✓ vorrücken auf Feld 8

8 Von 1653 bis 1658 regierte in England Oliver Cromwell. Wie wurde seine Regierungsweise bezeichnet?
✓ 2 Felder vor
f 1 × aussetzen

9 Zum großen Vorbild Ferdinands wird der in Potsdam residierende König. Nenne seinen Namen und erkläre, wie er sich als Herrscher selber sah.
✓ Herzlichen Glückwunsch! Du wirst einmal Hofmeister.
f zurück auf Feld 7

Ziel

254

Zusammenfassung

Ludwig XIV., der Sonnenkönig
Der französische König Ludwig XIV. (1643–1715) verstand sich als ▶ Herrscher von Gottes Gnaden und regierte mit ▶ absoluter Macht. Er stützte sich dabei auf eine ihm gehorsame Beamtenschaft und ein ▶ stehendes Heer. Äußeres Zeichen seiner herausragenden Stellung war das Schloss in Versailles. Bau und Unterhalt des Schlosses, das aufwändige Hofleben sowie der Unterhalt der Beamten und des Heeres verschlangen ungeheure Geldsummen. In dieser Situation entwickelte der Finanzminister Colbert das Wirtschaftssystem des ▶ Merkantilismus. Die Einnahmen des Staates verdoppelten sich jetzt, die Ausgaben waren aber immer noch weit höher. Als Ludwig XIV. starb, hinterließ er ein total verschuldetes Land.

Die Entwicklung in Preußen
Im Herrschaftsgebiet der Hohenzollern hatte Kurfürst Friedrich Wilhelm I. (1640–1688) die Rechtsprechung und die Verwaltung vereinheitlicht. Sein Enkel Friedrich Wilhelm I., der „Soldatenkönig" (1713–1740), machte das mittlerweile als „Preußen" bezeichnete Land zum bedeutenden Militärstaat.
Friedrich II., seit 1740 König von Preußen, war beeinflusst von den Ideen der ▶ „Aufklärung", einer zeitgenössischen Reformbewegung. In der Politik richteten sich die Aufklärer gegen die uneingeschränkte Macht des Königs und traten für ▶ Gewaltenteilung sowie Toleranz und Meinungsfreiheit ein. Das Handeln eines jeden sollte vor allem von Vernunft geleitet sein.
Zwar regierte auch Friedrich II. mit uneingeschränkter Macht, doch zeigte er sich gegenüber den verschiedenen Glaubensbekenntnissen tolerant. Die Folter wurde abgeschafft, die Pressezensur zumindest eingeschränkt. Friedrich II. versuchte die Auffassung, vor dem Gesetz seien alle Menschen gleich, umzusetzen.

England: Parlament und König
In England gab es seit 1332 ein Parlament, das sich aus Oberhaus (mit den vom König berufenen Mitgliedern des hohen Adels) und Unterhaus (mit den gewählten Vertretern des Landadels und der Städte) zusammensetzte. Immer wieder gab es erbitterte Auseinandersetzungen zwischen Parlament und Königen, die eine absolute Herrschaft auch in England anstrebten. Erst unter Wilhelm III. kam es mit der ▶ Bill of Rights zu einer Einigung. Englands Weg zur parlamentarischen Demokratie begann.

1643–1715
Herrschaft Ludwigs XIV. in Frankreich

1713–1786
Preußen wird eine bedeutende Macht in Europa.

1740–1786
Unter Friedrich II.: Aufgeklärter Absolutismus in Preußen.

1689
Mit der „Glorreichen Revolution" und der „Bill of Rights" werden die Rechte des englischen Parlaments bestätigt.

10. Zeitalter der Bürgerlichen Revolutionen

1 Beschreibt das Bild „Sturm auf die Bastille".
2 Klärt, was ihr unter den Begriffen Freiheit, Gleichheit, Brüderlichkeit versteht.
3 Sprecht über das kleine Bild oben rechts. Welchen Widerspruch entdeckt ihr?

Menschenrechte – gleiches Recht für alle?
Das große Bild zeigt die Eroberung der Bastille, des königlichen Staatsgefängnisses in Paris, am 14. Juli 1789. Mit diesem Ereignis begann die Französische Revolution, in der die Menschen für Freiheit, Gleichheit und Brüderlichkeit kämpften. Schon einige Jahre zuvor waren in den Vereinigten Staaten die ▶ Menschenrechte verkündet worden. Daran erinnert die Freiheitsstatue in New York. Aber sind die Menschenrechte wirklich für alle Menschen da?

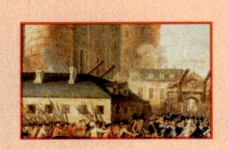

Schauplatz: Menschenrechte – gleiches Recht für alle?

1 Sklaven auf dem Marsch zur Küste.
Kolorierter Holzstich, 1892.

2 Sklavenversteigerung.
Holzstich, um 1800.

Aus der amerikanischen Unabhängigkeitserklärung von 1776:
Q1 … Wir halten diese Wahrheiten für in sich einleuchtend: dass alle Menschen gleich geschaffen sind; dass sie vom Schöpfer mit gewissen unveräußerlichen Rechten ausgestattet sind, darunter Leben, Freiheit und Streben nach Glück …

Seit dem 17. Jahrhundert wurden schwarze Menschen in Westafrika von professionellen Sklavenjägern eingefangen und nach Nordamerika verschleppt. In den Südstaaten, die in den Sommermonaten von heißem, schwülem Klima beherrscht waren (wie Virginia und Georgia), wurden sie auf Sklavenmärkten verkauft, um auf Baumwollfeldern, Zuckerrohr- oder Tabakplantagen der weißen Farmer harte Arbeit zu leisten.
Ein ehemaliger Sklave erinnerte sich 1835:
Q2 … Mr. T. Freeman, Veranstalter des Sklavenmarktes in New Orleans, begab sich am frühen Morgen zu seinem „Vieh". Bei dem gewohnten Fußtritt für die älteren Männer und Frauen und manchem Peitschenknall für die jüngeren Sklaven dauerte es nicht lange, bis alle auf den Beinen waren. … Dann trafen die Kunden ein, um Freemans „neuen Warenposten" zu besichtigen. Freeman ließ uns den Kopf heben, während die Kunden unsere Hände, Arme und Körper abtasteten, uns herumdrehten und sich unsere Zähne zeigen ließen. …

1 Klärt nach Q1, welche Rechte hier angesprochen sind, wer sie verliehen hat und für wen sie gelten sollen.
2 Beschreibt mithilfe von Q2 und den Abbildungen 1 und 2 die Form der Sklaverei in den Vereinigten Staaten und nehmt dazu Stellung.
3 Gegen welche Aussagen von Q1 verstößt die Sklaverei?

Die Sklavenhaltung war in den USA sehr umstritten. In den Nordstaaten gab es so gut wie keine Sklaven: Hier hatte sich – begünstigt durch reichhaltige Kohle- und Eisenvorkommen – eine umfangreiche Industrie herausgebildet. Große Städte waren entstanden, in denen Handel, Handwerk und Betriebe zu Hause waren. Zwischen 1861 und 1865 kam es zwischen den Nord- und den Südstaaten vor allem wegen der Sklavenfrage zu einem blutigen Bürgerkrieg. 1868 wurde den Schwarzen das Bürgerrecht zugesichert. Aber erst 1964 wurde die Benachteiligung eines Bürgers aufgrund von Rasse, Hautfarbe, Religion oder nationaler Abstammung untersagt. Aber auch damit waren die Rassenvorurteile noch nicht endgültig beseitigt.

Schauplatz: Menschenrechte – gleiches Recht für alle?

3 Aus der Erklärung der Menschen- und Bürgerrechte. Prachtdarstellung mit deutschen Übersetzungen (Montage).

Q3 Art. 1 Die Menschen sind und bleiben von Geburt frei und gleich an Rechten. Soziale Unterschiede dürfen nur im gemeinen Nutzen begründet sein.
Art. 2: Das Ziel jeder politischen Vereinigung ist die Erhaltung der natürlichen und unveräußerlichen Menschenrechte. Diese Rechte sind: Freiheit, Eigentum, Sicherheit und Widerstand gegen Unterdrückung.
Art. 6: Alle Bürger haben das Recht, an der Gestaltung der Gesetze persönlich oder durch ihre Vertreter mitzuwirken.
Art. 10: Niemand darf wegen seiner Ansichten oder Religion bestraft werden. …

Die Frauenrechtlerin Olympe de Gouges veröffentlichte 1791 eine „Erklärung der Rechte der Frau und Bürgerin". Kurz darauf wurde sie hingerichtet. In ihrer Schrift hatte sie formuliert:

Q4 … Art. 1: Die Frau ist frei geboren und bleibt dem Manne gleich an Rechten.
Art. 2: Ziel und Zweck jedes politischen Zusammenschlusses ist der Schutz der natürlichen und unveräußerlichen Rechte sowohl der Frau als auch des Mannes. Diese Rechte sind: Freiheit, das Recht auf Eigentum, Sicherheit und besonders das Recht auf Widerstand gegen Unterdrückung. …
Art. 6: Das Gesetz soll Ausdruck des allgemeinen Willens sein. Alle Bürgerinnen und Bürger sollen persönlich oder durch ihre Vertreter an seiner Gestaltung mitwirken. Es muss für alle gleich sein. …
Art. 10: Niemand darf wegen seiner Meinung … verfolgt werden. Die Frau hat das Recht, das Schafott zu besteigen. Sie muss gleichermaßen das Recht haben, die Rednertribüne zu besteigen. …

4 Beschreibt den oberen Teil der Darstellung zu Q3 und versucht eine Deutung. Achtet dabei auf das Geschlecht der Dargestellten und auf Symbole. Listet in Stichworten die genannten Rechte auf.

Im Jahr 1789 hatten sich in Frankreich Männer und Frauen aus dem Bürger- und Bauernstand gegen die Vorrechte des Königs, des Adels und der Geistlichkeit aufgelehnt. Am 26. August verkündeten sie die „Erklärung der Menschen- und Bürgerrechte". Doch sollten diese Rechte auch für Frauen gelten? – Die französische Verfassung, die 1791 in Kraft trat, sah das Wahlrecht für Frauen nicht vor. Viele Frauen protestierten dagegen. Schon seit 1789 hatten sie sich in Frauenclubs organisiert und sich für Frauenrechte eingesetzt.

5 Vergleicht die Artikel aus Q4 mit den Artikeln aus Q3. Welche Unterschiede stellt ihr fest?

Im „Code civil", dem „Bürgerlichen Gesetzbuch" für Frankreich, wurde 1804 festgehalten:
Q5 … Der Ehemann ist seiner Gattin Schutz und die Gattin ihrem Mann Gehorsam schuldig. Die Ehefrau ist verpflichtet, bei dem Manne zu wohnen und ihm überallhin zu folgen. … Ein Kind ist in jedem Alter seinen Eltern Achtung und Ehrerbietung schuldig. Es bleibt unter ihrer Gewalt bis zu seiner Volljährigkeit. … Während der Ehe übt diese Gewalt der Vater aus. …

6 Beurteilt, ob die Frauen die gestellten Forderungen erreicht haben. Prüft dazu Q5.

Schauplatz: Menschenrechte – gleiches Recht für alle?

1 Ein ans Kreuz gefesselter kambodschanischer Junge. Er hatte eine Hand voll Reis gestohlen. Heimlich aufgenommenes Foto, 1984.

1 Beschreibt eure Gefühle beim Betrachten der Fotos.
2 Lest Q und beurteilt, gegen welche der angeführten Rechte in den Abbildungen 1 und 2 jeweils verstoßen wird.

Die Rechte des Kindes aus der Konvention der Vereinten Nationen vom 20. November 1989:

M
1. Das Recht auf Gleichheit, unabhängig von Rasse, Religion, Herkunft und Geschichte.
2. Das Recht auf gesunde geistige und körperliche Entwicklung.
3. Das Recht auf einen Namen und eine Staatsangehörigkeit.
4. Das Recht auf ausreichende Ernährung, auf Wohnung und ärztliche Betreuung.
5. Das Recht behinderter Kinder auf eine besondere Betreuung.
6. Das Recht auf Liebe, Verständnis und Fürsorge.
7. Das Recht auf unentgeltlichen Unterricht, auf Spiel und Erholung.
8. Das Recht auf sofortige Hilfen bei Katastrophen.
9. Das Recht auf Schutz vor Grausamkeit, Vernachlässigung und Ausnutzung.
10. Das Recht auf Schutz vor Verfolgung und Erziehung im Geiste weltumspannender Brüderlichkeit und des Friedens.

Was ihr noch tun könnt:
Euch im Internet über Menschen- und Kinderrechte informieren, von den dort vertretenen Organisationen Materialien anfordern und damit Plakate oder Wandzeitungen gestalten.

Internetadressen:
http://www.dkhw.de
http://www.kinderpolitik.de
http://www.bksb.de
http://www.unicef.de
http://www.amnesty.de
http://tdh.de
http://www.bmfsfi.de
http://www.globalmarch.org

2 Straßenkinder in Südamerika. Foto.

Arbeitstechnik: Recherche im Internet

Das Internet als riesengroße Bücherei

Wenn ihr mehr über ein Thema erfahren wollt, so könnt ihr im Internet nach Informationen suchen. Das Internet ist wie eine riesige Bibliothek, in der sehr viele Bücher aus allen Ländern stehen. Aber Vorsicht! Genau wie eine Bücherei hat auch das Internet mehrere Fallen. Zum einen kann es passieren, dass ihr von dem, was ihr eigentlich sucht, abkommt. Nehmt euch also vor, immer beim Thema zu bleiben. Zum anderen: So, wie es gute und schlechte Bücher gibt, gibt es auch gute und schlechte Internetseiten. Achtet also immer darauf, wer der Anbieter eurer Information ist. Seriöse Anbieter nennen in der Regel einen Verfasser und eine Adresse, an die man sich wenden kann. Vertrauen könnt ihr auf jeden Fall den Informationen großer Organisationen wie den auf Seite 260 genannten.

Suchen, aber wie?

1. Schritt:
Schlagwort finden

Wenn ihr euch z. B. über die Anwendung der Menschenrechte auf die Indianer in Nordamerika informieren wollt, so habt ihr verschiedene Möglichkeiten, Suchworte einzugeben. Das Suchwort „Indianer" ist vermutlich zu allgemein, ihr erhaltet sehr viele Hinweise, müsst aber endlos suchen. Ähnlich könnte es euch mit dem Suchwort „Menschenrechte" ergehen. Versuchen könnt ihr aber auch, die Begriffe zu kombinieren und gleichzeitig nach zwei Stichwörtern suchen zu lassen.

■ Wie könnte ein gutes Suchwort lauten?

2. Schritt:
Suchmaschine benutzen

Im Internet gibt es mehrere Anbieter von Suchmaschinen, bei denen ihr euer Stichwort nur eingeben müsst, dann durchforstet die Suchmaschine für euch alle Internetseiten. Ihr erhaltet dann eine Liste der passenden Internetseiten zu eurem Stichwort. Die bekanntesten Suchmaschinen sind: http://www.yahoo.de, http://www.lycos.de, http://www.google.de.

3. Schritt:
Stichwort eingeben

Wenn ihr zu euerem Stichwort keine Einträge bekommt, solltet ihr zuerst die Rechtschreibung überprüfen. Denn wenn ihr euer Schlagwort falsch eingegeben habt, kann die Suchmaschine nichts finden. War dies nicht der Fall, so müsst ihr euch ein anderes Stichwort überlegen (Schritt 1).

4. Schritt:
Aus dem Angebot auswählen

Jetzt habt ihr eine Reihe von Einträgen und normalerweise stehen noch ein paar Angaben dabei. So könnt ihr einen Teil der Adressen gleich aussortieren, weil es hier nicht genau um das geht, was ihr gesucht habt. Die übrigen Seiten könnt ihr jetzt aufrufen, indem ihr die Internetadresse anklickt.

So geht es weiter …

Neue freie Welt – Amerika?	262
Wem gehört das Land?	264
Der Kampf um die Unabhängigkeit	266
Von den Kolonien zu den Vereinigten Staaten	268
Wie soll der neue Staat geordnet werden?	269
Am Vorabend der Revolution	270
Die Krise des Absolutismus	271
Die Revolution beginnt	272
Von den Generalständen zur Nationalversammlung	273
Der dritte Stand erhebt sich	274
„Freiheit, Gleichheit, Brüderlichkeit"	276
Menschen haben Rechte	277
Welche Rechte sind euch am wichtigsten?	
Frankreich wird Republik	278
Die Revolution frisst ihre Kinder	280
Der Aufstieg Napoleons	282
General Bonaparte beendet die Revolution	283
Die Revolution als Rollenspiel	284
Der Adlige und der Bauer, der Aufklärer und der Geistliche – wie sehen sie die Revolution?	

Neue freie Welt – Amerika?

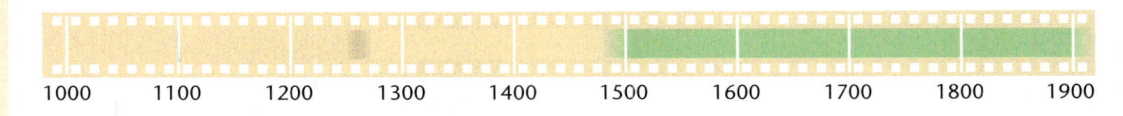

1000 1100 1200 1300 1400 1500 1600 1700 1800 1900

Lesetipp:
Karin Gündisch, Das Paradies liegt in Amerika, Weinheim: Beltz & Gelberg 2000
112 Seiten, € 4,90
Eine Auswanderergeschichte aus dem 19. Jahrhundert

1 Englische Kolonien in Nordamerika.

Neuengland – Kolonien

Auch wenn die Macht des Königs in England durch das Parlament kontrolliert wurde, frei waren die Menschen deshalb noch lange nicht. Wer sich z. B. nicht zur englischen Staatskirche bekannte, musste mit Verfolgung rechnen. Viele Menschen wanderten deshalb seit Beginn des 17. Jahrhunderts nach Übersee aus. 1607 gründeten englische Siedler Jamestown, die erste englische Niederlassung in Nordamerika (siehe Abbildung 1). Die Ureinwohner des Landes, die Indianer, halfen ihnen in der ersten Zeit. Sie überließen ihnen Land und schenkten ihnen Lebensmittel. So heißt es in dem Tagebuch des Siedlers E. Winfield:

Q1 ... 25. Juni 1607. Ein Indianer kam zu uns mit einer Friedensbotschaft des Häuptlings. Sie wollten unsere Freunde sein. Und wir sollten in Frieden säen und ernten können. ...

Die Landstriche, in die die Siedler kamen, waren von Indianervölkern besiedelt, die hier Landwirtschaft trieben, jagten und fischten. Von ihnen lernten die Siedler, wie man in dem fremden Erdteil überleben konnte. Weitere Siedler folgten bald:
– 1629 kamen die in England religiös verfolgten Puritaner mit der „Mayflower" nach Amerika und landeten in Plymouth.
– Am Hudson siedelten die Niederländer unter Peter Stuyvesant. Sie kauften im Jahr 1626 die Insel Ma-na-hat-an (Manhattan = himmlische Erde) von den Indianern für Glasperlen und rotes Tuch im Wert von 24 Dollar. Die Siedlung erhielt den Namen „Nieuw Amsterdam", von England wurde sie unter dem Namen „New York" übernommen.
– Vertriebene englische und irische Katholiken begründeten Maryland.
– Angehörige der Sekte der Quäker besiedelten 1682 unter Führung von William Penn das nach ihm benannte „Pennsylvania". William Penn hat seine Glaubenslehre auf zwei Reisen in den Jahren 1671 und 1677 auch in Deutschland verkündet.
– Der Bericht William Penns über das freie und christliche Leben in Amerika bewog im Jahr 1683 dreizehn Familien in Krefeld, die Überfahrt zu wagen. Sie landeten in Philadelphia und gründeten die Siedlung „Germantown".

Es dauerte nicht lange, bis diesen deutschen Auswanderern weitere folgten: Im Laufe der letzten 300 Jahre suchten über sieben Millionen Deutsche in Amerika eine neue Heimat.

1 Vergleicht die Karte mit einer Karte der USA in eurem Atlas.
2 Stellt eine Liste der 13 Kolonien in der Reihenfolge ihrer Gründung auf.

1607: Engländer gründen Jamestown, die erste dauerhafte Siedlung an der Ostküste Nordamerikas.

Neue freie Welt – Amerika?

2 William Penns Friedensvertrag mit den Indianern von 1682. Lithographie, 19. Jahrhundert.

„Jeder kann sich hier niederlassen"

In den nächsten Jahrhunderten zogen Millionen von Menschen aus ganz Europa nach Amerika. Besonders in Zeiten bitterer Armut und Unterdrückung sahen sie in der Auswanderung ihre letzte Chance. Der Entschluss, die Heimat zu verlassen, bedeutete für die Auswanderer zunächst einmal, eine lange, strapaziöse und häufig auch lebensgefährliche Seereise anzutreten. Und nach der Ankunft in der Neuen Welt machten Krankheiten, das ungewohnte Klima und Hunger den Einwanderern vor allem in den ersten Monaten das Leben schwer. In Briefen berichteten Siedler ihren Angehörigen in der alten Heimat über ihr Leben. Einer von ihnen schrieb im Jahr 1760:

Q2 … Es gibt so viel gutes Land, das noch unbestellt ist, dass ein jung verheirateter Mann ohne Schwierigkeiten ein Stück Grund und Boden erwerben kann, auf dem er mit Frau und Kindern ein zufrieden stellendes Auskommen hat. Die Steuern sind so niedrig, dass er sich darum keine Sorgen machen muss. Die Freiheiten, die er genießt, sind so groß, dass er sich wie ein Fürst auf seinen Besitzungen fühlen kann. Jeder kann sich hier niederlassen, kann bleiben, seinem Gewerbe nachgehen, auch wenn seine religiösen Grundsätze noch so merkwürdig sind. …

Es gab aber auch Einwanderer, deren Hoffnungen sich nicht erfüllten: 1879 schrieb Heinrich Kreuzfeld an seinen Bruder:

Q3 … Die meisten Europäer denken, dass Amerika das Land ist, wo Milch und Honig fließen. Keineswegs, es ist hier so schlecht, wenn nicht schlechter, wie in Europa. Ich bin seit zwei Jahren nicht mehr im Geschäft. Ich und mein Kompagnon mussten den Fruchthandel und das Warenlager-Geschäft aufgeben wegen Mangel an Mitteln und zu großer Konkurrenz. Im Frühjahr werde ich ins Eisgeschäft gehen, den Wirten, Brauern, Metzgern usw. das nötige Eis zu liefern. Bitte, lieber Johann, schicke mir einstweilen so viel Geld, wie du kannst. Bitte, schicke es sofort. …

3 Untersucht, wie das Verhältnis zwischen den ersten Siedlern und den Indianern in Abbildung 2 dargestellt ist.
4 Vergleicht die beiden Berichte miteinander. Was wird in Q2 besonders lobend erwähnt, auf welche Probleme macht Q3 aufmerksam?
5 Vermutet, welche Folgen sich aus der wachsenden Einwohnerzahl ergaben.

Herkunft der Menschen in den Kolonien 1790.

Irland und Frankreich 90 000
Holland 79 000
Afrika 757 000
Deutschland 176 000
Schottland 222 000
England und Wales 2 606 000

Bevölkerungsentwicklung in den USA von 1800–1860:

1800: 5,3 Mio.
1820: 9,6 Mio.
1840: 17,0 Mio.
1860: 31,5 Mio.

Wem gehört das Land?

Indianer jagten **Bisons**. Sie waren das Hauptnahrungsmittel der Prärieindianer. Darüber hinaus lieferte der Bison das Material für die verschiedensten Gebrauchsgegenstände von der Zeltplane bis zur Schlittenkufe. Doch während Anfang des 19. Jahrhunderts auf den Großen Ebenen der USA noch 50 Millionen dieser Tiere lebten, waren es im Jahr 1889 nur noch 635 Bisons. Weiße Berufsjäger und Siedler hatten das wichtigste Tier in dieser Landschaft ausgerottet.

Reservation*:
Siedlungsräume, die den Indianern durch die Regierung zugewiesen wurden. Im Verhältnis zu ihren früheren Territorien waren dies enge und ungünstig gelegene Gebiete. Zudem wurden sie nun von amerikanischen Beamten beaufsichtigt, den „Indian Agents".

Sachbuch-Tipp:
Laura Buller, Indianer (Reihe „Mega Wissen"), Starnberg: Dorling Kindersley Verlag 2002
96 Seiten, € 7,90

1 Goldgräber in Kalifornien.
Stich, 1848.

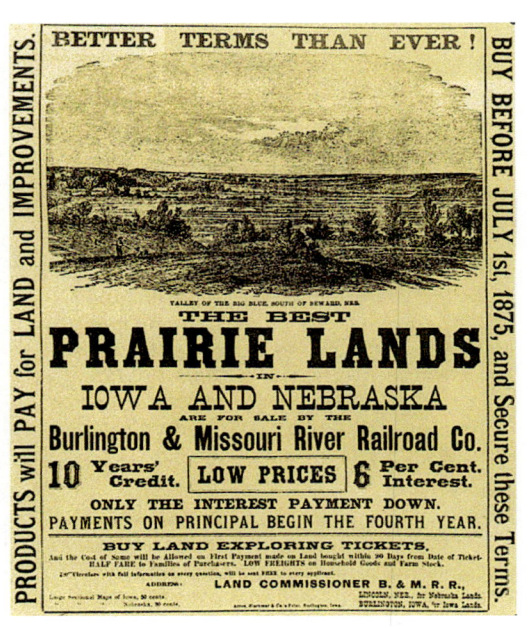

2 Plakat einer Eisenbahngesellschaft, die Siedlern Land anbietet.

Auf dem Zug nach Westen
Für die zahllosen Siedler reichte das Land in den ersten Kolonien schon bald nicht mehr aus. Immer weiter drangen sie deshalb nach Westen vor und trafen dabei auf zahlreiche Indianerstämme. Fast 500 Indianervölker lebten um 1800 in Nordamerika. Die drei wichtigsten Gruppen waren:
– die Ackervölker im nordöstlichen Waldland,
– die Jägervölker in den Prärien,
– die Bauern- und Hirtenvölker im Südwesten.
Über sie schrieb Hug Henry Brackenridge, ein bekannter amerikanischer Dichter und Schriftsteller, im Jahr 1872:

Q1 … Ich bin weit davon entfernt, auch nur im Traum anzunehmen, dass die Indianer ein Recht auf Land haben könnten, von dem sie seit Jahrtausenden keinen anderen Gebrauch machen als die Tiere. Es ist deshalb undenkbar, dass sie einen Anspruch auf Land haben. Sie müssen deshalb – und das ist Gottes Wille – von diesem Land vertrieben werden. … Indianer haben das Aussehen von Menschen …, aber wie sie uns im Augenblick entgegentreten, erscheinen sie eher als Tiere, teuflische Tiere. … Wer käme schon auf den Gedanken, mit Wölfen, Klapperschlangen, Jaguaren und Koyoten über Garantien für Eigentum an Land zu verhandeln. Es gilt, sie zu dezimieren. …

1 Stellt die wichtigsten Aussagen aus Q1 zusammen und besprecht die Einstellung zu den Indianern. Berücksichtigt Abbildung 2.

Macht geht vor Recht:
Das Beispiel der Nez Percé
Die Nez Percé waren ein kleines Indianervolk, das auf dem Columbia-Plateau (in den heutigen USA-Staaten Idaho und Oregon) von der Pferdezucht lebte. Um 1850 ließen sich Siedler am Rand des Nez-Percé-Gebiets nieder. Sie forderten von den Indianern: „Verkauft uns weite Teile eures Landes. Einen Rest des Landes lassen wir euch als Reservation*. Wir bieten euch außerdem 200 000 Dollar." Die Indianer gaben nach. Doch 1861 wurde in dem Gebiet, das den Nez Percé geblieben war, Gold gefunden.

Wem gehört das Land?

3 Lebensraum, Haartrachten und Namen der wichtigsten Indianerstämme.

Hausformen:

Langhaus der Irokesen. Zeichnung.

Tipi der Sioux-Indianer. Zeichnung.

Wickiup der Apachen. Zeichnung.

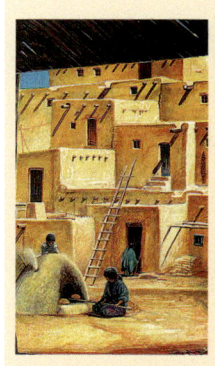

Häuser der Pueblo-Indianer. Zeichnung.

Überlegt, was die verschiedenen Hausformen über die Lebensweise der Stämme aussagen.

Schon im Sommer kamen 10 000 Weiße in das Gebiet der Indianer. Die USA setzten wieder eine Verhandlung an und die Indianer sollten einen Vertrag unterschreiben. Wieder sollten sie dieses Land an die Regierung verkaufen. Voller Erbitterung antwortete darauf der Häuptling:

Q2 ... Ich habe nie gesagt, dass das Land mir gehört und dass ich damit tun könne, was mir beliebt. Nur der kann über Land verfügen, der das Land geschaffen hat. ... Ich habe einige der großen weißen Häuptlinge gefragt, woher sie das Recht haben, dem Indianer zu sagen, er müsse sich an einem bestimmten Platz aufhalten, während er die weißen Männer hingehen sieht, wo es ihnen gefällt. Sie können mir keine Antwort geben. ...

Gewaltsam wurden die Nez Percé vom amerikanischen Militär in eine Reservation gebracht. Die Häuptlinge wurden gezwungen, einen Vertrag zu unterschreiben, der ihnen nur noch ein Zehntel ihres Landes ließ. Dafür sollten sie Nahrung, Kleidung und Schulen von den Weißen erhalten. Eine Gruppe junger Indianer überfiel aus Enttäuschung und Wut Ansiedlungen der Weißen, die das Militär zur Unterstützung herbeiholten. Nun hetzte das Militär die Nez Percé unerbittlich. In fünf großen Schlachten konnten die Indianer siegen, doch immer neue Truppen folgten ihnen. Am Ende mussten sie vor der Übermacht kapitulieren und General Miles versprach, die Überlebenden in ihre Heimat zurückzubringen. Aber statt in ihre Berge wurden sie in die Wüste geschafft, wo viele starben. 1878 wurden die Reste des Volkes nach Oklahoma in eine Reservation gebracht.

Ähnlich wie den Nez Percé erging es auch den anderen Indianervölkern. Lebten vor der Kolonialisierung noch mehr als 1 Million Indianer in den USA, so waren es zu Beginn des 20. Jahrhunderts nur noch 200 000, denen bestimmte Reservate zugewiesen worden waren. Sie kämpfen noch heute um ihre Rechte und Entschädigung für die geraubten Länder.

2 *Diskutiert über das Verhalten der Weißen und der Nez Percé. Berichtet in der Klasse, was ihr über Indianer wisst.*

Der Kampf um die Unabhängigkeit

Ein Einwanderer schrieb 1782:
„Was ist eigentlich ein Amerikaner, diese neue Art Mensch? Er ist kein Europäer und auch nicht Nachkomme eines Europäers. Er ist eine seltsame Mischung, die es nirgendwo auf der Welt gibt. Ich kenne einen Mann, dessen Großvater Engländer war, dessen Frau Holländerin war, dessen Sohn eine Französin heiratete und dessen vier Söhne wiederum Frauen von vier verschiedenen Nationalitäten haben. Er ist ein Amerikaner."

1 Die Boston Tea Party. Als Indianer verkleidete Kolonisten werfen englische Teelieferungen über Bord. Lithographie, 1846.

1773:
Boston Tea Party. Aus Protest gegen britischen Zoll auf Teeeinfuhren stürmen amerikanische Kolonisten als Indianer verkleidet drei Schiffe und werfen die Teeladung in das Wasser des Bostoner Hafens.

Selbstbewusste Kolonisten

Die Kolonien unterstanden den englischen Gesetzen, die in London gemacht wurden, denn alle Siedler galten rechtlich als Engländer. Doch England war fern und viele Probleme verlangten eine rasche Lösung. Daher gab es in den Kolonien auch eine Art Selbstverwaltung: In Siedlerversammlungen berieten gewählte Vertreter gemeinsame Probleme und legten für alle gültige Regelungen fest. Adlige, denen sie zu gehorchen hatten, gab es nicht.

Die Selbstverwaltung der Kolonien, die Anstrengungen um die Erschließung des Landes sowie der gemeinsame Kampf gegen die Indianer hatten unter den Siedlern ein Gemeinschaftsgefühl entstehen lassen. Jeder, so lautete die allgemeine Überzeugung, der sich anstrengt, Mut beweist und vorwärts kommen will, kann es zu Ansehen und Wohlstand bringen; insofern waren sie alle gleich.

Von England trafen zudem Nachrichten ein über die „Glorreiche Revolution", die den Bürgern mehr politische Freiheit und Gleichheit vor dem Gesetz brachte. Sollte das, was im Mutterland rechtens war, nicht auch in den Kolonien möglich sein? – An dieser Frage entzündete sich ein Streit zwischen den Kolonisten und dem englischen Mutterland mit weit reichenden Folgen.

„No taxation without representation"

Die englische Staatskasse litt wegen der Kriege mit Frankreich unter ständiger Geldnot. Geld aber, so meinte das englische Parlament, könnte man aus den Kolonien holen, denen es wirtschaftlich sehr gut ging. So wurden die Kolonisten mit immer neuen Steuern belegt. Vor allem auf Rohstoffe und Fertigwaren, die aus England in die Kolonien kamen, wurden Zölle erhoben. Das ging den amerikanischen Bürgern zu weit. Sie verweigerten schließlich jede Zahlung mit dem Hinweis, dass sie im englischen Parlament nicht vertreten seien: „No taxation without representation", so hieß es bald auf zahlreichen Kundgebungen. Außerdem beschlossen die Siedler, keine englischen Waren mehr zu kaufen.

1 Stellt Vermutungen auf, warum die Bürger den „Indianern" zujubelten.

Der Kampf um die Unabhängigkeit

Die Boston Tea Party
Wie stark der Widerstand in der Bevölkerung gegenüber England war, sollte sich schon bald zeigen. Als die englische Regierung Ende September 1768 zwei Regimenter nach Boston schickte, verweigerten die Bürger den Soldaten Quartier. Als englische Soldaten von Amerikanern in Boston mit Knüppeln und Schneebällen bedrängt wurden, erschossen die Soldaten fünf Zivilisten. In den Kolonien sprach man nun vom „Bostoner Blutbad". Der Widerstand gegen das Mutterland nahm weiter zu und erfasste jetzt alle 13 Kolonien. Die englische Regierung lenkte ein und nahm die Steuern zurück. Es blieb allein die Teesteuer. Mit ihr wollte England zeigen, dass man das Recht habe, zu jeder Zeit beliebige Steuern von den Kolonien zu erheben. Dadurch wurde der Teezoll auch für die Kolonisten zu einer Grundsatzfrage. Als im Dezember 1773 drei Teeschiffe im Hafen von Boston landeten, schlichen 50 Männer, Tomahawks in den Händen und die Gesichter gefärbt wie Indianer, an den Kai, wo die Schiffe vertäut waren. Sie überwältigten die Schiffswachen und warfen die gesamte Teeladung ins Hafenwasser. Die Antwort Englands ließ nicht lange auf sich warten. Neue Truppen wurden in die Kolonien gesandt. Der Hafen von Boston wurde geschlossen. Dies stellte für die Bevölkerung eine besondere Härte dar, da Tausende von Familien von ihm lebten.

2 Beschreibt und begründet das Verhalten der englischen Regierung und der Siedler. Hätte es andere Möglichkeiten gegeben, um den Konflikt zu lösen?

Vom Widerstand zur Rebellion
Die Maßnahmen der britischen Regierung hatten indessen nicht den gewünschten Erfolg, da alle Kolonien zusammenstanden. Es kam zu einem Krieg der amerikanischen Siedler gegen die britischen Truppen, der von 1775 bis 1783 dauerte. Oberbefehlshaber der amerikanischen Truppen wurde George Washington. Angeheizt wurde die Empörung in der Bevölkerung durch eine Flugschrift, die Thomas Paine im Jahr 1776 mit dem Titel „Common Sense" („was jeder für vernünftig hält") herausgab:

Q … Die Zeit der Debatten ist vorbei. Waffen als letztes Mittel entscheiden den Streit. Der König hat das Schwert gewählt und der Kontinent hat die Herausforderung angenommen. Aber, werden einige fragen, wo ist der König von Amerika. Ich will es euch sagen, Freunde: Dort oben regiert Er und richtet keine Verheerung der Menschheit an wie das königliche Untier. … [Hier aber] setzte man feierlich einen Tag fest zur öffentlichen Bekanntmachung der Verfassung, um der Welt zu zeigen, dass in Amerika das Gesetz König ist. …

2 Der Geist von 1776.
Gemälde von A. M. Willard (1836–1918).

3 Erklärt die Bedeutung des Satzes „In Amerika ist das Gesetz König". Vergleicht mit dem Anspruch der absolutistischen Herrscher in Europa.
4 Beschreibt die drei Soldaten auf Abbildung 2 und notiert, was euch auffällt. Erklärt den Titel des Bildes und die Absicht des Künstlers.

1775–1783: Nordamerikanischer Unabhängigkeitskrieg.

Von den Kolonien zu den Vereinigten Staaten

1 Der amerikanische General Nathan Heard verliest die amerikanische Unabhängigkeitserklärung vor den Truppen.
Buchillustration.

Flagge der dreizehn vereinigten Staaten von Nordamerika aus dem Jahr 1775 und 1789.

4. Juli 1776: Unabhängigkeitserklärung der dreizehn nordamerikanischen Kolonien.

Die Kolonien werden unabhängig

Der Krieg in Amerika wurde immer heftiger. Um ein gemeinsames Vorgehen der 13 Kolonien abzusprechen, trafen sich im Mai 1775 die Vertreter der Kolonisten zu einem Kongress. Die Vertreter waren von Bürgerversammlungen gewählt worden. Im Kongress war man sich nicht einig, ob man sich ganz von England lösen sollte. Noch im Herbst 1775 waren fünf Kolonien für ein Zusammengehen mit England, die anderen wollten sich selbstständig machen.

Flugblätter radikalen Inhalts und Kriegsmeldungen beeinflussten die öffentliche Meinung dahingehend, dass immer mehr Menschen für eine gänzliche Trennung von England eintraten.

In den einzelnen Kolonien wurden die Anhänger Englands vertrieben. So konnte die Unabhängigkeit der 13 Kolonien von England beraten und am 4. Juli 1776 erklärt werden.

In der Unabhängigkeitserklärung hieß es:

Q ... Folgende Wahrheiten erachten wir als selbstverständlich: Alle Menschen sind gleich geschaffen. Sie sind von ihrem Schöpfer mit unveräußerlichen Rechten ausgestattet. Dazu gehören Leben, Freiheit und Streben nach Glück.

Zur Sicherung dieser Rechte sind unter den Menschen Regierungen eingesetzt, die ihre rechtmäßige Macht aus der Zustimmung der Regierten herleiten.

Wenn eine Regierungsform diese Zwecke gefährdet, ist es das Recht des Volkes, sie zu ändern oder abzuschaffen und eine neue Regierung einzusetzen. ... Demnach verkünden wir, die im Allgemeinen Kongress der Vereinigten Staaten von Amerika versammelten Vertreter, feierlich: ... dass diese vereinigten Kolonien freie und unabhängige Staaten sind und von Rechts wegen sein müssen, dass sie losgelöst sind von aller Pflicht gegen die britische Krone, dass jede politische Verbindung zwischen ihnen und dem Staate Großbritannien ein für allemal aufgehoben ist. ...

1 Fasst die Gründe zusammen, die die Kolonisten dazu brachten, die Unabhängigkeit zu erklären.
2 Überlegt, welche Rechte für Frauen und Sklaven gesichert werden.
3 Erläutert, womit die Einsetzung von Regierungen begründet wird.
4 Versucht herauszufinden, warum die Unabhängigkeitserklärung ein „revolutionärer" Text ist.

Wie soll der neue Staat geordnet werden?

Richterliche Macht (Judikative) | **Ausführende Macht** (Exekutive) | **Gesetzgebende Macht** (Legislative)

- OBERSTES BUNDESGERICHT (Der Senat bestätigt die Ernennungen) ← kontrolliert
- PRÄSIDENT — ernennt → Oberstes Bundesgericht; ernennt → MINISTER (Der Senat bestätigt die Ernennungen); Oberbefehl → STREITKRÄFTE
- WAHLMÄNNER wählen Präsident
- KONGRESS: SENAT (Je Bundesstaat 2 Senatoren), REPRÄSENTANTENHAUS (435 Mitglieder) — kontrolliert Präsident
- WAHLBERECHTIGTE BEVÖLKERUNG (wahlberechtigt waren 1787 weiße Männer mit Eigentum, seit 1830 auch Weiße ohne Besitz, seit 1870 die ehemaligen Sklaven und seit 1920 die Frauen) wählt Wahlmänner, Senat und Repräsentantenhaus

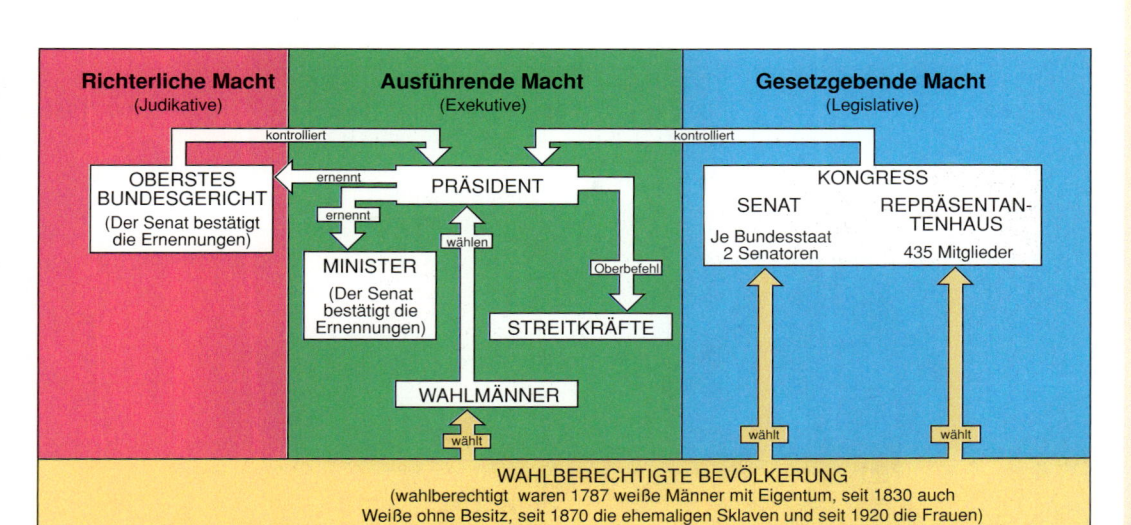

2 Die Verfassung der Vereinigten Staaten von Amerika.

1787:
Die Verfassung der USA wird am 4. März verabschiedet. Zwei Jahre später wird George Washington der erste Präsident der USA.

George Washington (geb. 22. 2. 1732, gest. 14. 12. 1799), ein Veteran des britischen Kolonialkriegs gegen die Franzosen in Nordamerika, gehörte frühzeitig zu den Anführern der amerikanischen Unabhängigkeitsbewegung. Im Unabhängigkeitskrieg war er militärischer Oberbefehlshaber der gegen das englische Mutterland aufständischen Kolonien, die dank der massiven Unterstützung Frankreichs 1781/83 den Sieg erringen konnten. 1787 Mitglied des Verfassungskonvents, wurde er 1789 zum ersten Präsidenten der USA gewählt. Nach zwei Amtszeiten zog er sich ins Privatleben zurück.

Ein Staat ohne König

Nach der Gründung der „Vereinigten Staaten" im Jahr 1776 musste die Unabhängigkeit erst gegen die im Land stehende englische Armee erkämpft werden. Dies gelang nach vielen schweren Kämpfen unter der Leitung von George Washington und mithilfe der Franzosen, der alten Gegner der Engländer. 1783 musste England die Unabhängigkeit der 13 ehemaligen Kolonien anerkennen.

Gleichzeitig stellte sich für den neuen Staat die Frage, wie er geführt und geordnet werden sollte. Dabei waren zwei wichtige Punkte zu klären:

- Wie der Name es besagt, waren die USA ein Staat, der aus vielen einzelnen Staaten bestand, den ehemaligen Kolonien. Jede dieser einzelnen Kolonien hatte eine eigene Regierung; jetzt aber brauchte man auch eine Zentralregierung für das ganze Land.
- In der Unabhängigkeitserklärung war festgehalten worden, dass das Volk selbst seine Vertreter wählen sollte, die das Land regieren. Wie aber sollte ein solcher Staat, den es noch nirgends gab, aussehen?

5 Zu den beiden oben angesprochenen Punkten passen die Begriffe „Bundesstaat" und „Demokratie". Könnt ihr beide erklären? Kennt ihr weitere Bundesstaaten?

6 Versucht, durch eine gemeinsame Diskussion Antworten auf beide Fragen zu finden.

Die Verfassung der Vereinigten Staaten

Um den neuen Bundesstaat zu organisieren, sandten die einzelnen Staaten ihre Vertreter nach Philadelphia. In langen Beratungen suchte man nach den wichtigen Gesetzen, die das staatliche Leben regeln sollten; solche Regelungen bezeichnet man als „Verfassung".

Die amerikanische Verfassung, auf die man sich schließlich einigte und die heute noch in groben Zügen gilt, ist auf drei besonders wichtigen Grundsätzen aufgebaut:

- Alle Macht soll von Vertretern ausgeübt werden, die auf bestimmte Zeit vom Volk in ihr Amt gewählt werden.
- Die Macht im Staat ist dreigeteilt: in die gesetzgebende Macht, die die Gesetze beschließt; in die ausführende Macht, die die Gesetze in die Tat umsetzt, und in die richterliche Macht, die die Einhaltung der Gesetze überwacht (▶Gewaltenteilung).
- Die drei Teile der Macht kontrollieren sich gegenseitig; niemand darf an mehr als einem teilhaben.

7 Erklärt den Sinn der drei Grundsätze.

Am Vorabend der Revolution

1250 1300 1350 1400 1450 1500 1550 1600 1650 1700 1750 1800 1850 1900 1950

▶ **Revolution:**
Der meist gewaltsame Umsturz einer bestehenden politischen und gesellschaftlichen Ordnung.

Lebenshaltungskosten in Frankreich 1789:

Es kosteten
ein Vier-Pfund-Brot: 14,5 Sous
0,5 Liter Wein: 5,0 Sous
Miete täglich: 3,0 Sous
250 g Fleisch: 5,0 Sous.

Ein Bauarbeiter verdiente am Tag in Paris ca. 18 Sous.

Ludwig XVI.
(geb. 23. 8. 1754, hingerichtet 21. 1. 1793).

1 Die Lage des ▶ dritten Standes. Zeitgenössischer Stich.

Verschwendung am Hof – Hungerrevolten im Land

Im Jahr 1774 wurde Ludwig XVI. König von Frankreich. Wegen der Verschwendungssucht seiner Vorgänger übernahm Ludwig einen total verschuldeten Staat. Ganz Frankreich erhoffte nun eine Wende zum Guten: Würde der neue König die Staatsschulden tilgen und die Steuern senken? Würde er das ausschweifende Leben am Hof beenden? Doch die Hoffnungen wurden enttäuscht. Ludwig XVI. interessierte sich nicht für die Fachgespräche mit seinen Ministern. Lieber hielt er sich in seiner Schlosserwerkstatt auf oder ging auf die Jagd. Wie seine Vorgänger gab er das Geld mit vollen Händen aus und der Adel tat es ihm nach. Immer häufiger erschienen nun in Frankreich Flugschriften, die sich gegen die Vorherrschaft des Adels richteten und die die Unzufriedenheit im Land schürten. So hieß es in einer Flugschrift aus dem Jahr 1788:

Q1 … Steht auf gegen den Klerus, den Adel. Duldet nicht, dass ungefähr 600 000 Menschen vierundzwanzig Millionen das Gesetz aufzwingen! Völker, denkt an die Lasten, die ihr tragt. Schaut euch um nach den Palästen, den Schlössern, die gebaut sind mit eurem Schweiß und euren Tränen! Vergleicht eure Lage mit der dieser Prälaten und Großen. Sie nennen euch Gesindel! Lasst sie erkennen, dass Gesindel diejenigen sind, die auf eure Kosten leben und sich mästen an eurer Arbeit. …

Die Missernten der letzten Jahre hatten zu Hungersnöten und zu einer Verteuerung der Lebensmittel geführt. In den Städten kam es zu Volksaufläufen. Handwerker und Arbeiter stürmten die Bäckerläden in Paris.

1 *Bauern, Arbeiter und Handwerker sprechen über das Flugblatt. Welche Folgerungen könnten sie daraus ziehen?*
2 *Vergleicht Q1 mit Abbildung 1. Welche Sätze aus Q1 passen zu der Karikatur?*
3 *Seht euch den Verdienst des Bauarbeiters und die damaligen Lebenshaltungskosten in Paris an (Randspalte). Für welche notwendigen Ausgaben fehlte ihm das Geld?*

Die Krise des Absolutismus

2 Café der Patrioten. Überall in den Cafés und in den Salons wurde über eine politische Neuordnung diskutiert. Zeitgenössisches Gemälde.

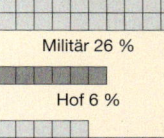

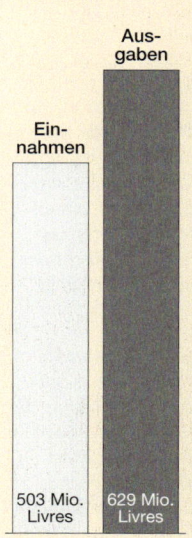

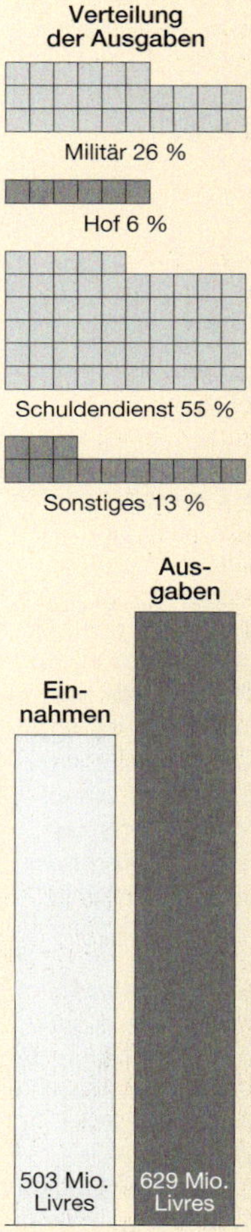

Der Adel – eine gottgewollte Einrichtung?
Unruhen gab es nicht nur unter Arbeitern und Handwerkern. Auch Rechtsanwälte und Ärzte, Kaufleute und Gutsbesitzer sprachen sich immer deutlicher gegen ein absolutistisches Herrschaftssystem aus, das den Staat in den Ruin führte. Überall, auf den öffentlichen Plätzen wie in den Cafés, debattierten Menschen über Politik, über die Ideen der Aufklärung und der amerikanischen Unabhängigkeitserklärung von 1776. In ihr hieß es: „Alle Menschen sind von Natur aus frei und gleich an Rechten geboren." Eine solche Freiheit gab es aber in Frankreich noch nicht. Gegen die massive Kritik setzte sich der Adel mit einer Schrift zur Wehr:

Q2 … Die Garantie der persönlichen Steuerfreiheit und der Auszeichnungen, die der Adel zu allen Zeiten genossen hat, sind Eigenschaften, die den Adel besonders hervorheben; sie können nur dann angegriffen werden, wenn die Auflösung der allgemeinen Ordnung erstrebt wird. Diese Ordnung hat ihren Ursprung in göttlichen Institutionen: die unendliche und unabänderliche Weisheit hat Macht und Gaben ungleichmäßig verteilt. …

In einem zeitgenössischen Theaterstück sagt hingegen ein Diener zu einem Adligen:
Q3 … Weil Sie ein großer Herr sind, bilden Sie sich ein, auch ein großer Geist zu sein. Geburt, Reichtum, Stand und Rang machen Sie stolz. – Was taten Sie denn, mein Herr, um so viele Vorzüge zu verdienen? Sie gaben sich die Mühe, auf die Welt zu kommen; das war die einzige Arbeit Ihres ganzen Lebens. …

4 Stellt fest, welche Vorteile der Adel für sich in Anspruch nimmt. – Wie begründet er seine bevorzugte Stellung?
5 Spielt eine Szene: Ein Adliger antwortet auf die Vorwürfe seines Kammerdieners (Q3).

Von der Finanz- zur Staatskrise
Im Jahr 1788 stand der französische König Ludwig XVI. vor einer katastrophalen Situation. Die Schuldenlast des Staates hatte sich in den letzten 15 Jahren verdreifacht und betrug nun 5 Milliarden Livres. Die notwendigen Ausgaben waren beträchtlich höher als die Steuereinnahmen. Der dritte Stand war weitgehend verarmt und litt schon jetzt unter den hohen Abgaben und Steuern. Um Geld aufzutreiben, hatte der König versucht, Steuern auch vom Adel und von der Geistlichkeit zu erheben, die sich aber weigerten, ihre ererbten Vorrechte aufzugeben.
6 Berechnet mithilfe der Angaben im Text und in der Randspalte, wie viele Jahre der französische Staat zur Tilgung seiner Schulden benötigen würde, wenn er nur Einnahmen wie 1788 hätte, aber keine Ausgaben.

Der Staatshaushalt im Jahr 1788.

Verteilung der Ausgaben
- Militär 26 %
- Hof 6 %
- Schuldendienst 55 %
- Sonstiges 13 %

Einnahmen: 503 Mio. Livres
Ausgaben: 629 Mio. Livres

Die Revolution beginnt

1 Als die Einberufung der Generalstände für den Mai 1789 bekannt wird, versammeln sich in jeder Gemeinde die Einwohner, um dem Brauch entsprechend ihren Beschwerdebrief zu verfassen. Buchillustration.

▶ *Generalstände**:
Versammlung der Vertreter der drei Stände von ganz Frankreich seit dem Beginn des 14. Jahrhunderts. Sie wurden in der Zeit des Absolutismus nicht einberufen. Die Generalstände hatten vor allem das Recht der Steuerbewilligung.

▶ *dritter Stand**:
Er bildete zur Zeit des Absolutismus die Mehrheit der Bevölkerung: Bauern, Kleinbürger und Großbürger. Vor allem die Bauern litten unter großen Lasten: Verbrauchssteuern, Kirchenzehnt, hohe Abgaben an Grundherrn und Staat.

Der König beruft die ▶Generalstände* ein

Der ▶dritte Stand* weitgehend verarmt, das Land dem Bankrott nahe, keine Lösung der Finanzkrisen in Sicht – das war die Situation Frankreichs zu Beginn des Jahres 1789.
In dieser verzweifelten Lage beschloss Ludwig XVI., die Vertreter aller drei Stände nach Versailles einzuberufen. Gemeinsam sollten sie über eine Lösung der Finanzkrise beraten, gemeinsam nach einer Lösung suchen. Am 5. Mai 1789 – so ließ er es im ganzen Land von den Kanzeln verkünden – treffen sich die Abgeordneten in Versailles. Im Februar und März fanden die Wahlen statt.

Der erste Stand (120 000 Geistliche) wählte 300 Abgeordnete.
Der zweite Stand (350 000 Adlige) wählte 300 Abgeordnete.
Der dritte Stand (24,5 Mio. Franzosen) wählte 600 Abgeordnete.

Schon Ende April trafen die ersten Abgeordneten in Versailles ein. Täglich brachten staubbedeckte Postkutschen Gruppen weiterer Abgeordneter aus dem ganzen Land herbei. In ihrem Gepäck führten die Vertreter des dritten Standes Beschwerdehefte mit, zusammengestellt von Bauern, Handwerkern, Landarbeitern und armen Landpfarrern. 60 000 Hefte waren es insgesamt. Alle enthielten immer wieder die gleichen Klagen wie: Die Abgaben sind zu hoch, die Bauern werden von ihren Grundherren wie Sklaven behandelt, viele sind dem Verhungern nahe. Die Beschwerdebriefe sollten dem König gezeigt werden. Doch auch die Adligen hatten Briefe verfasst, in denen sie mehrheitlich erklärten, dass sie „der Abschaffung der von den Vorfahren ererbten Rechte niemals zustimmen" würden.

1 Berechnet, wie viele Abgeordnete den ersten und zweiten Stand vertreten hätten, wenn für diese Stände das gleiche Zahlenverhältnis gültig gewesen wäre wie für den dritten Stand.
2 Versetzt euch in folgende Situation: Vertreter des ersten und des zweiten Standes unterhalten sich über die Beschwerdehefte des dritten Standes. Spielt dazu eine kleine Szene.

Von den Generalständen zur Nationalversammlung

2 20. Juni 1789: Der Schwur im Ballhaus. Gemälde von J. Louis David, um 1790.

Wer vertritt das Volk?

Alle Abgeordneten waren vollzählig versammelt, als am 5. Mai 1789 der König in einem Saal seines Schlosses die Sitzung der Generalstände eröffnete. Gespannt warteten vor allem die Vertreter des dritten Standes darauf, wie der König auf die Beschwerdehefte und die darin enthaltenen Forderungen reagieren würde. Doch der König sprach nicht von Reformen, er wünschte nur die Zustimmung zu neuen Steuern. Nach dem König sprach der Finanzminister noch drei Stunden über die Staatsschulden. Dann wurden die Abgeordneten entlassen. Sie sollten jetzt – jeder Stand für sich – über die Steuervorschläge des Königs beraten und abstimmen. Jeder Stand hätte dabei eine Stimme. Gegen diese Anordnung des Königs wehrten sich die Abgeordneten des dritten Standes. Sie verlangten eine gemeinsame Beratung aller Abgeordneten und eine Abstimmung nach Köpfen. Doch der König und fast alle Abgeordneten des ersten und zweiten Standes lehnten diese Forderungen ab.

Am 17. Juni 1789 erklärten schließlich die Abgeordneten des dritten Standes:

Q … Wir sind die Vertreter von 24 Millionen Franzosen. Wir sind die einzigen und wahren Vertreter des ganzen französischen Volkes. Deshalb geben wir unserer Versammlung den Namen „Nationalversammlung". Wir werden Frankreich eine Verfassung geben, die allen Franzosen die gleichen Rechte garantiert. …

3 *Begründet, warum der dritte Stand das Recht für sich in Anspruch nahm, sich zur Nationalversammlung zu erklären.*

Der Schwur im Ballhaus

Als der König aus Empörung über das Vorgehen des dritten Standes den Sitzungssaal sperren ließ, versammelten sich die Abgeordneten in einer nahe gelegenen Sporthalle, dem so genannten Ballhaus. Hier schworen sie am 20. Juni 1789, sich nicht zu trennen, bis sie eine Verfassung für Frankreich verabschiedet hätten. Als der König versuchte, die Nationalversammlung aufzulösen, riefen die Abgeordneten ihm zu: Die „Versammelte Nation empfängt keine Befehle". Von der Entschlossenheit des dritten Standes beeindruckt, gab der König nach. Am 27. Juni 1789 forderte er die anderen beiden Stände auf, sich der ▶Nationalversammlung* anzuschließen. Damit war das Ende der alten Ständeversammlung gekommen.

---

5. Mai 1789:
Der König eröffnet die Sitzung der Generalstände in Versailles.

17. Juni 1789:
Die Versammlung der Vertreter des dritten Standes erklärt sich zur Nationalversammlung.

27. Juni 1789:
Der König empfiehlt den Vertretern der anderen beiden Stände den Anschluss an die Nationalversammlung.

▶**Nationalversammlung*:**
Verfassunggebende Versammlung von Abgeordneten, die die ganze Nation repräsentiert.

Der dritte Stand erhebt sich

Lesetipp:
Inge Ott, Freiheit!! Sechs Freunde in den Wirren der Französischen Revolution, Stuttgart: Verlag Freies Geistesleben 1996 gebunden, 225 Seiten, € 15,50

14. Juli 1789: Eine große Menschenmenge stürmt in Paris die Bastille.

Eine blau-weiß-rote Kokarde*, das Abzeichen der Revolutionäre.

1 Das Erwachen des dritten Standes. Karikatur, 1789.

Der Sturm auf die Bastille

Die Pariser Bevölkerung verfolgte die Ereignisse in Versailles voller Ungeduld. Hunger herrschte seit Wochen in der Stadt. Die ersten Hungertoten hatte man schon begraben müssen. Es kam der Verdacht auf, Adlige würden in großen Mengen Getreide aufkaufen, um den dritten Stand gefügig zu machen.

Alle Hoffnungen richteten sich daher auf die Abgeordneten der Nationalversammlung. Sie hatten gezeigt, dass sie sich für die Bevölkerung einsetzen wollten. Umso größer war die Wut der Bevölkerung, als sie erfuhr, dass der König Truppen um Paris zusammenzog, fast 20 000 Mann. Sie sollten, so hieß es, die Abgeordneten vertreiben. In ganz Paris ertönte daher der Schrei: „Zu den Waffen!" – Man brach die Läden der Waffenhändler auf. Alle Glocken läuteten Sturm. Stühle, Tische, Fässer, Pflastersteine wurden auf die Straße geworfen, um Barrikaden zu errichten.

Am 14. Juli 1789 versammelte sich die Menge vor der Bastille, dem verhassten Staatsgefängnis. Man forderte den Kommandanten zur Übergabe auf. Er lehnte ab und ließ sofort das Feuer eröffnen; mehr als 100 Menschen wurden getötet. Die Belagerer schleppten daraufhin Kanonen herbei. Als sich die Verteidiger ergeben wollten, wurden der Kommandant und einige Soldaten ermordet. Seinen Kopf spießte man auf eine Stange und trug ihn im Triumphzug durch die Stadt. Politische Gefangene fand man in den Kerkern jedoch nicht.

Ludwig XVI. zog daraufhin die Truppen vollständig aus der Umgebung ab. Am 17. Juli kam er selbst nach Paris. Im Rathaus heftete er sich das Abzeichen der Revolutionäre an, die blau-weiß-rote Kokarde*. Blau und Rot waren die Farben der Stadt Paris, Weiß die Farbe des Königshauses. Dies – so versicherte der König – sei ein Zeichen für den ewigen Bund zwischen ihm und seinem Volk.

1 *Lest nochmals nach, was der König bis jetzt gesagt oder angeordnet hatte. Wie beurteilt ihr seine Aussage von einem ewigen Bund zwischen ihm und dem Volk?*
2 *Stellt euch vor, ihr wäret damals Reporter gewesen. Verfasst zu der Abbildung einen kurzen Zeitungsbericht, in dem ihr auch die Stimmung in der Bevölkerung schildert.*

Die Revolution ergreift das Land

Die Nachricht von der Erstürmung der Bastille verbreitete sich wie ein Lauffeuer in ganz Frankreich. Sie löste vor allem bei den Bauern große Freude aus. Seit Monaten hatten sie auf die Beantwortung ihrer Beschwerdehefte gewartet. Nichts war geschehen. Die Erstürmung der Bastille war für

Der dritte Stand erhebt sich

2 Tausende von Frauen ziehen von Paris nach Versailles. Sie fordern vom König Brot und die Unterschrift unter die Beschlüsse der Nationalversammlung. 5. Oktober 1789. Zeichnung eines Unbekannten.

4./5. August 1789: Die Nationalversammlung beschließt die Abschaffung der Leibeigenschaft und die Aufhebung aller Privilegien.

sie das Zeichen, jetzt ebenfalls selbst zu handeln. Die Bauern verweigerten die weitere Zahlung von Abgaben und Steuern. Sie bewaffneten sich mit Sensen, Dreschflegeln, Mistgabeln und Jagdgewehren, drangen gewaltsam in die Schlösser ihrer Grundherren ein und verbrannten alle Urkunden, in denen von Leibeigenschaft, Abgaben und Frondiensten die Rede war.
Die Nationalversammlung beschloss in einer stürmischen Nachtsitzung vom 4. auf den 5. August 1789:

Q ... 1. Die Leibeigenschaft wird abgeschafft.
2. Die Gerichtsbarkeit des Grundherrn wird beseitigt.
3. Die Sonderrechte für die Jagd, Taubenschläge und Gehege werden aufgehoben.
4. Der Zehnte und andere Rechte des Herren können in Geld entrichtet oder durch Geldzahlungen abgelöst werden.
5. Mit Beginn des Jahres 1789 sind alle Bürger gleich steuerpflichtig. ...

Daraufhin beruhigte sich zunächst die Lage auf dem Land.
3 *Erklärt die Behauptung: Die Beschlüsse dieser Sitzung waren die Sterbeurkunde für die alte Gesellschaftsordnung.*

Die Nationalversammlung forderte den König auf, ihre Beschlüsse zu unterschreiben. Ludwig XVI. weigerte sich mit der Bemerkung: „Nie werde ich einwilligen, meine Geistlichen und meinen Adel zu berauben." Gleichzeitig zog er wieder Truppen in der Nähe von Versailles zusammen. Die Empörung hierüber war bei der Pariser Bevölkerung grenzenlos. Hinzu kamen Wut und Enttäuschung darüber, dass sich die Versorgung mit Brot noch immer nicht gebessert hatte.

Der König: Freund oder Feind der Revolution?

Am Morgen des 5. Oktober 1789 versammelten sich zahlreiche Frauen vor dem Rathaus von Paris. Wieder einmal gab es kein Brot. Spontan beschlossen sie, nach Versailles zu ziehen. Über 7000 Frauen waren es schließlich, die sich auf den Weg machten: Brot und Unterschrift des Königs – so lauteten ihre Forderungen. Am Abend erreichten sie Versailles, am folgenden Morgen drangen sie in das Schloss ein. Immer lauter wurden die Rufe: „Der König nach Paris!" Ludwig XVI. gab nach. Abends trafen die Massen mit dem König in Paris ein. Man rief: „Wir bringen den Bäcker, die Bäckerin und den kleinen Bäckerjungen." Dies war der letzte Tag des Königs im Schloss Versailles, dem Zentrum des französischen Absolutismus. Er unterschrieb die Beschlüsse der Nationalversammlung.

4 *Welche Hoffnungen drücken sich in dem Ruf aus: „Wir bringen den Bäcker!"?*
5 *Erklärt, warum gerade so viele Frauen an dem Marsch nach Versailles teilnahmen.*

Welche Rolle spielten die Frauen? – (K)eine Frage für die Forschung?
Viele Frauen unterstützten die revolutionären Ereignisse in Paris. Auch wurden seit 1789 in vielen Städten Frauenclubs gegründet, in denen Frauen über politische Fragen diskutierten und sich aktiv für ihre Rechte einsetzten. Doch erst seit einigen Jahren kümmern sich Historikerinnen und Historiker verstärkt um dieses Thema. Der Journalist Peter Felixberger schrieb 1993:
„... Die Rolle der Frauen in der Französischen Revolution ist ein leicht unterbelichtetes Thema gewesen. ... Vielleicht ist daran die männliche Geschichtsschreibung schuld. ..."

Sprecht über die Aussage in der Klasse.

„Freiheit, Gleichheit und Brüderlichkeit"

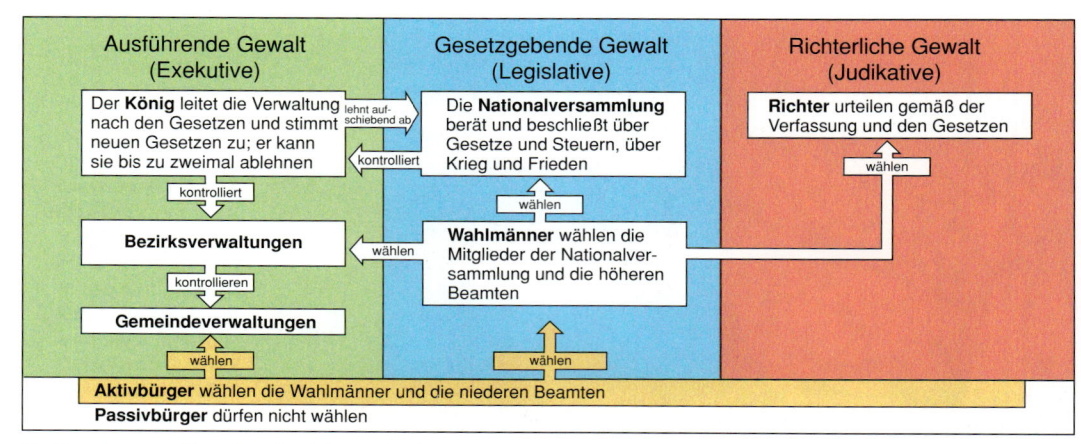

Staatsaufbau nach der Verfassung von 1791

Ausführende Gewalt (Exekutive)	Gesetzgebende Gewalt (Legislative)	Richterliche Gewalt (Judikative)
Der **König** leitet die Verwaltung nach den Gesetzen und stimmt neuen Gesetzen zu; er kann sie bis zu zweimal ablehnen (lehnt aufschiebend ab / kontrolliert)	Die **Nationalversammlung** berät und beschließt über Gesetze und Steuern, über Krieg und Frieden	**Richter** urteilen gemäß der Verfassung und den Gesetzen
Bezirksverwaltungen (kontrolliert)	**Wahlmänner** wählen die Mitglieder der Nationalversammlung und die höheren Beamten	(wählen)
Gemeindeverwaltungen (kontrollieren)		
Aktivbürger wählen die Wahlmänner und die niederen Beamten		
Passivbürger dürfen nicht wählen		

1 Der Staatsaufbau Frankreichs nach der Verfassung von 1791.

---

26. August 1789:
Erklärung der Menschen- und Bürgerrechte.

1791:
Die neue Verfassung wird verkündet. Frankreich wird eine konstitutionelle Monarchie.

Konstitutionelle Monarchie*:
Bezeichnung für eine Herrschaftsform, bei der die Macht des absoluten Königs durch eine Verfassung (= Konstitution) eingeschränkt wird.

Die Menschen- und Bürgerrechte

Drei Wochen nach der Aufhebung der Vorrechte des Adels verkündete die Nationalversammlung die Menschen- und Bürgerrechte. Freiheit (liberté), Gleichheit (egalité) und Brüderlichkeit (fraternité) sollten die Grundlage bilden für die neue Verfassung und für eine neue Form des Zusammenlebens. Ein Auszug:

Q1 … Die Menschen werden frei und gleich an Rechten geboren und bleiben es.
2. … Diese Rechte sind: Freiheit, Eigentum, Sicherheit und Widerstand gegen Unterdrückung.
3. Der Ursprung jeder Herrschaft liegt beim Volk. …
4. Die Freiheit besteht darin, alles tun zu können, was einem anderen nicht schadet.
6. Alle Bürger haben das Recht, an der Gestaltung der Gesetze persönlich oder durch ihre Vertreter mitzuwirken.
10. Niemand darf wegen seiner Ansichten oder Religion bestraft werden. …
11. Die freie Mitteilung der Gedanken und Ansichten ist eines der kostbarsten Menschenrechte. Daher kann jeder Bürger frei sprechen, schreiben, drucken. …

1 Stellt den genannten Rechten gegenüber, gegen welche vorherigen Zustände sie sich wendeten.
2 Überlegt, welche Rechte bereits für euch als Schüler wichtig sein könnten.

Die Macht des Königs wird eingeschränkt

1791 wurde auch die neue Verfassung verkündet. Der Titel für Ludwig XVI. lautete jetzt: „Durch Gottes Gnade und die Verfassungsgesetze König der Franzosen". Damit löste die konstitutionelle, das heißt an die Verfassung gebundene Monarchie* die absolute Monarchie ab. Zu den Wahlen zugelassen wurden die so genannten Aktivbürger. Das waren etwa vier Millionen Franzosen, die über ein bestimmtes Mindesteinkommen verfügten. Etwa drei Millionen Bürger wurden dadurch vom Wahlrecht ausgeschlossen. Die Einschränkung des Wahlrechts führte zu heftigen Auseinandersetzungen. In einem Zeitungsartikel hieß es:

Q2 … Aber was meint ihr eigentlich mit dem so oft gebrauchten Wort „Aktivbürger"? Die aktiven Bürger, das sind die Eroberer der Bastille, das sind die, welche den Acker bestellen, während die Nichtstuer im Klerus und bei Hofe trotz ihrer Riesenbesitzungen weiter nichts sind als kümmerliche Pflanzen. …

3 Beschreibt, welche Veränderungen gegenüber der Zeit des Absolutismus die Verfassung vorsah.
4 Besprecht, welche Begründung es für das eingeschränkte Wahlrecht geben könnte.

Menschen haben Rechte

Welche Rechte sind euch am wichtigsten?

1 Ordnet die Zahlen den Buchstaben zu.

2 Jeder Schüler und jede Schülerin gibt den fünf Rechten, die für ihn/sie am wichtigsten sind, je einen Punkt. Sammelt das Ergebnis an der Tafel und erstellt für eure Klasse eine Hitliste der Rechte.

3 Stellt mithilfe der Abbildungen auf dieser Seite (Spiel-)Karten her. Mischt die Karten gut durch und verteilt die verschiedenen Rechte untereinander.

4 Nun soll jeder für das Recht, das ihm zugefallen ist, eine kleine Rede halten. Eine Sprecherin oder ein Sprecher der Gegenseite versucht, diese Argumente zu widerlegen.

1. Recht auf Nahrung
2. Recht auf Gleichberechtigung von Mann und Frau
3. Recht auf gesunde Umwelt
4. Recht auf Frieden
5. Recht auf Liebe
6. Recht auf Anerkennung
7. Recht auf Freiheit
8. Recht auf Wahlen
9. Recht auf medizinische Betreuung
10. Recht auf Demonstrationsfreiheit
11. Recht auf Religionsfreiheit
12. Recht auf Arbeit
13. Recht auf Gleichheit vor Gericht
14. Recht auf Meinungsfreiheit
15. Recht auf Bildung
16. Recht auf Asyl als Flüchtling
17. Recht auf gleichen Lohn für gleiche Arbeit

A =
B =
C =
D =
E =
F =
G =
H =
I =
J =
K =
L =
M =
N =
O =
P =
Q =

Frankreich wird Republik

1 Die Verhaftung König Ludwigs XVI. auf der Flucht 1791. Zeitgenössischer farbiger Stich eines Unbekannten.

Die königliche Familie auf der Flucht

Am 20. Juni 1791 um Mitternacht floh der König, als Kammerdiener verkleidet, zusammen mit seiner Familie heimlich aus Paris. Sein Ziel war die deutsche Grenze. Vor ihm waren schon mehr als 40 000 Adlige ins Ausland geflohen, die meisten nach Deutschland. Sie wollten sich nicht damit abfinden, keine Vorrechte mehr zu haben. Vom Ausland aus bereiteten sie den Kampf gegen die Revolution vor. Mit den geflohenen Adligen wollte sich der König verbünden. Sein Ziel war es, mit einer Armee nach Paris zurückzukehren, um die absolute Macht wieder an sich zu reißen. Nur einen Tag später konnte man in Paris auf Plakaten lesen:

Q1 … Mitteilung an die Bürger, dass ein fettes Schwein aus den Tuilerien entflohen ist. Wer ihm begegnet, wird gebeten, es in seinen Stall zurückzubringen. Eine angemessene Belohnung wird er dafür erhalten. …

Eine Pariser Zeitung schrieb am gleichen Tag:
Q2 … Volk, da hast du die Treue, die Ehre und die Religion der Könige. Misstraue ihren Eiden! In der letzten Nacht hat Ludwig XVI. die Flucht ergriffen. … Der absolute Machthunger, der seine Seele beherrscht, wird ihn bald zu einem wilden Mörder machen. Bald wird er im Blute seiner Mitbürger waten, die sich weigern, sich unter sein tyrannisches Joch zu beugen. …

Noch am gleichen Abend wurde der König auf der Flucht erkannt und gezwungen, nach Paris zurückzukehren. Als er am 25. Juni 1791 wieder in Paris eintraf, war es totenstill. Schweigend standen die Soldaten rechts und links der Straße, die Gewehre nach unten gekehrt.

1 Beschreibt die Vorgänge auf Abbildung 1. Achtet auch auf die Haltung und den Gesichtsausdruck des Königs und der übrigen Personen.
2 Beschreibt die Gefühle und Stimmungen, die in Q1 und Q2 ausgedrückt werden. Was wird dem König vorgeworfen?

Die Revolution in Gefahr

Die Gefahr für die Französische Revolution war mit der Rückkehr des Königs aber noch nicht beseitigt. Die übrigen europäischen Herrscher fürchteten nämlich, dass die Revolution auch auf ihre Länder übergreifen könne. Preußen und Österreich schlossen ein Militärbündnis gegen die Revolution. Um ihren Gegnern zuvorzukommen, erklärte die Nationalversammlung am 22. April 1792 den verbündeten europäischen Mächten den Krieg. Die französischen Soldaten

22. April 1792: Die französische Nationalversammlung erklärt den verbündeten europäischen Mächten den Krieg.

Frankreich wird Republik

2 Auszug der Freiwilligen aus Paris 1792. Man singt die Marseillaise. Gemälde von Edouard Detaille, 1907.

zogen mit großer Begeisterung in diesen Krieg, aber sie waren schlecht ausgebildet. Es kam zu Niederlagen. Die gegnerischen Truppen drangen in Frankreich ein. Nun suchte man nach Schuldigen.

Angeblich hatte die Königin den feindlichen Generälen den französischen Feldzugsplan zugespielt. Außerdem erklärte der feindliche Oberkommandierende, dass er nur deshalb Krieg führe, um dem König wieder zu seinen Rechten zu verhelfen. Die Wut des Volkes gegen den König als einen Feind der Revolution kannte jetzt keine Grenzen mehr. Im August 1792 stürmte die Menge das Schloss. Der König floh in die Nationalversammlung. Hier wurde er für abgesetzt erklärt und verhaftet.

„Ludwig muss sterben, weil das Vaterland leben muss"

Noch am gleichen Tag wurden Neuwahlen ausgeschrieben. Bei dieser Wahl sollten jetzt alle Bürger stimmberechtigt sein. Nur einen Monat später, im September 1792, trat die neue Nationalversammlung zusammen. Sie bezeichnete sich jetzt als Nationalkonvent. Den größten Einfluss in diesem Konvent hatte eine Gruppe besonders radikaler Abgeordneter, die Jakobiner*. Einer ihrer mächtigsten Männer war Robespierre. Er wollte die Revolution mithilfe von Terror endgültig durchsetzen. Schon in seiner ersten Sitzung am 21. September verkündete der Nationalkonvent das Ende der Monarchie und erklärte Frankreich zur Republik. Im Dezember befasste sich der Konvent mit dem Schicksal des Königs. Robespierre hielt eine leidenschaftliche Rede.

Q3 … Was mich angeht, so verabscheue ich die Todesstrafe, und für Ludwig habe ich weder Hass noch Liebe, nur seine Missetaten verabscheue ich. Aber ein König, dessen Name allein schon für unsere Nation den Krieg bedeutet, stellt für das öffentliche Wohl eine Gefahr dar. Mit Schmerz spreche ich die verhängnisvolle Wahrheit aus: Es ist besser, dass Ludwig stirbt, als dass 100 000 tugendhafte Bürger umkommen: Ludwig muss sterben, weil das Vaterland leben muss. …

Am 17. Januar wurde mit 361 zu 360 Stimmen das Todesurteil gefällt. Vier Tage später wurde Ludwig hingerichtet. Frankreich stand nun als Republik im Krieg gegen die europäischen Monarchien.

3 Sammelt Argumente für und gegen die Verurteilung des Königs.

4 Nehmt Stellung zu Q3 und tauscht eure Meinung darüber aus.

Die erste Strophe der Marseillaise
Voran, Kinder des Vaterlandes! / Der Tag des Ruhmes ist da! / Trotzen wir der Tyrannei, / da sich das blutige Banner erhebt. / Hört ihr im Lande / die blutgierigen Söldner schnauben? / Sie sind greifbar nahe / und schlachten unsere Söhne und Frauen! / Zu den Waffen! Bürger, schließt die Reihen! / Marschieren wir, damit ihr unreines Blut unseren Boden tränkt!
(1792)

21. Januar 1793:
Hinrichtung Ludwigs XVI. Frankreich wird Republik.

Jakobiner*:
Ein politischer Klub während der Französischen Revolution, dessen Mitglieder sich erstmals in dem ehemaligen Pariser Kloster St. Jacob trafen. Nach der Abspaltung der gemäßigten Gruppe der Girondisten wurde der Name nur noch für radikale Republikaner verwandt.

Die Revolution frisst ihre Kinder

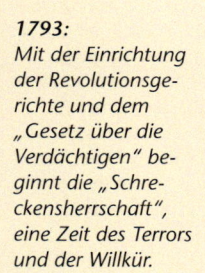

1793:
Mit der Einrichtung der Revolutionsgerichte und dem „Gesetz über die Verdächtigen" beginnt die „Schreckensherrschaft", eine Zeit des Terrors und der Willkür.

Sansculotten*
(französisch = ohne Kniehosen): Bezeichnung für Pariser Revolutionäre, die aus den Unterschichten stammten. Sie trugen lange Hosen, um sich auch in der Kleidung vom Adel zu distanzieren.

1 „Hier ruht ganz Frankreich". Robespierre richtet als letzter Überlebender den Henker hin. Flugblatt, 1793.

Der Terror beginnt: „Wer nicht für uns ist, der ist gegen uns"

Der König hingerichtet, die französischen Truppen auf der Flucht vor feindlichen Heeren und immer wieder Hungersnöte – Frankreich kam nicht zur Ruhe. Viele Menschen wandten sich daher ab von der Revolution und den Revolutionären. In einem Brief aus dieser Zeit heißt es:

Q1 … Es wird aufgerufen, sich freiwillig zur Armee gegen die Preußen zu melden. Tausende tun das. Bald werden die ersten 40 000 Mann abmarschieren. Sie sind voller Begeisterung. Aber sie fragen sich: „Was wird geschehen, wenn wir weg sind?" Es gibt Tausende von Gegnern der Revolution in Paris. Werden diese Gegner nicht unsere Abwesenheit benutzen, um unsere Frauen und Kinder zu ermorden? …

Eine demokratische Verfassung wurde ausgearbeitet, aber nicht in Kraft gesetzt. Um die Schwierigkeiten zu lösen, übertrug der Nationalkonvent die Macht auf zwei Ausschüsse, den Wohlfahrtsausschuss und den Sicherheitsausschuss:

– Die Mitglieder des Wohlfahrtsausschusses waren zuständig für die Versorgung der Bevölkerung, die Errichtung von Rüstungsbetrieben, für das Militär und die Polizei. Vorsitzender dieses Ausschusses wurde Robespierre, der gegenüber den wahren oder auch nur angeblichen Gegnern der Republik keine Gnade kannte.
– Der Sicherheitsausschuss hatte die Aufgabe, angebliche „Feinde der öffentlichen Ordnung" aufzuspüren und verhaften zu lassen.

Beide Ausschüsse wurden von den Jakobinern beherrscht. Unterstützung fanden sie vor allem bei den Kleinbürgern, die man auch als Sansculotten* bezeichnete.

Einige unbedachte Äußerungen genügten bereits, um als Feind der Republik zu gelten. Am 11. Oktober 1793 erließ der Sicherheitsausschuss folgende Bekanntmachung:

Q2 … Merkmale zur Kennzeichnung von Verdächtigen:
1. Wer Versammlungen des Volkes durch hinterhältige Reden und Zwischenrufe stört.
2. Wer die Großpächter und habgierigen Händler bedauert, gegen die Maßnahmen ergriffen wurden.
3. Wer dauernd die Worte Freiheit, Republik und Vaterland im Munde führt, aber mit ehemaligen Adligen verkehrt und an ihrem Schicksal Anteil nimmt.
4. Wer die republikanische Verfassung mit Gleichgültigkeit aufgenommen hat. …

1 Vergleicht diese Liste mit den Artikeln 10 und 11 in der Erklärung der Menschenrechte (Seite 276).

Vor dem Revolutionsgericht

Noch im gleichen Jahr wurde ein besonderes Revolutionsgericht gebildet, das die Feinde der Republik aburteilen sollte. Gegen

Die Revolution frisst ihre Kinder

2 Verhör vor dem Revolutionsgericht. Zeitgenössische Darstellung, 1792.

seine Entscheidungen gab es keine Einspruchsmöglichkeiten. In einem zeitgenössischen Bericht heißt es:

Q3 … Verhöre und Verteidigungen gibt es nicht mehr. Zeugen werden keine vernommen. Wer im Gefängnis sitzt, ist bereits zum Tode verurteilt.
Der öffentliche Ankläger kommt kaum mehr zur Ruhe. In einem Raum neben seinem Büro wirft er sich nachts für einige Stunden auf die Pritsche, um dann aufgeschreckt wieder an den Schreibtisch zu wanken. … Es gibt Verhandlungen, wo 100 oder 150 Angeklagte schon vor der Verhandlung als schuldig in die Listen eingetragen wurden. … Der eine Richter vertreibt sich die Zeit damit, Karikaturen der Angeklagten zu zeichnen, andere sind oft betrunken. …

Ein Mitglied des Wohlfahrtsausschusses erklärte später: „Wir wollten nicht töten, um zu töten. Wir wollten unsere Vorstellungen um jeden Preis durchsetzen." Ungefähr 500 000 Menschen wurden verhaftet, etwa 40 000 hingerichtet, darunter auch Kinder von zehn bis zwölf Jahren.

2 Erklärt, welche Kritik die Abbildungen 1 und 2 an dem Vorgehen der Jakobiner und an dem Revolutionsgericht zum Ausdruck bringen.
3 Diskutiert, warum eine Einspruchsmöglichkeit gegen Gerichtsurteile notwendig ist.

Der Erfolg der Revolutionstruppen und das Ende des Terrors

Durch die Einführung der allgemeinen Wehrpflicht im Jahr 1793 war die Stärke der französischen Truppen auf über 900 000 Soldaten angewachsen. Damit waren sie ihren Gegnern zahlenmäßig überlegen, die sie im Jahr 1794 endgültig aus Frankreich vertreiben konnten. Die Revolution schien gerettet. Die Mehrzahl der Abgeordneten im Nationalkonvent sah jetzt in der Fortführung der Schreckensherrschaft keinen Sinn mehr. Am 27. Juli 1794 ließen sie Robespierre verhaften und bereits am nächsten Tag hinrichten.

Nur ein Jahr später – im Jahr 1795 – beschloss der Nationalkonvent die dritte Verfassung der Revolution. Als Erstes wurde die Gewaltenteilung wieder eingeführt. Außerdem erhielten die Bürger mit höherem Einkommen auch wieder größere Rechte bei den Wahlen. Die eigentlichen Regierungsgeschäfte wurden einem Direktorium von fünf Konventsmitgliedern übertragen. Den wirtschaftlichen Verfall konnte aber auch diese Regierung nicht aufhalten. Das Direktorium wurde daher bei der Bevölkerung immer unbeliebter. Schließlich konnte die allgemeine Ordnung nur noch mithilfe des Militärs aufrechterhalten werden.

4 Erklärt, warum das Direktorium als Erstes wieder die Gewaltenteilung einführte.

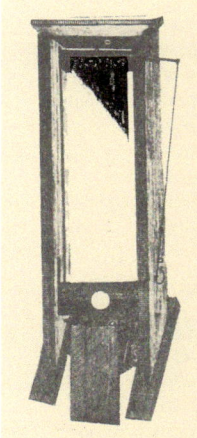

Die **Guillotine**, von Dr. Louis erfunden und von Dr. Guillotin für den Vollzug der Todesstrafe vorgeschlagen, erlangt während der Schreckensherrschaft traurige Berühmtheit. An einem Tag werden einmal 54 Enthauptungen in 28 Minuten durchgeführt.

281

Der Aufstieg Napoleons

Hahn? Elefant? Löwe?
Die Wahl des Wappentiers für das Kaiserreich war Anlass für eine heftige Diskussion im Staatsrat. Im letzten Augenblick wählte Napoleon den Adler, der an das Wappen Karls des Großen und an die Feldzeichen der Römer erinnerte.

1799–1814:
Napoleon herrscht – zunächst als Konsul, dann als Kaiser – über Frankreich.

1 Zeitgenössische Darstellung Napoleons.

Napoleon: Vom unbekannten Offizier zum Kaiser der Franzosen

Nach dem Sturz Robespierres kehrte in Frankreich wieder Ruhe ein. Die Bevölkerung war allmählich der ständigen politischen Auseinandersetzungen überdrüssig. Man wollte lieber dem gewohnten Alltagsleben nachgehen. Voller Erstaunen schrieb ein junger Mann aus Korsika, der sich zu dieser Zeit in Paris aufhielt, an seinen Bruder:

Q1 … Man lebt hier ziemlich ruhig. Im Theater wird ein wenig Lärm um die Melodien gemacht, die nach der Marseillaise klingen. Die Jugend scheint dieses Lied nicht zu wollen. Dieses Volk gibt sich dem Vergnügen hin: Tänze, Theaterstücke, Frauen, die hier die schönsten der Welt sind, werden zur Hauptsache. Wohlhabenheit, Luxus, guter Umgangston, alles ist zurückgekehrt. An die Schreckensherrschaft erinnert man sich nur wie an einen Traum. Was mich angeht, so bin ich zufrieden; mir fehlt nur der Kampf. …

Der junge Mann hieß Napoléon Bonaparte. Er wurde am 15. August 1769 auf Korsika geboren. Im Alter von 9 Jahren wurde er auf eine Schule nach Frankreich geschickt. Da er nur schlecht Französisch sprach, galt er unter seinen Mitschülern nicht viel. Mit 15 Jahren besuchte er die Pariser Militärschule. Aufgrund seiner hervorragenden Kenntnisse schloss er bereits nach einem Jahr die Ausbildung ab und wurde – noch 16-jährig – zum Offizier ernannt.

Napoleon schloss sich von Anfang an den Revolutionären an. In den Kriegen führte er seine Soldaten durch Geschick und persönlichen Mut von Sieg zu Sieg. Schnell wurde er zum General befördert. Im Jahr 1796 erhielt er die Führung über eine Armee, die in Oberitalien gegen die Österreicher kämpfen sollte. Wiederum hatte er Erfolg. Die Soldaten waren von ihm restlos begeistert und verehrten ihn. Voller Selbstbewusstsein erklärte Napoleon 1797 einem Diplomaten:

Q2 … Glauben Sie vielleicht, dass ich eine Republik begründen will? Welcher Gedanke! Das ist eine Wahnvorstellung, in die die Franzosen vernarrt sind, die aber auch wie so manches andere vergehen wird. Was die Franzosen brauchen, das ist Ruhm, die Befriedigung ihrer Eitelkeiten; aber von Freiheit, davon verstehen sie nichts. Das Volk braucht einen Führer, einen durch Ruhm und Siege verherrlichten Führer, und keine Theorien übers Regieren, keine Phrasen und Reden der Ideologen.
Der Frieden liegt nicht in meinem Interesse. Sie sehen ja, was ich jetzt in Italien bin. Ist der Friede geschlossen und ich stehe nicht mehr an der Spitze des Heeres, so muss ich auf die Macht und auf die hohe Stellung, die ich erworben habe, verzichten.
Ich möchte Italien nur verlassen, um in Frankreich eine ebensolche Rolle zu spielen, wie sie mir hier zufällt. Dieser Augenblick ist aber noch nicht gekommen.

General Bonaparte beendet die Revolution

2 Die Kaiserkrönung Napoleons. Napoleon krönt seine Frau, nachdem er sich selbst zum Kaiser gekrönt hatte. Gemälde von Louis David, 1804.

1 Gebt mit eigenen Worten wieder, welches Ziel Napoleon anstrebte.
2 Napoleon sagte: Das Volk braucht einen Führer. Was meint ihr dazu?

Napoleon I. – ein französischer Kaiser

Unbeirrbar verfolgte Napoleon sein Ziel, in Frankreich die gleiche Stellung zu erlangen, wie er sie bei der Armee hatte. Am 9. November 1799 drang er mit seinen Soldaten in das Parlamentsgebäude ein, setzte die Regierung ab und übernahm selbst die Regierungsgewalt.

Zu den wichtigsten Maßnahmen Napoleons gehörte die Reform der Rechtsprechung. Zu seiner Zeit gab es noch mehr als 300 verschiedene Gesetzessammlungen, nach denen ein Fall vor Gericht entschieden werden konnte. Napoleon ersetzte sie durch ein einziges großes Gesetzeswerk, den so genannten ▶ Code civil*. Damit wurde die Forderung der Revolution nach Gleichheit aller Bürger vor dem Gesetz verwirklicht. Dieses Gesetzbuch wurde auch zur Grundlage des Bürgerlichen Gesetzbuches in Deutschland.

Auch andere Ergebnisse der Revolution blieben unter seiner Herrschaft erhalten, so
– das Recht aller Bürger auf persönliche Freiheit,
– der Schutz des Eigentums,
– die Besteuerung nach dem Vermögen des Steuerpflichtigen.

Die wirtschaftliche Lage verbesserte sich zusehends. Das Verkehrsnetz wurde weiter ausgebaut, große Ausgaben wurden gemacht zum Aufbau einer starken Industrie, die zudem durch hohe Einfuhrzölle geschützt wurde. Nach weiteren militärischen Erfolgen ließ sich Napoleon schließlich im Jahr 1804 von seinen Anhängern zum Kaiser der Franzosen ausrufen.

3 Betrachtet Abbildung 2 und überlegt, was sie über die Herrschaft Napoleons aussagt.
4 Stellt Vermutungen darüber an, welche Erwartungen der neue Herrscher erfüllte und welche er enttäuschte.

▶ *Code civil/ Code Napoléon*:
Die Gesetzessammlung trat 1804 in Kraft und bildete einen der Hauptpfeiler, auf denen Napoleons Macht ruhte. Seine 2281 Artikel sicherten unter anderem die in der Revolution erworbenen Freiheiten und Rechte und dienten den meisten europäischen Staaten als Vorbild.

Die Revolution als Rollenspiel

Ein Bauer

Ein Adliger

Ein Aufklärer

Ein wohlhabender Bürger

Ein Geistlicher

Eine Adlige

Eine revolutionäre Kleinbürgerin

1 Versetzt euch in die abgebildeten Figuren aus der Französischen Revolution. Überlegt, was sie am Ende der Revolution empfunden haben könnten und wie sie die Revolution beurteilten.

2 Schreibt auf, was in den „Denkblasen" der Figuren stehen könnte.

3 Spielt ein Gespräch zwischen den abgebildeten Figuren. Thema: Soeben wurde bekannt, dass Napoleon zum Kaiser gekrönt wurde.

Zusammenfassung

Die „Vereinigten Staaten von Amerika" entstehen
Viele Menschen, die in Europa religiös oder politisch unterdrückt wurden oder in wirtschaftliche Schwierigkeiten geraten waren, wanderten nach Amerika aus und gründeten dort Kolonien. Die gemeinsamen Bemühungen um die Bewältigung von Problemen ließen die Einwanderer zu einer neuen, amerikanischen Nation zusammenwachsen.
Als die Kolonisten sich gegen hohe Steuern und Zölle wehrten, die das Mutterland England erhob, kam es zum Krieg (1775–1783). Bereits 1776 erklärten die Kolonien ihre ▶Unabhängigkeit von England. 1787 gaben sie sich eine Verfassung, in die – erstmals in der Geschichte – das Prinzip der ▶Gewaltenteilung aufgenommen wurde.
Die Einwanderer erschlossen nach und nach immer mehr Gebiete im Westen des Landes. Die dort lebenden Indianer wurden meist gewaltsam vertrieben oder in Reservationen angesiedelt. Sie waren, wie auch die aus Afrika in die Kolonien verschleppten Sklaven, von den Bürgerrechten ausgeschlossen.

Die Bürgerliche Revolution in Frankreich
Als Ludwig XVI. 1774 den französischen Thron bestieg, war der Staat hoch verschuldet, obwohl das Volk bereits unter drückenden Abgabenlasten litt. Dennoch berief der König im Jahr 1789 die ▶Generalstände ein, um sich die Erhebung weiterer Steuern bewilligen zu lassen. Die Vertreter des dritten Standes, die 95 Prozent der Bevölkerung vertraten, erklärten sich daraufhin zur ▶Nationalversammlung und verlangten von Adel und Geistlichkeit den Verzicht auf Privilegien. Im August 1789 wurden die ▶Menschen- und Bürgerrechte verkündet, im Jahr 1791 eine neue Verfassung, die ▶Gewaltenteilung vorsah. Ludwig XVI. wurde nach einem Fluchtversuch zum gefährlichsten Feind der ▶Revolution erklärt und 1793 hingerichtet. Um die „Feinde der Revolution" zu vernichten, errichtete die Partei der Jakobiner unter der Führung Robespierres eine Schreckensherrschaft. Erst nachdem Robespierre 1795 hingerichtet worden war, stellte eine neue Verfassung die Gewaltenteilung wieder her. Ein Direktorium führte die Regierungsgeschäfte.
Die wirtschaftliche Lage in Frankreich verbesserte sich jedoch nicht. Viele Franzosen verlangten wieder nach einem starken Herrscher. Diese Situation nutzte der Offizier Napoleon Bonaparte: 1799 riss er die Macht an sich und ließ sich 1804 sogar zum Kaiser ausrufen.

1775–1783
Im nordamerikanischen Unabhängigkeitskrieg erkämpfen sich die Siedler die Selbstständigkeit.

1789
George Washington wird erster Präsident der Vereinigten Staaten von Amerika

14.7.1789
Sturm auf die Bastille.

9.11.1799
General Bonaparte übernimmt die Macht und beendet die Revolution.

Frühgeschichte

Jungsteinzeit

Metallzeit

Altertum

Vor 4 Millionen Jahren　　　10 000 v. Chr.　　　3000 v. Chr.

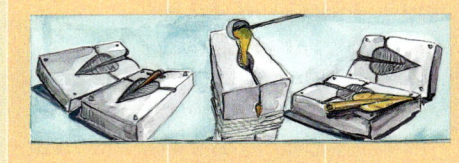

Bronzezeit/Eisenzeit

Um 3000 v. Chr.	Erste Bronzeverarbeitung im Vorderen Orient
Um 2000 v. Chr.	Ausdehnung der Bronzetechnik bis Mitteleuropa
Um 1300 v. Chr.	Erste Eisenverarbeitung in Kleinasien
Um 800 v. Chr.	Beginn der Eisenzeit in Europa

10 000 v. Chr.	Erster Getreideanbau und erste Viehzucht im Vorderen Orient
6000 v. Chr.	Jungsteinzeitliche Siedlungen am Bodensee

Vor ca. 3,6 Mio. Jahren	Erste Menschen
Vor ca. 600 000 Jahren	Ältester Menschenfund in Deutschland
Vor ca. 300 000 Jahren	Frühmenschen in Bilzingsleben

In der gesamten Altsteinzeit lebten die Menschen als Jäger und Sammler.

Ägypten

3000 v. Chr.	In Ägypten und Mesopotamien entstehen Hochkulturen. Kennzeichen sind: Schrift, Vorratswirtschaft, Organisation gemeinschaftlicher Arbeiten, Verwaltung

Altertum
500 v. Chr. — Christi Geburt

Mittelalter
500 n. Chr.

Rom

753 v. Chr.	Gründung Roms (Sage)
500 v. Chr.	Beginn der römischen Republik
Um 250 v. Chr.	Rom ist stärkste Landmacht im Mittelmeerraum
44 v. Chr.	Alleinherrschaft Caesars
31 v. – 14 n. Chr.	Herrschaft des Kaisers Augustus
391 n. Chr.	Das Christentum wird Staatsreligion
395 n. Chr.	Teilung des Römischen Reiches
476 n. Chr.	Der letzte römische Kaiser wird von den Germanen abgesetzt

Griechenland

750–550 v. Chr.	Griechische Kolonisation
500 v. Chr.	Entstehung der Demokratie in Athen
356–336 v. Chr.	Philipp von Makedonien unterwirft Griechenland
300–30 v. Chr.	Hellenistische Staaten entstehen in Ägypten, Persien und Makedonien

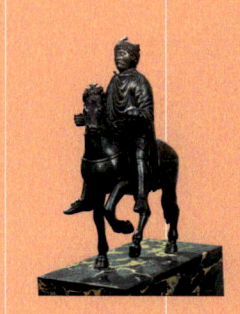

Frankenreich

482	Chlodwig wird König der Franken
722–804	Sachsenkriege
768	Karl der Große wird König der Franken
800	Kaiserkrönung Karls des Großen in Rom
814	Tod Karls des Großen

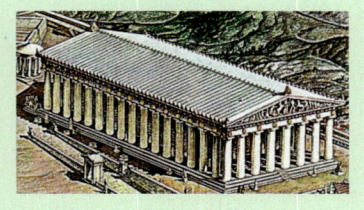

Ausbreitung des Islam

570	Geburt Mohammeds in Mekka
622	Mohammed flieht nach Medina
630	Mohammed erobert Mekka
632–715	Ausbreitung des Islam bis Indien und Europa
632	Tod Mohammeds
711	Araber dringen in Europa (Spanien) ein

Mittelalter

1000 n. Chr.　　　　　1300 n. Chr.

Neuzeit

1500

Städte in Europa

12.–15. Jh.	Städteboom in Europa
Seit 1300	Gotische Kirchen werden in ganz Europa errichtet
1300–1400	Zünfte erkämpfen sich in zahlreichen Städten ein Mitspracherecht
14. Jh.	Die Hanse beherrscht Nordeuropa

Vom Mittelalter zur Neuzeit

Um 1450	Erfindung des Buchdrucks
1492	Kolumbus sucht den Westweg nach Indien und entdeckt Amerika
1519	Cortez erobert Mexiko. Die Europäer errichten ihre Herrschaft in den Kolonien

Deutsches Reich

919	Sachsenherzog Heinrich wird deutscher König
1077	Heinrich IV. in Canossa
1096	1. Kreuzzug

Reformation und ihre Folgen

31.10.1517	Luther veröffentlicht die Wittenberger Thesen gegen den Missbrauch des Ablasses
1521	Reichstag zu Worms
1525	Bauernkrieg. Gründung des Jesuitenordens
1618–1648	Dreißigjähriger Krieg

Das Zeitalter des Absolutismus

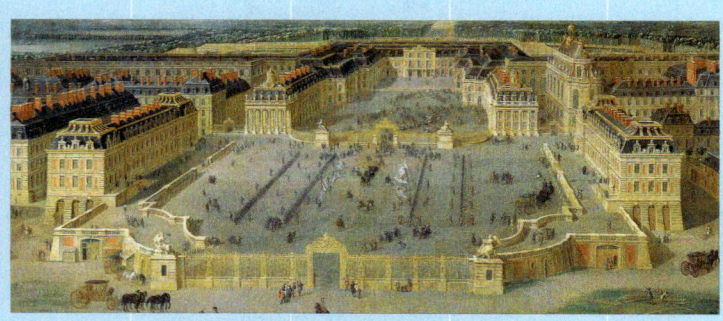

1643–1715 Ludwig XIV., König von Frankreich
1689 Glorreiche Revolution. Bill of Rights in England
1740–1786 Friedrich II., König von Preußen entwickelt den „Aufgeklärten Absolutismus"

USA

1607 Gründung von Jamestown
1620 Pilgerväter landen in Amerika
1776 Unabhängigkeitserklärung der USA
1789 Verfassung der USA

Französische Revolution/Napoleon

1789 Versammlung der Generalstände. Sturm auf die Bastille. Erklärung der Menschenrechte
1791 1. Verfassung
1793/94 Schreckensherrschaft
1799 Napoleon übernimmt die Herrschaft
1804 Kaiserkrönung Napoleons

Gewusst wie ...

Experiment in der Klasse

Aus der Frühzeit des Menschen gibt es nur sehr wenige Quellen. Daher versuchen manche Wissenschaftler, durch Experimente Aufschlüsse über das Leben der frühen Menschen zu gewinnen. Sie versuchen z. B. wie Menschen Werkzeuge herzustellen oder Hütten zu bauen. Wenn ihr in der Klasse ein solches Experiment durchführen wollt, solltet ihr nach folgenden Schritten vorgehen:

1. Schritt: Fragestellung/Experiment
- Was soll herausgefunden bzw. ausprobiert werden? (Genau beschreiben!)
- Lässt sich ein Lederhemd mit Knochennadeln nähen?
- Können die Löcher mit der „weichen" Nadel gestochen werden oder muss man mit härterem Material vorlochen? ...

2. Schritt: Vorbereitung
- Was muss besorgt/vorbereitet werden? (Materialien/Räume/Mitarbeiter/Helfer/Zeitplan)
- Wie sollen die Ergebnisse dokumentiert werden? (Ausstellung mit Fotos; mündlicher Bericht mit Vorzeigen der Ergebnisse oder schriftliche Beschreibung?)

3. Schritt: Durchführung/Dokumentation
- Welche Erfahrungen werden beim Experiment gemacht? (Was ist schwierig? Was klappt nicht?)
- Zwischenschritte festhalten und dokumentieren (z. B. Fotos, Zeichnungen).

4. Schritt: Auswertung
- Was hat der Versuch ergeben? (Wo gab es unerwartete Schwierigkeiten? Ist ein Ergebnis feststellbar? Sind noch neue Fragen aufgetreten?)
- Was haben wir gelernt? Konnte die „Experiment"-Frage beantwortet werden? Gibt es neue Vermutungen über die untersuchte Zeit?

Schaubilder auswerten

Mit Schaubildern wird versucht, komplizierte Zusammenhänge, z. B. Regierungsformen, vereinfacht darzustellen. Kläre zuerst, worum es bei dem Dargestellten geht und in welche Zeit es gehört. Dann arbeite weiter nach folgenden Schritten:

1. Schritt: Aufbau untersuchen
- Aus welchen Teilen besteht das Schema?
- Was bedeuten Form und Farbe der Teile?
- Wo ist der günstigste Einstieg, um das Schaubild zu ‚lesen' (von unten nach oben, von links nach rechts ...)?

2. Schritt: Inhalt entschlüsseln
- Welche Fachbegriffe müssen geklärt werden?
- Welche Einschränkungen muss man beachten (z. B. wer ist mit ‚Volk' wirklich gemeint)?
- Welche Informationen erhält man durch das ‚Lesen' einzelner Teile des Schaubilds oder benachbarter Teile in ihrem unmittelbaren Zusammenhang?

3. Schritt: Gesamtaussage machen
- Wie kann man die Gesamtaussage in einfachen Sätzen vortragen?
- Womit kann man das Dargestellte evtl. vergleichen (z. B. Machtverteilung in Ägypten und in Griechenland)?
- Wie bewertet man das Dargestellte aus damaliger und heutiger Sicht?

Besuch eines archäologischen Museums

In einem archäologischen Museum kann man als Schüler/-in oftmals selbstständig auf Entdeckungsreise gehen, an Modellen und Nachbildungen selbst ausprobieren, wie z. B. ein jungsteinzeitlicher Steinbohrer oder Webstuhl funktionierte oder versuchen, das Bogenschießen zu erlernen und so wichtige Informationen über die Vor- und Frühgeschichte seiner Heimat sammeln. Wie interessant und spannend ein Museumsbesuch aber wird, hängt von einer überlegten Durchführung ab.

1. Schritt: Die Erkundung vorbereiten
- Das Ziel auswählen und evtl. Anreise und Kosten klären.
- Einen Termin für die Besichtigung/Führung vereinbaren.
- Das Thema, z. B. „Bei den Menschen der Jungsteinzeit", vorbereiten; einen Fragebogen entwerfen bzw. Arbeitsmaterialien beim Museum anfordern.
- Arbeitsgruppen mit bestimmten Aufgabenstellungen einteilen, z. B.: Wie sahen die Häuser damals aus? Welche Bestattungssitten und religiösen Bräuche gab es bei den Menschen der Jungsteinzeit? Was machten die Frauen und Kinder?
- Klären, wie die Ergebnisse festgehalten werden sollen, z. B. Notizen, Skizzen, Fotos oder Videofilm (falls erlaubt).

2. Schritt: Die Erkundung durchführen
Bei größeren Museen wird man durch die Fülle der Ausstellungsstücke eher verwirrt oder verliert die Lust an einer Besichtigung. Man muss sich auf bestimmte Bereiche konzentrieren. Museen sind entweder zeitlich oder nach bestimmten Themen aufgebaut. Einen Gesamtüberblick findet ihr oft im Eingangsbereich. Deshalb:
- Bei einer Führung möglichst alle vorbereiteten Fragen stellen.
- Gegebenenfalls Arbeits- oder Fragebogen ausfüllen.
- Wenn möglich und erlaubt: Skizzen anfertigen, Fotos machen, Werkstücke herstellen, Videofilm drehen ...
- Wenn nötig: spontane Fragen stellen, weitere Informationen sammeln, unerwartete Beobachtungen festhalten.

3. Schritt: Die Ergebnisse auswerten und dokumentieren
- Das gesamte Material sichten, ordnen und feststellen, ob alle wichtigen Fragen beantwortet sind.
- Wenn nötig, weitere Informationen zusammenstellen oder beschaffen (Museumsführer, Arbeitsmaterial des Museums, Internet, Lexika, CD-ROM).
- Festlegen, wie die Ergebnisse dokumentiert werden sollen. Möglichkeiten: Erkundungsbericht, Wandzeitung, Ausstellung, Museumsrätsel, ...

... arbeiten mit Methode

Sachquellen auswerten

Grabsteine, Werkzeuge, Haushaltsgeräte, Schmuck, Geld – Fundstücke aus vergangenen Zeiten werden Sachquellen genannt. Auch sie verraten uns etwas über die Lebens- und Denkweise der Menschen, die mit ihnen umgegangen sind. Erkenntnisse anhand von Sachquellen gewinnst du, wenn du sie nach folgenden Gesichtspunkten untersuchst:

1. Schritt: Was kann man sehen?
- Größe
- Form
- Farbe/Muster
- Material
- Qualität ...

2. Schritt: Was kann man erschließen oder nachfragen?
- Alter
- Herkunft
- Fundort und -zeit
- Transportwege und -mittel
- Verwendungszweck
- Herstellungstechnik
- verwendete Werkzeuge und Hilfsmittel
- Moden/Einflüsse
- Auftraggeber/Benutzer ...

3. Schritt: Welche Erkenntnisse kann man gewinnen?
- Verbreitung: Einmaliger oder seltener Fund, viele ähnliche Funde hier und/oder anderswo?
- Sitten und Gebräuche: Wann, von wem, bei welcher Gelegenheit benutzt? Mit welchen anderen Dingen zusammen verwendet? Wie sah demnach der Alltag aus?
- Stand der Technik: selber hergestellt – von Spezialisten gemacht – von anderswo eingeführt?
- Handelsbeziehungen: Produkt hier hergestellt und anderswo gefunden oder umgekehrt? Rohmaterial einheimisch oder von weit her? ...

Bauwerke erkunden und erklären

Auch ein Gebäude – z. B. eine Kirche, ein Wohnhaus oder ein Rathaus – kann als Sachquelle betrachtet werden. Bei der Auseinandersetzung mit einem Bauwerk helfen folgende Arbeitsschritte weiter:

1. Schritt: Erste Eindrücke beschreiben
- Haltet erste Eindrücke als Bericht, Zeichnung oder Foto fest (Lage, Raumwirkung innen/außen; Fenster, Ausstattung [Altäre, Figuren, Mobiliar, Malereien usw.]).

2. Schritt: Informationen sammeln
- Informiert euch beim Pfarrer oder in der Bibliothek über die Baugeschichte (Wann begonnen? Nach welchen Vorbildern? Wer zahlt(e) Bau und Unterhalt früher und heute? Gab es Kriegsschäden usw.)

3. Schritt: Den gesamten Bau und einzelne Teile erklären
- Erklärt Bauteile, Figuren und Symbole!
- Welche Bedeutung haben sie? – Weshalb wurden sie hergestellt? – Was wollten die Baumeister oder Künstler ausdrücken?

4. Schritt: Eigene Meinung sagen
- Was gefällt euch ganz besonders? – Was beeindruckt weniger?
- Was versteht ihr nicht, sodass ihr noch weitere Informationen einholen müsst?

Rollenspiel

Ein Rollenspiel soll helfen, sich in Menschen und Situationen einzufühlen. Wenn ihr euch an die nachstehenden Schritte haltet, kommt ihr schnell zu einem interessanten Rollenspiel:

1. Schritt: Ausgangslage klären
Auf der „Situationskarte" wird kurz beschrieben, worum es geht. Wird z. B. die Lösung eines Problems gesucht oder sollen einzelne Typen in ihrem Verhalten gezeigt werden?

2. Schritt: Rollen verteilen
- Rollen werden immer freiwillig übernommen.
- Jede Person kann von Jungen oder Mädchen dargestellt werden.
- Die Rollen können frei ausgestaltet werden, müssen aber mit der Rollenkarte übereinstimmen.

3. Schritt: Kurze Spielvorbereitung
- Die Spieler machen sich mit der Rolle vertraut; eventuell kurze Besprechung untereinander.
- Die Spieler stellen sich zu Beginn vor oder heften sich eine Namenskarte an.

4. Schritt: Spielen und Spielen beobachten
- Wenn ihr wollt, könnt ihr Spielbeobachter einsetzen (am besten zwei für jede Rolle).
- Welche Argumente wurden im Spiel genannt?
- Wie verhielten sich die einzelnen Spieler in ihrer Rolle?

5. Schritt: Auswertung und Besprechung
- Was konnte man sehen?
- Wie entwickelte sich die Handlung? Wurde alles verstanden? Wie haben sich die Spieler gefühlt?
- Was gefiel besonders gut? (Loben, nicht meckern!)
- Welche Fragen sind entstanden?

Gewusst wie ...

Karikaturen deuten

Bei einer Karikatur geht es dem Zeichner darum, seine Meinung zu einer Sache darzustellen. Um die Karikatur zu deuten, müsst ihr die Stilmittel (Übertreibung, Symbole) herausfinden.

... und so wird's gemacht:

1. Beobachtung
Karikatur genau betrachten und Eindrücke festhalten.

2. Beschreibung
Was ist dargestellt? Welche Texte gehören zum Bild?

3. Deutung
Welche Bedeutung haben die dargestellten Personen, Tiere oder Gegenstände?

4. Einordnung
Auf welche Situation beziehen sich die Aussagen der Karikatur?

5. Wertung
Welche Position bezieht der Karikaturist? Wie seht ihr das Problem?

Arbeitstechnik: Recherche im Internet

Das Internet bietet eine Fülle von Informationen. Doch gerade diese Fülle kann leicht dazu verleiten, immer wieder vom eigentlichen Thema abzukommen und sich zu verzetteln. Nimm dir also bei der Internetrecherche an erster Stelle vor, deinem Thema auf der Spur zu bleiben. Und noch eines: Nicht jeder Verfasser von Websites im Internet ist seriös. Achte also immer darauf, von wem die Seite stammt, die dir angezeigt wird. Die meisten glaubwürdigen Verfasser geben für Rückfragen Adressen und Ansprechpartner an. Auf jeden Fall kannst du Websites großer internationaler Organisationen und Forschungsinstitute vertrauen.

1. Schritt: Schlagwort finden
Wenn ihr euch z. B. über die Anwendung der Menschenrechte auf die Indianer in Nordamerika informieren wollt, so habt ihr verschiedene Möglichkeiten, Suchworte einzugeben. Das Suchwort „Indianer" ist vermutlich zu allgemein, ihr erhaltet sehr viele Hinweise, müsst aber endlos suchen. Ähnlich könnte es euch mit dem Suchwort „Menschenrechte" ergehen. Versuchen könnt ihr aber auch, die Begriffe zu kombinieren.
- Wie könnte ein gutes Suchwort lauten?

2. Schritt: Suchmaschine benutzen
Im Internet gibt es mehrere Anbieter von Suchmaschinen, bei denen ihr Stichwort nur eingeben müsst, dann durchforstet die Suchmaschine für euch alle Internetseiten. Ihr erhaltet dann eine Liste der passenden Internetseiten zu eurem Stichwort. Die bekanntesten Suchmaschinen sind: http://www.yahoo.de, http://www.lycos.de, http://www.google.de.

3. Schritt: Stichwort eingeben
Wenn ihr zu eurem Stichwort keine Einträge bekommt, solltet ihr die Rechtschreibung überprüfen. Wenn ihr euer Schlagwort falsch eingegeben habt, kann die Suchmaschine nichts finden. War dies nicht der Fall, so müsst ihr euch ein anderes Stichwort überlegen.

4. Schritt: Aus dem Angebot auswählen
Jetzt habt ihr eine Reihe von Einträgen und normalerweise stehen noch ein paar Angaben dabei. So könnt ihr einen Teil der Adressen gleich aussortieren, weil es hier nicht genau um das geht, was ihr gesucht habt. Die übrigen Seiten könnt ihr jetzt aufrufen, indem ihr die Internetadresse anklickt.

Bilder und Kunstwerke als Quellen nutzen

Oft genügt es, ein Bild genau zu betrachten und zu beschreiben, um etwas darüber zu erfahren, wie die Menschen früher, gelebt, gedacht oder gefühlt haben. Manchmal benötigen wir aber auch zusätzliche Informationen, um den Sinn eines Bildes zu verstehen. Folgende Arbeitsschritte können helfen, Bildern Informationen zu entnehmen:

1. Schritt: Dem Bild begegnen
- Welchen ersten Eindruck macht das Bild als Ganzes auf mich?
- Welche Einzelheiten fallen mir besonders auf, welche sprechen mich besonders an? Was finde ich schön, abstoßend, lächerlich ...?

2. Schritt: Das Bild betrachten
- Welche Daten des Bildes sind bekannt (Name des Künstlers, Bildtitel, Entstehungszeit)?
- Was ist dargestellt (Thema)?
- Wie ist das Bild aufgebaut (Vorder-, Mittel-, Hintergrund)?
- Wie ist das Motiv dargestellt (Anordnung der Personen und Dinge, Einsatz von Licht und Schatten, Verwendung der Farben und Linien, naturnahe oder verzerrende Darstellung ...)?
- Welcher Platz wird dem Betrachter zugewiesen (z. B.: Sieht er auf das Dargestellte hinab, schaut er hinauf ...?)
- Wie wirken die eingesetzten Gestaltungsmittel (starr, ruhig, bewegt, kalt, freundlich, düster ...)?

3. Schritt: Das Bild deuten
- Zu welchem Zweck wurde das Bild geschaffen?
- Vor welchem gesellschaftlichen oder geschichtlichen Hintergrund wurde das Bild geschaffen (weitere Informationen über die Entstehungszeit)?
- Warum hat der Künstler das Motiv in dieser Weise dargestellt?
- Welche Fragen ergeben sich aus der Auseinandersetzung mit dem Bild?

... arbeiten mit Methode

Eine Wandzeitung gestalten

Mithilfe von Wandzeitungen lassen sich gewonnene Erkenntnisse über ein ausgewähltes Thema anschaulich darstellen. Da der Betrachter eine Wandzeitung im Stehen anschaut, ist es wichtig, Inhalte anhand von wenigen, zentralen Materialien zu vermitteln. In folgender Reihenfolge könnt ihr dabei vorgehen:

1. Schritt: Informationen auswählen
- Was ist wichtig, was kann weggelassen werden? Was soll als Text, was im Bild, Schaubild oder in einer Tabelle dargestellt werden?

2. Schritt: Gestaltung überlegen
- Wie soll die Schrift aussehen (Druck- oder Schreibschrift, Größe, Farbe)? Welche Bilder sind geeignet und wie werden sie angeordnet? Welche Zeichnungen, Tabellen oder Schaubilder sollen angefertigt werden und an welchen Platz sollen sie kommen?

3. Schritt: Material bereitstellen
- Welches Material wird benötigt (Tapete, Pappe, Transparentpapier, Stifte, Kleber, Heftzwecken, Stecknadeln, Scheren, Lineal usw.)? Wer besorgt es?

4. Schritt: Arbeit verteilen und durchführen
- Wer möchte Texte schreiben, Bilder ausschneiden und beschriften, Zeichnungen, Tabellen anfertigen usw.? Sprecht euch untereinander ab. Wichtiger Hinweis: Bilder, Texte usw. nicht sofort festkleben, sondern erst alles lose auflegen!

5. Schritt: Wandzeitung präsentieren
- Wandzeitung aufhängen und den anderen Gruppen vorstellen (präsentieren).

Mit Texten umgehen

Textquellen lesen ...
Schriftliche Überlieferungen werden Textquellen genannt, weil man aus ihnen Informationen entnimmt, so wie man Wasser aus einer Quelle schöpft. Dabei kann es sich z. B. um Gesetzestexte, Briefe oder Inschriften handeln. Die Textquellen können auf Papier oder Stein, in Büchern oder auf Gebäuden stehen. Beim Umgang mit einer Textquelle solltest du folgende Schritte beachten:

1. Schritt: Fragen zum Text
- Wovon berichtet der Text? (Lies den Text sehr genau und beachte, welche Orte, Personen oder Gruppen und Handlungen genannt werden.)
- Welche unbekannten Wörter musst du klären?
- Wie ist der Text gegliedert? (Lassen sich für einzelne Abschnitte Überschriften finden? Welcher Gesichtspunkt steht jeweils im Mittelpunkt der einzelnen Abschnitte?)
- Gibt es Textstellen, die Widersprüche, Einseitigkeiten oder Übertreibungen enthalten?

2. Schritt: Fragen zum Verfasser
- Welche Informationen haben wir über den Verfasser?
- Kennt der Verfasser die Ereignisse, über die er berichtet, aus eigener Anschauung?

... und kritisch befragen
Wir müssen davon ausgehen, dass Verfasser von Texten manchmal in ihren Darstellungen übertreiben, um einen bestimmten Eindruck hervorzurufen. Folgende Fragen helfen dir, den Wahrheitsgehalt eines Textes zu überprüfen:

3. Schritt: Textkritik
- Wo gibt der Verfasser seine Meinung wieder? Wo urteilt und bewertet er?
- Stimmt der Bericht mit den bisherigen Kenntnissen, die wir von diesem Sachverhalt haben, überein?
- Wie steht er zu den Personen oder Gruppen, über die er schreibt? Ergreift er für eine Seite Partei?
- Welche Absichten verfolgte der Verfasser vermutlich mit seinem Text?

Kartenarbeit

Im Geschichtsunterricht arbeitet ihr mit Geschichtskarten. Sie stellen ein Thema aus der Geschichte dar. Das kann eine bestimmte Situation sein. Es kann auch die Entwicklung über einen längeren Zeitraum hinweg sein. Bei der Arbeit mit Geschichtskarten helfen folgende Arbeitsschritte weiter:

1. Thema und Zeitraum bestimmen:
Antwort gibt meist der Titel der Karte. Er ist in diesem Buch über den Karten abgedruckt. Wenn der Zeitraum im Titel nicht zu erkennen ist, muss man einen Blick in die Legende werfen oder auf der Karte eingetragene Jahreszahlen sammeln.

2. Das dargestellte Gebiet bestimmen:
Sicher könnt ihr nur sein, wenn ihr euch am Kartenbild orientiert habt. In diesem Buch hilft euch oft der kleine Kartenausschnitt.

3. Farben und Zeichen erklären:
Fast jede Karte hat eine Zeichenerklärung, die so genannte Legende. Dort findet ihr die Erklärungen, die nicht in der Karte stehen.

4. Aussagen der Karte zusammenfassen:
Wenn ihr Schwierigkeiten habt, versucht ihr am besten, zu der Karte eine kurze Geschichte zu erzählen. Was passierte in welcher Reihenfolge?

Lexikon

Absolutismus Bezeichnung für die Epoche im 17. und 18. Jahrhundert, in der Ludwig XIV. und seine Regierungsform in Europa als Vorbild galt. Der ▶Monarch besaß die uneingeschränkte Herrschaftsgewalt. Er regierte losgelöst von den Gesetzen und forderte von allen ▶Untertanen unbedingten Gehorsam.

Adel/Adlige (= die Edlen) Angehörige einer in der Gesellschaft hervorgehobenen Gruppe, eines Standes, ausgestattet mit erblichen Vorrechten. Im Mittelalter konnte man nicht nur von Geburt her adlig sein, sondern auch in den Adelsstand erhoben werden, indem man im Dienst des Königs tätig war (= Amts- oder Dienstadel).

Allmende Zur Gemeinde gehörendes Land, das von niemandem bewirtschaftet wurde. In früheren Zeiten nutzten die Fürsten die zur Allmende gehörenden Waldflächen vor allem zur Jagd, später wurde die Allmende Eigentum der Dorfgemeinschaft.

Altsteinzeit Vor etwa 2 Millionen Jahren begann die Altsteinzeit. Sie endete mit der letzten Eiszeit um 8000 v. Chr. In dieser Zeit lebten die Menschen ausschließlich als Jäger und Sammler. Sie zogen in familienähnlichen Lebensgemeinschaften von etwa zwanzig bis dreißig Personen umher.

Arbeitsteilung Wenn ein Mensch mehr produzieren kann, als er selbst für seine Ernährung braucht, kann es zur Arbeitsteilung kommen: Die einen arbeiten z. B. in der Landwirtschaft, die anderen als Spezialisten im Handwerk oder als Händler usw. Mit der Arbeitsteilung und der Möglichkeit, Besitz anzuhäufen, kam es zu einer immer stärkeren Gliederung der Bevölkerung in verschiedene Gruppen.

Aristokratie siehe ▶Staatsformen

Aufklärung Reformbewegung, die im 18. Jahrhundert in fast allen Lebensbereichen zu neuen Ideen und Denkweisen führte. In der Politik richteten sich die Aufklärer gegen die uneingeschränkte Macht des Königs. Sie traten ein für Meinungsfreiheit, Toleranz gegenüber anderen Religionen und ein von Vernunft geprägtes Handeln.

Azteken Indianervolk, das zur Zeit der spanischen Eroberung Gebiete Süd- und Zentralamerikas beherrschte. Mithilfe benachbarter Völker unterwarfen die Spanier unter der Führung Hernando Cortez' zwischen 1519 und 1521 das Aztekenreich.

Bill of Rights (englisch „bill" = Gesetzentwurf im englischen Parlament) Nach der Bill of Rights von 1689, die König Wilhelm III. anerkannte, war der König an das vom Parlament geschaffene Gesetz gebunden. Das Parlament besaß das Recht auf Gesetzgebung und Steuerbewilligung und konnte allein die Aufstellung eines Heeres anordnen.

Bürokratie Verwaltung eines Staates mit Hilfe von Beamten, die den Anweisungen des oder der Herrschenden gehorchen.

Code civil/Code Napoléon Begriff für das Gesetzbuch, mit dem Napoleon Frankreich ein einheitliches bürgerliches Recht gab, das Errungenschaften der Französischen Revolution festhielt. Nach dem Vorbild des Code civil wurden politische Freiheit und Gleichheit vor dem Gesetz in vielen europäischen Staaten gesichert.

Codex Hammurabi Die Gesetze des mesopotamischen Herrschers Hammurabi aus dem 18. Jahrhundert v. Chr., die in Keilschrift in eine Steinsäule gemeißelt und um 1902 entdeckt wurden.

Demokratie siehe ▶Staatsformen

Doppelte Buchführung Art der Buchführung, die sich im späten Mittelalter durchsetzte: Alle Ausgaben und Einnahmen wurden auf zwei gegenüberliegenden Seiten eines Geschäftsbuches verzeichnet, sodass sich ein genaues Bild der Gewinne und Verluste eines Unternehmens ergab.

dritter Stand Er bildete zur Zeit des Absolutismus die Mehrheit der Bevölkerung Bauern, Kleinbürger und Großbürger. Vor allem die Bauern litten unter großen Lasten: Verbrauchssteuern, Kirchenzehnt, hohe Abgaben an Grundherrn und Staat.

Eiszeiten Durch den weltweiten Rückgang der Temperaturen kam es in verschiedenen Epochen der Erdgeschichte zum Vorrücken von Gletschern. Von Nordeuropa kommend, schoben sich Eismassen immer weiter nach Mitteleuropa. Die Zeiträume zwischen den Eiszeiten nennt man Warmzeiten.

evangelisch/Evangelium Für die Anhänger Luthers waren nicht der Papst oder die Konzile verpflichtend, sondern allein das Wort Christi in der Heiligen Schrift, dem Evangelium. Die Anhänger Luthers bezeichnete man daher als evangelisch.

Frondienst (althochdeutsch: fron = Herr) Dienst, den ▶hörige Bauern ihrem Grundherrn unentgeltlich leisten mussten, wie z. B. säen, ernten, pflügen.

Generalstände Die Versammlung der Vertreter der drei Stände von

Lexikon

ganz Frankreich seit dem Beginn des 14. Jahrhunderts. Die Generalstände hatten vor allem das Recht der Steuerbewilligung. Erst die schwere Finanzkrise des absolutistischen Staates bewog Ludwig XVI. dazu, die Ständeversammlung einzuberufen. Aus dem Aufbegehren der Abgeordneten des dritten Standes entwickelte sich die Französische Revolution.

Genossenschaft Zusammenschluss von Bewohnern eines Dorfes oder einer Stadt, die dem Ziel dienten, gemeinsam und gleichberechtigt Angelegenheiten zu regeln, die alle betrafen.

Gewaltenteilung Eine in der Zeit der Aufklärung als Antwort auf den Absolutismus entwickelte Lehre. Ihr zufolge hat der Staat drei Hauptaufgaben: Gesetzgebung, Rechtsprechung und ausführende Gewalt. Diese Aufgaben haben drei voneinander klar getrennte Einrichtungen wahrzunehmen: das Parlament (als Legislative), die Gerichte (als Judikative) sowie die Regierung und Verwaltung (als Exekutive).

Gottesgnadentum Die im Absolutismus vertretene Auffassung, dass der König göttlichen Willen vollziehe und gegenüber niemandem außer Gott über seine Entscheidungen Rechenschaft ablegen müsse. Unterstützt wurde die Vorstellung von der katholischen Kirche.

Grundherrschaft Herrschaft über das Land und die Menschen, die auf ihm wohnten.

■

Hanse Fahrtengenossenschaften, zu denen sich ab dem 12. Jahrhundert Kaufleute aus verschiedenen Städten zu ihrem Schutz zusammenschlossen.

Hedschra (arabisch = Auswanderung) bezeichnet die Flucht Mohammeds und seiner Anhänger aus Mekka im Jahr 622. Mit der Hedschra begann die Verbreitung des Islam. Aus diesem Grund ist das Jahr 622 der Beginn der muslimischen Zeitrechnung.

Hellenismus Der Siegeszug Alexanders des Großen hatte zur Folge, dass in einem großen Teil der Welt die Menschen die griechische Sprache und die Lebensform der Hellenen (= Griechen) übernahmen. Diese Epoche (ca. 300–30 v. Chr.) bezeichnen wir deshalb als Hellenismus.

Hierarchie (griechisch = „heilige Herrschaft"). Eine Rangfolge oder abgestufte Ordnung, in der Befehle von oben nach unten gegeben und jeweils von der nächst niedrigen Stufe ausgeführt werden.

Hieroglyphen Ägyptische Bilderschrift, die um 3200 v. Chr. entwickelt wurde. Dem französischen Ägyptologen Champollion gelang es 1822, ihre Bedeutung zu entziffern.

Hochkultur Kultur in der Vergangenheit, in denen Völker beherrschende Städte bauten, die Schrift einführten, große Kultstätten zur Anbetung von Göttern errichteten und Techniken für die Verwaltung und Beherrschung eines größeren Gebietes entwickelten. Genauer erforscht sind die chinesische, die ägyptische und die mesopotamische Hochkultur. Hochkulturen gab es aber ebenso in der Südsee, in Afrika und Mittelamerika.

Höriger Ein von seinem Grundherrn abhängiger Bauer. Er erhält vom Grundherrn Land zur Bewirtschaftung und muss dafür Abgaben und Dienste leisten. Hörige waren an das ihnen übergebene Land gebunden und konnten zusammen damit verkauft werden. Hörige Bauern mit besonders vielen Dienst- und Abgabepflichten nannte man Leibeigene. Sie durften weder Eigentum besitzen noch heiraten. Hörigkeit wurde an die Nachkommen vererbt.

Horde steinzeitliche Lebensgemeinschaften, Gruppen von Jägern und Sammlern. Menschen zogen in Horden umher um sich gemeinsam mit Nahrung zu versorgen und einander zu schützen.

■

Imperium Romanum (lateinisch „imperium" = Befehlsgewalt). Seit der Herrschaftszeit Kaiser Augustus' gebräuchliche Bezeichnung für das Herrschaftsgebiet der Römer.

■

Jungsteinzeit Die Zeitspanne von etwa 10 000 bis 3000 v. Chr., in der die Menschen zu Ackerbau und Viehzucht übergingen und ▶sesshaft wurden.

■

Kaiserzeit Den Zeitraum, in welchem das Römische Reich von Kaisern regiert wurde (27 v. Chr.–476 n. Chr.) bezeichnet man als Kaiserzeit. In der Anfangszeit wurden die römischen Kaiser wie Götter verehrt, sodass sich ein Kaiserkult entwickelte.

Kapital Vermögen, das im Wirtschaftsprozess eingesetzt wird, damit es sich möglichst schnell und stark vermehrt.

Kirchenbann Durch den Kirchenbann wurde eine Person aus der Kirche ausgeschlossen. Einem Gebannten war es z. B. verboten, eine Kirche zu betreten, auch durfte er nicht kirchlich bestattet werden. Kein Christ durfte mit einem Gebannten sprechen, Geschäfte betreiben usw. Nach auferlegter Buße konnte der Bann wieder aufgehoben werden.

Kolonisation (lateinisch „colonus" = Bebauer, Ansiedler) Seit 750 v. Chr. wanderten viele Griechen aus ihren Stadtstaaten aus und besiedelten die Küsten des Mittelmeeres und des

Lexikon

Schwarzen Meeres. Dort gründeten sie Tochterstädte, Kolonien.
Kolonialismus Die Eroberung zumeist überseeischer Gebiete durch militärisch überlegene Staaten seit dem 15. Jahrhundert. Die Kolonialmächte errichteten in den unterworfenen Gebieten Handelsstützpunkte und Siedlungskolonien.
Konfession Gruppe von Christen mit einem gemeinsamen Glaubensbekenntnis
Kreuzzüge Von der Kirche im Mittelalter geförderte Kriegszüge gegen Andersgläubige. Zwischen 1096 und 1270 gab es insgesamt sieben Kreuzzüge.

■

Lehen (= Geliehenes). Im Mittelalter das Nutzungsrecht an einer Sache (Grundbesitz, Rechte, Ämter); es wird vom Eigentümer (Lehnsherr) an einen Lehnsmann übertragen. Der Lehnsmann verspricht dem Lehnsherrn dafür die Treue und verpflichtet sich zu bestimmten Leistungen.
Limes (lateinisch: Grenzweg) Grenzbefestigung der Römer mit Wällen, Gräben, Wachttürmen und Kastellen.

■

Manufaktur Größerer Handwerksbetrieb, in dem ein Produkt in einzelnen Arbeitsvorgängen hergestellt wird. Manufakturarbeiter spezialisieren sich jeweils auf einen Arbeitsvorgang. Dadurch wird die Produktion gesteigert.
Markt Handelsplatz, der eine eigene Rechtsordnung besaß. Der Marktherr (König, Bischof oder Fürst) garantierte den Marktfrieden und die Sicherheit. Streitigkeiten wurden vor einem eigenen Marktgericht verhandelt. Aus Marktplätzen entwickelten sich häufig mittelalterliche Städte.

Menschenrechte Unantastbare und unveräußerliche Freiheiten und Rechte jedes Menschen gegenüber den Mitmenschen und dem Staat. Dazu gehören das Recht auf Leben, auf freie Entfaltung der Persönlichkeit und das Recht auf Eigentum. Die Menschenrechte wurden seit Ende des 18. Jahrhunderts in viele Verfassungen aufgenommen (z. B. auch in das Grundgesetz der Bundesrepublik Deutschland).
Merkantilismus Staatlich gelenkte Wirtschaftsform des Absolutismus. Durch intensiven Handel sollte möglichst viel Geld in das Land kommen, möglichst wenig Geld das Land verlassen. Die Regierung erhöhte daher die Ausfuhr von Fertigwaren und erschwerte die Einfuhr ausländischer Waren durch hohe Zölle.
Metallzeit Um 3000 v. Chr. setzte sich die Bronze bei der Herstellung von Waffen, Werkzeugen und Schmuck durch. Ab 800 v. Chr. begann in Europa die Eisenzeit.
Monarchie s. ▶Staatsformen
Monopol (lateinisch „monopolium" = Alleinhandel) Wirtschaftliche Machtstellung eines Unternehmens, das den größten Teil eines Marktzweiges beherrscht. Es schaltet damit den Wettbewerb aus und kann die Preise diktieren.

■

Nationalversammlung Eine Verfassung gebende Versammlung von Abgeordneten, die die ganze Nation (lateinisch „natio" = Stamm/Volk; Menschen gleicher Sprache oder gleicher Staatsangehörigkeit) repräsentiert.
Nomaden Hirten- oder Wandervölker. Die Jäger und Sammler der Altsteinzeit mussten dem wandernden Wild nachziehen und Gebiete aufsuchen, in denen es ausreichend pflanzliche Nahrung gab. Deshalb

hatten sie keinen festen Wohnsitz und lebten als Nomaden.
Parlament (lateinisch „parlamentum" = Unterredung, Verhandlung) Seit dem Mittelalter übernahmen Ständevertretungen die Aufgaben, den Herrscher zu beraten und bei wichtigen Entscheidungen mitzubestimmen. Aus solch einer Versammlung von Beratern des Königs entwickelte sich zuerst in England ein Parlament. Seine wichtigsten Aufgaben waren die Gesetzgebung und die Bewilligung von Steuern.
Pfalz (lateinisch „palatium" = Palast) Königliches Gut, in dem die Könige mit ihrem Gefolge auf Reisen untergebracht wurden. Die Pofalzen waren meist große, gut befestigte Höfe. Sie dienten auch als Verwaltungssitze und Gerichtsorte.
Pharao Titel der gottgleichen ägyptischen Könige. Der Begriff bedeutet ursprünglich „großes Haus" und diente auch der Bezeichnung des königlichen Palastes. Als Alleinherrscher bestimmte der Pharao über das Land und die Bewohner Ägyptens.
Polis (griechisch = Burg, Stadt) Bezeichnung für die im alten Griechenland selbstständigen Stadtstaaten, Mehrzahl: Poleis.
Proletarier (lateinisch „proles" = die Nachkommenschaft) Im Alten Rom Bezeichnung für die Besitzlosen, diejenigen, die nichts außer ihrer Nachkommenschaft besaßen.
Provinzen Alle Besitzungen des römischen Staates außerhalb der Halbinsel Italien hießen Provinzen.
Pyramiden altägyptische Königsgräber aus Stein. Noch heute ist nicht endgültig geklärt, wie die Pyramiden mit den damaligen Werkzeugen und Transportmethoden errichtet werden konnten. Forscher gehen davon aus, dass beim Pyramidenbau etwa 4000 Facharbeiter 20 Jahre lang beschäftigt waren.

Lexikon

Schätzungen zufolge mussten jedes Jahr 70 000 Bauern während der Überschwemmungszeit Zwangsarbeit leisten. Zu ihren Arbeiten gehörte auch der Transport der Steine von den Steinbrüchen bis zum Nil.

■

Quellen Alle Zeugnisse und Überlieferungen aus der Vergangenheit. Wir unterscheiden drei Arten von Quellen: Sachquellen (z. B. Gebrauchsgegenstände, Bauwerke, Knochen), Bildquellen (z. B. Gemälde, Fotos, Karten, Grafiken) und Schriftquellen (z. B. Verträge, Inschriften, Urkunden, Zeitungsausschnitte oder Tagebuchaufzeichnungen). Hinzu kommt die mündliche Überlieferung, etwa von Zeitzeugen (wie Eltern, Großeltern).

■

Reformation (lateinisch: Umgestaltung) Die von Martin Luther ausgelöste kritische Auseinandersetzung mit der katholischen Kirche im 16. Jahrhundert. Sie führte zur Auflösung der religiösen Einheit des Abendlandes.

Republik (lateinisch „res publica" = öffentliche Sache) Begriff für eine Staatsform, in der das Volk oder ein Teil des Volkes die Macht ausübt.

Revolution Der meist gewaltsame Umsturz einer bestehenden politischen und gesellschaftlichen Ordnung.

Ritter Berittene und gepanzert in den Kampf ziehende Krieger. Im frühen Mittelalter waren Ritter Adlige, die ihrem Lehnsherrn dienten, indem sie für ihn Kriegsdienst leisteten. Später wurden auch Nichtadlige Ritter. Sie passten sich ihrer Lebensweise sehr schnell den adligen Reiterkriegern an, sodass sich im hohen Mittelalter ein Ritterstand aus Adligen und Nichtadligen herausbildete.

Sesshaftigkeit dauerhaftes Leben an einem Ort. Als die Menschen in der Jungsteinzeit zu Ackerbau und Viehzucht übergingen, gaben sie ihr Nomadentum auf: sie wurden sesshaft.

Souveränität (Unabhängigkeit, Selbstbestimmtheit) Der Begriff meint zum einen die rechtliche Unabhängigkeit eines Staates nach außen und zum anderen die höchste Herrschaftsgewalt in einem Staat. Sie kann sowohl von einer einzelnen Person als auch – wie in der Demokratie – von mehreren Personen ausgeübt werden.

Staat Form des Zusammenlebens, bei der eine Gruppe von Menschen, das Volk, in einem abgegrenzten Gebiet nach einer bestimmten Ordnung lebt. Der ägyptische Staat gilt als einer der ersten Staaten, die wir kennen.

Staatsformen In der griechischen Antike wurden drei Staatsformen unterschieden:
– die Demokratie, die „Herrschaft des Volkes",
– die Aristokratie, die „Herrschaft der Besten", und
– die Monarchie, die Herrschaft des Königs.

Staatsreligion die von einem Staat in seinem Territorium ausschließlich anerkannte oder bevorzugte Religion. In vielen Staaten der Gegenwart ist die Einführung einer Staatsreligion gesetzlich verboten.

Stand/Stände Begriff für abgeschlossene Gruppen in einer Gesellschaft. Die Mitglieder einer Gruppe bestimmen sich durch Herkunft (Geburt), Vermögen oder unterschiedliche Rechte.

stehendes Heer Armee, die auch in Friedenszeiten einsatzbereit unter Waffen steht. Während im Mittelalter Heere nur für einen Krieg aufgestellt wurden und die Soldaten nach Kriegsende wieder entlassen wurden, schufen die absolutistischen Herrscher seit dem 17. Jahrhundert stehende Heere.

■

Untertan Seit dem Mittelalter die Bezeichnung für eine Person, die der Herrschaft eines anderen unterworfen ist. Das Verhältnis zwischen Untertan und Obrigkeit war rechtlich geregelt. Seit der Zeit des Absolutismus bezeichnete man die Staatsangehörigen, die von einem Monarchen regiert wurden, als Untertanen.

■

Wechsel Geldtausch von einer Währung in eine andere, der es den reisenden Händlern ermöglichte, ihre Waren in Gegenden mit fremder Währung zu verkaufen.

Westfälischer Frieden In Münster und Osnabrück vollzogener Friedenschluss, der 1648 sowohl den Dreißigjährigen Krieg als auch den niederländischen Freiheitskampf beendete. Er löste den lang andauernden Konflikt zwischen den katholischen und den protestantischen Kräften. Die kaiserliche Macht wurde durch ihn eingeschränkt, die Zersplitterung des deutschen Reiches in Einzelstaaten festgeschrieben.

■

Zünfte (von „sich ziemen") Zusammenschlüsse von Handwerkern einer Berufsrichtung in den mittelalterlichen Städten. Die Zünfte legten Regelungen über wichtige Angelegenheiten fest (z. B. über Zahl der Lehrlinge und Gesellen, Art der Ausbildung, Produktionsmenge und Preise). Es galt der Zunftzwang, d. h. kein Meister durfte ohne Mitgliedschaft in einer Zunft seinen Beruf ausüben.

Register

A
Ablasshandel 206f., 208, 220
Absolutismus 236f., 248f., 251
Abt/Äbte 124, 127, 128, 132f., 135, 138f., 222
Ackerbau 27, 30
Adel/Adlige 64, 84f., 100, 125, 129, 138, 155, 160, 166, 168, 174, 207, 223, 237, 238, 242, 250, 253, 270f., 272, 274, 276, 278
Akropolis 54, 58
Alexander der Große 70f., 72
Alexandria 72f., 74
Allmende 162
Altsteinzeit 20ff., 25
Arabien/arabisch 142f., 143f.
Arbeitsteilung 23
Archäologie 12ff., 15, 31, 33, 34, 83
Aristokratie 64
Armada 200, 224
Aufklärung 246f.
Aufgeklärter Absolutismus 248f.
Augsburger Religionsfriede 218
Augustus, röm. Kaiser 92f., 97
Auswanderung 59, 228, 262f.
Azteken 194ff.

B
Barbaren 72
Barock 223
Bastillesturm 257, 274
Bauernkrieg 214ff.
Beamte 39, 45, 65, 84f., 86, 92, 236, 238f.
Bergwerke/-bau 32f., 98, 199
Bibel 110, 213, 217, 219
Bill of Rights 253
Bischof 113, 121, 124, 127, 128, 132f., 138f., 260, 164f., 207, 220, 222, 237, 238
Bistum 132, 141, 220
Boston Tea Party 266
Bronzezeit 32f.
Buchdruck 190f.
Bundschuh 215
Bürokratie 238

C
Caesar, Gaius Julius 90f.
Calvin, Johannes/Calvinismus 219
Canossa 141
Champollion, Jean François 36f.
Chlodwig, fränk. König 124f.
Christen/Christentum 110ff., 124f., 133, 134ff., 146f., 198, 207, 211, 214, 221
Christenverfolgung 111
Code civil/Code Napoléon 259
Codex Hammurabi 41
Colbert, Jean-Baptiste 241
Commonwealth 252
Cordoba 144
Cortez, Hernando 196f.
Cromwell, Oliver 252

D
Darius III., pers. Großkönig 71
Demokratie 53, 54, 64f., 253, 269
Doppelte Buchführung 178
Dreifelderwirtschaft 162
Dreißigjähriger Krieg 222ff.
dritter Stand 238, 272f., 274f.

E
Edikt von Nantes 219, 228, 238, 242
Edikt von Potsdam 243
Einwanderung 228, 243
Eisenzeit 32f.
Eiszeiten 18f., 26
Enzyklopädie 247
Europa 18f., 27, 32f., 130, 134, 138f., 144, 146, 149, 165, 169, 178, 188, 190, 192, 195, 199, 201, 219, 222f., 224f., 232, 239, 242, 246, 263, 266, 278
evangelisch/Evangelium 213ff.

F
Familie 7, 14, 28, 46f., 100, 145, 158, 195, 236, 278
Fernhandel 174f.
Flurzwang 162f.
Forum Romanum 96
Frauenrechte 47, 69, 100, 259
Friedrich II., der Große, König von Preußen 248f.
Friedrich Wilhelm I., König von Preußen 242
Frondienst 160f.
Frühmensch (Homo habilis) 16
Fugger, Augsburger Kaufmannsfamilie 172, 178f.

G
Gama, Vasco da 186
Gegenreformation 220f.
Generalstände 272f.
Generation 7
Genossenschaft 162f., 173
Germanen/Germanien 87, 106f., 114, 124
Gesetze 40, 65, 86, 115, 126, 165, 175, 199, 225, 238, 246f., 248, 250, 253, 266f., 269, 276, 280, 283
Getto 171
Gewaltenteilung 246f., 248, 269, 281
Gilden 172
Gladiatoren 97, 99
Gotik 118ff.
Götter 25, 44, 60f., 236
Gottesgnadentum 238
Gottesstaat 252
Gracchus, Tiberius und Gaius 89
Grundherr/Grundherrschaft 160f.
Gutenberg, Johannes 190f.
Gutshöfe, röm. 76ff., 108
Gutswirtschaft 214

H
Handel 33, 59, 83, 94f., 165, 166f., 172f., 174f., 178f., 199, 201, 240
Hanse 174f.
Hedschra 143
Heeresreform 89
Heiliger Krieg 226
Heiliges Römisches Reich 138
Heinrich I., König v. Sachsen 131
Hellenen 58
Hellenismus 72ff.
Hexen 56, 221

Register

Hierarchie 45
Hieroglyphen 36, 38 ff.
Hochkultur 40
Höhlenmalerei 24 f.
Höriger/Hörige 160 f.
Horde 12, 22 f.
Hugenotten 219, 228, 238 f.
Hunnen 114

I

Imperium Romanum 87, 106 ff.
Indianer/Indios 193, 194 ff., 198 f., 262 f., 264 f.
Inka 198
Inquisition 220
Investiturstreit 138 f., 140 f.
Irrlehren 220
Islam 142 ff.

J

Jesus Christus 9, 110 f.
Jäger und Sammler 20 ff., 24 f.
Jakobiner 279, 280 f.
Jerusalem 146 ff.
Jesuiten 221
Jetztzeitmensch (Homo sapiens) 17
Juden 147, 170 f.
Jungsteinzeit 26 ff., 44

K

Kaaba 142 f.
Kaiser 91, 92 f., 97, 110, 112 f., 115, 118, 130, 133, 138 f., 141, 146, 212, 218, 225, 227, 236, 283
Kaiserkult 93
Kaiserzeit, röm. 91, 92 f.
Kalif 143
Kant, Immanuel 247
Kapital 178 f.
Karl V., deutscher Kaiser 212, 218, 227
Karl der Große 125 ff., 160
Karolinger 126 f.
Kartografie 187
Katholische Liga 222
Keilschrift 38
Kelten 33

Ketzer 207
Kinderrechte 260
Kirchenbann 140, 212
Kloster 132, 134 ff., 139, 160, 164, 168, 190, 210, 238
Kolonien/Kolonisation 59, 262, 266 f.
Kolonialismus 198 f., 200 f.
Kolumbus, Christoph 186, 192 f., 202
Kolosseum 97
Konfession 218 f.
Kongress 268
Konquistadoren 194
Konstantin, röm. Kaiser 112 f.
Konstantinopel 115, 227
Konstitutionelle Monarchie 276
Konsuln 84 f., 86 f.
Konzil 146, 150, 211, 220
Kopernikus, Nikolaus 189
Koran 142 f.
Kreuzfahrerstaaten 148
Kreuzzüge 146 ff.
Kurfürst 242

L

Laetoli 16 f.
Laien 139
Landeskirchen 218
Las Casas, Bartolome de 199
Latifundien 199
Landreform 89
Landwirtschaft 33, 162 f., 199, 262
Lebensuhr 8
Lehen 129
Leibeigenschaft 216
Leonardo da Vinci 188
Limes 106 ff.
Ludwig XIV., frz. König 231 ff.
Ludwig XVI., frz. König 270 ff.
Luther, Martin 210 ff.

M

Magellan, Ferdinand 186
Magna Charta Libertatum 250
Makedonien 70 ff.
Manufaktur 240 f.
Markgrafen 128

Markt 55, 66, 121, 165 ff., 194
Märtyrer 112
Medina 142 f.
Mekka 142
Menschenrechte 257 ff., 277
Merkantilismus 240 f.
Merowinger 124
Mesopotamien 38, 40 f., 50
Metallzeit 32 f.
Metöken 65, 68
Mexiko 194 f.
Missionare/Missionierung 125, 198
Minderheit, christl. 111
Mohammed 142 ff.
Monarchie 64, 252
Monopol 178 f.
Montesquieu, Charles de 246
Montezuma 196 f.
Moschee 144
Muslime 142 ff., 147, 148 f.

N

Napoleon Bonaparte 282 f.
Nationalkonvent 279, 280
Nationalversammlung 273 ff.
Naturvölker 21
Neandertaler (Homo neanderthalensis) 17
Nez Percé 264 f.
Nil 42 ff., 50
Nomaden 20 f., 26

O

Olymp 60
Olympische Spiele 62 f.
Optimaten 88
Orakelstätten 61
Osmanisches Reich 226 f.
Oströmisches Reich 115, 227
Otto I., deutscher Kaiser 131 ff.
Ötzi 34

P

Papst/Päpste 113, 130, 133, 138 f., 140 f., 146 f., 179, 207, 212, 219, 221, 225, 227
Pariser Bluthochzeit 56, 219
Parlament 250 ff., 262, 266

Register

Parlamentarische Monarchie 253
Pater familias 100
Patrizier 85, 166f.
Perikles, griech. Politiker 66ff.
Perserreich 71
Pest 169
Pfalz 127
Pharao 44f., 48f.
Phillip II. von Makedonien 70
Plebejer 85f.
Pogrom 171
Polis/Poleis 54, 58, 70
Pompeji 104f.
Popularen 88f.
Prager Fenstersturz 223
Privilegien 238
Proletarier 88f.
Prophet 142f.
Protestanten 218f.
Protestantische Union 222
Provinzen 87, 106f., 108f.
Puritaner 251, 262
Pyramiden 48

Q
Quellen 9, 14, 81, 235

R
Reformation 213ff.
Reform 89, 249, 283
Reichsacht 212
Reichsinsignien 132
Reichskirchensystem 132f.
Reichstag 212, 217, 218
Republik 84ff., 252
Reservation 264
Residenz 232
Revolution 256, 270ff., 274f., 278f., 280f., 283
Revolutionsgericht 280
Ritter 154ff.
Ritterorden 148f.
Robespierre, Maximilien de 279ff.
Rohstoffe 201

S
Sachsenkriege 125
Saladin, Sultan 148
Sansculotten 280f.

Scherbengericht 54
Schmalkadischer Bund 218
Schreiber 39, 45
Schule 101, 144f.
Selbstverwaltung 177
Senat/Senatoren, röm. 84f., 89, 90f., 92
Sesshaftigkeit 27
Siedler, amerik. 262f., 264, 266f.
Simonie 138
Sklaven 65, 68f., 72, 98f., 100, 111, 199, 201, 258
Souveränität 225, 237
Spezialisierung 50
Staat 43, 45, 84f., 86, 236, 239, 240, 242, 246, 252, 269, 270f.
Stadtstaaten 58f., 60, 64, 70f.
Stadtentwicklung 164f.
Stadtrecht 164f.
Stadtregiment 176f.
Stamm/Stämme 114, 124, 142
Stand/Stände 85, 238, 272f., 250
Ständekämpfe 85
stehendes Heer 239
Steuern 39, 44, 45, 68, 88, 93, 128, 167, 199, 238, 240, 250, 253, 263, 266f., 270f., 273, 276
Subsistenzwirtschaft 159
Sumerer 50

T
Technik 28f., 50, 185
Tenochtitlán 194f.
Töpferei 28
Toscanelli, Paolo 192
Totenbuch 49
Totengericht 49

U
Unabhängigkeitserklärung 268
Unabhängigkeitskrieg, amerik. 267
Untertan 236f., 246
Urban II., Papst, 11. Jahrhundert 146
Urmensch (Homo erectus) 16
USA 268f.

V
Varus/Varusschlacht 106
Vasall/Kronvasall 129
Verfassung 86, 269, 273, 276, 280
Versailles 230f.
Vespucci, Amerigo 193
Veteran 89
Viehzucht 26f.
Völkerwanderung 114, 130
Volkstribunen 86, 88f.
Volksversammlung 65ff.
Vorderer Orient 26, 29
Vormensch (Australopithecus) 16
Vorratswirtschaft 43

W
Washington, George, amerik. Präsident 269
Wechsel 178
Wesir 45
Westfälischer Friede 225
Weströmisches Reich 115
Wissenschaft 14, 34, 74, 144, 188f., 247
Wittenberger Thesen 211
Wormser Edikt 212
Wormser Konkordat 141

Z
Zeitzeugen 6
Zeus, griech. Göttervater 60
Zitadelle 221
Zölle 165, 166f., 172, 174, 240, 266
Zünfte 172f., 176f.
Zweifelderwirtschaft 162
Zweistromland 40, 50
Zwingli, Ulrich 219

Textquellenverzeichnis

S. 18: (M) Ivar Lissner/Gerhard Rauchwetter, Der Mensch und seine Gottesbilder. Walter, Olten 1980, o. S. – **S. 24:** (M1 und M2) Herbert Kühn, Auf den Spuren der Eiszeitmenschen. Brockhaus, Mannheim 1956, S. 86 f. – **S. 25:** (M3) Otto Hauser, Unsere Welt, Bd. 1. Henn, Ratingen o. J., S. 27 – **S. 26:** (M) Gabriele Beyerlein/Herbert Lorenz, Die Sonne bleibt nicht stehen. Arena, Würzburg 1995, o. S.
S. 39: (Q) Zit. nach: Wolfgang Kleinknecht/Herbert Krieger (Hrsg.), Materialien für den Geschichtsunterricht. Das Altertum. Diesterweg, Frankfurt/Main 1982, o. S. – **S. 41:** (Q) Zit. nach: Heinz Dieter Schmid, Fragen an die Geschichte, Bd. 1. Cornelsen, Berlin 1983, o. S. – **S. 45:** (M) Adelheid Schlott, Schrift und Schreiber im alten Ägypten. Beck, München 1989, S. 52 ff. – **S. 48:** (Q) Zit. nach: Emma Brunner-Traut, Die alten Ägypter. Verborgenes Leben unter den Pharaonen. Kohlhammer, Stuttgart 1976, S. 60.
S. 61: (Q2) Zit. nach: Ludwig Drees, Olympia. Kohlhammer, Stuttgart 1967, S. 68 – **S. 62:** (M) Ludwig Drees, a.a.O., S. 59; (Q) Zit. nach: Wolfgang Kleinknecht/Herbert Krieger (Hrsg.), Materialien für den Geschichtsunterricht, Bd. 2. Diesterweg, Frankfurt/M. 1978, S. 72 – **S. 64:** (Q) Zit. nach: Plutarch. Artemis, Zürich/Stuttgart 1954, S. 146 ff., eingel. und übers. von Konrat Ziegler – **S. 65:** (M) Wolfgang Kleinknecht/Herbert Krieger (Hrsg.), a.a.O., S. 96 – **S. 68:** (Q1) Zit. nach: William Tarn, Die Kultur der hellenistischen Welt. Wissenschaftliche Buchgesellschaft, Darmstadt 1966, S. 302 f., übers. von Gertrud Bayer – **S. 69:** (Q2) Zit. nach: Robert Flacelière, Griechenland. Reclam, Stuttgart 1977, S. 97, übers. von Edgar Pack; (Q 3) William Tarn, a.a.O., S. 302 f. – **S. 71:** (Q) Zit. nach: Wolfgang Kleinknecht/Herbert Krieger (Hrsg.), a.a.O., S. 168 – **S. 72:** (Q1 und Q2) Zit. nach: Hans Joachim Gehrke, Alexander der Große. C. H. Beck (Becksche Reihe 2043), München 1976, S. 6 – **S. 73:** (Q3 und Q4) Zit. nach: Geschichte in Quellen, Bd. 1, bearb. von Walter Arend. BSV, München 1970, S. 367 – **S. 74:** Karl Kärcher, Strabos Geographie, 1. Buch. Metzler & Pöschel, Stuttgart 1829, o. S.
S. 88: (Q1) Zit. nach: Wilhelm Ax (Hrsg.), Römische Heldenleben. Kröner, Stuttgart 1953, o. S. – **S. 89:** (Q2) Zit. nach: Wasiliw Struwe, Geschichte der Alten Welt. Volk und Wissen, Berlin-Ost 1957, S. 112; (M) Jens Köhn, Die Wölfin vom Kapitol. Kinderbuchverlag, Berlin 1985, S. 86 f. – **S. 90:** (Q1) Zit. nach: Geschichte in Quellen, Bd. 1, bearb. von Walter Arend. BSV, München 1975, S. 527 – **S. 91:** (Q2) Zit. nach: Geschichte in Quellen, Bd. 1, bearb. von Walter Arend. BSV, München 1975, S. 535 – **S. 92:** (Q1) Zit. nach: Wolfgang Kleinknecht/Herbert Krieger (Hrsg.), a.a.O., S. 317 – **S. 93:** (Q2) Zit. nach: Jerome Carcopino, Rom. Leben und Kultur in der Kaiserzeit. Reclam, Stuttgart 1977, S. 247, übers. von Wilhelm Niemeyer – **S. 95:** (M) Jerome Carcopino, a.a.O., S. 247 – **S. 96:** (Q1) Zit. nach: Geschichte in Quellen, Bd. 1, bearb. von Walter Arend. BSV, München 1975, S. 599; (Q2) Juvenal, Satiren III. Artemis, Zürich 1993, S. 55, übers. von Joachim Adamietz – **S. 98:** (Q1) Plutarch, Große Griechen und Römer, Bd. 1. Artemis, Zürich 1954, S. 347 f., übers. von Konrat Ziegler – **S. 99:** (Q2) Zit. nach: Stoa und Stoiker. Artemis, Zürich 1948, S. 265, übers. von Max Pohlenz – **S. 101:** (M) Jerome Carcopino, Rom. Leben und Kultur in der Kaiserzeit. a.a.O., S. 155 – **S. 102:** (Q1) Zit. nach: Tacitus, Annalen II. Langewiesche-Brandt, Ebenhausen o. J., S. 52 f. – **S. 103:** (Q2) Zit. nach: Geschichte in Quellen, Bd. 1, bearb. von Walter Arend. BSV, München 1975, S. 667 – **S. 104:** (Q) Zit. nach: Robert Etienne, Pompeji. Das Leben in einer antiken Stadt. Reclam, Stuttgart 1974, S. 26; (M) ebd., S. 36 ff. – **S. 107:** (Q) Zit. nach: Geschichte in Quellen, Bd. 1, bearb. von Walter Arend. BSV, München 1975, S. 647 – **S. 110:** (Q1) Zit. nach: Herbert Gutschera/Jörgen Thierfelder (Hrsg.), Brennpunkte der Kirchengeschichte. Schöningh, Paderborn 1976, S. 24 – **S. 111:** (Q2) Zit. nach: Herbert Gutschera/Jörgen Thierfelder (Hrsg.), a.a.O., S. 88; (Q3) Zit. nach: Geschichte in Quellen, Bd. 1, bearb. von Walter Arend. BSV, München 1965, S. 718 f. – **S. 112:** (Q1) Zit. nach: Wolfgang Kleinknecht/Herbert Krieger (Hrsg.), a.a.O., S. 408 – **S. 113:** (Q2) Zit. nach: Heinrich Rinn/J. Jüngst (Hrsg.), Kirchengeschichtliches Lesebuch. Mohr, Tübingen o. J.; (Q3) Zit. nach: Geschichte in Quellen, Bd. 1, bearb. von Walter Arend. BSV, München 1965, S. 763 – **S. 114:** (Q1) Zit. nach: Ammianus Marcellinus 31. Akademie Verlag, Berlin o. J., S. 3 f., übers. von Wolfgang Seyfarth; (Q2) Zit. nach: Geschichte in Quellen, Bd. 1, bearb. von Walter Arend. BSV, München 1965, S. 763.
S. 124: (Q1) Zit. nach: Geschichte in Quellen, Bd. 1, bearb. von Walter Arend. BSV, München 1965, S. 27 – **S. 125:** (Q2) Zit. nach: Johannes Bühler, Das Frankenreich. Insel, Frankfurt/M. 1923, S. 393 f. – **S. 127:** (Q) Zit. nach: Johannes Bühler, a.a.O., S. 370 f. – **S. 130:** (Q1) Zit. nach: Reinhold Rau, Quellen zur karolingischen Reichsgeschichte. Wissenschaftliche Buchgesellschaft, Darmstadt 1968, S. 179 f. – **S. 131:** (Q2) Zit. nach: Geschichte in Quellen, Bd. 2, bearb. von Wolfgang Lautemann. BSV, München 1975, S. 118 f. – **S. 133:** (Q) Zit. nach: Geschichte in Quellen, Bd. 2, bearb. von Wolfgang Lautemann. BSV, München 1975, S. 359 – **S. 135:** (Q) Zit. nach: Franz Fässler (Hrsg.), Die großen Ordensregeln. Johannes Verlag Einsiedeln, Freiburg 1994, S. 149 f. – **S. 136:** (M) Otto Zierer, Bilder der Jahrhunderte. Mohn, Gütersloh 1969, S. 73 f. – **S. 138:** (Q1) Zit. nach: Geschichte in Quellen, Bd. 2, bearb. von Wolfgang Lautemann. BSV, München 1965, S. 299; (Q2) ebd., S. 313 f. – **S. 140:** (Q1) Zit. nach: Geschichte in Quellen, Bd. 2, bearb. von Wolfgang Lautemann. BSV, München 1970, S. 276; (Q2) ebd., S. 372 – **S. 142:** (Q1) Zit. nach: Geschichte in Quellen, Bd. 2, bearb. von Wolfgang Lautemann. BSV, München 1970, S. 38 – **S. 143:** (Q2) Zit. nach: Sigrid Hunke (Hrsg.), Allahs Sonne über dem Abendland. DVA, Stuttgart 1976, S. 184 – **S. 144:** (M) Bernhard Heinloth, Geschichte 2, Ausgabe B. Oldenbourg, München o. J., S. 31 – **S. 145:** (Q1 und Q2) Zit. nach: Michael Fitzgerald, Mensch, Welt und Staat im Islam. Styria, Graz 1977, S. 119 f. – **S. 146:** (Q1) Zit. nach: Arno Borst, Lebensformen im Mittelalter. Ullstein, Berlin 1979, S. 318 ff. – **S. 147:** (Q2) Gottfried Guggenbühl (Hrsg.), Quellen zur allgemeinen Geschichte, Bd. 2. Schulthess, Zürich 1954, S. 58 – **S. 148:** (Q1) Zit. nach: Paloma Kaltenborn-Stachau/Lutz Richter-Bernburg/Francesco Gabrieli (Hrsg.), Die Kreuzzüge in arabischer Sicht. Artemis, Zürich 1973, S. 49 – **S. 149:** (Q2) Zit. nach: Peter Milger (Hrsg.), Die Kreuzzüge. Bertelsmann, Gütersloh 1988, S. 223 – **S. 150:** (Q) Zit.

Textquellenverzeichnis

nach: Arno Borst, Lebensformen im Mittelalter. Ullstein, Berlin 1979, S. 318 ff. **S. 159:** (M) Hans Werner Götz, Leben im Mittelalter vom 7. bis 13. Jahrhundert. C. H. Beck, München 1985, S. 157; (Q) Zit. nach: Hans Christian Kirsch, England aus erster Hand. Arena Verlag, Würzburg 1975, S. 183 – **S. 161:** (Q) Zit. nach: Günther Franz (Hrsg.), Der Bauernstand im Mittelalter. Wissenschaftliche Buchgesellschaft, Darmstadt 1967, S. 82 – **S. 164:** (M) Heinrich Pleticha, Bürger, Bauern und Bettelmann. Arena Verlag, Würzburg 1976, S. 11; (Q1) Zit. nach: Heinrich Pleticha, Deutsche Geschichte, Band 2. Bertelsmann, Gütersloh 1982, S. 213 – **S. 165:** (Q2) A. F. Riedel (Hrsg.), Codex Diplomaticus Brandenburgensis, Bd. AXXIII. G. Reimer Verlag, Berlin 1862, o. S. – **S. 168:** (M) Otto Borst, Alltagsleben im Mittelalter. Insel, Frankfurt/M. 1983, S. 213 f. – **S. 169:** (Q) Zit. nach: Geschichte in Quellen, Bd. 2, bearb. von Wolfgang Lautemann. BSV, München 1970, S. 724 f. – **S. 171:** (Q) Zit. nach: Wolfgang Kleinknecht/Herbert Krieger (Hrsg.), Materialien für den Geschichtsunterricht, Bd. 3. Diesterweg, Frankfurt/M. 1978, S. 309 – **S. 172:** (Q) Regensburger Urkundenbuch, bearb. v. J. Wiedemann. Monumenta Boica, Bd. 2, München 1912, S. 365 – **S. 175:** (Q) Zit. nach: Philoppe Dollinger, Die Hanse. Kröner, Stuttgart 1981, S. 526, übers. von Marga und Hans Krabusch – **S. 176:** (Q1 und Q2) Zit. nach: Werner Ripper (Hrsg.), Von den bürgerlichen Revolutionen. Diesterweg, Frankfurt/M. 1973, S. 165.

S. 188: (Q1) Zit. nach: Peter G. Thielen, Der Mensch und seine Welt, Bd. 2. Dümmlers, 1974, S. 105 – **S. 189:** (Q2) Zit. nach: Anna Maria Brizio, Leonardos Worte. Belser, Stuttgart 1985, S. 133 – **S. 190:** (Q1) Zit. nach: Gottfried Guggenbühl/Otto Weiß (Hrsg.), Quellen zur Allgemeinen Geschichte, Bd. 2. Schultheß, Zürich 1954, S. 264 – **S. 191:** (Q2) Zit. nach: Ingrid Kästner (Hrsg.), Johannes Gutenberg. Teubner, Wiesbaden 1978, S. 58 – **S. 192:** (Q1) Zit. nach: Eberhard Schmitt, Dokumente zur Geschichte der europäischen Expansion, Bd. 2. C. H. Beck, München 1984, S. 113 – **S. 193:** (Q2) Zit. nach: Robert Grün (Hrsg.), Christoph Kolumbus, Das Bordbuch 1492. Erdmann, Tübingen 1978, S. 86 – **S. 194:** (Q) Zit. nach: Hermann Homann (Hrsg.), Die Eroberung Mexikos. Erdmann, Tübingen 1975, S. 86 f. – **S. 196:** (Q1) Zit. nach: Georg A. Narciss, Wahrhaftige Geschichte der Eroberung und Entdeckung Mexikos. S. Fischer, Frankfurt/M. 1965, S. 240; (Q2) Zit. nach: Miguel Leon Portilla, Rückkehr der Götter. Middelhauve, 1962, S. 46, übers. von Renate Heuer – **S. 197:** (Q3) Zit. nach: Kolonialismus. Die Entstehung der Unterentwicklung am Beispiel Lateinamerikas. Beltz, Weinheim 1978, S. 65 – **S. 198:** (Q1) Zit. nach: Eberhard Schmitt (Hrsg.), a.a.O., S. 503 – **S. 199:** (Q2) Zit. nach: Geschichte in Quellen, Bd. 3, bearb. von Fritz Dickmann. BSV, München 1970, S. 66 – **S. 200:** (Q) Zit. nach: Urs Bitterli, Die Entdeckung und Eroberung der Welt, Bd. 1. C. H. Beck, München 1980, S. 94 f.

S. 207: (Q1) Zit. nach: Helmar Junghans (Hrsg.), Die Reformation in Augenzeugenberichten. Rauch, Düsseldorf 1973, S. 137 f.; (Q2) Zit. nach: Hans Kühner (Hrsg.), Neues Papstlexikon. S. Fischer, Frankfurt/M. o. J., S. 43; (Q3) Zit. nach: Karl-Heinz Neubig (Hrsg.), Renaissance und Reformation. Langewiesche-Brandt, 1962, S. 17 f. – **S. 208:** (Q) Zit. nach: Helmar Junghans (Hrsg.), a.a.O., S. 178 f. – **S. 210:** (Q1) Zit. nach: Heinrich Fausel (Hrsg.), Martin Luther. Siebenstern, 1967, S. 188; (Q2) Zit. nach: ebd., S. 191 – **S. 211:** (Q3) Zit. nach: Helmar Junghans (Hrsg.), a.a.O., S. 58 – **S. 212:** (Q) Zit. nach: Oskar Thulin, Martin Luther. Deutscher Kunstverlag, 1958, S. 51 – **S. 214:** (Q1) Zit. nach: Helmar Junghans (Hrsg.), a.a.O., S. 269 ff. – **S. 215:** (Q2) Zit. nach: Helmar Junghans (Hrsg.), a.a.O., S. 269 ff. – **S. 216:** (Q1) Zit. nach: Geschichte in Quellen, Bd. 3, bearb. von Fritz Dickmann. BSV, München 1970, S. 144 f. – **S. 217:** (Q2) Zit. nach: Karin Bornkamm (Hrsg.), Martin Luther. Ausgewählte Werke, Bd. 1. Insel, Frankfurt/M. 1982, S. 133 ff. – **S. 218:** (Q) Zit. nach: Geschichte in Quellen, Bd. 3, bearb. von Fritz Dickmann. BSV, München 1970, S. 52 ff. – **S. 220:** (Q1) Zit. nach: Herbert Gutschera/Jörgen Thierfelder (Hrsg.), a.a.O., S. 147 – **S. 221:** (Q2) Zit. nach: Hans J. Hillerbrand/Gottfried Brakemeier (Hrsg.), Brennpunkte der Reformation. Vandenhoeck & Ruprecht, Göttingen 1967, S. 359 f.; (Q3) Zit. nach: Wolfgang Venohr, Brennpunkte der deutschen Geschichte. Athenäum, Zürich 1978, S. 151 – **S. 227:** (Q) Ferenc Majoros/Bernd Rill (Hrsg.), Das Osmanische Reich 1300–1922. Pustet, Regensburg 1994, S. 163 – **S. 228:** (Q) Zit. nach: W. Seelig, Und dennoch ging es vorwärts und aufwärts durch Gottes Hilfe. Protest. Kirchengemeinde Otterberg (Hrsg.), S. 66.

S. 232: (Q) Helmuth Kiesel (Hrsg.), Briefe der Lieselotte von der Pfalz. Insel (TB 428), Frankfurt/M. 1981, S. 64 ff. – **S. 236:** (Q1) Zit. nach: Karl Heinrich Peter, Briefe zur Weltgeschichte. Cotta, 1962, S. 202 – **S. 237:** (Q2) Zit. nach: Geschichte in Quellen, Bd. 3, bearb. von Fritz Dickmann. BSV, München 1970, S. 429; (Q3) Zit. nach: Theodor Steudel, Der Fürstenstaat. Klett, Stuttgart 1900, o. S. – **S. 239:** (Q) Zit. nach: Elisabeth Hort, Der Hof Ludwig XIV. in Augenzeugenberichten. Rauch, Düsseldorf 1969, S. 27 – **S. 241:** (Q2) Zit. nach: Hans Pfahlmann (Hrsg.), Die industrielle Revolution. Ploetz, Freiburg 1974, S. 28; (Q3) Zit. nach: Geschichtliches Quellenheft 1/2, Frankfurt a. M. 1975 – **S. 244:** (M1) Wolfgang Kleinknecht/Herbert Krieger (Hrsg.), a.a.O., Bd. 1, S. 151 f.; Zit. nach: Hans Bentzien, Unterm Roten und Schwarzen Adler. Volk & Welt, 1992, S. 118 – **S. 245:** (M2) Hans Bentzien, a.a.O., S. 121 – **S. 246:** (Q1) Zit. nach: Jacques Benignne Bossuet, Politique tirée des propres paroles, Paris 1709, Buch 2–6, Schultheß, Zürich o. J., übers. von Hans C. Huber; (Q2) Zit. nach: Erich Stahleder (Hrsg.), Absolutismus und Aufklärung. Langewiesche-Brandt, 1982, S. 136 f.; (Q3) Zit. nach: Irmgard und Paul Hartig, Die Französische Revolution. Klett, Stuttgart 1990, S. 13 – **S. 247:** (Q4) Zit. nach: Berlinische Monatsschrift, Dezember 1783 – **S. 248:** (Q1) Zit. nach: Heinrich Pleticha, Deutsche Geschichte, Bd. 8. Bertelsmann, Gütersloh 1983, S. 63; (Q2) Zit. nach: Hans-Joachim Schöps, Preußen. Geschichte eines Staates. Ullstein, Berlin 1981, S. 330 – **S. 249:** (Q3) Zit. nach: Hans-Joachim Neumann, Friedrich II. Die politischen Testamente. Quintessenz, Berlin 1922, S. 4 f.; (Q4) Zit. nach: Hans-Joachim Schöps, a.a.O., S. 333; (M) Wolfgang Venohr/Friedrich Kabermann, a.a.O., S. 116 ff. – **S. 250:** Gerhart Bürck, Weltgeschichte im Aufriss, Bd. 2. Diesterweg, Frankfurt/M. 1971, S. 58 f. – **S. 251:** (Q2) Bilder aus der Weltgeschichte. Das Zeitalter des Absolutismus. Diesterweg,

Textquellenverzeichnis / Bildquellenverzeichnis

Frankfurt a. M. o. J., S. 1 – **S. 253**: (Q) Zit. nach: Geschichte in Quellen, Bd. 3, bearb. von Fritz Dickmann. BSV, München 1970, S. 292 f.
S. 258: (Q1) Allan Nevins, Geschichte der USA. Sammlung Dieterich 1965, S. 309, übers. von Ernst Betz – **S. 259**: (Q4) Zit. nach: Paul Noack, Olympe de Gouges, 1748–1793, dtv, München 1972, S. 164 ff. – **S. 260**: (Q) Unicef, Kinder der Welt, Nr. 1/1992, bearbeitet – **S. 263**: (Q2 und Q3) Zit. nach: Angela und Willi Paul Adams, Die Amerikanische Revolution in Augenzeugenberichten. dtv, München o. J., S. 19 f. – **S. 264**: (Q1) Zit. nach: Heinz Josef Stammel, Die Indianer. Bertelsmann, Gütersloh 1979, S. 91 – **S. 265**: (Q2) Zit. nach: Norman B. Wiltsey, Die Herren der Prärie. Gondrom, Bayreuth 1965, S. 19 f., übers. von Ilse Custer – **S. 267**: (Q) Zit. nach: Karl Heinrich Peter, Briefe zur Weltgeschichte. Cotta 1962, S. 202 – **S. 268**: (Q) Allan Nevins, a.a.O., S. 304 – **S. 270**: (Q1) Zit. nach: Irmgard und Paul Hartig, a.a.O., S. 11 – **S. 271**: (Q2) Zit. nach: Robert R. Palmer, The Age of Democratic Revolution. Aula, Wiesbaden 1959, S. 480, übers. von Herta Lazarus; (Q3) Pierre Beuamarchais, Ein toller Tag oder Figaros Hochzeit. Econ, Düsseldorf 1965, S. 109, übers. von Bernard Fay – **S. 273**: (Q) Zit. nach: Walter Markov, Revolution im Zeugenstand, Bd. 2. Reclam, Leipzig 1985, S. 71 – **S. 275**: (Q) Zit. nach: Irmgard und Paul Hartig, a.a.O., S. 42 – **S. 276**: (Q1) Zit. nach: Geschichte in Quellen, Bd. 4, bearb. von Wolfgang Lautemann. BSV, München 1981, S. 199 ff.; (Q2) ebd., S. 172 – **S. 278**: (Q1) Zit. nach: Geschichte in Quellen, Bd. 4, bearb. von Wolfgang Lautemann. BSV, München 1980, S. 252; (Q2) Zit. nach: Walter Markov/Albert Soboul, 1789: Die große Revolution der Franzosen, Akademie Verlag, Berlin, 1975, S. 98 – **S. 279**: (Q3) Zit. nach: Irmgard und Paul Hartig, a.a.O., S. 11 – **S. 280**: (Q1) Walter Markov, a.a.O., S. 528; (Q2) Zit. nach: Pierre Gascar, Der Schatten Robespierres. Claasen, Düsseldorf 1982, S. 216, übers. von Rita Höner – **S. 281**: (Q3) Zit. nach: Martin Göhring, Die Geschichte der Revolution, Bd. 2. Mohr, Tübingen 1951, S. 382 – **S. 282**: (Q1) Eckart Kleßmann, Die Französische Revolution in Augenzeugenberichten. Rauch, Düsseldorf 1973, S. 397; (Q2) Friedrich M. Kircheisen, Napoleon I., Bd. 1. Cotta, Leipzig 1927, S. 128.

Bildquellen
S. 6: (1) BPK Berlin; (2) Ullstein Bilderdienst, Berlin – **S. 7**: (3) K.-H. Müller, Gleichen – **S. 8/9**: M. Gleitmann, Ranstadt **S. 10/11**: (Wdh. S. 4) Tessloff Verlag, Nürnberg – **S. 13**: (3) Institut für Ur- und Frühgeschichte, Tübingen – **S. 14**: (Fotos) Maria Rauschenberger, Power of Earth, s. a. Mündl, Der Ötztalmann und seine Welt, Verlag Styria – **S. 15**: (Foto) Hobarthmuseum der Stadt Horn/Österreich – **S. 18/19**: Mauritius Bildagentur, Frankfurt/Main – **S. 20**: (3) Römisch-Germanisches Zentralmuseum, Neuwied – **S. 24**: (1 [Wdh. S. 35, b]) AKG Berlin; (RS) Cornelsen Archiv, Berlin – **S. 25**: (3) Niedersächsisches Landesmuseum, Hannover; (RS, m) Cornelsen Archiv, Berlin; (RS u.) Eiszeitmuseum Bornholm – **S. 30**: (1) K.-H. Müller, Gleichen – **S. 31**: (2) Römisch-Germanisches Zentralmuseum, Neuwied – **S. 33**: (3) Siebengebirgsmuseum der Stadt Königswinter/Friederike Hilscher-Ehlert; (RS [Wdh. S. 35, d]) Landesdenkmalamt Baden-Württemberg; **S. 34**: (RS) Landesmuseum Mainz
S. 36: (Einklinker li) AKG Berlin; (Einklinker re) BPK Berlin – **S. 38**: (1) RMN/Hervé Lewandowski, Paris; (3) BPK Berlin **S. 39**: (4, 5) A. G. Shedid, München; **S. 40**: (1) Bildarchiv Foto Marburg – **S. 42**: (1 [Wdh., S. 51 a]) Manfred Stork, Stuttgart – **S. 43**: (4) BPK Berlin – **S. 44**: (1–3) Verlag Philipp von Zabern, Mainz – **S. 45**: (5) Jürgen Liepe, Berlin – **S. 47**: (2) Manfred Stork, Stuttgart; (3) Jürgen Liepe, Berlin; (4) Roemer und Pelizaeus Museum, Hildesheim – **S. 48**: (1, [Wdh. S. 51 d]) Gruner & Jahr, Hamburg – **S. 49**: (2) Roemer und Pelizaeus Museum, Hildesheim; (RS [Wdh. S. 51 c]) Jürgen Liepe, Berlin – **S. 50**: (1) Hirmer Verlag, München
S. 52/53: (Wdh. S. 4) Kandula Architektur-Bilderservice, Witten; (Einklinker o.) Griechische Zentrale für Fremdenverkehr, Athen; (Einklinker m.) Elisabeth Köster, Bonn; (Einklinker u.) BPK Berlin; **S. 54**: (1) Elisabeth Köster, Bonn; (2) AKG Berlin – **S. 55**: (3) Elisabeth Köster, Bonn; **S. 56**: (1) BPK Berlin; (2) Ullstein Bilderdienst, Berlin – **S. 59**: (RS [Wdh. S. 75 b]) Hirmer Verlag München – **S. 60**: (1–3) Antikenmuseum Basel – **S. 62**: (1) British Library, London; (2) Museum of Fine Arts, Boston; (3 [Wdh. S. 75 a]) Staatliche Antikensammlung, München – **S. 63**: (4–6) dpa, Frankfurt/Main – **S. 64**: (RS) BPK Berlin – **S. 66**: (1) American School of Classic Studies, Athen – **S. 67**: (3) N. Gouvouris, Athen – **S. 68**: (1) Ashmolean Museum, Oxford; (2) Wagner Museum, Würzburg – **S. 69**: (3) Ashmolean Museum, Oxford – **S. 70**: (1 [Wdh. S. 75 d]) BPK Berlin; (RS) BPK Berlin – **S. 71**: (RS) Staatliche Münzsammlung, München
S. 76/77: (Wdh. S. 4) Landesamt für Denkmalpflege, Amt Koblenz – **S. 78**: (1, 2) Landesamt für Denkmalpflege, Amt Koblenz – **S. 79**: (3) Rheinisches Landesmuseum, Trier – **S. 80**: (1) Rheinisches Landesmuseum, Trier; (2) Landesmuseum Mainz; (3) AKG Berlin – **S. 81**: (4) Musée Nationale d'Histoire et d'Art, Luxemburg – **S. 82**: (1 [Wdh. S. 287 o. li.]) BPK Berlin; (RS) Scala, Antella/Florenz – **S. 84**: (1 [Wdh. S. 117 a]) Norbert Zwölfer, Freiburg – **S. 86**: (RS) Staatliche Münzsammlung, München; **S. 89**: (RS) G. Grohmann, München – **S. 90**: (1) Ehapa Verlag, Stuttgart; (RS) AKG Berlin; **S. 91**: (3) AKG Berlin; (RS) BPK Berlin – **S. 93**: (2 [Wdh. S. 117 c]) AKG Berlin – **S. 96**: (1) Ropi Bildagentur, Freiburg – **S. 97**: (2, 3) AKG Berlin – **S. 99**: (2, 3) AKG Berlin – **S. 100**: (1) British Library, London; (2) Scala, Antella/Florenz – **S. 101**: (3) Rheinisches Landesmuseum, Trier; (4) Bildarchiv Foto Marburg – **S. 103**: (3) Artemis Verlag, München; (4) Ullstein Bilderdienst, Berlin (vormals Gerstenberg) – **S. 105**: (4) BPK Berlin; (RS) Museo Nazionale, Neapel – **S. 106**: (RS) Klaus Becker, Frankfurt/Main – **S. 109**: (3, RS) Rheinisches Landesmuseum, Trier – **S. 111**: (2) Rheinisches Landesmuseum, Karlsruhe – **S. 112**: (1 [Wdh. 117 d]) Scala, Antella/Florenz; (RS) AKG Berlin – **S. 113**: (2) Staatliche Münzsammlung, München; (3) Landesmuseum Luxemburg – **S. 114**: (1) Tessloff Verlag, Nürnberg; (RS) Auer Verlag, Donauwörth – **S. 116**: (o.) Regionalmuseum Xanten; (u.) Elisabeth Köster, Bonn
S. 121: (4) Rahmel Verlag; (5) Rathaus, Amt für Presse- und Öffentlichkeitsarbeit, Trier – **S. 122**: (3) AKG Berlin; (4) Stadtarchiv Worms; (5) Schnütgen Museum, Köln – **S. 123**: (7) Katholische Nachrichtenagentur (KNA), Frankfurt/Main (Foto: Oppitz) – **S. 125**: (2) W. Meyer, München

Bildquellenverzeichnis

– S. 126: (2 [Wdh. S. 151 a; S. 287 o. re.]) AKG Berlin – S. 131: (2) Bibliothèque Nationale de France, Paris – S. 132: (RS) AKG Berlin – S. 133: (2) AKG Berlin – S. 134: (RS) Lisa Oechtering, Geesthacht – S. 136: (1) Landesbildstelle Baden, Karlsruhe; (2, 3) Bibliothèque municipale, Dijon, (RS) British Library, London – S. 137: (4) Verkehrsamt der Stadt Köln (Foto: Barten); (RS) – S. 138: (1) Anne Münchow, Aachen – S. 139: (2) BPK Berlin; (3) Universitätsbibliothek Heidelberg – S. 141: (2 [Wdh. S. 151 c]) AKG Berlin – S. 142: (1) Topkapi Saray Museum, Istanbul – S. 144: (1) Getty Images Deutschland, München – S. 145: (2) Focus, Hamburg – S. 146: (1 [Wdh. S. 288 u. li.] Bibliothèque Nationale de France, Paris – S. 147: (2 [Wdh. S. 151 d]) Bibliothèque Nationale de France, Paris – S. 148: (1) Getty Images Deutschland, München – S. 149: (2) Getty Images Deutschland, München; (3) AKG Berlin; (RS) Bayerische Staatsbibliothek, München – S. 150: British Library, London – S. 151: (b) AKG Berlin S. 154: (2, 3) Mauritius Bildagentur, Frankfurt/Main – S. 155: Archiv Gerstenberg, Wietze – S. 156: (1) Stadtarchiv Worms; (2) AKG Berlin; (3) Tessloff Verlag, Nürnberg; (4) Österreichische Galerie Belvedere, Wien; (5) Ars Wolfegg, Kunst und Kultur Wolfegg; (6) Archiv Gerstenberg, Wietze – S. 158: (1) Österreichische Nationalgalerie, Wien – S. 161: (2 [Wdh. S. 181 a]) British Library, London – S. 165: (3) Lisa Oechtering, Geesthacht – S. 166/167: (1–4) The Bridgeman Art Library, London – S. 168: (1) Jörg Müller, Biel; (RS) Archiv Gerstenberg, Wietze – S. 169: (2, RS) BPK Berlin – S. 170: (1) Stadtarchiv Würzburg; (RS) Bundeszentrale für politische Bildung, Bonn – S. 171: (2, 3) AKG Berlin – S. 172: (1) AKG Berlin; (RS u.) Lisa Oechtering, Geesthacht – S. 173: (2) AKG Berlin – S. 174: (1) AKG Berlin – S. 175: (RS [Wdh. S. 181 d]) BPK Berlin – S. 176: (1 [Wdh. S. 181 c]) Bayerisches Nationalmuseum, München – S. 177: (3) Presse- und Informationsamt der Stadt Lübeck – S. 178: (1) Herzog-Anton-Ulrich-Museum, Braunschweig S. 184: (li Sp. 2) Edition Helga Lengenfelder, München; (re Sp. 2) Deutsches Museum München – S. 185: (li Sp. 2) Edition Helga Lengenfelder, München; (li Sp. 6, re Sp. 6): Corel Library – S. 186: (li) BPK Berlin; (m) Corbis, Düsseldorf – S. 190: (RS) BPK Berlin – S. 191: (2 [Wdh. S. 203 a]) Deutsches Museum München – S. 193: (2 [Wdh. S. 203 b u. S. 288 o. re]) AKG Berlin – S. 194: (1) BPK Berlin; (RS) Seefahrtsmuseum Genua – S. 195: (2) BPK Berlin; (RS m.) Tempio di Mayor, Mexiko; (RS u.) British Museum/Werner Forman Archive, London – S. 196: (1) Museum für Völkerkunde, Wien – S. 197: (2, 3 [Wdh. S. 203 c]) BPK Berlin; (RS o.) D. Donne Bryant Stock Photography; (RS, m.) British Museum/Werner Forman Archive, London; (RS u.) – S. 199: (2) BPK Berlin; (RS) Lisa Oechtering, Geesthacht S. 204/205: (Wdh. S. 5) Artothek Peissenberg (Foto: Blauel) – S. 206: (1) The Walters Art Museum, Baltimore; S. 207: (3) AKG Berlin; (4) Kölnisches Stadtmuseum – S. 208: (1) Ingrid Hänsel, Wien (Privatbesitz); (2) AKG Berlin – S. 209: (3) AKG Berlin – S. 210: (1) Museum der bildenden Künste, Leipzig; (RS [u.: Wdh. S. 288 m, re]) Germanisches Nationalmuseum, Nürnberg – S. 211: (2, 3 [Wdh. S. 229 a]) K.-H. Müller, Gleichen – S. 212: (1 [Wdh. S. 229 b, S. 288 u. re]) AKG Berlin – S. 213: (2) AKG Berlin; (RS) Landesbibliothek Mecklenburg-Vorpommern, Schwerin – S. 214: (1) Germanisches Nationalmuseum, Nürnberg; (RS) AKG Berlin – S. 215: (2) BPK Berlin – S. 216/217: (1, 2 [Wdh. S. 229 c]) Fürstlich Waldburg-Zeilsches Gesamtarchiv, Leutkirch – S. 218: (RS) AKG Berlin – S. 219: (2) Bibliothèque publique et universitaire, Genf; (RS) Germanisches Nationalmuseum Nürnberg – S. 220: (1) BPK Berlin – S. 221: (2) Scala, Antella/Florenz – S. 222: (RS) AKG Berlin – S. 223: (2 [Wdh. S. 229 d]) Archiv Gerstenberg, Wietze; (RS) aus: Krieg und Frieden in Europa. Eine Dokumentation. Hrsgg. v. d. Aschendorffschen Verlagsbuchhandlung, Münster 1998, S. 60 f. – S. 224: (1) Corbis, Düsseldorf – S. 226: (1) AKG Berlin – S. 227: (RS) Österreichische Nationalbibliothek, Wien – S. 228: (1) Bildarchiv Foto Marburg S. 230/231: (Wdh. S. 5, S. 289 o. li) Bridgeman, London; (sämtl. Einklinker) AKG Berlin – S. 232: (1) Bridgeman, London; (2) AKG Berlin – S. 233: (3-5) BPK Berlin – S. 234: (1 [Wdh. S. 255 a]) AKG Berlin – S. 235: (2) Landesbildstelle Rheinland-Pfalz – S. 236/237: (1, 2, RS) AKG Berlin – S. 238: (1) Bridgeman, London – S. 242: (1) Deutsches Historisches Museum (DHM), Berlin – S. 244: (1 [Wdh. S. 255 b], RS) AKG Berlin – S. 245: (2) BPK Berlin – S. 246: (1) Bridgeman Art Library, London – S. 247: (2, 3) AKG Berlin – S. 249: (2 [Wdh. S. 255 c]) BPK Berlin; (3) BPK Berlin – S. 250: (1 [Wdh. S. 255 d]) British Museum, London – S. 251: (2) AKG Berlin ; (RS o.) Victoria and Albert Museum, London; (RS u.) BPK Berlin – S. 252: (1) AKG Berlin S. 256/257: (Wdh. S. 5) AKG Berlin; (Einklinker S. 256: Corel Library); (Einklinker S. 257: Friedrich Verlag, Seelze) – S. 258: (1) AKG Berlin; (2) BPK Berlin – S. 259: (3) Musée Carnavalet, Paris; (4) Bridgeman, London – S. 260: (1, 2) KNA, Frankfurt/Main – S. 263: (2) AKG Berlin – S. 266: (1 [Wdh. S. 289 m.]) DIZ Bilderdienst, München – S. 267: (2 [Wdh. S. 285 a]) AKG Berlin – S. 269: (RS [Wdh. S. 285 b]) Archiv Gerstenberg, Wietze – S. 270: (1, RS) BPK Berlin – S. 271: (2) Bibliothèque Nationale de France, Paris – S. 273: (2) Bridgeman Art Library, London – S. 274: (1 [Wdh. S. 285 c]) AKG Berlin; (RS) DHM, Berlin – S. 275: (2 [Wdh. S. 289 u.]) Bridgeman Art Library, London – S. 278: (1) Getty Images Deutschland, München – S. 279: (2) Bridgeman Art Library, London – S. 280: (1, RS) AKG Berlin – S. 281: (2) Bridgeman Art Library, London; (RS) AKG Berlin – S. 282: (1 [Wdh. S. 285 d]) Bridgeman Art Library, London – S. 283: (2) BPK Berlin – S. 286: (Pyramide) Länderpress Düsseldorf

Umschlag: Mauritius Bildagentur, Frankfurt/Main

Nicht in allen Fällen war es uns möglich, den Rechteinhaber der Abbildungen ausfindig zu machen. Berechtigte Ansprüche werden selbstverständlich im Rahmen der üblichen Vereinbarungen abgegolten.

Zeichnungen:
Klaus Becker, Frankfurt/Main; Bettina Bick, Hamburg; Thomas Binder, Magdeburg; Rainer Fischer, Berlin; Ika Gerrard, Hamburg; Gabriele Heinisch, Berlin; Andreas Müller, Hamburg; Michael Teßmer, Hamburg; Stephan Warnatsch, Berlin

Grafiken und Karten:
Klaus Becker, Frankfurt/Main; Carlos Borell, Berlin; Elisabeth Galas, Köln; Skip Langkafel, Berlin